수용소

ASYLUMS
by Erving Goffman

수용소

정신병 환자와 그 외 재소자들의 사회적 상황에 대한 에세이

Asylums

**Essays on the Social Situation of
Mental Patients and Other Inmates**

문학과지성사   우리 시대의 고전 23   어빙 고프먼 지음
심보선 옮김

어빙 고프먼Erving Goffman(1922~1982)

1922년 캐나다에서 태어나 토론토 대학을 졸업하고 시카고 대학에서 박사학위를 받았다. 국립정신건강 연구소 연구원을 거쳐 UC버클리 대학에서 사회학 교수를, 펜실베이니아 대학에서 사회학·인류학 교수를 역임했다. 1982년 제73대 미국사회학회 회장으로 선출되었으나 그 직후 위암으로 사망했다. 20세기 가장 영향력 있는 사회학자 중 한 명으로 손꼽힌다.
주요 저서로 『자아 연출의 사회학』 『낙인』 『상호작용 의례』 『프레임 분석』 『담화의 형태』 등이 있다.

옮긴이 심보선

사회학자, 시인. 서울대학교 사회학과와 같은 과 대학원을 졸업하고 미국 컬럼비아 대학에서 사회학 박사학위를 받았다. 현재 경희사이버대학교 문화예술경영학과 부교수로 재직하고 있다.
주요 저서로 『그을린 예술』 『생활예술』(공저), 『지금 여기의 진보』(공저)가, 시집으로 『오늘은 잘 모르 겠어』 『눈앞에 없는 사람』 『슬픔이 없는 십오 초』 등이 있다.

우리 시대의 고전 23

수용소

제1판 제1쇄   2018년 6월 8일
제1판 제5쇄   2023년 3월 9일

지은이   어빙 고프먼
옮긴이   심보선
펴낸이   이광호
편집   김현주 최대연
펴낸곳   ㈜**문학과지성사**
등록번호   제1993-000098호
주소   04034 서울 마포구 잔다리로7길 18(서교동 377-20)
전화   02) 338-7224
팩스   02) 323-4180(편집)   02) 338-7221(영업)
전자우편   moonji@moonji.com
홈페이지   www.moonji.com

ISBN 978-89-320-3105-7 93330

이 도서의 국립중앙도서관 출판예정도서목록(CIP)은 서지정보유통지원시스템 홈페이지 (http://seoji.nl.go.kr)와 국가자료공동목록시스템(http://www.nl.go.kr/kolisnet)에서 이용하실 수 있습니다. (CIP제어번호: CIP2018015575)

책머리에

1954년 가을부터 1957년 말까지 나는 메릴랜드주 베데스다에 위치한 국립정신건강연구소National Institute of Mental Health(이하 NIMH)의 사회·환경 연구 실험실의 방문 연구원이었다. 3년 동안 나는 건강임상국립연구센터에서 병동 내 행태에 대한 짧은 연구를 수행했으며 1955년에서 1956년까지 1년 동안 워싱턴 D.C.에 위치한 성 엘리자베스 병원에서 현장 연구를 했다. 그 병원은 연방 정부 산하 기관으로 7천 명이 넘는 재소자를 수용하며 환자들의 4분의 3이 컬럼비아 특별구 출신이다. 나는 NIMH M-4111(A)에서 연구지원금을 받았고, UC 버클리의 통합 사회과학 이론 센터Center for the Integration of Social Science Theory에 참여했는데, 이 덕분에 이후 연구를 마무리할 수 있는 시간을 가질 수 있었다.

성 엘리자베스 병원에서 진행한 현장 연구의 직접적 목표는 병원 재소자[1]의 사회적 세계를 재소자 자신의 주관적 경험에 비추어 탐구하는 것이었다. 연구를 시작할 때, 나는 체육 감독 보조 일을 맡았는데 누가 내게 정체를 물으면 여가 및 공동체 생활 전공 학생이라고 했다. 나는 환자들과 지냈고 직원과 책임자와의 사교적인 접촉은 피

---

1)   (옮긴이) 재소자는 일반적으로 교도소에 수감된 죄수를 뜻하는 말이지만 여기서는 모든 종류의 총체적 기관에 수용된 사람들을 일반적으로 지칭하는 용어로 사용하기로 한다.

했다. 병동에서 잠을 자지는 않았다. 병원 최고 경영진은 내가 무엇을 목표로 거기 있는지 알고 있었다.

그때나 지금이나 나는 모든 집단의 사람들—수감자, 원시인, 비행사, 혹은 환자들—은 자신들만의 삶을 발전시킨다고 믿는다. 가까이서 보면 그것은 모두 의미 있고, 합리적이고, 정상적이다. 그리고 또 나는 믿는다. 그런 세계들에 대해 배우는 좋은 방법은 그 세계의 구성원들과 함께 그들 삶을 지배하는 사소한 사건들의 일과 속으로 투신하는 것이다.

내가 선택한 방법과 그것의 적용에는 분명한 한계가 있다. 나는 명목적으로라도 내 일에 전념하지 않았다. 그렇게 했더라면 가뜩이나 제한적이었던 내 운신 및 역할의 폭과 자료의 한계는 한층 심해졌을 것이다. 환자의 사회적 삶의 일부 측면을 민속지적 세밀화로 그려내기 위해 나는 통상적 종류의 측정과 통제 방식을 채택하지 않았다. 통계적 증거를 통해 몇 개의 결론적 진술을 이끌어낼 수도 있다. 그러나 나는 통계적 증거를 모으는 데 요구되는 역할과 시간이 환자 생활의 조직과 구조에 관한 자료를 수집하는 데 도움을 주지 않으리라고 생각했다. 내 방법에는 다른 한계들도 있다. 집단의 세계관은 구성원들을 옹호하며, 예상컨대 그들에게 자신들이 처한 상황을 자기 정당화하는 정의定義와 비구성원들에 대한 선입견을 제공할 것이다. 이 경우 비구성원들이란 의사, 간호사, 담당 직원, 친지들에 해당한다. 환자의 상황을 충실히 묘사한다는 것은 필연적으로 당파적인 견해를 제시하는 일이다. (이러한 편향에 대해 나는 다음과 같이 주장함으로써 부분적으로 변명을 할 수 있을 것 같다. 이제 불균형은 최소한 저울의 다른 쪽으로 옮아갔다고. 왜냐하면 정신병 환자들을 다루는 거의 모든 전문가 문헌은 정신과 의사의 관점에서 작성되고 있으며, 정신과 의사는, 사회적으로 말하면 환자의 반대편에 있는 사람이기 때문이다.) 나아가 나는 내 견해가 어쩌면 지극히 중산층 남성의 견해라는 점을 짚고 넘어가고자 한다. 나는 하층 계급의 환자들이 가벼이 다루었을 사안들에 너무 심각하게 감정이입을 했을지도 모른다. 마지막으로 병원에 접근할 때, 나는 일부 환자들과 달리 정신의학이라는 학제에 대해, 그리고 현재의 정신의학적 실천을 지지하는 기관들에 대해 별다른 경외감이 없었다는 점도 말해야겠다.

나는 지원 기관들이 제공한 도움에 대해서도 특별히 감사를 표하고 싶다. 성 엘리자베스 병원에 대한 연구 허가는 당시 부원장이었던 고故 제이 호프먼 박사를 통해 조정되었다. 그는 병원 측이 연구물 출간 전에 논평의 권한을 가지길 기대한다고 했지만 최종 검열이나 출판 허가 권한은 행사하지 않을 것이라고 합의했다. 그러한 권한은 베데스다 NIMH가 소유하고 있었다. 그는 또한 자신을 포함한 누구도 직원이나 재소자를 식별할 수 있는 관찰 사항을 보고받지 않을 것이며 나 또한 관찰자로서 눈앞에서 벌어지는 그 어떤 일에도 개입하지 않으리라는 점에 합의했다. 그는 병원의 모든 장소를 내게 개방해주기로 합의했으며, 실제로 연구 기간 내내 내가 요청하면 예의 바르게, 신속하게, 그리고 효율적으로 그렇게 해주었다. 나는 이 점을 잊지 못할 것이다. 이후 병원 본부장인 위니프레드 오버홀저 박사는 내 논문의 초고를 검토했고, 사실 관계와 명백히 어긋나는 일부 오류를 교정해주었으며, 그 외에도 내 관점과 방법이 좀더 분명해질 수 있도록 조언해주었다. 연구 기간 동안 사회·환경 연구 실험실의 초대 소장인 존 클라우센은 급여, 비서 일 지원, 동료로서 논평을 제공해주었으며 또한 초급 정신의학이 아닌 사회학을 염두에 두고 병원을 연구하도록 격려해주었다. 출판 허가 권한은 실험실과 그것의 모기관인 NIMH가 보유하고 있었다. 내가 아는 한 그들이 내게 행사한 권한은 무례하게 들리는 형용사 한두 개를 다른 말로 바꾸는 것을 고려하라는 요청뿐이었다.

마지막으로 내가 연구에만 온전히 집중할 수 있는 자유와 기회를 허락받은 것은 정부 기관 — 이 기관은 다른 기관을 통해 내게 재정적 지원을 제공해주었다 — 덕분이었다는 점을 말하고 싶다. 이 두 기관은 짐작대로 워싱턴이라는 까다로운 환경에서 운영되었으며, 그들은 소위 자유로운 탐구의 보루라는 미국의 일부 대학들이 나의 연구에 더 많은 규제를 가하려던 시점에 나를 도와주었다. 따라서 나는 정부 소속의 정신의학자들과 사회과학자들의 개방적이고 공정한 태도에 감사를 표하고 싶다.

어빙 고프먼
버클리, 캘리포니아, 1961

차례

서문

　총체적 기관total institution이란 비슷한 상황에 놓인 다수의 개인이 상당 기간 동안 바깥 사회와 단절된 채 거주하고 일을 하는 장소라고 정의될 수 있다. 이때 총체적 기관 속의 개인들은 외부와 단절된 공통의 일과를 보내며, 이는 공식적 행정의 관리 대상이 된다. 교도소는 총체적 기관의 확실한 예다. 물론 교도소의 교도소다운 특징들은 비非범죄자들로 구성된 기관들에서도 발견된다는 점을 우리는 알고 있다. 이 책에서는 일반적인 총체적 기관을 취급하며, 특히 정신병원이라는 하나의 사례에 주목한다. 그리고 병원 직원의 세계보다는 재소자의 세계에 더 초점을 맞추면서 자아의 구조에 대한 사회학적 해석을 발전시키는 데 주력한다.

　이 책에 실린 논문 네 편은 각각 독립적인 완결성이 있다. 앞의 두 편은 따로 출간되었다. 물론 모든 글이 동일한 쟁점, 즉 재소자의 상황에 초점을 맞추고 있기는 하다. 그러므로 약간의 반복이 있을 수 있다. 다른 한편 각각의 논문은 다른 각도에서, 상이한 사회학적 자료들을 통해, 상호 관련성 없이 핵심 쟁점에 접근한다.

　이러한 방법으로 연구 결과를 보여주는 것이 독자에게는 짜증을 불러일으킬 수 있다. 말끔히 통합된 책은 아니지만 이 방법은 나로 하여금 각각의 글이 담고 있는 주제를 분석적으로, 그리고 상호 비교를 통해 천착하는 데 도움을 주었다. 사회학의 현재 상태를 주목해보자. 현시점에서 사회학적 개념들을 세심히 다루기 위해서는, 우리는 각각의 개념이 가장 잘 적용될 수 있는 지점들이 어디인지 추적해야 할 것이다. 바로 그 지점에서 우리는 각각의 개념이 이끄는 방향을 따라가 그것들의 남은 부분들까지 밝혀내야 할 것이다. 아이들을 하나의 화려한 텐트 아래 모아 추위에 떨게 하는 것보다는 각각에게 다른 외투를 입히는 것이 나을 수도 있지 않겠는가.

첫번째 논문「총체적 기관의 특징들에 관하여」는 총체적 기관의 시설들 내부의 사회적 삶에 대한 일반적 조사이다. 특히 이 논문은 강제적 소속이라는 성격을 띠는 두 사례 — 정신병원과 교도소 — 에 초점을 맞추고 있다. 이 논문은 나머지 논문들에서 구체적으로 발전될 주제들을 언급하며 또한 그 주제들이 더 넓은 전체 맥락에서 차지하는 자리들을 보여준다. 두번째 논문「정신병 환자의 도덕적 이력」은 재소자가 되기 전 개인들이 속한 사회적 관계에 입원이 미치는 초가 효과를 고려한다. 세번째 논문「공공 기관의 지하 생활」은 재소자들이 수감 시설에 대해 갖는 애착에 주목한다. 구체적으로 재소자들이 자기 자신과 그들을 향한 기대 사이의 거리를 조절하는 방식에 관심을 기울인다. 마지막 논문「의료 모델과 정신병원 입원」은 전문 직원들에게 관심을 돌려, 환자들에게 정신병원의 상황을 실재적으로 제시하는 의료적 관점의 역할을 따져본다.

1 총체적 기관의 특징들에 관하여[1]

1) 이 논문의 좀더 짧은 버전은 *Symposium on Preventive and Social Psychiatry*, Walter
    Reed Army Institute of Research, Washington, D.C., 15~17 April 1957, pp. 43~84에 게
    재되었다. 현재의 버전은 *The Prison*, edited by Donald R. Cressey, copyright © 1961
    Holt, Rinehart and Winston, Inc에 재수록되어 있다.

서론

1

사회적 시설들—일상적 용어로는 기관들—이란 특정한 종류의
활동이 정규적으로 이루어지는, 이를테면 방, 몇 개의 방들로 이루
어진 공간, 빌딩, 또는 공장과 같은 장소들을 지칭한다. 사회학에는
이에 대한 적절한 분류법이 제시되어 있지 않다. 그랜드센트럴 역과
같은 시설들은 바르게 처신만 하면 누구나 출입할 수 있는 열린 공
간이다. 또 다른 시설들, 예컨대 뉴욕 유니언 리그 클럽Union League
Club of New York이나 로스앨러모스의 원자력 연구소는 입장하는 데
매우 까다로운 것으로 알려져 있다. 상점이나 우체국 같은 일부 기
관들의 경우, 서비스를 제공하는 소수의 고정 구성원과 그 서비스를
제공받는 구성원들이 지속적으로 출입한다. 가정과 공장 같은 경우
는 참여자 구성이 자주 바뀌지 않는다. 어떤 기관들은 개인의 사회
적 지위와 관련된 활동들—이 활동들이 유희적이거나 느긋하게 이
루어지더라도—을 위한 장소를 제공한다. 반면 주요한 필요를 채
우는 시간을 제외한 나머지에 투여되는, 말하자면 선택의 여지도 있
고 덜 진지한 종류의 모임 장소를 제공하는 기관들도 있다. 이 책은
자연스럽고 유익한 장소라고 간주되는 이러한 기관들은 배제했다.
그 이유는 그 기관들의 구성원들은 공통점이 매우 많기 때문이다.
사실, 공통점이 너무 많아서 그런 기관 중 하나를 골라 살펴보는 것
보다는 차라리 공통점이 적은 다른 기관들을 살펴보는 것이 나을 듯

1 총체적 기관의 특징들에 관하여

하다.

2

모든 기관은 구성원의 시간과 관심을 사로잡고 그들에게 모종의 세계를 제공한다. 요컨대 모든 기관은 포괄적으로 아우르는 경향이 있다. 서구 사회의 다양한 기관을 검토하다 보면 우리는 내부적 포괄성의 정도가 매우 높아 인접한 기관들 사이에 불연속성이 초래되는 경우를 발견한다. 그 기관들의 포괄성 또는 총체적 성격은 외부와의 사회적 접촉과 이탈을 가로막는 장벽으로 상징된다. 이 장벽은 종종 잠금장치가 있는 문, 높은 벽, 철조망, 벼랑, 물, 숲, 또는 습지대처럼 물리적 환경 내부에서 구축된다. 나는 **총체적 기관**total institutions으로 불리는 시설들과 기관들의 일반적 특징들을 탐구하고자 한다.[2]

우리 사회의 총체적 기관들은 대략 다섯 개의 집합으로 묶일 수 있다. 첫째, 무능하고 무해한 사람들을 돌보기 위해 설립된 기관들이 있다. 시각장애인, 노인들, 고아들, 그리고 극빈자들을 위한 기관들이다. 둘째, 자신들을 건사하는 데 무능하지만 공동체에 위협이

---

[2] 총체적 기관들의 범주는 사회학적 저술들에서 간헐적으로 다양한 이름으로 불렸다. 그리고 그 범주의 약간의 특징들은, 아마도 하워드 롤랜드Howard Rowland의 주목받지 못한 논문에서 제시되었으리라고 여겨진다. "분리된 공동체들과 정신 건강Segregated Communities and Mental Health," in *Mental Health Publication of the American Association for the Advancement of Science,* No. 9, edited by F. R. Moulton, 1939. 이 논문은 *Group Processes,* Transactions of the Third, 1956, Conference, edited by Bertram Schaffner, New York: Josiah Macy, Jr. Foundation, 1957에서 예비적으로 발표된 바 있다. "총체적"이라는 용어는 Amitai Etzioni, "The Organizational Structure of 'Closed' Educational Institutions in Israel," *Harvard Educational Review,* XXVII, 1957, p. 115에서 이 책과 같은 맥락에서 사용되었다.

되는—의도하지 않았을지라도—사람들을 돌보는 시설들이 있다. 결핵 요양원, 정신병원, 나병 요양소 등이다. 세번째 유형의 총체적 기관은 의도적인 위협으로부터 공동체를 보호하기 위해 설립된다. 이때 이 시설 안에 격리된 사람들의 복지는 선결 문제가 아니다. 교도소, 감호소, 포로수용소, 강제수용소가 있다. 네번째, 준準직업적 과업을 더 잘 수행하기 위해 설립된, 오로지 도구적 관점에서 그 기능을 정당화하는 기관들이 있다. 군대 막사, 선박, 기숙학교, 노동수용소, 식민지수용소, 대저택(숙소에 거주하는 하인들의 관점에서) 등이 여기 해당된다. 마지막으로는 세상과 동떨어진 은둔 장소로 고안된 시설들이 있다. 이 시설들은 종종 종교인들을 육성하는 기지 역할을 하기도 한다. 여기에는 대수도원, 수도원, 수녀원, 그리고 그 외의 종교적 은둔처들이 있다. 총체적 기관에 대한 이러한 분류는 산뜻하거나 완전하지 않으며 분석적으로 직접적인 쓸모도 없다. 하지만 이러한 분류는 범주들에 대한 명시적 정의를 내려주는 확실한 출발점 역할을 할 수 있다. 나는 이런 식으로 총체적 기관에 대한 기초 정의를 내리고 동어반복을 피하면서 총체적 기관들의 유형에 대한 일반적 특징들을 논할 수 있기를 희망한다.

시설들의 목록으로부터 일반적 윤곽을 추출하기에 앞서, 나는 하나의 개념적 문제를 언급하고 싶다. 내가 이야기하는 어떤 요소들이 총체적 기관들에만 국한되는 것이 아니다. 그리고 모든 총체적 기관이 그 요소들을 공유하는 것도 아니다. 총체적 기관에서 두드러지는 것은 각각의 기관이 그러한 속성들의 집합 속의 많은 항목을 강렬한 양상으로 드러낸다는 점이다. "공통의 특징들"이라는 구절을 언급할 때, 나는 제한적이지만 논리적으로 방어할 수 있는 방식을 채택할 것이다. 동시에 이러한 전략은 이념형적 방법[3]을, 즉 공통의 특질들을 수립하면서 중요한 차이들을 부각시키는 방법을 가능하게 한다.

3

근대사회의 기본적인 사회적 질서는 다음과 같다. 개인들은 서로 다른 장소에서, 서로 다른 공통의 참여자들과, 서로 다른 권위 아래, 전반적인 합리적 계획 없이 자고, 놀고, 일하는 경향이 있다. 이러한 생활의 세 영역을 분리시키는 경계의 붕괴, 이것이 총체적 기관의 핵심적인 특징이라고 말할 수 있다. 첫째, 생활의 모든 면면은 동일한 장소에서 단일한 권위 아래 수행된다. 둘째, 구성원은 일상적 활동의 각 국면을 다수의 타인과 긴밀한 무리를 이루어 수행한다. 이들은 모두 동일한 처우를 받으며 동일한 일을 함께해야 한다. 셋째, 일상 활동의 모든 국면은 빈틈없이 계획된다. 즉 하나의 활동은 사전 조정된 시간대에 따라 다음 활동으로 이어지며, 이때 활동의 전체 순서들은 명시적인 규칙들과 일군의 간부로 이루어진 체계에 따라 위로부터 부과된다. 마지막으로 구성원들이 수행하는 다양한 강

---

3) (옮긴이) 막스 베버Max Weber가 제시한 사회학 방법론으로 관찰자의 연구 관심에 따라 경험적 실재의 특정 측면들을 부각시키고 배열함으로써 분석을 위한 대상으로 구성하는 방법을 뜻한다. 이념형적 방법은 경험적 실재의 전체나 세부를 있는 그대로 묘사하는 것과는 무관하다. 오히려 복잡다단한 실재 속의 인과관계를 이해하기 위해 인위적이고 개념적인 대상물을 구성하는 것이라고 할 수 있다. 이에 대해서는 막스 베버, 『사회과학방법론 선집』, 전성우 옮김, 나남출판, 2011을 참고하라. 베버는 이념형적 방법을 적용하여 사회적 행위를 전통적 행위, 감정적 행위, 가치-합리적 행위, 목적-합리적 행위로 분류했다. 베버에 따르면 자본주의는 효율적인 자원 관리와 이윤 생산을 추구하는 목적-합리적 행위를 통해 지속되지만 자본주의의 역사적 형성을 가능하게 한 것은 기독교적 구원의 추구라는 가치-합리적 행위였다. 이에 대해서는 막스 베버, 『프로테스탄티즘의 윤리와 자본주의 정신』, 김덕영 옮김, 길, 2010을 참고하라.

제적 활동들은 기관의 공식적 목표들을 수행하도록 고안된 단일한 합리적 계획으로 수렴된다.

이 같은 총체적 기관의 개별적 특징들은 다른 곳에서도 나타난다. 예컨대 최근의 대규모 상업적·산업적·교육적 시설들은 구성원들에게 카페와 여가 시간을 제공하는 추세를 보인다. 개별적으로 보자면, 이 같은 부대시설의 사용은 개인의 자유에 맡겨진다. 또한 통상적 권위의 힘이 거기까지 미치지 않도록 각별한 주의를 요하기도 한다. 이와 유사하게 가정주부들이나 농부 가족들은 생활의 주요 영역을 동일한 울타리 안에서 영위하지만 이들은 집단으로 편성되지 않으며 자신과 비슷한 타인들과 긴밀한 무리를 이루어 일상 활동을 수행하지도 않는다.

다수의 인간적 욕구들을 다룰 때 사람들을 구획 전체로 조직해서 관료적으로 관리하는 방식—그것이 주어진 상황에서 필요한지 효과적인 사회적 조직화라고 할 수 있는지와는 무관하다—이야말로 총체적 기관의 요체이다. 바로 이 사실로부터 중요한 함의들이 도출된다.

사람들을 구획할 때, 그들을 감독하는 직원들의 주요 활동은 지도나 정기 감사(많은 고용–피고용 관계에서 그러한 것처럼)가 아니라 감시이다. 즉 모든 개인이 그들에게 명확히 요구된 바를 따르는지 아닌지를 주목하는 것이다. 특히 이러한 감시 속에서 한 사람의 위반 행위는, 알아보기 쉽고 지속적으로 감시되는 다른 이들의 규칙 준수에 대비되어 뚜렷이 부각된다. 대규모로 구획화되어 관리되는 사람들과 소수의 감독관 중에 어떤 것이 먼저냐는 여기서 중요치 않다. 중요한 사실은 양자가 서로를 위해 존재한다는 것이다.

총체적 기관에는 편의상 재소자라고 불리는 다수의 관리 대상 집단과 소수의 감독 직원 사이의 분리가 존재한다. 일반적으로 재소자들은 기관 안에 거주하며 벽 바깥세상과 접촉하는 데 제한을 받는다. 직원들은 통상 하루 여덟 시간 근무를 하며 바깥 세계와 사회적으로 통합되어 있다.[4] 각각의 집단은 서로를 편협하고 적대적인 스테레오타입을 통해 인식하는 경향이 있다. 직원들은 재소자들이 적대적이고, 음흉하고, 믿을 수 없다고 생각한다. 반면 재소자들은 직원들을 거만하고, 고압적이고, 무례하다고 생각한다. 직원들은 스스로 우월하고 정의롭다고 느낀다. 재소자들은 적어도 어떤 면에서 열등감, 무력감, 자책감, 죄책감에 젖어 있다.[5]

두 계층 간의 사회적 이동은 극도로 제약되어 있다. 일반적으로 두 계층 간의 사회적 거리는 매우 멀고 종종 공식화된 규정을 따른다. 심지어 경계를 넘어서는 대화조차 특정한 어조를 띤 목소리로 행해진다. 이는 정신병원에 실제로 거주했던 경험을 소설화한 다음의 글에서 잘 나타난다.

　　"하나 말해주지." 미스 하트는 그들이 휴게실을 지나갈 때 말했다.
"너희들은 미스 데이비스가 하라는 대로 다 하라고. 생각하지 말

---

4)　총제적 기관의 이분법적 성격을 내게 알려준 것은 그레고리 베이트슨이다. 다음과 같은
　　연구도 그 점을 언급하고 있다. 예를 들어 Lloyd E. Ohlin, *Sociology and the Field of
　　Corrections*, New York: Russell Sage Foundation, 1956, pp. 14, 20. 직원들이 총체적
　　기관 속에서 생활해야 하는 상황이 있다. 이때 그들은 아마도 자신들이 특별한 고충을
　　겪는다고 느낄 것이다. 또한 그들은 기대와 달리 기관 내부의 생활에 자신의 지위가 종
　　속되어버리는 상태를 뼈저리게 느낄 것이다. Jane Cassels Record, "The Marine
　　Radioman's Struggle for Status," *American Journal of Sociology*, LXII, 1957, p. 359.
5)　교도소의 경우에는 S. Kirson Weinberg, "Aspects of the Prison's Social Structure,"
　　American Journal of Sociology, XLVII, 1942, pp. 717~26을 보라.

고 그냥 해. 그럼 잘 지내게 될 거야."

그 이름을 듣자마자 버지니아는 1호 병동의 끔찍한 점이 무엇인지 알아챘다. 바로 미스 데이비스였다. "그 양반이 수간호사인가요?" "그렇고말고." 미스 하트가 낮게 속삭였다. 그러더니 그녀는 목소리를 높였다. 간호사들은 마치 소리를 지르지 않으면 환자들이 아무 소리도 못 듣는다는 식으로 행동했다. 간호사들은 보통의 어조로 말하기도 했는데, 그런 어조로 말해지는 것은 환자들이 들어선 안 되는 것들이었다. 간호사가 아니었더라면 그들은 혼잣말을 자주 하는 사람처럼 보였을 것이다. "미스 데이비스, 가장 뛰어나고 유능한 사람이지." 미스 하트가 공표하듯 말했다.[6]

사실 재소자들과 그들을 감시하는 직원들 사이의 소통은 어느 정도 필요하다. 간수의 일 중 하나는 재소자들과 고위 직원들 사이의 소통을 통제하는 데 있다. 정신병원을 연구한 한 학자는 다음과 같은 일화를 들려준다.

많은 환자는 의사의 회진을 고대한다. 따라서 담당 직원은 의사들이 진료 업무에 지치지 않도록 환자와 의사 간에 중재 역할을 맡아야 한다. 30호 병동에서 신체적 증상이 없는 환자들은 두 하급 부류에 속하는데, 이들은 닥터 베이커가 요구하지 않는 한 의사에게 말하는 것이 거의 언제나 금지되어 있다. 한없이 투덜거리는 망상증 환자 집단들—담당 직원들이 "근심쟁이" "골칫거리" "풋내기"

---

6)   Mary Jane Ward, *The Snake Pit,* New York: New American Library, 1955, p. 72.

라고 부르는—은 담당 직원의 중재를 뚫고 의사에게 말을 걸려고 하지만 그럴 때마다 즉각 제재를 받곤 한다.[7]

경계를 넘어서는 대화가 금지되듯 정보의 흐름 또한 금지된다. 특히 직원들이 재소자에 대해 세운 계획들의 정보는 새어나갈 수 없다. 무엇보다 재소자들은 자신들의 운명을 결정하는 지식에서 배제된다. 공식적 근거가 군사적이건—징집된 병사에게 이동 시 종착지가 은폐되는 것처럼—혹은 의료적이건—결핵 환자[8]에게 진단, 치료 계획, 그리고 입원 기간이 은폐되는 것처럼—이러한 배제는 직원들로 하여금 재소자들로부터 거리를 두고 그들을 통제하게 만드는 특별한 토대를 제공한다.

접촉에 관한 이 모든 규제는 상호 적대적인 스테레오타입을 유지하도록 하는 데 도움을 주기 마련이다.[9] 공식적 접촉 지점은 있지만 상호 침투가 거의 없는 두 종류의 상이한 사회적·문화적 세계가 형성되어 나란히 지속된다. 무엇보다 직원과 재소자 모두 기관의 시설물이나 명칭이 직원의 관할이라고 여긴다. 따라서 둘 중의 어느 집단이건 소위 "기관"의 관점 또는 이해관계를 말한다면, 그들은 (나 또

---

7) Ivan Belknap, *Human Problems of a State Mental Hospital,* New York: McGraw-Hill, 1956, p. 177.

8) 이 문제에 대한 전반적 사례 보고는 결핵 병원에 관한 로스Julius A. Roth의 출판 예정 논문에 "Information and the Control of Treatment"라는 제목의 장으로 실려 있다. 그의 연구는 총체적 기관에 대한 연구에서 훌륭한 모델이 될 것이다. 예비 연구의 결과들은 "What is an Activity?" *Etc.,* XIV, Autumn 1956, pp. 54~56과 "Ritual and Magic in the Control of Contagion," *American Sociological Review,* XXII, 1957, pp. 310~14에 실려 있다.

9) Lloyd E. Ohlin, 같은 책, p. 20을 참고하라.

22

한 포함해서) 직원의 관점과 이해관계를 뜻하는 것이다.

사람들을 대규모로 구획화하여 관료적으로 관리하는 것의 주요한 결과물 중 하나가 직원-재소자의 분리이다. 또 다른 결과는 일work과 관련되어 있다.

우리 사회의 일반적인 생활 질서에 따르자면 일터의 권위는 노동자들이 봉급을 받는 지점에서 멈춘다. 가정과 여가 생활에서 봉급의 처분은 노동자의 사생활에 속하며 이를 통해 일터의 권위는 분명한 한계 안에서만 유지된다. 그러나 총체적 기관에서 재소자들의 하루 전체가 계획된다는 것은 그들의 핵심적 욕구들 전체가 계획된다는 뜻이다. 그들이 하는 일에 어떤 보상이 주어지건, 이 보상은 바깥 사회에서만큼 구조적으로 중요하지 않다. 즉 일에 대하여 다른 동기와 다른 태도가 있어야 하는 것이다. 재소자들, 그리고 재소자들에게 일을 시키는 이들은 이러한 기본적 변화에 적응해야 한다.

재소자들은 해야 할 일이 거의 없을 때도 있다. 그들은 여가 활동을 해보지 않았기에 극도의 지루함에 빠지기도 한다. 해야 할 일은 아주 느리게 진행된다. 이 일들은 형편없는, 하지만 흔히 의례적ceremonial 성격을 띠는 보수 체계—주간 담배 배급이나 크리스마스 선물—와 연동되기도 한다. 어떤 정신병 환자들은 이 보수를 위해 계속 일을 한다. 물론 어떤 일들은 하루 종일 해도 모자라는 강도 높은 노동을 요구하기도 한다. 이때 재소자들은 보상 때문이 아니라 물리적인 처벌의 위협 때문에 일을 한다. 벌채 캠프logging camps나 상선merchant ships 같은 총체적 기관의 경우, 강제 저축forced saving의 관행이 있다. 이 때문에 재소자들은 돈으로 구매 가능한 세계와의 관계를 끊을 수밖에 없다. 모든 욕구는 기관에 의해 조직되며 보수는 작업 기간이 끝나고 작업 장소를 떠날 때에만 주어진다. 어떤 총체적 기관들에서는 일종의 노예제가 작동한다. 재소자들의 전체 작업 시간은 직원들의 편의에 맞춰진다. 이때 재소자의 자아 감각과 소유 감각은 자신의 일 수행 능력과 분리되기도 한다. 토머스 로런스는 영국공군R.A.F. 훈련소 복무 시절을 기록했는데, 거기서 한 가지 예를 보여준다.

> 6주 동안의 피로한 노역 중에 만난 사람들이 보여준 해이한 태도는 우리의 도덕 감각을 충격에 빠뜨렸다. 그들은 말했다. "야 신입들, 그렇게 진땀을 흘리다니, 멍청하기 짝이 없군." 우리가 새로운 열정을 불러일으킨 것인가? 아니면 우리 안에 남아 있는 시민성이 작동한 것인가? 영국 공군은 하루 24시간 전체를 지불해주었다. 시간당 1페니 반으로 계산해서 우리가 일하고 먹고 자는 모든 것에 돈을 주었다. 그래서 늘 푼돈들이 쌓여갔다. 따라서 일을 잘함으로써 일의 품격을 지키는 것은 불가능했다. 최대한 느리게 일을 해야 했다. 왜냐하면 결국 주어지는 것은 느긋한 대기 시간이 아니라 또 다른 업무였기 때문이다.[10]

일이 너무 많건 너무 적건 총체적 기관의 일 체계는 밖에서는 업무에 충실했던 개인의 도덕 감각을 마비시켜버릴 수 있다. 이러한 탈도덕화의 사례는 주립 정신병원 재소자들의 관행에서 잘 나타난다. 그들은 매점에서 쓸 5센트나 10센트를 벌기 위해 소위 "구걸질"과 "부려먹기"를 일삼는다. 이런 짓을 하는 사람들—종종 반항심을

---

10) T. E. Lawrence, *The Mint,* London: Jonathan Cape, 1955, p. 40.

갖고— 은 바깥 기준으로 보면 자존감이 낮은 사람들이라고 할 수 있다. (직원들은 돈벌이에 대해 자신들이 갖는 시민적 기준으로 구걸 행위를 평가하는 경향이 있다. 따라서 직원들에게 그러한 재소자들의 행위는 정신 질환의 증상이고 상태가 좋지 않다는 또 다른 증거일 뿐이다.)

그렇다면 총체적 기관과 우리 사회의 기본적인 일-보수 구조는 양립 불가능하다고 볼 수 있다. 총체적 기관은 우리 사회의 또 다른 핵심적 요소, 즉 가족과 양립 불가능하다. 가족 생활은 종종 독거 생활과 대비된다. 하지만 가족 생활과 더 적절한 대비를 이루는 것은 바로 무리 생활이다. 일터에서 동료 노동자 집단과 함께 먹고 자는 사람들은 의미 있는 가정 생활을 유지하기 어려울 것이다.[11] 반대로 직원들은 병원 바깥에서 가족을 꾸림으로써 바깥 공동체에 지속적으로 통합될 수 있으며 총체적 기관의 포위력으로부터 벗어날 수 있는 것이다.

특정한 총체적 기관이 시민사회 내부에서 좋은, 혹은 나쁜 힘으로 작용하느냐—어떤 식으로든 작용은 하겠지만—는 실제 혹은 잠재적 가족의 전체 영역이 얼마나 축소되느냐에 부분적으로 달려 있다고 볼 수 있다. 거꾸로 말하면 가족의 형성은 총체적 기관에 대한 저항을 구조적으로 보장한다고 볼 수 있다. 두 형태의 사회적 조직들이 양립 불가능하다는 사실은 이 조직들이 더 넓은 맥락에서 수행하는 사회적 기능에 대한 시사점을 제공한다.

---

11) 예외적이지만 흥미로운 사례는 이스라엘의 키부츠이다. 이에 대해서는 Melford E. Spiro, *Kibbutz, Venture in Utopia,* Cambridge: Harvard University Press, 1956과 Amitai Etzioni, 같은 책을 참고하라.

총체적 기관은 사회적 혼성물이다. 그것은 부분적으로는 주거 공동체이고 부분적으로는 형식적 조직이다. 바로 거기에 고유한 사회학적 관심이 향한다. 이러한 시설들에 관심을 갖는 다른 이유도 있다. 우리 사회에서 이 시설들은 사람들을 변화시키는 온상 역할을 한다. 각각의 시설은 자아를 가지고 무엇을 할 수 있는지에 대한 자연적 실험을 수행한다.

지금까지 총체적 기관의 몇 가지 핵심적 특징을 살펴보았다. 이제 나는 이러한 시설들을 두 관점에서 살펴보고자 한다. 첫째, 재소자의 세계, 그다음으로 직원의 세계이다. 마지막으로 나는 두 세계의 접촉에 대해서 말하고 싶다.

재소자 세계

1

재소자들에게 특징적인 것은 "고향 세계"에서 유래하는 "발현 문화presenting culture"(정신의학적 구절을 약간 수정하자면)[12]를 지니고 총체적 기관에 들어온다는 점이다. 이때 발현 문화란 재소자들이 총체적 기관에 들어오기 전까지 당연시해온 생활양식과 규칙적 활동을 뜻한다. (그런 이유로 고아원이나 기아棄兒 보호소는 총체적 기관

---

12) (옮긴이) 이는 발현 증상presenting symptom의 패러디로 보인다. 발현 증상이란 의학 용어로 환자가 불편을 호소하고 벗어나고 싶어 하는 증상을 의미한다.

의 목록에 포함되지 않는다. 모종의 문화적 투과 작용이 있어서 고아가 바깥 세계—비록 이 세계에 의해 체계적으로 거부를 당했음에도—를 향해 사회화되는 경우를 빼고 말이다.) 신입 재소자가 사적으로 속했던 조직은 그 안정성 여부와 상관없이 그의 시민적 환경에 뿌리내린 더 넓은 체제의 일부였을 것이다. 거기서 개인이 겪은 일련의 경험들은 자아에 대한 적정한 개념을 확정해주었을 것이고 또한 스스로의 판단으로 갈등과 불신과 실패를 처리하는 일련의 방어 기술들을 갖게 해주었을 것이다.

총체적 기관에는 기성 문화를 대체하는 자체의 고유한 문화가 존재하지 않는 것처럼 보인다. 우리는 여기서 문화적 적응이나 통합보다 더 구속적인 어떤 것과 맞닥뜨린다. 만약 재소자에게 문화적 변화가 일어난다면, 아마도 그것은 그가 특정 행동 기회를 박탈당하거나 최근의 바깥 사회의 변화들을 따라가지 못해서일 것이다. 따라서 만약 재소자의 입소 기간이 길어지면, "탈문화disculturation"[13]라는 사태가 벌어질 수 있다. 즉 재소자가 사회로 돌아갈 경우, 한동안 일상생활의 일부를 꾸려나가지 못하는 "탈숙련"이 일어나는 것이다.

재소자가 "안"이나 "바깥"에 있다는 것의 완전한 의미는 "나간다" 혹은 "출소한다"라는 사실이 그에게 부여하는 특별한 의미와 무관할 수 없다. 이런 의미에서 총체적 기관들은 문화적 정복을 추구하지 않는다. 그들은 고향 세계와 기관 사이의 특정한 종류의 긴장을 창조하고 유지하며, 이 지속적 긴장을 전략적 지렛대로 사용하여 사람

---

13) 이 용어는 Robert Sommer, "Patients who grow old in a mental hospital," *Geriatrics*, XIV, 1959, pp. 586~87에서 사용된다. 이 맥락에서 사용되는 "탈사회화"라는 용어는 어감이 지나치게 강해서 소통과 협력에 필요한 근본적 능력의 상실을 지칭한다.

들을 관리한다.

2

신입은 고향 세계의 안정적인 사회적 질서가 제공한 자아 개념을 가지고 시설에 온다. 그가 시설에 들어오자마자 그러한 사회적 질서가 제공했던 지지력은 박탈당한다. 우리 사회에 가장 오래된 총체적 기관들이 사용하는 정확한 언어에 따르자면, 자아를 대상으로 한 일련의 비하, 모멸, 조롱, 그리고 모독이 시작되는 것이다. 신입 재소자의 자아는 체계적으로―의도적이지 않더라도―모욕을 겪게 된다. 자아, 그리고 의미 있는 타인들에 대한 믿음의 점진적인 변화로 이루어진 **도덕적 이력**moral career에서 그는 하나의 근본적인 전환을 겪기 시작한다.

총체적 기관에서 한 사람의 자아가 겪는 모욕의 과정은 매우 표준화되어 있다.[14] 이 과정에 대한 분석은 일반적 시설들이 구성원의 시민적 자아를 보존하기 위해 반드시 갖춰야 하는 질서를 이해하게 해준다.

총체적 기관이 재소자와 바깥 세계 사이에 세우는 장벽은 자아의 축소를 제일 먼저 드러내는 장소이다. 시민적 생활에서 개인적 역할들은 순차적으로 짜인다. 이로 인해 생애 주기와 반복적 일상 모두에서 한 역할은 다른 역할 속의 자아 수행과 유대관계를 방해하지 않는다. 반면 총체적 기관에 소속되면 역할의 순차적 짜임은 자동적으로

---

14) 이러한 과정을 잘 묘사하는 사례는 Gresham M. Sykes, *The Society of Captives,* Princeton: Princeton University Press, 1958, ch. iv, "The Pains of Imprisonment," pp. 63~83에서 찾을 수 있다.

중단된다. 재소자와 바깥 세계의 분리는 스물네 시간 내내 지속되며, 심지어는 수년간 이어진다. 따라서 역할 박탈이 발생한다. 많은 총체적 기관은 입소 직후 면회와 외부 체류 같은 특혜를 완전히 금지시키는데, 이는 재소자를 과거의 역할과 깊이 단절시키고 현재의 역할 박탈을 수용하게 만든다. 사관학교 후보생 생활에 대한 다음 증언은 시사적이다.

> 단시간 내에 과거와 확실히 단절해야 한다. 따라서 두 달 동안 훈련생은 기지를 떠날 수 없으며 비훈련생과 사회적으로 교류할 수 없다. 이러한 고립을 통해 사회적 지위가 다른 사람들의 이질적 집합이 아닌 통일된 훈련생 집단이 만들어진다. 첫날 유니폼이 지급된다. 재산과 출신 배경에 대한 이야기는 금기시된다. 훈련생에게 지급되는 보수는 매우 적지만 집에서 조달되는 돈은 금지된다. 개인은 자신이 익숙해 있던 다른 역할들을 버리고 훈련생 역할을 수용해야 한다. 바깥 세계에서 지녔던 사회적 지위를 드러내는 실마리들은 거의 남지 않을 것이다.[15]

나는 여기서 자발적 입소의 경우에도 신입 재소자는 부분적으로

---

15) Sanford M. Dornbusch, "The Military Academy as an Assimilating Institution," *Social Forces,* XXXIII, 1955, p. 317. 정신병원의 입원 초기 규제들에 관해서는 D. McI. Johnson and N. Dodds, eds., *The Plea for the Silent,* London: Christopher Johnson, 1957, p. 16을 보라. 면회를 금지하는 규칙을 비교해볼 수도 있다. 이 규칙 때문에 집안일을 하는 하인들의 경우 자신들이 속한 총체적 기관(옮긴이: 집)에 갇히게 된다. 이에 대해서는 J. Jean Hecht, *The Domestic Servant Class in Eighteenth-Century England,* London: Routledge and Kegan Paul, 1956, pp. 127~28을 보라.

고향 세계를 떠나는 것과 다름없다고 첨언하고 싶다. 총체적 기관은 이미 소멸하기 시작한 부분을 깨끗이 잘라내는 것이다.

물론 재소자가 다시 고향 세계로 돌아오면 어떤 역할들은 복원될 수 있다. 하지만 다른 종류의 상실들은 돌이킬 수 없으며 그 상실은 고통스럽게 경험될지도 모른다. 교육적이거나 직업적 자기계발에, 결혼 생활에, 또는 육아에 사용되어야 했을 현재의 잃어버린 시간을 생애 주기 후반부에 보충하는 것은 불가능하다. 영구적인 역할 박탈은 법적으로 보면 "시민권 상실civil death"이라는 개념에 상응한다. 교도소 재소자들은 돈을 유산으로 남기거나 수표를 쓰고, 이혼 소송을 제기하거나 입양을 하고, 투표를 하는 등의 권리를 상실하는데, 그것은 일시적인 데 그치지 않는다. 그들은 이 권리들의 일부를 영구적으로 잃어버릴 수 있다.[16]

결국 재소자들은 바깥 세계로부터 자신을 분리시키는 장벽으로 인해 특정 역할들을 잃어버린다고 볼 수 있다. 또한 입소 과정은 다른 종류의 상실과 모욕을 야기하기 일쑤이다. 직원들은 흔히 소위 입소 절차라는 것을 활용한다. 이를테면 생애사 기록하기, 사진 찍기, 몸무게 재기, 지문 찍기, 수감번호 할당하기, 수색하기, 보관함에 들어갈 소지물 목록 뽑기, 옷 벗기기, 목욕시키기, 소독하기, 이발시키기, 의복 지급하기, 규칙 가르치기, 숙소 지정하기 등.[17] 입소 절차는

---

16) 미국 교도소 경우의 좋은 사례는 Paul W. Tappan, "The Legal Rights of Prisoners," *The Annals*, CCXCIII, May 1954, pp. 99~111에서 찾아볼 수 있다.

17) 다음의 예를 보라. J. Kerkhoff, *How Thin the Veil: A Newspaperman's Story of His Own Mental Crack-up and Recovery*, New York: Greenberg, 1952, p. 110. Elie A. Cohen, *Human Behaviour in the Concentration Camp*, London: Jonathan Cape, 1954, pp. 118~22. Eugen Kogon, *The Theory and Practice of Hell*, New York: Berkley

"정돈" 혹은 "프로그래밍"이라고도 불린다. 왜냐하면 그것은 존재 자체를 정리함으로써 신입 재소자를 시설의 행정 기계 속으로 삽입시키고, 그리하여 통상적 기관 운영이 다스릴 수 있는 사물로 규격화하고 약호화하기 때문이다. 이 같은 절차들의 상당수는 몸무게나 지문과 같은 개인의 속성들을 활용할 수밖에 없다. 이유는 단순하다. 그는 가장 거대한, 그리고 가장 추상적인 사회적 범주, 즉 인간human being에 속하기 때문이다. 그러한 속성들에 근거한 조치는 필연적으로 자아 정체성을 이뤘던 기존의 토대들을 무시할 수 밖에 없다.

총체적 기관은 입소 과정에서 재소자들의 삶의 수많은 면면을 처리한다. 입소 과정에는 세세한 정리 작업이 수반된다. 따라서 처음부터 신입의 협력이 필요하다. 최초 면대면 접촉을 할 때부터 신입은 직원들에게 존대를 표해야 한다고 생각한다. 왜냐하면 직원들에게 보이는 초기 태도는 환자들이 통상적으로 부과되는 순종적 역할을 앞으로도 수용할 것이라는 신호로 여겨지기 때문이다. 직원들이 재소자들에게 존대 의무들을 알려주는 첫 자리에서 재소자들은 자신만의 평안함을 영구히 중지하거나 유보해야 함을 주지받는다. 그리하여 이러한 최초의 사회화 순간들은 "복종 테스트"를, 심지어 기죽이기 시합 같은 것을 수반하기도 한다. 반항적 재소자는 즉각적이고 가시적인 처벌을 받는다. 그리고 이 처벌은 그가 공개적으로 "내가 졌다"라고 말하고 스스로 무릎을 꿇을 때까지 이어진다.

브렌던 비언은 이에 대해 좋은 사례를 제공한다. 그는 월튼 교도소에 막 입소했을 때 두 간수와 벌였던 대결을 다음과 같이 묘사한다.

Publishing Corp. n.d., pp. 63~68.

"내가 너에게 말할 때는 머리를 들어."

홈스 씨는 "횟브레드 씨가 네게 말할 때는 머리를 들어"라고 말했다. 나는 고개를 돌려 찰리를 보았다. 우리의 눈이 마주치자 그는 재빨리 땅 쪽으로 시선을 떨어뜨렸다.

"비언, 어디서 고개를 돌려? 날 봐."

......

나는 횟브레드 씨를 봤다. 나는 말했다. "나는 당신을 보고 있어요."

홈스 씨가 말했다. "횟브레드 씨를 보고 있습니다라고 말해야지 —뭐라고 말해야 한다고?"

"나는 횟브레드 씨를 보고 있어요."

홈스 씨는 진지하게 횟브레드 씨를 보더니, 손을 활짝 펴 뒤로 젖히고는, 내 얼굴을 갈겼다. 그리고 다른 손으로 나를 잡고는 한 번더 갈겼다.

내 머리는 돌아갔고, 불에 덴 듯 뜨거워졌고, 고통에 휩싸였다. 나는 또 한 대 맞을까 궁금해졌다. 나는 방금 맞았다는 사실을 잊었다. 그리고 또 한 대를 맞았다. 그리고 다시 잊었고 다시 맞았다. 그러고는 침착한, 거의 온화하다고까지 할 만한 손길이 나를 붙잡았다. 그리고 다시 맞았다. 내 시야는 붉고 하얗게 점멸하는 처연한 빛으로 가득 찼다.

"너는 횟브레드 씨를 보고 있는 거야—뭐라고, 비언?"

나는 침을 삼키고 목소리를 추스르고는 다시 시도했다. 나는 가까스로 말했다. "저는, 간수님, 제발, 간수님, 저는 당신을 보고 있어요, 아니 제 말씀은, 저는 휫브레드 씨를 보고 있습니다, 간수님."[18]

입소 절차와 복종 테스트는 "환영식"이라고 불리는 좀더 정교한 입회 형식으로 나타나기도 한다. 환영식에서 직원들, 혹은 재소자들, 혹은 둘 다 신입들에게 그들이 처한 곤경이 어떤 것인지를 분명하게 알려준다.[19] 통과의례에서 신입은 "초짜fish" 또는 "걸레swab"로 불리기도 한다. 이는 신입에게 그가 재소자에 불과하며 이 하층 집단에서도 특별히 낮은 지위에 속한다는 사실을 말해주는 것이다.

입소 절차는 과거 정리와 새 출발을 함축하는데, 그 중간에서 사람은 실제로 벌거벗겨진다. 과거 정리는 물론 소유물의 압류를 포함한다. 이는 매우 중요한데, 왜냐하면 사람들은 자신들의 소유물에 자아의 감정을 투여하기 때문이다. 어쩌면 이러한 소유물들 중에 가장 중요한 것은 전혀 물리적이지 않다. 바로 자신의 이름이다. 입소 이후 어떻게 불리건, 이름의 상실은 자아의 심각한 축소를 뜻한다.[20]

재소자가 자신의 소유물들을 압류당하면, 기관은 최소한의 대체물들을 제공해야 한다. 하지만 이때에도 매우 표준화된 물품들이 제공

---

18) Brendan Behan, *Borstal Boy,* London: Hutchinson, 1958, p. 40. 또한 Anthony Heckstall-Smith, *Eighteen Months,* London: Allan Wingate, 1954, p. 26을 참고하라.

19) 강제수용소에서 이 과정이 어떻게 이루어지는가는 Elie A. Cohen, 같은 책, p. 120과 Eugen Kogon, 같은 책, pp. 64~65를 보라. 소녀원의 환영식에 대한 소설적 각색은 Sara Harris, *The Wayward Ones,* New York: New American Library, 1952, pp. 31~34를 보라. 좀 덜 명확하지만 교도소의 경우는 George Dendrickson and Frederick Thomas, *The Truth About Dartmoor,* London: Gollancz, 1954, pp. 42~57에서 찾아볼 수 있다.

20) 예컨대 Thomas Merton, *The Seven Storey Mountain,* New York: Harcourt, Brace and Company, 1948, pp. 290~91. Elie A. Cohen, 같은 책, pp. 145~47을 보라.

된다. 모양은 동일하고 배급은 일괄적이다. 이러한 대체 소유물들은 사실상 기관의 소유로 명시되고 때로는 소유물과의 동일시를 방지하기 위해 일정 간격을 두고 회수된다. 소모품──예를 들어 연필──의 경우는 쓰고 남은 부분을 반납하고 재지급을 받기도 한다.[21] 재물 소유 금지 규정은 개인 보관함 금지, 정기적 검색, 모아놓은 개인 소유물 압수[22] 등을 통해 강화된다. 종교 교단은 자아와 관련된 무소유의 의미를 강조해왔다. 종교 기관의 재소자들은 1년에 한 번씩 방을 바꾸기도 한다. 그래야만 방에 대한 애착을 버릴 수 있기 때문이다. 베네딕트회의 규칙은 분명하다.

> 침구로는 매트리스, 담요, 침대보, 베개면 충분하다. 침대 안에 개인 소유물을 감출 수 있으므로 수도원장은 이 침구들을 자주 조사해야 한다. 수도원장이 지급하지 않은 것을 소지하는 것으로 밝혀지면 당사자는 엄중히 처벌되어야 한다. 사적 소유라는 악덕이 근절되기 위해서는 필요한 물건들, 물통, 속옷, 스타킹, 신발, 거들, 칼, 펜, 바늘, 손수건, 공책 등등은 수도원장이 공급해야 한다. 따라서 필수품들을 달라고 호소하는 일은 사라져야 한다. 그리하여 수도원장은 「사도행전」의 구절을 항상 고려해야 한다. "사도들은 사람의 필요에 따라 각 사람에게 나눠주었다."[23]

---

21) George Dendrickson and Frederick Thomas, 같은 책, pp. 83~84와 *The Holy Rule of Saint Benedict,* Ch. 55를 참고하라.
22) Eugen Kogon, 같은 책, p. 69.
23) *The Holy Rule of Saint Benedict,* Ch. 55.

개인 소유물들의 집합은 자아와 특별한 관계가 있다. 일반적으로 개인은 타인들에게 자신을 드러낼 때 겉모습을 통제하려고 한다. 이를 위해 그는 화장품과 옷가지들, 그것들을 사용하고, 조정하고, 수선할 수 있는 도구들, 이러한 물품들과 도구들을 보관할 수 있고 접근이 용이한 안전한 장소를 필요로 한다. 요컨대 개인은 자신의 외양을 관리할 수 있는 "정체성 도구함"이 필요한 것이다. 또한 그는 이발사와 의류상 같은 외모 전문가들을 주변에 두고 있어야 할 것이다.

그러나 총체적 기관에 들어가면, 개인들은 자신들이 지녀왔던 외모와 그것을 유지하는 데 필요한 도구와 서비스를 빼앗기고 그로 인해 외모 파손을 겪게 된다. 옷, 빗, 바늘, 실, 화장품, 수건, 비누, 면도 용품, 목욕 용품—이 모든 것은 (비록 일부는 접근 불가능한 곳에 보관되거나 나갈 때 돌려주더라도) 빼앗기거나 아예 허락되지 않는다. 성 베네딕트의 성칙Holy Rule을 따르자면 다음과 같다.

> 그렇다면 그는 당장, 기도실에서 자신의 옷을 벗고 수도원의 옷을 입어야 할 것이다. 그가 벗은 옷은 옷장 안에 보관될 것이다. 그리하여 만에 하나 악마의 꼬드김에 빠져 그가 수도원을 떠난다면 (신의 명령을 어겨서) 그가 입었던 수도원의 옷을 벗겨 추방해야 할 것이다.[24]

앞서 언급했듯이 재소자들은 소유물을 빼앗기고 기관이 제공하는 대체물을 받는데, 이것들은 전형적으로 "차이랄 것도 없는," 잘 맞지

---

24) *The Holy Rule of Saint Benedict*, Ch. 58.

도 않고, 오래되고, 다수 재소자에게 다 똑같은 것들이다. 이 대체물이 재소자에게 미치는 효과는 수감된 성매매 종사자들과 관련된 기록에 담겨 있다.

> 먼저, 그들의 옷을 강제로 벗기고, 원래 옷을 압수하고, 샤워 후 수감자복 지급을 감시하는 샤워 담당 간수가 있다. 수감자복은 발목을 감싸는 단화 한 켤레, 여러 번 수선한 발목 양말 두 켤레, 면 치마 세 벌, 팬티 두 장, 면 슬립 두 벌, 그리고 브래지어 몇 개로 이루어져 있다. 사실 브래지어는 납작하고 쓸모없는 것이다. 코르셋이나 거들은 제공되지 않는다.
> 수감자들 중에 비만인 어떤 이들은 처음으로 교도소에서 제공한 것들을 착용한 자신의 모습에 충격을 받고는 괜찮은 외모를 유지하기 위해 어떻게든 노력하는 모습을 보이는데, 그것만큼 슬픈 장면도 없다.[25]

정체성 도구함을 빼앗겨서 발생하는 외모 파손과 더불어 낙인찍기나 사지 절단과 같은 직접적이고 영구적인 신체 절단에서 오는 외모 손상도 있다. 물론 이런 식의 신체적 자아 모욕은 총체적 기관에서 거의 발견되지 않지만, 자아의 안정감을 잃어버리는 일은 흔하며 이는 외모 손상에 대한 불안을 가져온다. 구타, 충격요법, 혹은 정신병

---

25) John M. Murtagh and Sara Harris, *Cast the First Stone,* New York: Pocket Books, 1958, pp. 239~40. 정신병원의 사례에 대해서는 J. Kerkhoff, 같은 책, p. 10을 보라. 워드는 우리 사회의 총체적 기관에서는 남성이 여성보다 외모 파손의 고통을 덜 겪는다고 설득력 있는 주장을 내놓는다. Mary Jane Ward, 같은 책, p. 60.

원의 경우 수술 등은——이러한 서비스를 재소자에게 제공하는 직원들의 의도가 무엇이건——많은 재소자로 하여금 신체의 온전함이 보장되지 않는 환경 안에 있다고 느끼게 만든다.

입소 과정에서 정체성 도구를 상실하면, 개인은 타인을 향해 통상적인 자아 이미지를 표현하지 못하게 된다. 입소 후에도 그가 표현하는 자아 이미지는 또 다른 방식으로 공격받는다. 각각의 시민사회에는 표현적 용례가 있다. 이에 따라 어떤 몸짓, 자세, 그리고 태도는 개인을 얕보이게 하는 이미지를 표현한다. 이러한 용례들은 자아의 위신을 떨어뜨리는 것으로, 따라서 회피되어야 한다. 개인으로 하여금 이 같은 몸짓이나 자세를 취하도록 강요하는 모든 규정, 명령, 또는 과업은 자아에게 모욕적일 수 있다. 총체적 기관에서 그러한 신체적 멸시는 다반사이다. 예컨대 정신병원에서 환자들은 모든 음식을 수저로 먹어야 한다.[26] 군대 영창에서 재소자들은 장교가 영내에 들어서면 차렷 자세를 취해야 한다.[27] 종교적 기관에서는 발에 입을 맞추는 것과 같은 고전적인 속죄의 제스처들이 존재한다.[28] 또한 잘못을 범한 수도자는 다음과 같은 자세를 취해야 한다.

> 그는 침묵 속에서 기도실 문가에 엎드려야 한다. 바닥에 얼굴을 조아리고 몸은 엎드린 채로, 기도실에서 나오는 모든 사람의 발밑으로 스스로를 내던져야 한다.[29]

---

26) D. McI. Johnson and N. Dodds, 같은 책, p. 16. 교도소의 경우는 Alfred Hassler, *Diary of Self-Made Convict,* Chicago: Regnery, 1954, p. 33을 보라.

27) L. D. Hankoff, "Interaction Patterns Among Military Prison Personnel," *U.S. Armed Forces Medical Journal,* X, 1959, p. 1419.

28) Kathryn Hulme, *The Nun's Story,* London: Muller, 1957, p. 52.

어떤 처벌기관은 재소자들에게 태형을 가할 때 그들로 하여금 몸을 굽히게 해 수치심을 유발하기도 한다.[30]

수치스러운 자세를 취해야 하는 것과 비슷하게 수치스러운 대답을 해야 할 때도 있다. 대표적 예는 총체적 기관에 전형적인 강제적 존대이다. 재소자들은 간수들과 사회적 상호작용을 마무리할 때 "sir"를 붙이는 식으로 말로 존대를 표현해야 한다. 또 다른 사례는 담뱃불이나 물이나 혹은 전화 사용 같은 사소한 것을 부탁할 때에도 구걸하고, 애걸하고, 굽실거려야 하는 것이다.

재소자들에게 강요되는 이러한 자기 모멸적 언행은 다른 사람들이 그에게 행하는 멸시적 처우와 대구를 이룬다. 재소자들에게 행해지는 모독적 언어나 제스처의 전형적인 사례로, 직원이나 동료 재소자들은 재소자 개개인을 향해 외설적인 이름으로 부르고, 욕을 하고, 부정적 속성을 지적하고, 놀리고, 혹은 마치 그가 자리에 없다는 듯 그에 대해, 또는 동료 재소자들에 대해 이야기한다.

이처럼 다양한 멸시들의 뿌리나 형식과 무관하게, 개별 재소자는 그 상징적 함의가 자신의 자아 정의와 부딪치는 활동들에 어쩔 수 없이 참여한다. 이러한 모욕은 그가 낯선 일과를 수행할 때—즉 동일시가 불가능한 역할을 수행해야 하는 경우에 널리 퍼져 있다. 교도소에서 이성과 교제할 기회를 박탈당하는 것은 남성성 상실의 공포를 야기한다.[31] 군대에서 작업반이 수행하는 명백히 쓸데없는 일

---

29) *The Holy Rule of Saint Benedict*, Ch. 44.
30) George Dendrickson and Frederick Thomas, 같은 책, p. 76.
31) Gresham M. Sykes, 같은 책, pp. 70~72.

들은 자신의 시간과 노력이 무가치하다는 느낌을 갖게 한다.[32] 종교 기관에서는 모든 재소자가 차례로 돌아가며 비천한 하인 역할을 맡는 식의 특별한 조치가 있다.[33] 강제수용소에서는 수감자들로 하여금 다른 수감자들에게 직접 태형을 가하도록 하는 극단적 경우도 있다.[34]

총체적 기관에는 다른 형태의 모욕이 있다. 입소 때부터 일종의 오염에 노출되는 일들이 발생한다. 바깥 사회의 개인은 자아감과 관련된 대상들—몸, 즉각적 행동, 생각, 몇몇 소유물—이 낯선 오염 물질과 접촉하지 않게 한다. 그러나 총체적 기관에서는 자아의 영토는 침해된다. 존재와 환경 사이에 세운 경계는 침범되며 자아의 신성한 표현물은 더럽혀진다.

먼저, 자아와 관련된 정보 영역에 대한 침해가 있다. 입소 시 재소자의 사회적 지위와 과거 행태와 관련된 사실들—특히 불명예스러운 사실들—은 직원이 열람할 수 있는 서류 안에 수집되고 기록된다. 입소 후 재소자의 내적인 자기 규제 성향에 변화가 필요하다고 공식적으로 판단할 경우, 기관은 유형별(정신의학적이고, 정치적이고, 군사적이고, 종교적인)로 개인 혹은 집단 고백 절차를 실행한다. 이때 재소자들은 자신과 관련된 사실이나 감정을 새로운 관객들에게 노출해야 한다. 이러한 노출의 가장 극적인 사례들은 공산주의 사회의 자백수용소나 가톨릭 종교기관에서 정기적으로 이루어지는 **고해**에서 발견된다.[35] 또한 소위 집단 치료를 수행하는 경우에도 이러한

---

32) 이에 대한 예는 T. E. Lawrence, 같은 책, pp. 34~35.
33) *The Holy Rule of Saint Benedict,* Ch. 35.
34) Eugen Kogon, 같은 책, p. 102.

1 총체적 기관의 특징들에 관하여

자아 노출의 역학을 적극 채용한다.

새로운 관객들은 재소자에 대해 몰랐던 불명예스러운 정보를 알게될 뿐만 아니라 관련 사실들의 일부를 직접 확인하는 위치에 놓인다. 수감자들과 정신병원의 환자들은 자신의 수치스러운 처지를 방문객들이 보지 못하게 할 수 없다.[36] 또 다른 예는 강제수용소 재소자들이 어깨에 착용하는 소속 민족 표식이다.[37] 의료 관찰이나 보안검색 과정에서 재소자들의 신체는 자주 노출되며 때로는 이성에게 노출되기도 한다. 집단 취침이나 개방 화장실도 유사한 노출 상황을 가지고 온다.[38] 아마도 가장 극단적인 예는 자기 파괴적 성향의 정신병 환자들이 보호의 명목으로 불이 꺼지지 않는 방에 알몸으로 갇힌 경우이다. 지나가는 사람들 누구나 소위 유다의 창문Judas window[39]을 통해 그를 들여다볼 수 있는 것이다. 물론 일반적으로 재소자들은 온전히 홀로되는 경우가 없다. 그는 언제나 감시의 시선하에 있으며 누군가—동료 재소자일지라도—의 가청 범위 안에 놓여 있다.[40] 철창을 벽으로 사용하는 교도소는 그러한 노출을 완벽하게 구

---

35) Kathryn Hulme, 같은 책, pp. 48~51.

36) 물론 서구 사회의 다른 많은 공동체도 공개 태형이나 공개 교수형, 형틀과 칼에 수감자를 묶는 행위 등을 통해 이러한 기술을 채택해왔다. 총체적 기관에서 직원들은 재소자 앞에서 수모를 겪으면 안 된다는 엄격한 규칙이 있는데 이는 재소자의 공개적 모욕과 기능적으로 상관성이 있다.

37) Eugen Kogon, 같은 책, pp. 41~42.

38) Brendan Behan, 같은 책, p. 23.

39) (옮긴이) '유다의 창' 혹은 '유다의 구멍Judas hole'이란 교도소 감방에 딸린 감시 구멍이다. 이를 통해 간수는 죄수를 볼 수 있지만 죄수는 밖을 볼 수 없다. 따라서 죄수는 자신이 감시당한다는 사실을 알아챌 수 없다.

40) 예를 들어 Eugen Kogon, 같은 책, p. 128. Alfred Hassler, 같은 책, p. 16. 종교기관의 상황에 대해서는 Kathryn Hulme, 같은 책, p. 48을 보라. 그녀는 또한 청각적 사생활의 결여에 대해 이야기한다. 즉 개인 침실을 닫는 유일한 문은 무명으로 된 가림막밖에 없

현한 사례이다.

오염적 노출의 가장 명확한 사례는 직접적으로 신체적인 종류의 것이다. 예컨대 몸이나 혹은 자아의 일부로 여겨지는 사물들을 더럽히거나 그 위에 칠을 하는 식이다. 때로는 오염의 원천으로부터 자아를 보호해주는 일반적인 환경 조건이 무너지기도 한다. 중국 정치범수용소의 경우, 재소자는 자신의 오물을 직접 치워야 하며,[41] 혹은 집단으로 배변 행위를 해야 한다.

> 특히 서양 수감자들에게 부담스러운 격리 요법은 소변과 대변을 치우는 방식이다. 러시아 교도소에 감방마다 비치된 "오물통"이 중국 교도소에는 없다. 하루에 한 번 또는 두 번—보통 아침 식후 배뇨와 배변을 허용하는 것이 중국의 관례이다. 수감자들은 간수의 재촉으로, 긴 복도를 평소보다 두 배 빠른 속도로 달려 대략 2분 안에 개방식 중국 변기에 쭈그리고 앉아 필요한 모든 일을 처리해야 하는 것이다. 특히 여성들은 이러한 재촉이나 공개 감시를 견디기 힘들어한다. 만약 2분 안에 수감자들이 볼일을 마치지 못하면, 그들은 중간에 끌려 나와 감방으로 돌아가야 한다.[42]

는 것이다(p. 20).

41) Anthony Heckstall-Smith, 같은 책, p. 21. George Dendrickson and Frederick Thomas, 같은 책, p. 53.

42) L. E. Hinkle, Jr. and H. G. Wolff, "Communist Interrogation and Indoctrination of 'Enemies of the State'," *A. M. A. Archives of Neurology and Psychiatry,* LXXVI, 1956, p. 153. 배변 문제와 관련된 모독과 사적이고 환경적인 통제의 사회적 필요성에 대한 가장 좋은 사례는 C. E. Orbach, et al., "Fears and Defensive Adaptations to the Loss of Anal Sphincter Control," *The Psychoanalytic Review,* XLIV, 1957, pp. 121~75에 소개되어 있다.

신체 오염의 가장 일반적인 형태는 비위생적인 음식, 지저분한 숙소, 때 묻은 수건, 이전 사용자들의 땀에 절은 신발과 옷, 좌석 없는 변기, 그리고 더러운 세면 시설들에 대한 불평에서 잘 나타난다.[43] 기숙학교 시절에 대한 오웰의 논평은 시사적이다.

예를 들어 우리가 죽을 먹었던 백납 사발들이 있다. 그것들은 돌출된 테두리가 감싸고 있었는데, 그 아래에는 상한 죽들이 들러붙어 있었고 긴 가닥으로 죽 위에 떨어지기도 했다. 죽 그 자체도 누가 일부러 넣지 않았으면 가능할 것 같지 않은 커다란 덩어리, 머리카락들, 뭔지 모를 검은 물체들을 포함하고 있었다. 먹기 전에 미리 검사를 하지 않으면 안심하고 먹을 수 없을 지경이었다. 그리고 길이가 30~40센티미터 정도 되는, 질척한 물이 차 있는 목욕통이 있었다. 전교생은 매일 아침 그 안에 들어가야 했는데 나는 그 물이 과연 교체되기나 하는지 의심스러웠다. 그리고 구린내가 나는 늘 축축한 수건…… 탈의실의 땀내, 기름기가 흐르는 세면대, 이 모든 것에 덧붙여, 문에 아무런 잠금장치도 없이 일렬로 늘어선, 그래서 어디에 앉건 누군가 문을 벌컥 열고 들어올 수 있는 더럽고 노후한 변소들…… 나의 학창 시절을 생각하면 뭔가 차갑고 악취가 나는 냄새가 코 안에 훅 풍겨오는 느낌을 지울 수가 없다. 그 안에는 땀에 절은 양말들, 더러운 수건들, 복도를 따라 불어오는 분뇨 냄새,

---

43) 예를 들어 D. McI. Johnson and N. Dodds, 같은 책, p. 75. Anthony Heckstall-Smith, 같은 책, p. 15.

오래된 음식 찌꺼기가 낀 포크들, 양고기 목살 스튜, 화장실 문을 두드리는 소리들, 그리고 기숙사 안에서 울리는 요강 소리들이 한데 섞여 있었다.[44]

다른 신체적 오염의 원천들도 있다. 이는 한 인터뷰 대상자가 강제수용소 내부의 병원을 묘사할 때 드러난다.

우리는 침상 하나에 둘씩 누웠다. 그것은 매우 불쾌한 경험이었다. 예컨대 한 사람이 죽으면 그 시체는 스물네 시간이 지나기 전까지 치워지지 않았는데, 그 이유는 물론 구역의 재소자 반장이 죽은 사람에게 배급되는 빵과 수프를 원했기 때문이다. 바로 그런 이유로 그의 사망 사실은 스물네 시간 후에 보고되었고 예정된 배급이 이루어질 수 있었다. 이 때문에 우리는 죽은 사람과 침대 위에 항상 함께 누워 있어야 했다.[45]

우리는 중간층에 있었다. 상황은 매우 암울해졌다. 특히 밤에 더했다. 무엇보다 죽은 자들의 신체는 심각하게 손상되어갔고 그것은 보기에도 끔찍했다. 많은 경우 사망 시점에 그들은 배설을 했고 이는 미관상으로 좋은 일은 결코 아니었다. 나는 더 넓은 환자 막사에서 그런 경우들을 종종 보았다. 상처에 염증과 농이 생겨 죽은

---

44) George Orwell, "Such, Such Were the Joys," *Partisan Review*, XIX, September-October 1952, p. 523.

45) David P. Boder, *I Did Not Interview the Dead*, Urbana: University of Illinois Press, 1949, p. 50.

사람들의 침대들에서는 고름이 흘러넘쳤다. 죽은 자들 곁에는 좀 덜 아픈 사람들이 누워 있었는데, 그들의 상처는 처음에는 작았지만 이제 감염을 피할 수 없었다.[46]

죽어가는 자 곁에 누워 있음으로 인해 발생하는 오염은 정신병원 보고서에서도 발견되며[47] 교도소 문서에도 의료적 오염 사례가 기록되어 있다.

수술 도구들과 붕대들은 탈의실에서 공기와 먼지에 노출된 채 방치되어 있다. 간호조무사 옆에서 목 위의 종기를 제거하는 수술에 참여하던 조지는 수술 부위를 메스로 절개했다. 그런데 그 메스는 방금 전 누군가의 발을 치료했던 것이고 중간에 위생 처리도 되지 않았다.[48]

마지막으로 일부 총체적 기관의 재소자들은 구강 혹은 정맥 치료를 받아야 하며, 원하든 원치 않든 입에 맞지 않더라도 음식을 먹어야 한다. 만약 재소자가 식사를 거부하면 "강제 식사"를 통해서 그의 내장은 불가피하게 오염될 수 있다.

나는 신체적 종류의 오염적 노출로 인해 재소자가 자아 모욕을 경험할 수 있다고 주장했다. 그런데 이러한 주장은 좀더 확장되어야 한다. 오염을 시키는 원인이 사람일 때가 있다. 이때 재소자는 강제

---

46) David P. Boder, 같은 책, p. 50.
47) D. McI. Johnson and N. Dodds, 같은 책, p. 16.
48) George Dendrickson and Frederick Thomas, 같은 책, p. 122.

적인 상호 접촉, 그리고 그 결과, 강제적 사회 관계를 통해 한 번 더 오염된다. (이와 유사하게 재소자가 자신의 비참한 모습을 누가 관찰하는지, 또는 자신의 과거에 대해 아는지를 통제할 수 없을 때, 그의 자아는 타인과 맺는 강제적 관계로 인해 오염된다고 할 수 있다―왜냐하면 관계는 타인에 대한 인식과 지식을 통해서 표현되기 때문이다.)

우리 사회에서 상호 인격적인 오염의 전형은 강간일 것이다. 총체적 기관에서 성폭력이 일어나기는 하지만 많은 경우 사례들은 덜 극단적이다. 입소하자마자 직원들은 개인 소유물들을 목록화하고 보관 준비를 할 때 그것들을 이리저리 만지고 건드린다. 재소자 또한 몸수색과 조사를―이는 관련 문헌에 종종 보고되어 있다―받으며 심한 경우 항문 조사까지 받는다.[49]

시간이 지나면 재소자는 정기적으로 혹은 문제 발생 시 신체와 숙소를 대상으로 한 검색을 받을 것이다. 이 모든 사례에서 검색 자체 그리고 검색하는 자는 개인의 사적 물품들을 헤집고 자아의 경계들을 침입한다. 정기 검사도 이러한 효과를 지닐 수 있다. 로런스는 다음과 같이 주장한다.

예전에는 일주일에 한 번씩 신발과 양말을 벗고 간부들에게 맨발 검사를 당했다. 허리를 숙여 자기 발을 좀 볼라치면 입을 걷어차였

---

49) 예로는 다음의 연구들을 보라. Lowell Naeve, *A Field of Broken Stones,* Glen Gardner, New Jersey: Libertarian Press, 1950, p. 17. Eugen Kogon, 같은 책, p. 67. Holley Cantine and Dachine Rainer, *Prison Etiquette, Bearsville,* N.Y.: Retort Press, 1950, p. 46.

다. 목욕 출석부로도 맞았다. 그것은 부사관이 당신이 일주일에 한 번 목욕을 했다고 확인하는 증서이기도 하다. 목욕은 반드시 한 번! 그리고 복장 검사, 방 검사, 그리고 물품 검사, 이 모든 것은 거들먹거리는 간부들에게는 멍청한 짓을, 참견꾼에게는 악랄한 짓을 할 수 있는 핑곗거리였다. 오오, 당신은 불쌍한 이의 몸을 함부로 대하지 말고 부디 부드러운 손길로 다뤄달라고 요구하게 될 것이다.[50]

더 나아가 연령, 민족, 인종을 뒤섞는 교도소와 정신병원의 관행으로 인해 재소자는 원치 않는 동료 재소자들과 접촉하게 되며 이는 오염의 느낌을 불러일으킨다. 공립 소년원의 수감자는 입소 시의 경험을 묘사하면서 하나의 사례를 제시한다.

또 다른 간수가 수갑 한 짝을 갖고 오더니 이디시말로 혼자 투덜거리는 몸집 작은 유대인 하나와 나를 엮어놓았다……[51]

갑자기 끔찍한 생각이 들었다. 어쩌면 이 쪼그만 유대인 놈이랑 같은 방을 써야 할지도 모른다는 생각에 나는 공포에 사로잡혔다. 이 때문에 다른 생각은 할 수도 없었다.[52]

당연히 집단 생활은 재소자들 사이에 노출과 상호 접촉을 촉진한

---

50) T. E. Lawrence, 같은 책, p. 196.
51) Anthony Heckstall-Smith, 같은 책, p. 14.
52) Anthony Heckstall-Smith, 같은 책, p. 17.

다. 중국 정치범들이 수감된 감방은 상호 접촉의 정도가 매우 높은 극단적인 사례를 보여준다.

투옥 후 어느 정도 지나면 수감자는 대략 8명의 다른 수감자와 한 방에 갇혔다. 첫번째 "자백"이 통과되면, 처음부터 독방을 쓰고 혼자서 심문받을 수 있다. 그러나 많은 수감자는 초기부터 단체 감방에 배정된다. 감방은 삭막하고 수감자 전체를 넉넉히 수용할 공간은 거의 없다. 침상이 있을 때도 있지만, 수감자들은 모두 바닥에서 잔다. 그들이 누운 바닥에는 빈틈이 없다. 분위기는 지나치게 친밀해진다. 프라이버시는 전무하다.[53]

로런스는 막사의 동료 공군 병사들과 어울리지 못했던 고충을 묘사하며 군 생활에서 겪은 일화를 들려준다.

그게 말이지, 나는 아무와도 아무것도 할 수 없었어. 순진한 수줍음 때문에 나는 그들의 끈끈한 동지애에서 우러나오는 욕지거, 도둑질, 채무 관계, 음담패설에 낄 수 없었지. 그들이 필요에 따른 솔직성이란 걸 포기하면서 무절제를 탐닉하게 되었다는 걸 내가 십분 이해함에도 불구하고 말이야. 결국 우리는 그토록 비좁은 숙소에서 예의 바른 삶이라면 가려주었을 육체적 소탈함을 가지고 소통해야 했던 거지. 성적 행동은 순진하게 과시되었고 욕구나 신체의 별난 특징들은 기괴하게 드러났지. 힘을 가진 자들이 이런 행태

---

53) L. E. Hinkle, Jr. and H. G. Wolff, 같은 책, p. 156.

1 총체적 기관의 특징들에 관하여

들을 부추겼어. 막사의 변소들엔 문이 없었어. "애새끼들 다 같이 자고 처먹게 해야 해." 선임 교관인 늙은 조크 매카이가 이죽거리며 말했어. "그런 다음 자연스럽게 다 같이 굴리는 거지."[54]

이 오염적 접촉의 흔한 사례는 재소자를 부르는 호칭 체계이다. 직원들과 동료 재소자들은 상대를 부를 때 친숙한 호칭이나 약식 호칭을 사용해도 된다고 자동적으로 가정한다. 최소한 중산층에게 이런 식의 호칭은 말을 건넬 때 형식을 갖춤으로써 타인과 자아 사이의 거리를 확보할 수 있었던 권리의 소멸을 뜻한다.[55] 재소자는 익숙지 않거나 더러운 음식을 먹어야 할 때도 있다. 이때 오염은 그 음식에 타인의 흔적이 묻어 있다는 사실에서 비롯된다. 이는 몇몇 수녀원에서 행해지는 "수프 구걸하기" 관행에서 잘 나타난다.

……그녀는 자신의 사발을 수녀원장 왼쪽에 놓고, 무릎을 꿇고, 손을 모은 채 두 스푼의 수프가 그녀의 구걸 사발에 담겨지길 기다렸다. 그다음 두번째로 연로한 수녀에게 이동하고, 다시 그다음으로 이동했는데, 이는 사발이 꽉 찰 때까지 이어졌다. 마침내 사발이 가득 차면, 그녀는 자기 자리로 돌아와 수프를 마셨다. 그녀는 한 방울도 남김없이 비워야 한다는 것을 알고 있었다. 그녀는 자신이 먹는 수프가 여러 명이 이미 먹고 있던 사발들에서 옮겨온 것이라는 사실을 애써 무시했다……[56]

---

54) T. E. Lawrence, 같은 책, p. 91.
55) 예로는 Alfred Hassler, 같은 책, p. 104를 보라.
56) Kathryn Hulme, 같은 책, pp. 52~53.

오염적 노출의 또 다른 예는 재소자 개인이 의미 있는 타인들과 맺는 친밀한 관계 속으로 외부자가 들어오는 것이다. 예컨대 재소자의 개인 우편물이 읽히고, 검열당하고, 심지어 면전에서 조롱당하기도 한다.[57] 또 다른 예는 공개된 상황에서 면회를 해야 하는 것이다. 다음의 교도소 기록을 보자.

> 그들은 이 면회들을 얼마나 가학적으로 조정하는가? 한 달에 한 시간—또는 두 시간 반—큰 방 하나에 대략 스무 쌍 정도가 함께 면회를 한다. 이때 간수들은 탈옥 계획이나 도구들이 오가지 않도록 감시하며 주변을 어슬렁거린다! 우리는 가로 180센티미터의 테이블을 사이에 두고 만났다. 테이블 가운데에는 15센티미터 높이의 합판이 세균이라도 섞이면 안 된다는 듯 가로막고 있었다. 면회가 시작되고 끝날 때에만 악수를 할 수 있었는데 그때 손들은 위생 처리되었다. 나머지 시간 동안 우리는 그저 앉아서 바라보기만 했고 그 넓은 지대를 가로질러 서로를 불러야 했다![58]

> 면회는 정문 옆의 방에서 이루어진다. 그 방에는 나무 테이블이 있고, 한쪽에는 수감자가 앉고 다른 쪽에는 방문객들이 앉는다. 간수는 맨 앞에 앉아 있다. 그는 모든 말을 듣고 모든 제스처와 표현의 뉘앙스를 본다. 프라이버시는 전혀 있을 수 없다. 남자가 수년 동

---

57) George Dendrickson and Frederick Thomas, 같은 책, p. 128.
58) Alfred Hassler, 같은 책, pp. 62~63.

1 총체적 기관의 특징들에 관하여

안 만나지 못한 부인을 만나는 경우에도 마찬가지다. 수감자와 방문객 사이에는 어떤 접촉도 허락되지 않으며, 물론 어떤 물품도 교환될 수 없다.[59]

이런 유형의 오염적 노출의 완벽한 사례는 이미 시사한 것처럼 제도적으로 고안된 고백 조치들에서 나타난다. 의미 있는 타인들을 비난해야 할 때, 특히 타인이 눈앞에 있는 상황에서 외부자에게 둘의 관계를 고백한다는 것은 관계의 심각한 오염을 뜻한다. 또한 이를 통해 자아의 오염도 발생한다. 수녀원의 관행에 대한 다음의 묘사는 시사적이다.

> 정서적으로 연약하지만 그중에서도 가장 용감한 자매들은 고해성사 중에 함께 일어나 서로의 죄를 드러냈다. 그들은 서로 가까이 있기 위해 애쓰거나 혹은 휴식 중에 타인들을 배제하고 자기들만의 대화를 나누어왔던 것이다. 둘 사이에 막 형성되기 시작한 친밀함을 고통스러운, 그러나 분명한 방식으로 공개하는 순간 그들의 관계는 **종지부**를 찍게 되었다. 그들 스스로 관계를 끝낼 수는 없었다. 왜냐하면 공동체 전부가 바야흐로 그 둘을 갈라서게 할 것이기 때문이었다. 수도원 정원의 딱딱한 기하학적 패턴 속에서 간혹 예상치 않게 야생화가 나타나는 것처럼 사적인 애착이 공동체의 중심에서 불현듯 싹을 틔웠다. 하지만 공동체 전체는 둘을 그 애착으로부터 멀어지도록 인도했다.[60]

---

59) George Dendrickson and Frederick Thomas, 같은 책, p. 175.

집중적 집단 치료를 강조하는 정신병원에서도 유사한 사례가 발견
된다. 이때 연애를 하는 환자들은 전체 모임에서 자신들의 관계에
대해 이야기해야 할 의무가 있다.

총체적 기관에서 사람의 관계를 노출시키는 일은 더욱 극단적인
형태로 일어난다. 한 개인은 자신과 관계를 맺는 누군가가 물리적
공격을 당하는 것을 목격할 수 있고, 나아가 자신이 아무 행동도 취
하지 않았다는 (그리고 아무 행동도 취하지 않았다고 알려지는) 사
실 때문에 씻을 수 없는 모욕감을 갖게 된다. 그리하여 우리는 정신
병원에 대해 다음과 같은 사실을 배울 수 있다.

> [전기 치료]에 대해 알려진 사실은 이렇다. 30번 병동의 어떤 환자
> 들은 동료 환자들에게 전기 치료를 행하는 직원들을 도왔다. 그들
> 은 환자들을 눌러서 침대에 묶는 것을 도와주었고 때로는 환자들
> 이 정신을 잃으면 그들을 감시했다. 병동 안에서 전기 치료는 관계
> 자들의 방관적 시선에 완전히 노출된 채 집행되었다. 환자의 경련
> 은 죽음의 고통에 처한 사고 피해자의 경련과 똑같았다. 환자는 질
> 식할 듯 거친 숨소리를 냈고 입에서는 침 거품이 흘러넘쳤다. 환자
> 는 자신에게 무슨 일이 있었는지 기억하지 못한 채 서서히 회복된
> 다. 그러나 그는 다른 이들에게 그들 자신에게도 일어날 수 있는
> 참상을 보여준 셈이었다.[61]

---

60) Kathryn Hulme, 같은 책, pp. 50~51.

멜빌이 기록한 19세기 군함에서의 태형은 또 다른 예를 보여준다.

그토록 벗어나고 싶어도 당신은 뒤따르는 장면을 지켜봐야 한다.
또는 최소한 그 옆에 가까이 있어야 한다. 왜냐하면 규정은 뚱뚱한
선장 자신부터 종을 치는 작은 소년까지 배에 승선한 모든 사람을
연루시키기 때문이다.[62]

그 장면에 불가피하게 포함된 자신의 모습, 채찍 앞에 그를 끌고
와 모든 게 끝날 때까지 그를 붙잡아놓는 힘센 팔, 혐오에 가득 찬
그의 눈과 영혼에 강요되는, 그가 가족처럼 어울리고, 같이 먹고,
같이 분투하며 불침번을 섰던 사람들―같은 유형의 사람들, 같은
신분증을 지닌 사람들―의 고통과 신음. 이 모든 것이 그의 삶을
온통 지배하는 권위가 어떤 것인지를 끔찍하게 알려주고 있었
다.[63]

로런스는 군대에서의 사례를 제시한다.

오늘밤 점호를 할 때 막사의 문을 두드리던 막대기 소리는 끔찍했
다. 그리고 문이 떨어져라 등 뒤에서 큰 소리로 닫혔다. 빛 속으로
수송 책임자V.C.인 베이커 상등병이 걸어 들어왔다. 그는 전쟁에서
받은 훈장 때문에 부대에서 막강한 권한을 자임하고 있었다. 그는

---

61) Ivan Belknap, 같은 책, p. 194.
62) Herman Melville, *White Jacket*, New York: Grove Press, n.d., p. 135.
63) Herman Melville, 같은 책, p. 135

막사에서 내가 있는 쪽으로 위풍당당 걸어 들어와 침대를 검사했다. 갑작스런 검사였기에 꼬맹이 노비Nobby는 군화 하나는 신고 하나는 벗고 있었다. 베이커 상등병이 멈추었다. "너YOU 왜 이 모양이야?" "못이 발바닥을 찔러 빼내고 있었습니다." "당장 군화 신어. 이름이?" 그는 건너편 문에 이르러 돌아서서는 콧방귀를 끼며 말했다. "클라크라고?" 노비는 예를 다해 "네 상등병님" 하고 외치고는 복도를 가로질러 절뚝이며 달려와(우리는 이름을 부르면 언제나 달려와야 한다) 그 앞에서 꼿꼿이 차렷 자세를 취했다. 상등병은 잠깐의 침묵 후 간결하게 말했다. "침대로 돌아가."

상등병은 가만히 기다리고 있었다. 우리는 침대 옆에 도열해야 했다. 그러고는 그가 날카로운 어조로 말했다. "클라크." 네 줄로 늘어선 우리가 지켜보는 앞에서 달려가고 돌아가기가 반복되었다. 수치심과 군기가 우리를 급속히 사로잡았다. 우리는 사람들이었다. 그리고 한 사람이 거기서 또 다른 사람을 모멸함으로써 자신은 물론 자신과 같은 종의 사람들을 모멸하고 있었다. 베이커는 말썽을 고대하고 있었다. 그는 우리 중 누군가 어떤 말이나 행동을 하도록 부추겼다. 그러면 그는 처벌을 내릴 것이었다.[64]

이런 종류의 극단적인 모욕 경험은 물론 강제수용소와 관련된 연구에서 발견된다.

실버만이라는 이름의 브레슬라우 출신 유대인은 나치 친위대SS의

---

64) T. E. Lawrence, 같은 책, p. 62.

호프 상사가 자신의 동생을 잔인하게 고문해서 죽이는 동안 그 옆에 하릴없이 서 있어야 했다. 실버만은 그 장면을 보고 정신이 나갔다. 그리고 그날 밤 그는 발작 상태에 빠져 막사에 불이 났다고 미치광이처럼 외쳐댔다.[65]

3

나는 지금까지 자아를 대상으로 하는 다소 기본적이고 직접적인 몇몇 공격에 대해, 다양한 형태의 자아 손상과 오염에 대해 논의해 왔다. 이때 재소자가 현장에서 겪는 사건들의 상징적 의미는 재소자가 자신을 향해 갖는 자아 개념과 상충하기 마련이다. 나는 이제 그 효과 측면에서 덜 직접적인, 개인이 그 심각성을 판단하기 쉽지 않은 모욕의 원천들을 살펴보고자 한다. 이때 개인 행위자와 그의 행위 사이에서 모종의 단절이 발생한다.

여기서 먼저 살펴볼 첫번째 단절은 "루핑looping"이다. 이때 원인 주체는 재소자로 하여금 방어적 반응을 불러일으키고 다시금 이 반응을 다음 공격의 대상으로 삼는다. 개인은 공격에 대한 자신의 방어적 반응이 그 상황 속으로 함몰되는 것을 느낀다. 모욕적 상황과 자신 사이에 거리를 둠으로써 자신을 방어하는 통상적 방식은 불가능해진다.

총체적 기관의 존대 패턴은 루핑 효과의 한 예를 보여준다. 시민 사회에서 개인이 자신의 자아 개념에 도전하는 상황과 명령을 받아들여야 할 때, 그는 체면 유지의 표현을 통해 그에 대응할 수 있

---

65) Eugen Kogon, 같은 책, p. 160.

다—시무룩한 표정, 일반적인 존대를 보이지 않음, 몸을 돌려 **소리를 낮춰** 욕하기, 순간적 경멸, 아이러니, 그리고 조롱하기. 말하자면 순종은 표현적 반응을 동반하는데, 이는 순종을 강제하는 힘의 강도에 종속되지 않는 것이다. 물론 총체적 기관에서도 수치스러운 요구들에 대해 자기 방어적인 표현으로 반응하는 일이 가능하다. 그러나 직원들은 그런 표현을 구사하는 재소자들을 즉각 처벌한다. 시무룩하거나 건방진 표정은 오히려 또 다른 처벌의 근거가 되는 것이다. 구걸 사발에 담긴 수프를 먹을 때 발생하는 자아 오염을 묘사하면서 캐스린 흄은 다음과 같이 이야기한다.

> 그녀는 수프 찌꺼기를 마실 때 자신의 예민한 영혼에서 치밀어 오르는 역겨움을 얼굴 표정에서 지웠다. 그녀는 알았다. 일말의 반항적 표정조차 끔찍한 모멸을 충분히 다시 불러일으킬 것이다. 그녀는 그것을 다시 겪고 싶지 않았다. 심지어 주님의 영광을 위해서라도 그러고 싶지 않았다.[66]

총체적 기관에서 구별을 없애는 과정은 루핑의 다른 예들을 창출한다. 시민사회에서 보통의 경우에는 관객과 역할의 차원에서 구별이 존재한다. 즉 하나의 물리적 활동 상황에서 이루어진 자아에 대한 고백이나 간접적 주장들은 다른 상황의 품행에 비추어 검증되지 않는다.[67] 그러나 총체적 기관에서 생활 영역들의 구별은 사라진다.

---

66) Kathryn Hulme, 같은 책, p. 53.
67) 시민사회에서 범죄나 다른 종류의 일탈은 범죄자가 다른 모든 생활 영역에서 어떻게 받아들여지는지에 영향을 미친다. 그러나 이러한 영역 구별은 주로 범죄자에 해당되지 범

직원은 한 활동 상황에서 재소자가 보였던 품행을 들이대며 다른 맥락에서의 그의 품행을 평가하고 점검한다. 진료와 치료 시간에 정신병 환자가 자아를 표현하는 데 유지하는 단정하고 비적대적인 태도가 다른 증거에 의해 부인되며 환자를 난처하게 만들 수 있다. 예를 들어 여가 시간에 그가 보였던 냉정함, 또는 형제자매에게 보냈던 편지—이 편지는 수령자가 병원 직원에게 전달한 후 환자의 서류함에 추가되었을 테고, 그리하여 병원 모임에서 공개되었을 것이다—에서 그가 보였던 신랄한 언행들에 의해 말이다.

좀더 발전된 유형의 정신과 시설들은 환자에게 교육적 피드백을 주는 것이 기본적인 치료 원칙이기에 루핑 과정에 대한 훌륭한 사례들을 제공한다. "관대한" 환경에서 재소자는 생활상의 일반적 곤란함을 "투사"하거나 "표출"하는 경향이 있는데, 이는 집단 치료 모임에서 환자에게 다시금 환기될 수 있다.[68]

루핑 과정을 통해 자신의 상황에 대한 재소자의 반응은 다시 상황 자체 속으로 끌려 들어오고 그리하여 그는 행동 국면들 사이의 통상적인 구별을 유지할 수 없게 되는 것이다. 행위자로서의 재소자의 지위에 대한 두번째 공격은 편성과 압제라는 범주로 느슨하게 묶일 수 있을 것 같다.

시민사회에서 개인은 성인이 되면서 사회적으로 수용되는 기준들을 흡수하여 대부분의 활동을 수행한다. 그의 행위의 올바름 여부는

죄가 아닌 다른 잘못을 저질렀거나 혹은 범죄를 저질렀지만 잡히지 않은 대다수 인구에게는 해당되지 않는다.

68) 이에 대해서는 R. Rapoport and E. Skellern, "Some Therapeutic Functions of Administrative Disturbance," *Administrative Science Quarterly*, II, 1957, pp. 84~85에 잘 소개되어 있다.

특정 시점에, 예컨대 그의 능력이 평가받을 때 부각된다. 이 시점이 아니라면 그는 자신의 뜻대로 할 수 있다.[69] 그는 비판이나 다른 제재가 자신을 향하는지 확인하기 위해 항상 되돌아볼 필요가 없다. 나아가 행위의 많은 부분은 사적 취향 문제로 정의될 것이다. 이때 취향이란 행위자에게 제공된 특정한 가능성의 범위 안에서 이루어지는 선택을 수반하는 것이다. 많은 활동에서 권위의 판단과 작동은 유보되며, 따라서 개인의 행동은 자신에게 달려 있다. 그러한 상황에서 개인들은 각각의 활동을 맞춰가며 계획함으로써 전체적 차원에서 이득을 끌어낸다. 이는 일종의 "행위의 사적 경제"라고 부를 수 있다. 예컨대 개인이 하던 일을 끝내기 위해 식사를 몇 분 미루거나 혹은 친구와 저녁을 먹기 위해 하던 일을 조금 일찍 마치는 경우에 해당된다. 그러나 총체적 기관에서 한 개인의 활동 과정의 시간적 분할은 직원의 규제와 판단에 예속된다. 재소자의 생활은 항상 위로부터의 제재 작용에 침투당한다. 특히 재소자들이 규정들을 완전히 익히기 전인 입소 초기에 그렇다. 세부 규정 하나하나는 개인에게서 욕구와 목표들 사이에 효율적으로 균형을 잡을 수 있는 기회들을 박탈하며 그럼으로써 그의 행위 과정 전체가 제재 아래 놓인다. 이렇게 행위의 자율성 자체가 침해당하는 것이다.

사회적 통제의 과정은 모든 사회 조직에서 작동하기 마련이다. 하지만 우리는 종종 총체적 기관에서 사회적 통제가 얼마나 세세하며

---

69) 피고용자가 감독을 받지 않고 자신의 재량으로 일을 하는 시간의 범위는 조직 안에서 그의 보수와 지위에 달려 있다고 볼 수 있다. 이에 대해서는 Elliott Jaques, *The Measurement of Responsibility: A Study of Work, Payment, and Individual Capacity*, Cambridge: Harvard University Press, 1956을 보라. "책임의 시간 범위"가 직급의 지표인 것처럼 감시를 받지 않는 시간 범위는 직급이 제공하는 보상이다.

치밀하게 구속적인지 잊어버리는 경향이 있다. 다음에 제시되는 청소년 감호소의 일과는 인상적인 사례를 보여준다.

5시 30분에 우리는 잠에서 깨 침대 밖으로 튀어나와 차렷 자세로 서 있어야 했다. 간수가 "하나!" 하고 외치면 우리는 잠옷을 벗었다. "둘!"에는 그것을 개켰다. "셋!"에는 침구를 정리했다. (단 2분 만에 어렵고 복잡한 방식으로 이 모든 일을 했다.) 그러는 동안 세 명의 감시자가 우리에게 소리쳤다. "서둘러!" "빨리빨리!"

우리는 또 숫자에 맞춰 옷을 입었다. "하나!"에는 셔츠를, "둘!"에는 바지를, "셋!"에는 양말을, "넷!"에는 신발을. 예를 들어 바닥에 신발을 떨어뜨리거나 긁기만 해도 노역에 처해졌다.

……한번은 아래층에서 모두 꼿꼿한 차렷 자세로 면벽을 했다. 손은 옆에 붙이고, 엄지는 바지 솔기에 맞추고, 머리는 쳐들고, 어깨는 뒤로 당기고, 배는 안으로 하고, 뒤꿈치는 붙이고, 눈은 정면을 응시하고, 얼굴이나 머리를 손으로 만지거나 긁을 수도 없고, 손가락 하나 까딱할 수 없었다.[70]

성인 교도소는 또 다른 예를 보여준다.

묵언 명령the silence system이 내려졌다. 감방 밖에서는 말이 금지되었다. 식사 중에도 작업 중에도 마찬가지였다.

감방 안에는 사진을 걸 수 없었다. 음식을 살펴볼 수도 없었다. 빵

---

70) Alfred Hassler, 같은 책, p. 155. 로버트 매크리어리Robert McCreery를 인용함.

부스러기를 남긴다면 식판 왼쪽에만 두어야 했다. 재소자들은 간수나 감찰관이 시야에서 사라질 때까지 손에 모자를 쥔 채 차렷 자세로 서 있어야 했다.[71]

수용소도 마찬가지다.

재소자들은 막사 안에서 새롭고도 혼란스러운 느낌에 압도되었다. 침구 정리하기는 SS가 부리는 특별한 술책 중 하나였다. 심지어 짚으로 만들어 형체도 안 잡히고 울퉁불퉁한 요를 마치 상자처럼 만들어야 했고, 이불의 무늬는 침대의 모서리와 평행을 이루도록 해야 했고, 베개는 각을 잡아야 했다……[72]
SS는 지극히 사소한 위반을 트집 잡아 처벌을 했다. 추운 날씨에 주머니에 손 넣기, 비가 오거나 바람 부는 날 외투 깃 세우기, 옷에 묻은 아주 작은 흠집이나 얼룩, 광택이 나지 않는 신발…… 광택이 너무 나는 신발—이는 노동을 게을리 한다는 증거이기에. 소위 "삐딱한 자세로 경례하기"를 포함한 제대로 경례하지 않기, '오'와 '열'에서 살짝 이탈하기, 체구 순서대로 서지 않기, 비틀거리기, 기침하기, 재채기하기—이 모든 사소한 위반에 SS는 잔인한 폭력으로 대응했다.[73]

---

71) T. E. Gaddis, *Birdman of Alcatraz,* New York: New American Library, 1958, p. 25. 영국 교도소의 유사한 침묵 규칙에 대해서는 Frank Norman, *Bang to Rights,* London: Secker and Warburg, 1958, p. 27을 보라.
72) Eugen Kogon, 같은 책, P. 68.
73) Eugen Kogon, 같은 책, pp. 99~100.

군대의 경우에는 복장 정렬과 관련된 세부 규제가 있다.

> 윗옷은 똑바로 접어서 벨트를 하면 직선의 모서리가 생겨야 했다.
> 반바지는 윗옷을 덮을 때 정확히 정렬되어야 하며, 앞쪽에 네 개의
> 주름을 만들어야 했다. 수건은 한 번, 두 번, 세 번 접어서 파란 기
> 둥을 감쌌다. 그 기둥 앞에는 카디건이 각 잡힌 채 놓여 있었다. 양
> 옆에는 각반이 말려 있었다. 셔츠는 두 벌을 하나로 싸서 면으로
> 만든 벽돌처럼 놓여 있었다. 그 앞에는 바지가 있었다. 바지와 셔
> 츠 사이에는 양말이 공처럼 잘 말려 끼어 있었다. 자루는 넓게 펼
> 쳐져 그 위에는 순서대로 칼, 포크, 스푼, 면도날, 빗, 칫솔, 면도솔,
> 단추 닦이button stick가 가로놓여 있었다.[74]

마찬가지로 한 전직 수녀는 손을 가만히[75] 감추고 있는 법을 배웠
으며 주머니에 단 여섯 개의 특정 품목만 허락된다는 사실을 받아들
여야 했다고 증언한다.[76] 또한 정신병원 출신 환자도 화장지를 요구할
때마다 제한된 양만 배급받는 데서 느끼는 수치심에 대해 말한다.[77]

앞에서 언급한 것처럼 행위 경제의 교란을 보여주는 가장 극명한
경우는 바깥 세계에서는 자기 뜻대로 행했던 사소한 활동들—흡연,
면도, 화장실 사용, 전화, 지출, 편지 쓰기—에 대해 이제 의무적으

---

74) T. E. Lawrence, 같은 책, p. 83. 이와 관련해서는 Samuel Stouffer et al., *The American
Soldier*, 4 vols., Princeton: Princeton University Press, 1949, Vol. I, p. 390의 "겁쟁이
chicken" 개념에 대한 브루스터 스미스M. Brewster Smith의 논의를 참고하라.

75) Kathryn Hulme, 같은 책, p. 3.

76) Kathryn Hulme, 같은 책, p. 39.

77) Mary Jane Ward, 같은 책, p. 23.

로 허락을 받고 필요 물품을 요청해야 하는 것이다. 이러한 의무는 개인을 성인으로서 "자연스럽지 않은," 즉 복종하고 애원하는 사람으로 만든다. 또한 그로 인해 그의 전반적인 행위는 직원의 개입에 노출된다. 그의 요청은 즉각적이거나 자동적으로 허가되지 않는다. 재소자는 집요하고 지속적으로 조롱당하고, 거부되고, 심문받는다. 또는 한 정신병원 출신에 따르면, 그의 요청은 단순히 그저 미뤄진다.

> 아마도 비슷한 절망적 상황에 처해보지 않은 사람은 그런 수치를 실감하지 못할 것이다. 사람이 몸은 멀쩡하지만 자신을 위해 지극히 단순한 일도 할 수 없을 때, 깨끗한 속옷이나 담뱃불 같은 지극히 작은 일용품들까지도 간호사들에게 반복적으로 구걸해야 할 때, 그때 간호사들이 "자기야, 금방 갖다 줄게"라며 지속적으로 무시할 때, 그러다 아무것도 주지 않고 그냥 가버릴 때의 수치 말이다. 심지어 매점의 직원들도 미친놈들에게는 예의는 사치라는 식의 태도를 공유한다. 그들은 자기들끼리 수다를 떨며 환자들을 한없이 기다리게 만든다.[78]

나는 총체적 기관의 권위가 다양한 품행 목록들—의상, 거동, 예절—을 대상으로 집행된다는 점을 보여주었다. 권위는 늘 발생하는 품행들을 늘 판단한다. 재소자들은 간부들의 평가 압력과 빈틈없는 제약으로부터 자유로울 수 없다. 총체적 기관은 교묘한 순화 기술을 사용하지만 세련된 구석이라고는 없는 교양학교와 비슷하다. 나는

---

78) D. McI. Johnson and N. Dodds, 같은 책, p. 39.

이제 다양한 방식으로 고도의 강제적 지배를 행사하는 총체적 기관의 두 측면에 대해 논평을 하고자 한다.

첫째, 이러한 포괄적 지배는 동료 재소자들과 구획을 이루어 수행하는 의무적 활동에 대한 규제와 맞물려 있다. 이것이 바로 편성regimentation이라고 불리는 현상이다.

둘째, 이러한 광범위한 지배는 **사다리꼴**의 권위 체계[79] 안에서 이루어진다. 직원 계급 구성원은 **누구나** 재소자 계급 구성원을 훈육할 권리가 있으며, 이로 인해 제재의 가능성은 현격히 높아진다. (우리는 이러한 질서가 일부 작은 미국 마을에서 성인이라면 누구나 부모의 부재 시 아이를 훈계하거나 아이에게 일을 시킬 권리가 있는 것과 유사하다는 점을 알아챌 수 있다.) 통상적으로 바깥 사회의 성인들은 일과 관련된 상급자의 **단일한** 즉각적 권위나 혹은 집안일과 관련된 배우자의 권위 아래 놓여 있다. 바깥 사회의 개인에게 계층적 권위는 지속적으로 현전하지 않는다. 그것은 적절하지도 않다. 예외가 있다면 그가 교통법을 집행하는 경찰을 만날 때일 것이다.

광범위하고, 교묘하고, 엄격한 방식으로 집행되는 계층적 권위와 규제에 직면하여 재소자들, 특히 신입들은 규칙 위반과 규칙 위반의 결과—수용소에서는 신체적 상해 또는 죽음, 훈련소에서는 "낙제," 정신병원에서는 지위 하락—에 대한 만성적인 불안에 시달리게 된다.

---

79) (옮긴이) 여기서 사다리꼴 권위 체계는 피라미드식 권위 체계와 대비되어 제시된다. 피라미드식 체계에서 한 직급은 상위 직급의 명령을 따르며 또한 이 명령을 하위 직급에 전달하는 식으로 권위를 작동시킨다. 반면 사다리꼴 체계에서는 직급 사이의 위계가 존재하면서도 각 직급은 자신의 재량과 관할 안에서 어느 정도의 권위를 행사할 수 있다.

그러나 나는 "개방" 병동의 외관상의 자유로움과 친절 속에서도 위협의 기운을 느꼈고, 이 때문에 내가 환자와 극빈자 사이에 끼인 무언가라는 느낌을 갖게 되었다. 불안 증상이 나타나거나 수녀를 불쾌하게 만들거나, 지극히 사소한 규칙 위반만 해도 환자는 병동에서 끌려나와 독방에 갇힐 수 있다는 암시를 받았다. 내가 만약 식사를 하지 않으면, "J" 병동으로 돌려보내질 수 있다는 생각이 항상 나를 엄습했다. 나는 이 생각에 강박적으로 시달린 나머지 내가 먹을 수 있는 음식에 대해서도 신체적으로 거부감을 느끼게 되었다. 다른 환자들도 마찬가지여서 그들은 비슷한 두려움 속에서 불필요하거나 하기 싫은 일을 해야 했다.[80]

총체적 기관에서 재소자들은 끊임없이 의식적으로 노력을 기울여 말썽에서 벗어나려고 한다. 재소자들은 사건에 휘말리지 않기 위해 동료들과 어울리지 않을 때도 있다.

4

모욕의 과정에 대한 묘사를 마무리하면서 나는 세 가지 쟁점을 부각시키고자 한다.

첫째, 시민사회에서 행위자는 스스로와 타인을 향해 자신의 세계에 관할권이 있음을, 즉, 그가 "성인"으로서 자결권, 자율권, 그리고 자유를 가지고 있음을 행위를 통해 입증한다. 그런데 총체적 기관에

---

80) D. McI. Johnson and N. Dodds, 같은 책, p. 36.

서 이러한 행위들은 중단되거나 훼손된다. 성인으로서의 집행 능력, 혹은 최소한 그러한 능력의 상징들을 보유할 수 없을 때, 재소자들은 연령-등급 체계에서 자신의 지위가 근본적으로 강등되었다는 공포심을 느끼게 된다.[81]

스스로 선택할 여지가 있는 표현적 행태—적대감, 애정, 혹은 무관심의 표현—는 자결권의 한 상징이다. 개인의 자율성을 보여주는 이 같은 증거는 일주일에 한 번씩 집에 편지를 써야 한다거나 울적한 표정을 지어서는 안 된다거나 하는 특정 의무들에 의해 약화된다. 그러한 여지가 개인의 심리적·종교적, 혹은 정치적 양심의 상태와 관련된 증거로 사용될 때 자율성은 더 약화된다.

총체적 기관에 입소하면 개인은 신체적 안락의 소중함을 상실하게 된다—예를 들어 부드러운 침대,[82] 밤의 고요함.[83] 이러한 안락 속에는 개인이 자신의 자원을 활용하는 시간이 담겨 있다. 그러므로 그에게 안락함의 상실은 자결권의 상실을 반영한다.[84]

수용소에서 자결권의 상실은 의례화되기도 한다. 수감자들을 진흙탕에서 구르게 하거나,[85] 눈 위에 물구나무로 서 있게 한다거나, 말도 안 되게 쓸데없는 일을 시킨다거나, 서로에게 욕을 하게 한다거나,[86] 혹은 유대인 수감자의 경우 반유대적 노래를 부르게 한다거나[87] 등

---

81) Gresham M. Sykes, 같은 책, pp. 73~76, "The Deprivation of Autonomy." 참조.
82) Kathryn Hulme, 같은 책, p. 18. George Orwell, 같은 책, p. 521.
83) Alfred Hassler, 같은 책, p. 78. D. McI. Johnson and N. Dodds, 같은 책, p. 17.
84) 일반 시민들도 캠핑을 가면 이런 이유로 모욕을 겪을 수 있다. 이 경우 새로운 자아 감각을 얻기 위해서 그들은 과거에 주어진 안락을 스스로 포기해야 한다고 생각할 수 있다.
85) Eugen Kogon, 같은 책, p. 66.
86) Eugen Kogon, 같은 책, p. 61.
87) Eugen Kogon, 같은 책, p. 78.

등의 잔혹담을 우리는 알고 있다. 이보다는 완화된 사례들이 정신병원에서 발견된다. 직원들은 담배를 원하는 환자들에게 "아이 제발".이라고 말하게 한다거나 애걸복걸하도록 강요한다고 알려져 있다. 이 모든 사례에서 재소자는 자신의 의지를 포기했음을 보여줘야 한다. 개인의 자율성을 훼손하는, 덜 의례적이지만 꽤 극단적인 사례들도 있다. 병동에 감금되거나, 좁고 축축한 가방 속에 들어가거나, 구속복에 묶인다거나 해서 작은 움직임의 자유조차 박탈당하는 경우들이다.

총체적 기관에서 개인을 무력화시키는 분명한 사례는 재소자의 언어 사용과 관련 있다. 행위와 관련된 결정사항을 전달할 때 말을 사용한다는 것은 명령의 수신자가 메시지를 수신할 수 있고 자신의 역량으로 그러한 제안과 지시를 완수할 수 있음과 연관된다. 행위를 집행하면서 그는 자신에게 자결권이 있다는 개념을 어느 정도 유지할 수 있다. 질문에 자신의 말로 응답하면서, 그는 자신이 배려되어야 할 사람이라는 개념을 최소한도로 유지할 수 있다. 자신과 타인 사이에 오가는 것은 오로지 말이기 때문에, 타인의 지시나 진술이 아무리 불쾌하더라도 그는 타인과 최소한의 물리적 거리를 확보하는 데 성공할 수 있다.

총체적 기관의 재소자는 이런 종류의 보호적 거리와 주체적 행위마저 박탈당한다. 특히 정신병원과 정치범 수용소에서 재소자의 진술은 병적 증상으로 평가절하되며, 직원들은 그의 반응 중에서도 비언어적인 측면에만 관심을 기울인다.[88] 심지어 그의 의례적 지위는

---

88) Alfred H. Stanton and Morris S. Schwartz, *The Mental Hospital,* New York: Basic

낮게 치부되어 그에게 누구도 인사하지 않으며 귀를 기울이지 않을 때도 있다.[89] 재소자에게 언어는 단순한 수사적 용법으로 경험되기도 한다. "아직 안 씻었어?" 또는 "양말 양쪽 다 신었어?"와 같은 질문들은 직원이 재소자의 몸을 검사할 때 수반되는 별 뜻 없는 말들이다. 그리고 특정 방향으로 움직이라고 말로 지시하기보다는 간수는 환자를 밀고 당기고(멜빵이 달린 작업복을 입은 환자의 경우) 혹은 팔을 결박한 채 걷게 한다. 그리고 마지막으로, 이후 더 이야기하겠지만, 재소자는 이중 언어가 존재한다는 사실을 알게 된다. 즉 직원은 재소자의 생활에 규율적 사항들을 부과할 때, 통상적 어법을 흉내 내어 만든 정형화된 번역적 표현구를 사용하는 것이다.

두번째 일반적 고려 사항은 자아를 공격할 때 채택되는 원칙들이다. 이때 총체적 기관들과 재소자들을 세 집단으로 나눌 수 있다.

종교 기관에서 환경적 요소들이 자아에 미치는 함의는 매우 뚜렷하게 나타난다.

> 그것이 명상적 삶의 의미이다. 그리고 외관상 의미 없어 보이는 사소한 규칙과 관례와 금식과 복종과 고행과 수치와 노동의 감각들이야말로 사색의 수도원에서 거하는 존재의 일상을 구성하는 것이다. 이 모든 것이 우리가 누구이고 신이 누구인지를 상기시키고 그리하여 우리는 우리 자신의 모습에 몸서리치며 신에게로 귀의하는 것이다. 그리고 우리는 결국 우리 안에서, 우리 안의 정화된

Books, 1954, pp. 200, 203, 205~206을 보라.

89) 이러한 비인격적 대우에 대해서는 D. McI. Johnson and N. Dodds, 같은 책, p. 122를 보라.

자연 속에서 신을 찾을 것이다. 이때 우리의 내면은 신의 거대한
선과 한없는 사랑을 비추는 거울이 될 것이다……[90]

직원들뿐만 아니라 재소자들도 이러한 자아 축소에 깊이 참여한
다. 그리하여 모욕은 자기 멸시에 의해, 규제는 자포자기에 의해, 학
대는 자학에 의해, 심문은 고백에 의해 보충된다. 종교적 시설들은
모욕 조치들에 각별한 관심을 지니기에 연구자에게 주목할 만한 가
치가 있다.

수용소에서, 그리고 좀 덜하지만, 교도소에서 모욕은, 전적으로
혹은 대부분 모욕을 행하는 권력을 위해 이루어지는 것 같다. 이를
테면 수감자의 몸 위에 소변을 보는 경우처럼 말이다. 이때 재소자
들은 스스로 이러한 자아 파괴를 행하거나 촉진하지는 않는다.

다른 총체적 기관들에는 모욕을 공식적으로 정당화하는 근거들이
있다. 이를테면 그 근거들에는 위생(화장실 청소 의무와 관련하여),
생활에 대한 책임(강제 급식과 관련하여), 전투 능력(외모에 대한
군사 규칙과 관련하여), "보안"(엄격한 교도소 규정과 관련하여) 등
이 포함된다.

그러나 이 세 총체적 기관에서 자아 모욕의 다수 원리는 대개 제한
된 공간에서 제한된 자원을 가지고 다수의 사람의 일상을 관리해야
한다는 필요로 단순히 정당화된다. 더구나 자아 축소는 이 세 기관에
서 모두 일어난다. 심지어 재소자들이 자원 입소하는 곳과 재소자들
의 복지를 이상적 운영 목표로 삼는 곳에서도 마찬가지다.

---

90) Thomas Merton, 같은 책, p. 372.

두 가지 쟁점이 논의되었다. 첫째는, 재소자가 느끼는 무력감이고 둘째는, 시설의 이상적 관심사와 재소자 자신이 바라는 사항들 사이의 관계이다. 이 둘의 관계는 유동적이다. 사람들은 총체적 기관에 자원해서 들어갔다가, 이후 주요한 의사 결정 능력을 상실하고는 뒤늦은 후회에 빠질 수 있다. 다른 경우, 특히 종교적 기관에서 재소자들은 일찍부터 자발적으로 자신의 의지를 반납하고 제거할 수 있다. 재소자들이 시민적 자아에 연연하는 정도는 매우 상이하지만, 결국 총체적 기관들은 재소자들의 시민적 자아에 치명타를 가한다.

내가 지금까지 살펴본 모욕 조치들은 표현적 관용어법을 통해 개인의 외모, 품행, 그 외의 일반적 상황에서 이끌어내는 자아의 함의들과 관련 있다. 이 맥락에서 나는 마지막 세번째 쟁점을 따져보고자 한다. 자아의 운명을 설명하는 상징적 상호작용[91]의 이론 틀과 스트레스라는 개념을 둘러싼 전통적인 심리–생리학적 이론 틀, 이 둘의 관계가 그것이다.

이 연구는 자아와 관련된 기본 사실들을 사회학적 관점에서 기술

---

91) (옮긴이) 상징적 상호작용론Symbolic-Interactionism은 사회학의 한 이론으로 객관적인 사회적 구조의 영향력을 인정하면서도 타인과의 상호작용 속에서 언어와 상징을 통해 구조를 해석하고 구성하는 개인의 주관적 능력에 주목한다. 상징적 상호작용론은 조지 허버트 미드George Herbert Mead의 사후 1930년대 출간된 작업들에서 영감을 받은 일군의 사회학자가 1960년대 이후 정립한 분야이다. 어빙 고프먼은 대표적인 상징적 상호작용론자로 평가되기도 한다. 허버트 블루머Herbert Blumer는 상징적 상호작용론을 다음과 같이 정의한다. 첫째, 개인들은 대상에 부여된 의미들에 기반하여 행한다. 둘째, 상호작용은 특정한 사회적·문화적 맥락에서 발생하며 이때 물리적이고 사회적인 대상물과 상황들은 개인적 의미에 따라 정의되고 분류된다. 셋째, 의미는 다른 개인들과 사회와의 상호작용에서 발생한다. 넷째, 의미는 상호작용 과정에 참여하는 개인들의 해석을 통해 구성되고 재구성된다. 이에 대해서는 Herbert Blumer, *Symbolic Interactionism: Perspective and Method*, Berkeley: University of California Press, 1969를 참고하라.

한다. 다시 말해 이 연구는 결국 구성원의 사적 권리를 틀 짓는 제도적 질서의 문제로 회귀한다. 물론 이 연구에는 심리학적 가정도 포함된다. 사회적 질서가 함축하는 개인의 이미지는 자신과 타인들에 의해 "독해"되어야 하기에 인지적 과정들은 필수적으로 포함된다. 그러나 내가 주장한 것처럼 이러한 인지적 과정과 다른 심리적 과정들의 관계는 매우 가변적이다. 우리 사회에 일반적인 표현적 관용어법에 비추어보면 삭발은 으레 자아 축소로 인식된다. 그러나 정신병 환자를 격노케 하는 이 같은 모욕이 승려의 경우라면 기쁨이 될 수도 있다.

자아 모욕이나 제한은 개인에게 극심한 스트레스를 가져올 수 있다. 그러나 자신의 세계를 혐오하거나 그 세계에서 죄의식에 젖은 사람에게 모욕은 오히려 심리적 안도를 가져올 수 있다. 더욱이 심리적 스트레스는 자아 공격이 원인일 수도 있지만 자아의 영역과 관련되지 않은 문제—불면, 불충분한 음식, 의사 결정의 지연—로 인한 것일 수도 있다. 또한 극심한 불안, 혹은 영화나 책과 같은 허구물의 결핍 또한 자아 경계의 침범과 같은 심리적 효과를 증대시킬 수 있다. 하지만 이러한 원인 요소들 그 자체는 자아 모욕과 상관이 없는 것이다. 경험적으로 보면, 스트레스와 자아의 잠식에 대한 연구들은 함께 엮일 수 있지만, 분석적으로 보면, 각각 상이한 이론 틀을 요하는 것이다.

5

모욕 조치들이 진행될 때 재소자들은 소위 특혜 체계라고 부르는 것 안에서 공식적이거나 비공식적인 지시를 받는다. 박탈 조치가 재소자의 시민적 자아에 대한 애착을 뒤흔든다면 특혜 체계는 자아

1 총체적 기관의 특징들에 관하여

의 재조직화를 위한 틀을 제공한다. 특혜 체계에는 세 가지 요소가 있다.

첫째, "내규house rules"가 있다. 이는 비교적 명시적이고 형식적인 일련의 처방과 금지 들로 재소자가 지켜야 할 주요 품행들의 윤곽을 짠다. 또한 이 규칙들은 재소자들의 일과를 엄격하게 정의한다. 기관은 입소 절차를 통해 재소자가 과거에 누렸던 지지의 토대를 말소하고 그를 내규에 따라 살 준비가 되도록 만든다.

둘째, 이러한 냉혹함과 대조적으로 재소자들이 행동과 마음으로 직원들에게 복종을 표하면, 명확히 정의된 소수의 보상과 특혜가 주어진다. 여기서 중요한 것은 이 잠재적인 보상이 재소자들이 과거에 당연시했던 인격적 지지의 흐름으로부터 뽑아낸 것들이라는 점이다. 예를 들면 재소자들은 기관 밖에서는 별 생각 없이 커피를 어떻게 마시겠다든지, 담배를 피울 것인지, 언제 말할 것인지를 결정할 수 있었다. 기관 안에서는 그러한 권리들은 문제시될 수 있다. 일종의 가능성으로 주어진 그 권리들을 간신히 회복함으로써 재소자들은 자신이 잃어버린 전체 세계와의 관계를 다시 정립했다는 느낌을, 또한 잃어버린 세계와 잃어버린 자아에 대한 금단 증세를 완화함으로써 자신이 재건되었다는 느낌을 가질 수 있다. 특히 초기에 재소자들은 그러한 보상들에 집착하고 중독된다. 그는 하루 종일 미친 듯이 그러한 보상들을 획득할 가능성에 골몰하거나 예정된 지급 시간이 다가오기를 고대하면서 시간을 보낸다. 해병이었던 멜빌은 전형적 사례를 이야기한다.

미 해군은 해병들에게 각각 한 질(0.12리터)의 술만 허락한다. 술은 아침과 저녁 전에 두 번씩 공급된다. 북소리를 신호로, 선원들은 술이 담긴 큰 양동이나 통 주변에 모인다. 해군 생도가 이름을 부르면 해군은 앞으로 나와 "토트tot"라 부르는 양철 잔에 담긴 술을 받고는 생기를 되찾는다. 번지르르한 찬장에서 토카이 포도주를 꺼내 입맛을 다시는 미식가보다 토트를 들이켜는 해병의 만족도가 훨씬 더 클 것이다. 많은 해병에게 토트를 떠올리는 것은 무한히 뒤로 물러나는 황홀한 풍경에 대한 쉼 없는 상상과 다름없다. 그것은 그들에게 가히 위대한 "삶의 전망"이다. 그들에게서 술을 빼앗으면 그들의 삶에는 아무런 매혹적 요소도 남아 있지 않다.[92]

해병의 사소한 위반에 하루나 혹은 한 주 동안 "금주" 조치를 내리는 것은 해군에서 가장 흔한 처벌이다. 대다수 해병은 술에 너무 집착한 나머지 술을 빼앗기는 것을 매우 심각한 불이익으로 간주한다.
해병들은 가끔 이렇게 말한다. "내게서 술을 빼앗느니 차라리 내 숨을 **멈추게 하라!**"[93]

사소한 특혜들 주위에 구축된 세계는 아마도 재소자 문화에서 가장 중요한 특징일 것이다. 그러나 이는 외부자들, 심지어 수감 생활을 했던 이들도 잘 이해하지 못할 것이다. 특혜와 관련된 이런 관심

---

92) Herman Melville, 같은 책, pp. 62~63.
93) Herman Melville, 같은 책, p. 140. 포로수용소에서의 동일한 조치의 예는 Edgar H. Schein, "The Chinese Indoctrination Program for Prisoners of War," *Pshychiatry*, XIX, 1956, pp. 160~61.

사들은 종종 나눔 행위로 이어진다. 재소자들은 담배, 사탕, 신문과 같은 것들을 얻기 위해 구걸을 마다하지 않는다. 그래서 재소자들의 대화에서는 종종 "출소 후 만끽 환상," 즉 기관에서 잠시 혹은 완전히 나간 다음에 무엇을 할 것인가가 중심 주제가 된다. 이 환상에는 시민들이 자신의 삶이 얼마나 멋진지 모른다는 감정이 결부되어 있다.[94]

특혜 체계의 세번째 요소는 처벌이다. 처벌은 정의상 규칙 위반의 결과이다. 처벌에는 임시적이거나 영구적인 특혜의 철회 또는 특혜를 얻기 위한 권리의 유예가 포함되어 있다. 일반적으로 총체적 기관의 처벌은 재소자들이 속했던 고향 세계의 처벌보다 더 가혹하다. 어쨌든 몇몇 사소한 특혜가 그토록 소중해지는 것과 그것들의 박탈이 치명적이 되는 것은 결국 동일한 조건 아래서다.

특혜 체계에는 주목할 만한 특징들이 있다.

첫째, 처벌과 특혜는 총체적 기관들의 고유한 조직적 특징이다. 재소자의 고향 세계에서 처벌은 그 수위와 무관하게 동물과 아이들에게 가해지는 것으로 간주된다. 이런 식의 구속적인 행태 모델은 성인들에게는 적용되지 않는다. 요구 기준을 준수하지 못했을 때, 그 결과는 보통 간접적인 불이익이지 즉각적인 구체적 처벌이 아니기 때문이다.[95] 이때 강조해야 할 점은 총체적 기관의 특혜란 부수입, 도락indulgence, 정당한 보수values가 아니라는 점이다. 여기서 특

---

94) 흥미롭게도 이에 상응하는 것이 입소 전 만끽이다. 이때 곧 재소자가 될 사람은 자신이 조만간 누릴 수 없을 것이라고 여겨지는 활동에 탐닉한다. 수녀와 관련된 사례에 대해서는 Kathryn Hulme, 같은 책, p. 7을 보라.

95) S. F. Nadel, "Social Control and Self-Regulation," *Social Forces*, XXXI, 1953, pp. 265~73.

혜란 일반적 상황이라면 문제될 것도 없는 박탈의 단순한 부재를 뜻한다. 처벌과 특혜라는 개념에는 시민적 흔적이 남아 있지 않다.

둘째, 총체적 기관의 특혜 체계는 출소의 문제와 연관되어 있다. 어떤 행동들은 수감 기간을 늘리거나 혹은 그대로 두게 만들고, 다른 행동들은 기간을 줄이게 만든다.

셋째, 처벌과 특혜는 주거 및 일 체계와 연관 있다. 일하는 장소와 수면을 취하는 장소는 특정 종류 및 수준의 특혜가 허락해주는 장소가 된다. 재소자들은 자주, 그리고 가시적으로 한 장소에서 다른 장소로 이동하며, 이는 재소자들의 협력 정도에 따라 처벌이나 보상을 주는 행정적 장치이다. 재소자들은 이동하지만 체계는 이동하지 않는다. 그러므로 우리는 모종의 공간적 특화를 생각해볼 수 있다. 어떤 병동이나 막사는 반항적 재소자들에게는 악명 높은 처벌 공간일 수 있으며, 특정 장소에 대한 감시 업무 할당은 직원들에게도 처벌로 여겨질 수 있다.

특혜 체계를 이루는 것은 비교적 소수의 요소들이다. 그것들은 모종의 합리적 목표에 따라 상호 결합되어 참여자들에게 공표된다. 특혜 체계는 결과적으로 비협조적일 법한 사람들에게서 협력을 끌어내고자 한다.[96] 주립 정신병원에 대한 최근의 연구는 이러한 총체적 모

---

96) 보완해서 말하자면, 어떤 경우 특혜 체계는 효과적이지도 않으며 또한 자주 이용되지도 않기에 필수적이지 않다는 주장도 있어왔다. 일부 교도소에서는 일반적인 기대치의 보상들이 입소 시 제공되며, 그 이후 공식적 지위 상승이란 거의 불가능하다. 이때 지위의 유일한 변화는 특혜의 상실 때문에 가능할 뿐이다(Gresham M. Sykes, 같은 책, pp. 51~52). 나아가 재소자의 박탈 정도가 너무 심해서 빼앗기고 남은 것들을 소중히 생각하기보다 오히려 현 상태가 완전한 몰수와 거의 차이가 없다고 생각하고 차라리 직원의 권력에 예속되고 복종하는 일을 그만둔다는 주장도 있다. 특히 불복종이 재소자 집단에서 위신을 제공한다면 더 그렇다(같은 책).

1 총체적 기관의 특징들에 관하여

델에 대해 다음과 같이 묘사한다.

> 통제 체계를 작동시키는 담당 직원의 권위는 긍정적인 권력과 부
> 정적인 권력 양쪽 모두에 의해 추동된다. 이러한 권력은 병동을 통
> 제하는 이에게 매우 핵심적 요소이다. 그는 환자들에게 특혜를 줄
> 수도 있고 처벌을 가할 수도 있다. 특혜에는 제일 좋은 일, 좋은 방
> 과 침대, 커피와 같은 작은 사치품, 일반 환자들보다 조금 더 많은
> 사생활, 감독 없이 병동 밖 나가기, 담당 직원이나 의사 같은 전문
> 인력에 대한 접근 기회 증가, 사적인 친절과 존중 같은 무형의 중
> 요한 것들을 누릴 권리 등이 포함된다.
> 병동 담당 직원이 내릴 수 있는 처벌은 모든 특혜의 유예와 더불어
> 일련의 심리적 학대를 통해 이루어진다. 조롱, 악의적 놀림, 경미
> 한, 때로는 가혹한 신체적 처벌, 또는 그런 처벌의 위협, 독방 감금,
> 전문가 접견 금지나 제한, 전기 충격 치료 목록에 이름을 올리거나
> 올리겠다는 위협, 조건이 안 좋은 병동으로의 이송, 화장실 청소
> 같은 불쾌한 일을 주기적으로 시키기.[97]

유사한 사태가 영국 교도소에서도 발견된다. 거기에는 "네 단계
체계"라는 것이 작동하는데, 한 단계 올라갈 때마다 노동에 대한 보
수, 다른 수감자들과의 "모임" 시간, 신문 보는 기회, 집단 식사 기
회, 여가 시간이 늘어난다.[98]

---

97) Ivan Belknap, 같은 책, p. 164.
98) 예를 들어 George Dendrickson and Frederick Thomas, 같은 책, pp. 99~100.

특혜 체계는 총체적 기관의 생활에서 중요한 특정 과정들과 관련 있다.

"기관 은어institutional lingo"라는 것이 발전되는데, 이를 통해 재소자들은 자신의 세계에서 일어나는 중요한 사건들을 묘사한다. 특히 직급이 낮은 직원들 또한 그러한 언어를 숙지하여 재소자들에게 말할 때 사용하며, 상급자나 외부자에게 말할 때는 더 표준화된 말로 어법을 전환한다. 은어와 더불어 재소자들은 다양한 서열과 간부들에 대한 지식, 시설과 관련해 축적된 지혜, 여타 유사한 총체적 기관들에 대한 비교 정보를 획득한다.

나아가 직원과 재소자들은 정신병원, 교도소, 막사에서 소위 "말썽 부리기"라 불리는 것을 숙지하게 된다. 말썽에는 금지된 행동하기 (때로는 탈출 기도도 포함), 붙잡힘, 고강도의 처벌 등과 연루된 복잡한 과정이 포함된다. 이때 특혜적 지위에 변화가 일어나는데 이는 "좌천getting busted" 같은 표현을 통해 분류된다. 말썽 부리기에 포함되는 전형적인 위반들은 다음과 같다. 싸움, 술취함, 자살 기도, 검사 통과 실패, 도박, 불복종, 동성애, 불법적 외출, 집단 폭동. 이러한 위반들은 흔히 위반자의 뻬딱함, 비열함, 혹은 "병sickness" 탓으로 치부되지만 명백히 기관 내 행위들의 목록에 포함된다. 그러나 이것들이 전부는 아니며 다른 이유로 인해 말썽이 생기는 경우도 있다. 예컨대 재소자와 직원은 둘 사이에 맺은 비공식적 합의 사항에 비추어봤을 때 부당한 상황에 분노를 표출하거나, 혹은 재소자가 떠나고 싶지 않다고 동료에게 말하지 않으면서도 출소를 미루는 것이 말썽 부리기가 될 수 있다는 것에 암묵적으로 동의한다.[99] 어떤 의미가 부여되건, 말썽 부리기는 기관 안에서 중요한 사회적 기능을 가진다.

그것은 재소 기간이 특혜 체계의 유일한 이동수단일 때 발생하는 경직성을 완화시킬 수 있다. 또한 말썽으로 인해 지위 강등이 일어났을 때 고참 재소자들은 아직 특혜를 누릴 지위가 안 되는 신입들과 만날 수 있으며, 이를 통해 체계와 사람들에 대한 정보의 흐름이 이루어질 수 있다.

총체적 기관에는 2차 적응, 즉 직원들에게 직접적인 도전을 하지는 않지만 재소자들로 하여금 금지된 만족을 얻거나 금지된 수단으로 허용된 만족을 얻는 체계적 관행들이 존재한다. 이러한 관행들은 다양한 방식으로 표현된다. "돈 벌 기회" "요령" "묵인" "술책" "거래" "보험" 등. 2차 적응은 교도소에서 활짝 꽃을 피우지만 다른 총체적 기관에도 만연한다.[100] 2차 적응은 재소자에게 자신이 여전히 환경에 대해 일정한 통제력을 발휘하는 주체적 존재라는 중요한 증거를 제공한다. 때로 2차 적응은 자아의 거처, 영혼이 깃든 신성한 **부적**처럼 여겨진다.[101]

우리는 2차 적응이 존재한다는 사실로부터 재소자 집단이 모종의 코드와 비공식적 사회적 통제 수단을 개발하여 한 재소자가 다른 재소자의 2차 적응을 직원에게 알려주지 못하도록 하리라는 것을 예측

---

99) 이와 관련된 참고문헌을 위해서는 Morris G. Caldwell, "Group Dynamics in the Prison Community," *Journal of Criminal Law, Criminology and Police Science*, XLVI, 1956, p. 656을 보라.

100) 예를 들어 Norman S. Hayner and Ellis Ash, "The Prisoner Community as a Social Group," *American Sociological Review*, IV, 1939, pp. 364 이하에 "묵인"에 대해 나온다. Morris G. Caldwell, 같은 책, pp. 650~51도 참고하라.

101) 예컨대 멜빌은 동료 해병이 수염을 깎는 것에 저항하기 위해 벌였던 분투를 상세히 묘사한다. 이때 수염 깎기는 해군의 규정에 온전히 부합하는 것이다. Herman Melville, 같은 책, pp. 333~47.

할 수 있다. 같은 이유로 우리는 재소자들의, 그리고 그들 사이의 사회적 유형화에 보안 문제가 관련되리라는 것을 알 수 있다. 즉 어떤 이들은 "고자질쟁이" "밀고자" "쥐새끼" 혹은 "스파이"가 되는 한편, 어떤 이들은 "제대로 된 놈"이 되는 것이다.[102] 신입 재소자는 특정 파벌의 새로운 구성원이나 성적 대상이 됨으로써 2차 적응 체계에서 역할을 수행할 수도 있다. 이때 재소자들은 신입자들을 과하게 괴롭히는 것이 아니라 오히려 비위를 맞추고 유혹함으로써 그들을 "환영"할 것이다.[103] 2차 적응으로 인해 우리는 또한 "부엌 지위kitchen strata"라는 것을 발견할 수 있다. 부엌 지위란 불법적인 소모품들에 대한 접근 능력의 차이에 근거한 기초적인, 대체로 비공식적인 재소자 계층 구조를 뜻한다. 여기서도 역시 우리는 비공식적인 시장 체계에서 힘 있는 사람을 지정하는 사회적 유형화를 발견할 수 있다.[104]

특혜 체계는 자아의 재조합이 이루어지는 주요 틀을 제공하는 듯하다. 전반적으로는 같은 방향으로 가지만 다른 경로로 이끄는 특혜 체계의 특징적 요소들도 있다. 경제적이고 사회적인 책임들—정신병원의 치료 방식으로 널리 쓰이는—의 면제가 그 예인

---

102) 예로는 Donald Clemmer, "Leadership Phenomena in a Prison Community," *Journal of Criminal Law and Criminology,* XXVIII, 1938, p. 868을 보라.

103) 예로는 Ida Ann Harper, "The Role of the 'Fringer' in a State Prison for Women," *Social Forces,* XXXI, 1952, pp. 53~60을 보라.

104) 강제수용소의 경우에는 Elie A. Cohen, 같은 책에 내내 "난놈들prominents"에 대한 이야기가 있다. 교도소에 관해서는 Donald Clemmer, *The Prison Community,* Boston: Christopher Publishing House, 1940, pp. 277~79와 298~309에 "정치가들Politicians"에 대한 이야기가 있다. 또한 Norman S. Hayner and Ellis Ash, 같은 책, p. 367. 그리고 Morris G. Caldwell, 같은 책, pp. 651~53을 보라.

데, 많은 경우 이러한 유예 조치는 조직화 효과보다는 오히려 탈조직화 효과를 낳는다. 재조직화에 더 큰 영향을 미치는 것은 친목관계의 형성fraternization이다. 즉 체계는 사회적으로 가깝지 않았던 사람들을 강제로 밀착시켜 단일하고도 무차별적인 운명공동체로 밀어넣는데, 이에 반발하여 이들은 상호 지지와 대항 도덕counter-mores을 개발한다.[105] 신입 재소자들은 초기에는 종종 직원들이 재소자들에 대해 갖는 일반적인 편견 같은 것을 품고 수감 생활을 시작한다. 그러나 그는 입소 후 자신의 동료들이 연민과 지지를 받을 자격이 있는 평범한, 때로는 훌륭한 사람이라는 것을 알게 된다. 재소자들이 밖에서 저지른 범죄 행위들은 더 이상 재소자들의 인격적 자질을 평가하는 기준이 되지 못한다——예를 들어 양심적 병역 거부자들이 교도소에서 배우는 것이 이런 점들이다.[106] 심지어 재소자들 중 누군가 일종의 반사회적인 범죄를 저지른 경우, 신입 재소자는, 비록 자신은 결백하더라도 그들의 죄책감은 물론 그러한 죄책감에 대한 세세한 방어 심리까지 공감하게 된다. 부정의에 대한 공통 감각과 바깥 세계에 맞서는 공통의 반감이 이들 안에서 형성되며, 이는 재소자의 도덕적 이력에서 중요한 변화의 기점이 된다. 죄책감과 거대한 박탈감에 대한 재소자들의 반응이 가장 극명하게 드러나는 곳은 아마도 교도소 생활일 것이다.

---

105) 군사 학교에서 발견되는 재소자 연대의 예로는 Stanford M. Dornbusch, 같은 책, p. 318을 보라.

106) Alfred Hassler, 같은 책, pp. 74, 117을 보라. 정신병원의 환자는 직원들을 향해 적개심을 품는다. 이 적개심은 다른 많은 환자가 자신과 마찬가지로 평범한 사람들이라는 점을 발견하는 데서 비롯된다.

수감자들은 부당하거나 법에 따른 것보다 과한 처벌과 처우를 받으며 더한 모멸을 느낄 때, 죄를 저질렀을 때는 정당화할 수 없었던 자신의 죄를 비로소 정당하다고 판단한다. 그는 교도소에서의 부당한 처우를 "되갚겠다"고 결심하며 첫번째 기회가 왔을 때 또 다른 범죄로 복수를 감행한다. 바로 그 결정에 따라서 그는 범죄자가 되는 것이다.[107]

수감된 양심적 병역 거부자는 자신의 경험에 비추어 유사한 주장을 펼친다.

여기서 내가 기록하고 싶은 것은 내가 나 자신이 결백하다는 생각을 유지하는 데 이상하게 어려움을 겪는다는 점이다. 나는 이곳의 다른 수감자들과 마찬가지로 잘못된 행동에 대한 대가를 치르고 있다는 생각에 쉽게 빠져든다. 그래서 나는 때때로 양심의 자유를 믿는 정부라면 그 양심의 자유를 실천하는 사람들을 교도소에 넣어서는 안 된다고 스스로에게 상기시켜야 한다. 결과적으로 내가 교도소의 관행들에 대해 느끼는 분노는 무고하거나 순교자인 사람들의 분노가 아니다. 나의 분노는 자기가 받는 죗값이 저지른 죄에 비해 지나치다고 느끼는 수감자들, 그들을 괴롭히는 이들도 별반 죄가 없지 않은 사람들이라고 느끼는 수감자들의 분노이다. 재소

---

107) Richard McCleery, *The Strange Journey,* University of North Carolina Extension Bulletin, XXXII, 1953, p. 24(강조는 원전에서). 브루스터 스미스Brewster Smith는 (Samuel Stouffer, 같은 책) 사관 훈련소에서 사관 훈련생이 장교가 되는 것은 그가 징집 사병에 대한 권한을 "획득했을" 때라고 말한다. 훈련소에서 겪은 고통은 명령의 쾌락을 정당화하는 근거로 이용된다.

자들 전체가 바로 이 후자의 감정을 강하게 느낀다. 교도소를 지배하는 냉소주의는 바로 그러한 감정에서 비롯된다.[108]

같은 총체적 기관을 연구하는 다른 두 연구자는 좀더 일반적인 진술을 제공한다.

> 많은 경우, 재소자들의 사회 체계는 사회적 배제를 자아 배제로 내면화하고 전환하는 파괴적 심리 효과를 제거하는 생활방식을 제공한다. 이로 인해 재소자들은 자기 자신이 아닌, 자신들을 거부하는 이들을 거부할 수 있는 것이다.[109]

여기서 치료적이고 관용적인 정책의 역설이 드러난다—재소자는 적대감을 외부로 돌리는 식으로 자신의 자아를 보호할 수 없다.[110]
친목 집단화가 이루어지고 직원들을 거부하는 과정을 잘 보여주는 2차 적응의 한 예가 있다. 바로 집단 놀림collective teasing이다. 처벌-보상 체계는 개인적 규칙 위반을 문제의 원천으로 간주하고 이를 관리한다. 그러나 재소자들 사이의 연대가 강할 때는 익명적이거나 집단적인 저항의 제스처가 단기적으로 일어날 수 있다. 예컨대 구호제창,[111] 야유,[112] 식판 두드리기, 집단 단식, 작은 규모의 태업 등.[113] 이러한 행위들은 "열 받게 하기"라는 형태를 띠기도 한다. 병동지기,

---

108) Alfred Hassler, 같은 책, p. 97(강조는 원전에서).
109) Lloyd W. McCorkle and Richard Korn, "Resocialization Within Walls," *The Annals,* CCXCIII, May 1954, p. 88.
110) 이 쟁점은 같은 책, p. 95에서 예리하게 다루어진다.

간수, 또는 담당 직원—심지어 직원 전체—은 놀림, 조롱, 혹은 다른 형태의 사소한 학대를 당하다가 자기 통제력을 잃고는 별 효력이 없는 대응에 나서게 된다.

재소자들 전체에서 이루어지는 친목 집단화 말고도 좀더 분화적 성격을 띠는 다른 종류의 결속 형성도 있다. 때로는 병동이나 막사 같은 물리적으로 폐쇄된 영역을 가로지르는 특별한 연대감이 형성되기도 한다. 이때 거주자들은 자신들이 단일한 행정적 통제의 대상이며, 따라서 동일한 운명을 공유한다는 생생한 느낌을 갖게 된다. 로런스는 공군의 "피행정administered 집단"에 대한 사례를 제시한다.

> 막사 위로 황금빛 안개처럼 퍼지는 웃음—바보 같은 웃음일지라도—이 있다. 상이한 계급 출신의 이방인 50여 명을 한 방에 20일 동안 섞어놓아봐라. 그들을 낯설고 임의적인 규율로 길들여봐라. 더럽고, 몰상식하고, 쓸데없으면서도 힘겨운 일로 그들을 피곤하게 하라…… 그러나 우리 중 누구도 분노의 말을 쏟아내지 않았다. 공통의 노예 상태가 아니었다면 그러한 몸과 영혼의 자유, 그러한 활력, 청결과 온화함은 유지되기 어려웠을 것이다.[114]

물론 더 작은 단위들도 있다. 소집단, 적당 기간 유지되는 성적 유

---

111) Holley Cantine and Dachine Rainer, 같은 책, p. 59. 또한 Frank Norman, 같은 책, pp. 56~57을 보라.

112) Holley Cantine and Dachine Rainer, 같은 책, pp. 39~40.

113) "Resistance in Prison," by Clif Bennett, in Holley Cantine and Dachine Rainer, 같은 책, pp. 3~11은 집단 놀림에 사용되는 기술들에 대한 유익한 해석을 내놓는다.

114) T. E. Lawrence, 같은 책, p. 59(생략 부호는 원전에서).

대, 그리고 가장 중요하게는 "버디 만들기buddy formation"가 있다. 즉, 다른 이들이 "버디" 또는 "짝꿍"이라 부르는 한 쌍의 재소자들이 있기 마련인데, 이들은 많은 상황에서 서로를 돕고 정서적으로 지지한다.[115] 이런 식의 우정 관계는 예컨대 갑판장이 둘을 함께 보초를 서게 하는 식으로 준공식적 인정을 받기도 한다.[116] 하지만 이런 관계에 너무 깊이 빠지는 것은 일종의 금기인데, 이는 이러한 이자관계dyads들이 기관 안에서 자신들만의 세계 구축으로 이어지는 것을 막기 위해서다. 실제로 일부 총체적 기관의 직원들은 재소자 집단 내 연대가 금지 행동들이 조직되는 기반이 될 수 있다고 판단하며 의식적으로 집단 형성을 저지하기도 한다.

6

친목 집단이나 소집단 형성 같은 연대적 경향들이 존재하기는 하지만 그것들은 언제나 한계에 부딪힌다. 재소자들로 하여금 서로 공감하고 소통하게 하는 제약 요건들이 반드시 높은 정도의 집단적 사기와 연대감으로 이어지는 것은 아니다. 강제수용소나 포로수용소의 재소자들은 서로 의지하기가 힘들다. 누구라도 상대의 물건을 훔치거나 공격하거나 고자질할 수 있으며, 이는 몇몇 연구자들이 아노미라 부르는 상태를 야기할 수 있기 때문이다.[117] 정신병원에서 이자

---

115) 예컨대 Anthony Heckstall-Smith, 같은 책, p. 30. Brendan Behan, 같은 책은 버디 또는 짝꿍 관계에 관한 다수의 자료를 제공한다.

116) S. A. Richardson, *The Social Organization of British and United States Merchant Ships*. (미출간 논문, The New York State School of Industrial and Labor Relations, Cornell University, 1954, p. 17).

117) D. Cressey and W. Krassowski, "Inmate Organization and Anomie in American

관계나 삼자관계는 당국자 몰래 비밀을 간직할 수 있지만 병동 전체가 조금이라도 이를 알게 되면 담당자 귀에 들어갈 가능성이 높다. (물론 교도소의 재소자 조직은 때로는 파업이나 단기 반란을 일으킬 정도로 강력할 수 있다. 포로수용소에서 일부 수감자들은 조직적으로 탈옥을 모의하기도 했다.[118] 강제수용소에서는 일정 기간 주도면밀하게 지하조직이 결성되었다.[119] 선상 반란도 있었다. 그러나 이런 종류의 조직적 행위들은 예외적이었지 통상적인 것들은 아니었다.) 총체적 기관에서 집단적 헌신은 흔하지 않다. 그러나 집단적 헌신이 관철되어야 한다는 기대는 재소자 문화의 일부를 구성하며 이는 재소자 사이의 연대를 깨는 사람들을 향한 적개심의 근간을 이룬다.

재소자들은 지금까지 언급된 특혜 체계와 모욕 조치로 대표되는 조건들에 반드시 적응해야 한다. 집합적인 저항 시도들과 무관하게, 이러한 조건들에 적응하는 다양한 개인적인 방식들이 존재한다. 재소자 한 명은 그의 도덕적 이력의 상이한 국면에서 상이한 개인적 적응 노선을 채택할 수 있으며 때로는 상이한 전술을 동시에 번갈아 사용할 수 있다.

첫째, "상황적 철회"라는 전술이 있다. 재소자는 자신의 신체와 직접 관련된 사건이 아니라면 모든 사건으로부터 관심을 철회하고 다

Prisons and Soviet Labor Camps," *Social Problems,* V, Winter 1957~1958, pp. 217~30 은 이 주제에 천착한다.

118) 예로는 P. R. Reid, *Escape from Colditz,* New York: Berkley Publishing Corp., 1956을 보라.

119) Paul Foreman, "Buchenwald and Modern Prisoner-of-War Detention Policy," *Social Forces,* XXXVII, 1959, pp. 289~98을 보라.

른 사람들의 관점을 무시한 채 자기만의 관점으로 그 사건들을 파악한다. 이처럼 상호작용에 철저하게 참여하지 않는 행위는 정신병원에서는 "퇴행regression"이라는 명칭으로 널리 알려져 있다. 교도소에서 "감옥 정신이상" 또 "맛이 감"이라고 불리는 것,[120] 강제수용소에서 "심각한 몰개성화acute depersonalization"로 불리는 것, 상업 선박의 선원들 사이에서 유명한 "상선병"[121]으로 불리는 것,[122] 이 모든 것이 동일한 종류의 2차 적응을 잘 보여준다. 이러한 적응 방식들이 모아져서 다양한 종류의 철회들로 이루어진 연속체를 구성하는지 혹은 불참여의 표준을 구성하는지 나는 알지 못한다. 어쨌든 재소자들을 이러한 철회 상태에서 빠져나오게 하는 데 필요한 부담, 그리고 그렇게 하는 데 필요한 도구들의 현실적 제약을 고려할 때, 한 번 선택한 적응 노선을 되돌리는 것은 쉽지 않다.

두번째, "비타협 노선"이 있다. 재소자들은 노골적으로 직원과 협력하기를 거부하면서 의도적으로 기관에 도전한다.[123] 그 결과 지속적인 비타협의 공모가 이어지고 때로는 재소자 개인의 사기도 올라간다. 많은 대규모 정신병원에는 이런 종류의 기운이 만연하는 병동들이 있다. 총체적 기관을 지속적으로 거부한다는 것은 형식적 조직에 지속적으로 주의를 기울인다는 뜻이며, 역설적으로 그만큼 시설과 깊이 연루된다는 뜻이다. 마찬가지로 직원들도 재소자의 비타협을

---

120) 이에 대한 초기 연구는 P. Nitsche and K. Wilmanns, *The Hisotry of Prison Psychosis,* Nervous and Mental Disease Monograph Series No. 13, 1912가 있다.

121) (옮긴이) 상선병tankeritis이란 오랫동안 선상 생활을 하면서 생기는 향수병과 우울증을 지칭하는 용어이다.

122) S. A. Richardson, 같은 책, p. 42.

123) "저항자들Resisters"에 대한 논의는 Edgar H. Schein, 같은 책, pp. 166~67을 보라.

공략하기로 한다면 (정신과 의사들이 전기 충격 처방을 내리거나[124] 군사 법정이 영창형을 내리는 경우에서 그러하듯) 기관 역시 재소자의 저항에 그만큼 관심을 기울여야 하는 것이다. 마지막으로 어떤 포로들은 수감 내내 비타협적 태도를 고수하지만, 비타협 노선은 재소자들이 상황적 철회나 혹은 다른 종류의 적응으로 이행하기 전에 나타나는 단기적, 혹은 초기 반응인 경우가 많다.

세번째는 "식민화"이다. 시설은 바깥 세계의 일부를 취사선택하지만 수용자들에게 그것은 하나의 전체로 제시되고 받아들여진다. 이에 따라 시설이 허용하는 최대의 만족감을 통해 안정적이고, 무난한 존재가 만들어지는 것이다.[125] 바깥 세계의 경험은 기관 내부의 생활이 얼마나 바람직한가를 입증하기 위한 참조점으로 사용되며 그럼으로써 두 세계의 일반적 긴장은 확연히 줄어든다. 이때 두 세계의 차이에 대한 감각—나는 이 감각이 총체적 기관의 고유한 특징이라고 말한 바 있다—에 기반한 동기부여 전략은 방해를 받게 된다. 특히, 이러한 노선을 노골적으로 선택하는 개인들은 동료 재소자들에 의해 "아주 자기 집이네" "아주 좋아 죽네"라는 식의 말로 비난을 받는다. 직원들 또한 기관이 이런 식으로 이용되는 것에 대해 다소 불편해한다. 즉 환자들이 병원의 우호적 조건들을 악용한다고 느끼는 것이다. 이때 지배자들은 결과적으로 재소자들의 연대를 지탱하는 대항 도덕을 부추길지라도 기관에 대한 재소자들의 만족감을 빼앗고 싶을 수 있다. 재소자들은 예정된 출소 직전에 말썽을 부림으로써 마치

---

124) Ivan Belknap, 같은 책, p. 192.
125) 정신병원의 경우 이런 식으로 적응하는 이들은 "기관의 친구들institutional cures" "병원병hospitalitis"에 걸렸다고 불린다.

원하지 않는데 더 수감되어야 한다는 식의 명분을 만들기도 한다. 중요한 점은 직원이 총체적 기관에서의 생활을 재소자들이 견딜 만하게 하면 할수록 식민화의 매력과 가망성은 높아진다는 것이다.

네번째 적응은 "개종conversion"으로 불리는 것이다. 재소자 자신이 기관의 또는 직원의 관점을 취해 완벽한 모범 재소자 역할을 수행하는 것이다. 피식민자가 된 재소자들은 가용한 자원들을 활용하여 가능한 한 많은 자유를 확보하도록 노력한다. 반면 개종자는 더 규율적이고, 도덕적이고, 단순한 노선을 선택하여 자신이 기관에 열성적으로 참여하며 직원이 시키는 일은 다 할 준비가 되어 있다는 모습을 보여준다. 중국 포로수용소에서 우리는 공산주의 세계관을 열렬히 신봉하는 "지지자"로 변신한 미국인들을 발견한다.[126] 군대 막사에는 늘 "아첨하고" "진급에 안달하는" 사병들이 있다. 교도소에는 "공처가"로 불리는 이들이 있다. 독일 강제수용소의 장기 재소자 중에는 게슈타포의 말투, 놀이, 자세, 공격적 표현, 옷 입는 스타일을 차용하며 군기가 강한 조수 역할을 자처하는 이들도 있다.[127] 일부 정신병원에는 두 가지 다른 종류의 개종 가능성이 나타난다. 첫번째는 입원 환자들에 해당하는 것으로, 이들은 일정한 내적 갈등을 거친 후 정신의학적 관점을 채택하여 자아를 보는 식으로 원래 생각을 바꾼다. 두번째는 장기 환자들에 해당하는 것으로, 이들은 담당 직

---

126) Edgar H. Schein, 같은 책, pp. 167~69.

127) Bruno Bettelheim, "Individual and Mass Behavior in Extreme Situations," *Journal of Abnormal and Social Psychology,* XXXVIII, 1943, pp. 447~51을 보라. 덧붙여 말하자면 강제수용소에서 식민화와 개종은 종종 함께한다는 점에 주목해야 한다. Elie A. Cohen, 같은 책, pp. 200~203을 보면 "카포Kapo"의 역할이 언급되어 있다. (옮긴이) 카포란 제2차 세계대전 당시 나치가 운영했던 강제수용소의 간수들을 칭하는 용어다.

원들이 환자들을 관리할 때 보조 역할을 하면서 직원들의 태도와 복장을 차용한다. 이때 이들은 직원들보다 더 가혹하게 환자들을 대하기로 한다. 물론 장교 훈련소에서 우리는 빠른 속도로 "G.I."가 되어가는 생도들을 발견한다. 이들은 고통을 기꺼이 감수하며 곧이어 다른 이들에게 자신이 받았던 고통을 옮겨준다.[128]

총체적 기관은 중요한 지점에서 차이가 발생한다. 선진적인 정신병원들, 상업 선박, 결핵 요양원, 교화소와 같은 많은 기관은 재소자들로 하여금 직원이 지시하는 이상적 품행 모델을 따르도록 한다. 이때 품행 모델의 주창자들은 그러한 모델이 적용 대상에게 최선의 것이라 여긴다. 반면 일부 강제수용소와 교도소는 재소자들이 포용해야 하는 어떤 이상들을 공식적으로 제시하지 않는다.

지금까지 언급된 전략alignments들은 일관성 있게 추구되는 과정 같은 것들이다. 하지만 이를 끝까지 따르는 재소자들은 많지 않다. 많은 총체적 기관에서 다수의 재소자는 소위 "쿨하게 굴기"라는 전술을 따른다. 이는 2차 적응, 개종, 식민화, 재소자 집단에 대한 충성 등을 그때그때 기회주의적으로 조합함으로써 주어진 상황에서 신체적·심리적으로 손상을 입지 않고 빠져나올 수 있는 가능성을 극대화하도록 한다.[129] 일반적으로 재소자들은 동료들과 함께할 때는 대항 도덕을 따르면서 직원들과 따로 있을 때는 그들이 얼마나 전술적으로 행동하는지를 감추려고 한다.[130] "쿨하게 굴기" 전술을 수행하는

---

128) Brewster Smith(Samuel Stouffer, 같은 책), p. 390.

129) Edgar H. Schein, 같은 책, pp. 165~66에는 "무난한 이들Get-Alongers"에 대한 논의가 소개되어 있다. 또한 Robert J. Lifton, "Home by Ship: Reaction Patterns of American Prisoners of War Repatriated from North Korea," *American Journal of Psychiatry*, CX, 1954, p. 734를 참고하라.

재소자들은 동료들과 함께할 때는 "문제 멀리하기keeping out of trou-ble"라는 더 높은 차원의 원칙을 따른다. 예컨대 그들은 아무런 대가 없이 자원해서 일을 한다. 또한 그들은 바깥 세계와 스스로를 분리시킴으로써 내부 세계에 문화적 현실성을 부여하지만 그렇다고 해서 바깥 세계와 완전히 단절되는 식민화까지 가지는 않는다.

나는 지금까지 총체적 기관이 가하는 압박에 재소자들이 취하는 적응 노선들을 언급했다. 각각의 전술은 고향 세계와 기관 세계 사이의 긴장을 관리하는 방식들을 표상한다. 그러나 때로는 재소자의 고향 세계의 경험이 내부의 암담한 세계에 대한 면역력을 주기도 한다. 고향 세계에서 이미 암담함을 경험한 재소자들은 적응 계획들을 끝까지 수행할 필요가 없다. 어떤 하층 계급 출신의 정신병원 환자들은 이미 고아원, 교화소, 교도소 등에서 살아왔기에 그들에게 병원은 그저 그들이 배우고 완성시킨 적응 기술들을 적용하는 또 다른 총체적 기관에 불과하다. 그들에게 쿨하게 굴기는 그들의 도덕적 이력에서 하나의 전환이 아니며 그들에게 이미 제2의 자연이 되어버린 하나의 전략일 뿐이다. 비슷한 사례 중 하나는 영국 상선에 고용된 셰틀랜드 출신의 청년들이다. 그들은 갑갑하고 고된 선상 생활이 큰

---

130) 이러한 두 얼굴은 총체적 기관에서 공통적으로 발견된다. 저자가 연구한 주립 정신병원의 경우, 개인 심리 치료를 위해 선택된 소수의 엘리트 환자들조차, 다시 말해 자아에 대한 정신의학적 접근을 긍정적으로 수용할 수 있는 가장 좋은 위치에 있는 이들조차 심리 치료에 대한 긍정적 견해를 드러내는 것은 오로지 소수의 친밀한 소집단 구성원만을 대상으로 해서였다. 군대 교도소의 수감자들은 동료 죄수에게 군대 "복귀"에 대한 자신의 관심을 드러내지 않는다. 이에 대한 논평은 *New Perspectives for Research on Juvenile Delinquency,* eds. Helen L. Witmer and Ruth Kotinsky, U. S. Dept. of Health, Education, and Welfare, Children's Bureau Publication No. 356, 1956에서 Richard Cloward가 쓴 제4장 특히 p. 90을 보라.

문제가 되지 않았는데, 왜냐하면 그들에게는 육지의 삶이 더 지리멸렬했기 때문이다. 불평할거리가 없었으므로 그들은 불만 없는 선원들이 되었던 것이다.

어떤 재소자들에게는 면역과 비슷한 효과가 나타나는데, 그들은 기관 내부에서 특별한 심리적 보상이나 공격에 무감각해지는 수단을 확보한다. 독일의 강제수용소 초기에 범죄자들은 중산층 출신의 정치범들과 함께 생활하면서 심리적으로 보상이 되는 만족감을 얻을 수 있었다.[131] 마찬가지로 집단 심리 치료의 중산층적 어휘들과 "심리동학psychodynamics"의 무계급적 이데올로기는 사회적 야망은 크지만 좌절을 겪은 하층 계급의 환자들에게 그들이 경험하지 못했던 예의 바른 세계와 접촉할 기회를 제공한다. 종교적이고 정치적인 신념은 그것을 진실로 믿는 이들을 총체적 기관의 공격으로부터 보호해주었다. 직원들은 직원의 언어를 말할 수 없는 이들에 대해 교정 노력을 포기해야 할 때도 있다. 이때 언어 무능력자non-speaker들은 일정 정도 억압에서 벗어나기도 한다.[132]

7

나는 이제 재소자 문화를 구축하는 주요 주제들에 대해 이야기하려고 한다.

첫째, 많은 총체적 기관에서는 특정한 종류와 수준의 자아 관심이 발생한다. 재소자들은 초기의 박탈 과정을 거치며 바깥 세계보다 낮

---

131) Bruno Bettelheim, 같은 책, p. 425.
132) Edgar H. Schein(같은 책, p. 165 각주)에 따르면 중국인들은 푸에르토리코와 다른 비영어권 포로들을 포기하고 그들에게 손쉬운 단순 노역을 시켰다.

은 지위에 처하게 된다. 그럼으로써 이들은 품위를 계속해서 잃어가는 인격적 실패의 분위기에 빠져든다. 이에 대응하여 재소자들은 이야기, 대사, 슬픈 우화―일종의 애가이자 변론―등을 개발하여 동료들에게 계속 들려주며 자신의 현재 낮은 지위를 납득시키려고 한다. 결과적으로 재소자의 자아는 바깥 세계보다 더욱 대화와 관심의 중심이 되며, 이는 과도한 자아 연민으로 이어진다.[133] 직원들은 이러한 이야기들을 폄하하기 일쑤이지만, 재소자 관객들은 의심과 지루함을 억누르며 요령 있게 귀를 기울인다. 한 전과자는 말한다.

> 내게는 이런 일들이 매우 인상적이었다. 사람들은 다른 사람의 범죄를 캐물을 때는 예외 없이 세심했다. 또한 한 사람의 전과에 근거해 그와 다른 범죄자와의 관계를 추정하는 것은 삼갔다.[134]

이와 유사하게 미국의 주립 정신병원에는 재소자 간의 예의라는 것이 있다. 예를 들어 한 환자가 다른 환자에게 어떤 병동에 속하며 어떤 치료를 받는지, 그리고 얼마나 오랫동안 병원에 있었는지는 물어볼 수 있다. 하지만 자리에 없는 다른 사람에 대해서는 섣부른 질문을 던지지 않으며, 질문을 했을 때 어쩔 수 없이 나온 편향된 답변은 흘려들었다.

둘째, 총체적 기관의 재소자들에게 시설에서 보내는 시간이란 낭비되거나 파괴되거나 개인의 인생에서 빼앗긴 시간이라는 느낌이 강

---

133) 교도소의 예에 대해서는 Alfred Hassler, 같은 책, p. 18. Anthony Heckstall-Smith, 같은 책, pp. 29~30을 보라.
134) Alfred Hassler, 같은 책, p. 116.

하다. 그것은 지워져야 할 시간이다. 그것은 "처리되거나" "표시되거나" "담아두거나" "꺼내야 하는" 어떤 것이다. 교도소와 정신병원에서 사람이 기관에 얼마나 잘 적응하느냐는 그 사람이 어떻게, 쉽게 혹은 어렵게, 복역하느냐와 관련되어 있다.[135] 여기서 복역이란 괄호 속에 들어가 끊임없이 의식적 고려 사항이 되는 시간이다. 이러한 시간 의식은 바깥 사회에서는 자주 발견되지 않는다. 그 결과 재소자들은 그에게 강요된 체류 기간—그의 형량—동안 삶으로부터 완전히 추방당했다는 느낌을 갖게 된다.[136] 바로 이러한 맥락에서 우리는 무기 징역이나 장기 징역이 한 사람의 정신에 미치는 파괴적 효과를 이해할 수 있다.[137]

총체적 기관에서의 삶의 조건들이 얼마나 가혹하건, 가혹함 하나만으로 삶이 낭비되었다는 느낌을 설명할 수는 없다. 우리는 오히려 입소로 인해 재소자가 겪는 사회적 단절과 기관 내부에서 (보통은) 바깥의 생활로 옮길 수 있는 성취—금전적 수입, 또는 혼인 관계의 형성, 혹은 자격증 수여—를 가질 수 없다는 점에 주목해야 한다. 정신병원이 원칙적으로 아픈 사람을 치료하는 병원이라는 사실이 환자들에게 제공하는 덕목 하나가 있다. 병원의 재소자들은 일종의

---

135) 총체적 기관의 시간 개념에 대한 다수의 자료는 Maurice L. Farber, "Suffering and Time Perspective of the Prisoner," Part IV, *Authority and Frustration,* by Kurt Lewin, et al., Studies in Topological and Vector Psychology III, University of Iowa Studies in Child Welfare, Vo. XX, 1944에 담겨 있다.

136) 내 생각에 이러한 "비실존not living"의 감정을 가장 훌륭히 묘사한 글은 프로이트의 논문 「애도와 우울Mourning and Melancholia」이다. 그의 주장에 따르면 이러한 비실존 상태의 결과는 애착 대상의 상실이다. *Collected Papers of Sigmund Freud,* London: Hogarth Press, 1925, Vol. IV, pp. 152~70.

137) 예로는 Elie A. Cohen, 같은 책, p. 128을 보라.

추방 상태에서 삶의 3~4년을 포기했지만, 사실 자신들은 회복을 위해 바삐 지냈으며, 더욱이 치료가 되면, 회복을 위해 보낸 시간이 합리적이고 수지맞는 투자였다고 스스로를 납득시킬 수 있는 것이다.

총체적 기관에서 시간은 죽어서 무겁게 매달려 있는 것처럼 느껴진다. 아마도 이런 감각 때문에 재소자들이 소위 제거 활동들removal activities에 왜 그토록 높은 가치를 부여하는지 이해할 수 있을 것이다. 그러한 활동들을 통해 재소자는 스스로를 자아와 분리시키는 사소한 일에 몰두하고 열중하며 그럼으로써 자신이 처한 현실을 당분간 망각하는 것이다. 총체적 기관의 일상적 활동들이 고문의 시간이라면, 제거 활동들은 시간을 안락사시키는 것이다.

어떤 제거 활동들은 야외 경기, 춤, 오케스트라, 밴드 연주, 합창, 강연, 예술 수업[138] 또는 목공 수업, 카드놀이처럼 집합적이다. 어떤 것들은 혼자서 하는 것들이지만 독서[139]나 TV 시청[140]처럼 공유 자원들을 필요로 한다. 물론 클레머가 수감자의 "백일몽"에 관해 묘사한 것처럼 사적 환상 또한 제거 활동에 포함되어야 할 것이다.[141] 제거 활동들의 일부는 직원들이 공식적으로 승인하는 것들이다. 어떤 것들은 공식적으로 승인되지 않지만 2차 적응에 포함된다—예를 들어 도박, 동성애, 또는 공업용 알코올, 육두구nutmeg, 생강을 먹고

---

138) Frank Norman, 같은 책, p. 71은 교도소의 예를 제시한다.

139) 예컨대 Brendan Behan, 같은 책, pp. 72~75에는 감방의 침대에 누워 독서하는 기쁨과 그로 인해 도서물 배급에 주의 조치가 취해지는 경우가 잘 묘사되어 있다.

140) 물론 그러한 활동은 총체적 기관에만 국한되지 않는다. 우리는 권태와 피곤에 절은 주부가 커피 한 잔에 담배 한 대를 곁들여 조간신문을 읽으면서 가사일로부터 벗어나는, 소위 "자신을 위해 짬을 내고" "휴식을 취하는" 고전적 경우를 알고 있다.

141) Donald Clemmer, 같은 책, pp. 244~47.

"뿅 가기" 혹은 "취하기."[142] 공식적인 승인 여부와 상관없이 재소자들이 이러한 제거 활동들을 지나치게 탐닉하거나 멈추지 않으면, 직원들은 제재에 나선다—술, 섹스, 도박이 종종 금지의 대상이다. 그들 입장에서 재소자는 기관이 아닌 기관 내부의 다른 사회적 요소에 속해서는 안 되기 때문이다.

모든 총체적 기관의 내부는 생기 있고 매혹적인 활동의 섬이 거의 떠오르지 않는 죽은 바다와 같다. 그러한 활동은 자아를 향한 공격이 야기하는 심리적 스트레스를 견딜 수 있게 도와준다. 그러나 총체적 기관의 박탈적 효과는 그러한 활동이 불충분할 때 비로소 발휘될 수 있는 것이다. 일반적으로 시민사회의 개인은 사회적 역할을 수행할 때 궁지에 몰리게 되면 상업적 허구물—영화, TV, 라디오, 독서—이나 담배나 술 같은 "긴장완화제"에 탐닉하며 일종의 피난처로 숨어들 기회를 가질 수 있다. 총체적 기관에서, 특히 입소 직후에는 이러한 재료들은 거의 주어지지 않는다. 정작 위안거리가 가장 필요할 때 그것들을 구하기 가장 어려운 것이다.[143]

8

재소자 세계에 대한 지금까지의 논의를 통해 나는 모욕 조치, 재조직화의 영향력, 이에 대해 재소자들이 취하는 대응 노선, 그리고 그것들 속에서 형성되는 문화적 환경을 살펴보았다. 나는 이제 재소

---

142) Holley Cantine and Dachine Rainer, 같은 책, pp. 59~60은 관련 사례를 보여준다.

143) 예컨대 Holley Cantine and Dachine Rainer, 같은 책, p. 59는 제임스 펙James Peck의 다음의 말을 인용한다. "나는 여자보다는 술이 더 그리웠는데, 다른 녀석들도 내 말에 동의했다. 밖에서는 침울해지면 몇 잔의 술로 그것들을 잠재울 수 있었다. 그러나 감옥에서는 침울함이 스스로 다해 없어질 때까지 기다려야 한다. 그리고 그러기까지는 시간이 꽤 오래 걸린다."

1 총체적 기관의 특징들에 관하여

자들이 출소해 바깥 사회로 돌아갔을 때 일반적으로 발생하는 과정에 대해 논하면서 결론을 내리려고 한다.

재소자들은 물론 출소 후의 만끽을 계획하며 출소할 날을 손꼽아 기다린다. 그러나 출소에 임박한 재소자들은 종종 불안에 시달리며, 이미 언급한 것처럼 어떤 이들은 그런 불안을 해소하기 위해 도리어 말썽을 피우거나 재입소를 한다. 출소에 대한 재소자의 불안은 흔히 자기 자신과 친구들에게 던지는 다음과 같은 질문의 형태로 표현된다. "바깥에서 잘할 수 있을까?" 이러한 질문은 시민적 삶 전체를 한데 묶어 상념과 근심의 대상으로 만들어버린다. 바깥 사람들에게는 알려진 것 이면의 알려지지 않은 토대가 재소자들에게는 그 자체로 더욱 거대한 불확실성 위에 놓여 있는 것이다. 그러한 관점은 개인의 정신력을 소진시키며, 어쩌면 이 때문에 출소자들은 종종 "다시 돌아오는 것"을 염두에 두며, 심지어 실제로 많은 사람이 돌아오는지도 모른다.

총체적 기관들은 갱생에 주력한다고 주장한다. 즉 재소자들이 자기 조절 메커니즘을 재정립해서 출소 이후 시설에서 획득한 기준들을 주체적으로 적용해나갈 수 있게 한다는 것이다. (직원들 또한 총체적 기관에 고용되면 자아 규제를 해야 한다. 다른 종류의 시설들에 고용된 직원들도 이러한 규제 절차에 대한 학습의 필요성을 공유한다.) 사실 총체적 기관이 주장하는 이러한 변화는 거의 이루어지지 않는다. 영구적인 변화가 일어날지라도 이 변화는 직원들이 의도한 그런 것이 아니다. 몇몇의 종교기관을 제외하고는 박탈이나 재조직화 조치의 어느 것도 지속적인 효과를 발휘하지 못하는데,[144] 이는 부분적으로 재소자들의 2차적 적응 전술, 대항 도덕, 이러한 모든 전략의 조합적 구사, 그리고 쿨하게 굴기 등 때문일 수 있다.

물론 재소자들은 출소 직후 시민적 지위가 제공하는 자유와 쾌락을 만끽할 수 있다. 그런데 이는 시민들에게는 대단한 사건이라고도 할 수 없는 평범한 것들이다 —신선한 공기의 신산한 향, 말하고 싶을 때 말하기, 성냥을 마음껏 써 담뱃불 붙이기, 네 명이 앉은 테이블에서 조용히 간식 먹기.[145] 주말에 고향집을 방문하고 병원에 돌아온 한 정신병 환자는 귀를 기울이는 한 무리의 친구에게 자신의 경험을 들려준다.

> 아침에 일어나서 부엌에 가서 커피를 내렸어. 굉장했어. 밤에는 맥주 몇 잔을 마시고 밖에 바람을 쐬러 나갔지. 정말 근사했고 진짜 맛있었어. 그 모든 자유의 순간이 잊히지 않아.[146]

그러나 출소 후 재소자들은 안에서의 생활이 어떠했는지 대부분을 곧 망각하고 다시금 기관 안의 생활을 에워싸고 조직했던 특혜들을 당연시하게 된다. 부당함, 쓰라린 고통, 소외의 감각들, 수감 경험이 야기하고 그의 도덕적 이력에 뚜렷한 흔적을 남겼던 그 감각들은 출소 후 약화되는 것처럼 보인다.

그럼에도 재소자 출신들이 보유하는 총체적 기관에서의 경험은 우리에게 중요한 시사점을 던져준다. 종종 입소는 신입들에게 소위 지

---

144) 이와 관련된 중요한 증거는 "세뇌된" 포로들이 본국으로 귀환하여 재적응을 거치는 과정에 대한 연구에서 발견된다. L. E. Hinkle, Jr. and H. G. Wolff, 같은 책, p. 174를 보라.
145) T. E. Lawrence, 같은 책, p. 48.
146) 저자의 현장 연구 노트에서.

1 총체적 기관의 특징들에 관하여

위의 사전 취득proactive status을 의미한다. 이는 단순히 기관 내부의 사회적 지위가 그가 바깥에서 취했던 사회적 지위와 급진적으로 다름을 뜻하지 않는다. 그는 출소 후에 자신의 사회적 지위가 입소 전과 더 이상 같을 수 없음을 깨닫게 된다. 장교 훈련 학교, 엘리트 기숙학교, 고위 성직자를 위한 수도원 등의 출신들에게는 지위의 사전 취득이 상대적으로 도움을 줄 수 있다. 이들은 자신들이 같은 "학교" 출신임에 자긍심을 느끼며 활기찬 동창회를 열 수 있다. 그러나 교도소나 정신병원 출신들에게 지위의 사전 취득이란 불이익을 의미한다. 이 경우 우리는 "낙인stigmatization"이라는 용어를 쓸 수 있다. 재소자 출신들은 자신의 과거를 숨기고 "얼버무리려"고 할 것이다.

한 연구자에 따르면,[147] 직원들이 행사하는 영향력에는 재소자들을 퇴소시킴으로써 낙인 효과를 줄이는 권력이 포함된다. 군대 교도소 간부는 재소자들을 원대 복귀시킬 수 있으며 명예 제대를 시킬 수도 있다. 정신병원 행정 직원들은 환자들에게 "건강 증명서"(완치 후 퇴원)를 발급할 수 있으며 또한 개인 추천서를 써줄 수도 있다. 여기서 우리는 재소자들이 직원들과 함께 있을 때 왜 그리도 총체적 기관이 그들에게 제공하는 혜택에 열광하는지를 알 수 있다.

우리는 이제 출소 불안에 대한 논의로 되돌아올 수 있다. 이러한 불안에 대한 하나의 가능한 설명은 개인들이 총체적 기관이 면제해 준 책임을 다시 시작하는 것을 꺼려하거나 너무 "싫어한다"는 점이다. 내가 연구한 총체적 기관의 한 유형, 즉 정신병원에서는 이러한 요인을 최소화하는 경향이 있다. 더 중요한 요인은 탈문화화,

---

147) Richard Cloward, 같은 책, pp. 80~83.

즉 바깥 사회에서 필요한 습속들의 상실이나 회복 실패이다. 또 다른 요인은 낙인이다. 한 개인이 재소자가 됨으로써 낮은 사회적 지위를 선취하게 되면, 그는 사회에서 냉랭한 대우를 받는다. 특히 직업이나 살 곳을 구할 때 그런 경험을 하게 된다(낙인이 없는 사람들에게도 이는 쉽지 않다). 더욱이 그는 기관 내에서 사는 요령을 터득하게 되었을 때, 그리고 고통스런 학습을 통해 알게 된 주요 특혜들을 성취했을 때, 바로 그때 출소를 하게 된다. 요약하자면, 그에게 출소는 작은 세계의 높은 지위로부터 큰 세계의 바닥으로 추락하는 것을 의미한다. 또한 재소자들은 자신의 자유 일부가 제한된 채로 자유 공동체로 돌아온다. 어떤 강제수용소들은 출소 시 기관에서 부당한 처우를 받지 않았다는 서류에 서명할 것을 요구한다. 기관에 대한 이야기를 누설하면 치를 결과에 대한 경고를 받는다.[148] 어떤 정신병원은 출소 전 재소자와 마지막 면담을 하면서 기관과 그를 병원에 집어넣은 사람들에 대해 원한을 품고 있는지를 확인하며 그런 이유로 말썽을 일으키지 말 것을 경고한다. 나아가 출소하는 재소자들은 다시 "아프거나" "문제를 일으키면" 다시 도움을 구할 것이라는 약속을 해야 하는 경우가 잦다. 정신병원 출신 환자들의 친지나 고용인은 문제가 다시 생길 경우 기관 간부들에게 연락을 취하라는 조언을 받기도 한다. 교도소 출소자는 공식적으로는 가석방 상태에서 의무적으로 정기 보고를 해야 하고, 입소 전에 속했던 무리와 어울리지 말아야 할 수도 있다.

---

148) Elie A. Cohen, 같은 책, p. 7. Eugen Kogon, 같은 책, p. 72.

직원 세계

1

많은 경우, 다수의 총체적 기관은 재소자를 단순히 위탁하는 식의 기능을 수행하는 것처럼 보인다. 그러나 이미 언급한 것처럼 총체적 기관들은 공식적으로 천명하고 또한 공식적으로 승인된 몇몇의 목표를 수행하는 효과적 기계로 설계된—목적의식적으로, 그리고 철두철미하게—합리적 조직이라는 대외적 모습을 보여준다. 또한 흔히 총체적 기관의 공식 목표 중 하나는 이상적 기준에 맞춰 재소자를 교정한다는 것이다. 이 모순, 즉 실제로 기관이 무엇을 하는가와 기관의 관료들이 무엇을 한다고 말하는가 사이의 모순이 직원 일상의 기본 맥락을 구성한다.

이 맥락 속에서 직원에 대해 첫번째로 말할 것은 바로 그들의 일과 그들의 세계가 바로 사람과 관련된 것이라는 점이다. 그들의 **사람 관련 일**people-work은 인사 관련 일이나 서비스 직종에서의 일과 분명 다르다. 직원들은 결국 일—서비스가 아니라—을 통해 다루어야 하는 대상과 제품이 있는데, 그것들은 다름 아닌 사람이다.

일의 재료로서의 사람 또한 무생물과 같은 특징들을 가질 수 있다. 의사들은 뚱뚱한 환자보다는 마른 환자 수술을 선호한다. 뚱뚱한 환자들을 수술하면 수술 도구들을 다루기 쉽지 않고 또한 절제해야 할 부위들이 더 많기 때문이다. 정신병원의 장의사들은 때로는 비만 남성보다 마른 여성을 선호하는데, 왜냐하면 무거운 "시체"는 움직이기 힘들고 또 남자 시체들의 경우 재킷을 입혀야 하는데 이때 경직된 팔과 손가락 때문에 그것이 쉽지 않기 때문이다. 또한 생물이건 무생물이건 잘못 관리할 경우 그 증거가 표면에 남아 감독관이 알아볼 수 있다. 산업공장에서 처리된 물품들의 경우 무엇이 처리되었고, 누가 처리했고, 무엇을 더 해야 하고, 누가 책임자인지에 대한 서류 작업이 수반된다. 소위 병원 체계를 통해 움직이는 인간적 대상도 마찬가지다. 환자가 혹은 환자에게 무엇을 했고 누가 마지막으로 그를 책임졌는지 등을 적시한 일련의 정보들이 수반되어야 한다. 심지어 특정 환자가 식사 때 혹은 야간에 부재했는지 아닌지도 기록해서 원가 계산이 이루어지고 적절한 조정을 통해 대금이 청구되는 것이다. 입소부터 죽음에 이르는 재소자의 이력 동안 환자는 다수 직원의 단기적 관할 아래 놓일 것이고, 그때마다 직원들은 환자의 병력 서류에 공식적 노트를 추가할 것이다. 그의 사망 이후에도 오랫동안 표식이 부착되어 있을 그의 유품은 병원의 관료 체계에 활용 가능한 자산으로 남아 있을 것이다.

인간 유기체의 생리적 특징을 고려할 때, 사람을 어떤 용도로 계속 사용하기 위해서는 충족되어야 할 사항들이 있다. 물론 이는 무생물에 대해서도 마찬가지다. 사람이건 물건이건 어떤 것을 저장하건, 보관처의 온도는 관리되어야 한다. 주석 광산, 페인트 공장, 또는 화학물 공장 같은 곳에서의 일이 피고용자에게 위험한 것과 마찬가지로, 사람-일에도 특별한 위험이 있다(최소한 직원들은 그렇게 믿는다). 정신병원에서 직원은 환자들이 "아무 이유 없이" 공격적이 될 수 있고 관리자를 해칠 수 있다고 믿는다. 어떤 담당 직원들은 정신병 환자와 너무 오래 접촉하면 감염될 수 있다고 느낀다. 결핵 요양소와 나병 요양소에서 직원들은 특히 위험한 질병에 노출되어 있다고 느낀다.

1 총체적 기관의 특징들에 관하여

사람-일과 사물-일 사이의 유사성에도 불구하고 직원의 일 세계에 결정적 영향을 미치는 요소들은 그들의 일이 다루는 재료로서의 사람이 갖는 고유성에서 유래한다.

총체적 기관을 둘러싼 사회적 환경의 포괄적인 도덕적 원칙에 따르면, 사람들은 거의 예외 없이 그 자체 목적으로 고려된다. 거의 예외 없이 인간적 재료들에 관해서는 **기술적으로는** 불필요한 처리 기준들이 준수된다. 여기서 소위 인간적 기준들의 준수는 기관이 갖는 "책임"의 일부로 정의된다. 이 책임은 재소자들의 자유와 맞바꾸어 그들에게 보장되는 어떤 것이라고 할 수 있다. 예컨대 교도소 관리자들은 수감자들의 자살 기도를 막을 의무가 있으며 그들에게 충분한 의료적 혜택을 제공할 의무가 있다. 설사 그러한 의무가 그의 사형 집행을 연기하는 경우에도 말이다. 독일의 강제수용소에서도 유사한 일이 있었다. 가스실로 향하기 전에 재소자들은 의료 검진을 받기도 했다.

직원들의 일 세계에서 발생하는 두번째 특별한 우연적 변수는 통상적으로 재소자들이 바깥 세계의 지위와 인간관계를 보유하며 이에 대한 고려가 필수적이라는 점이다. 물론 이는 앞서 언급한바, 총체적 기관은 재소자가 사람 **자격**으로 갖는 권리 일부를 존중해야 한다는 사실과 관련되어 있다. 시민적 권리가 대부분 박탈된 중증의 정신병 환자의 경우에도 적지 않은 서류 작업이 필요하다. 환자로부터 빼앗은 권리는 일반적으로 친족, 위원회, 병원 자체의 감독관에 이전되는데, 이들은 이제 법적 주체가 되어 총체적 기관 바깥의 여러 문제에 대해 권위를 행사한다. 사회복지 혜택, 소득세, 재산 관리, 보험금 납부, 노후 연금, 주식 배당, 치과 치료비, 입소 전 발생한 법적 의무들, 보험회사나 변호사에게 제출해야 할 정신과 병력 기록에 대한 허가, 친지를 제외한 사람들의 특별 면회 허가 등등. 총체적 기관은 결과적으로는 법적 권한이 있는 이들에게 결정권을 양도하기도 하지만 어쨌든 이 모든 사안을 취급해야 한다.

기관 내부의 상급관리뿐만 아니라 바깥 사회의 감시 기관들, 때로는 재소자의 친지들 또한 이러한 기준과 권리와 관련한 의무들을 직원들에게 숙지시킨다. 그들의 일이 다루는 재료, 즉 환자 자신도 그 역할을 맡는다. 정신병원의 일부 담당 직원들은 병세가 나쁜 환자들이 있는 병동 근무를 선호한다. 그곳의 환자들은 병세가 괜찮은 환자들보다 덜 피곤한 요구를 하기 때문이다. 이와 관련하여 직원들 사이에 오가는 말들이 있다. 예를 들어 해군에는 "바다 변호사"라는 말이 있는데, 이는 "정석대로" 처우를 요구하는 재소자들을 지칭한다. 재소자의 친족들은 때로는 비평가 역할을 하며 유별난 문제를 일으키기도 한다. 재소자들의 경우 원하는 바를 요구했을 때 치러야 하는 대가가 있다는 사실을 배울 수 있다. 하지만 친지들은 이런 문제를 배우지 못하며, 재소자를 위한다는 명분으로 무턱대고 재소자조차 부끄러워할 요구들을 한다.

다수의 재소자를 다루어야 한다는 사실, 그리고 재소자들을 다양한 방식을 통해 목적 그 자체로 간주해야 한다는 사실로 인해 직원들은 사람을 통치하는 자들이 맞닥뜨리는 고전적인 딜레마에 빠진다. 총체적 기관은 하나의 국가처럼 기능하기에, 직원들은 통치자들이 시달리는 고충 비슷한 것을 겪기 마련이다.

모든 개별 재소자는 자신의 이익을 위해 특정 기준들을 준수하면서 다른 기준들을 희생시킨다. 여기서 어떤 목표에 더 가중치를 두

느냐 하는 어려움이 생긴다. 예를 들어 자살 가능성이 있는 재소자를 죽지 않게 하려면, 직원들은 항상 그를 감시해야 하며 심지어는 의자에 묶어 독방에 가두어야 한다고 생각할 수 있다. 극심한 고통과 치료와 질병의 반복적 순환으로부터 환자를 보호하기 위해서 직원은 그의 자유를 박탈하는 것이 필요하다고 생각할 수 있다. 식사를 거부하는 환자에게는 강제로 음식을 먹이는데, 이때 환자는 모멸감을 느낄 수 있다. 결핵 요양소의 재소자가 회복할 시간을 갖기 위해서는 여가의 자유를 빼앗아야 한다.[149]

한 환자가 마땅히 기대하는 치료의 기준들은 당연히 다른 환자들이 기대하는 기준들과 충돌할 수 있으며 이는 또 다른 통치적 문제를 야기한다. 예를 들어 정신병원에서는 외출권이 있는 환자들을 존중하는 차원에서 정문을 열어놓는다. 그러면 그 전까지 의심을 받지 않고 병원 안을 오가던 일부 환자들은 폐쇄 병동 안에 갇혀야 한다. 병원 구내를 오가는 환자들은 매점과 우편함을 자유롭게 사용할 수 있지만 식이요법을 엄수해야 하는 환자들이나 협박적이거나 외설적인 편지를 쓰는 환자들은 다른 환자들이 구내에서 누리는 자유를 박탈당한다.

재소자들의 처우에서 일정한 인간적 기준들을 준수해야 하는 의무는 그 자체 직원들에게 문제를 불러일으킬 수 있다. 그러나 무엇보다 인간적 기준과 제도적 효율성 사이의 항상적 갈등이 더 많은 일련의 문제를 불러일으킨다. 나는 여기서 하나의 사례만 언급하겠다. 사적 소유물은 자아를 구축하는 중요한 재료가 된다. 그러나 재소자

---

149) Julius A. Roth, "What is an Activity," 같은 책.

들이 사적 소유물을 덜 가질수록 직원들은 그들을 더 쉽게 관리할 수 있다. 정신병원의 효율성은 하루하루 재소 환자 수의 변동에 얼마나 잘 대처하느냐와 긴밀한 관계가 있다. 이때 들고나는 사람들은 자신을 제외하고는 어떤 소유물도 없어야 하며 그들이 어디에 배치될지에 대해서는 어떤 선택권도 없다. 환자들의 옷을 깨끗하고 청결하게 유지하는 효율성의 경우도 마찬가지다. 사용된 옷들은 구별 없이 하나로 묶이며 세탁된 옷들 역시 그 옷을 누가 소유하느냐가 아니라 대략적인 사이즈에 따라 재분배된다. 마찬가지로 병동에서 병원 구내로 이동하는 환자들에게 따뜻한 옷을 입히는 신속한 방식이 있다. 그들로 하여금 각 병동에 할당된 외투 더미를 지나가게 하면서 입을 것인지 말 것인지 혹은 무엇을 입을 것인지 선택권을 주지 않고 고르게 하는 것이다. 또한 건강을 위한다는 똑같은 명분으로 병동으로 복귀할 때는 집단 물품인 옷을 갖고 들어가지 못하고 반납하게 하는 것이다. 의복을 둘러싼 이 같은 구조적 관리는 개인의 복리가 아니라 효율성이라는 관점을 따르기 마련인데, 이에 대해서는 다음과 같은 광고가 잘 말해준다.

활력, 튼튼! 똑딱이 단추로 부착된 속옷
정신병 및 정신지체 환자들을 위해 기관이 직접 설계하고 시험한 일체형 의복. 노출 충동 예방. 찢김 방지. 머리부터 한번에 착용 가능. 브래지어나 다른 속옷 불필요. 사타구니에 똑딱이 단추가 달려 용변 교육 용이함. 상쾌한 패턴 혹은 투톤. 라운드, V 혹은 사각 네크라인. 다림질 불필요.[150]

기관의 유연한 운영에 방해가 되는 사적 소유물이 제거되어야 하는 것처럼, 신체 부위 또한 효율적 운영에 지장을 초래할 수 있으며 효율성의 견지에서 이 문제에 대한 해결책이 제시된다. 삭발은 외모에 지장을 줄 수 있지만 재소자들의 머리를 깨끗하게 관리하고 그들을 손쉽게 분류하는 데 효과적이다. 비슷한 이유에서 어떤 정신병원들은 "무는 사람biters"의 이빨을 뽑고, 문란한 여성 환자의 자궁을 적출하고, 싸움꾼의 전두엽을 절개하기도 한다. 군함에서 조직이냐 인간이냐의 문제를 보여주는 처벌 형식은 바로 태형이다.

> 해군 장교들이 신체 처벌에 대해 찬성하면서 펼치는 주장은 이런 것이다. 그것은 잠시 고통스러울 수 있다. 그것은 시간을 허비하지 않는다. 수감자의 옷을 입히면 그것으로 끝이다. 반면 다른 식의 처벌을 가하면, 시간은 허비되고 문제는 더 복잡해지며, 여기에 덧붙여 해병들이 자신의 소중함을 과하게 느끼게 만든다.[151]

　　나는 사람-일이 다른 종류의 일과 차이가 있다고 주장했다. 그 차이는 재소자 각각이 기관에 가지고 들어오는 사회적 지위와 인간관계의 복합성, 그리고 환자와 관련해 준수되어야 하는 인간적 기준 때문에 발생한다고 주장했다. 또 다른 차이는 재소자들에게 주어지는 퇴원 권리와 관련 있다. 즉 그들이 시민사회에서 행할 수 있는 비행은 기관의 책임이 되는 것이다. 이러한 책임 때문에 많은 총체적

---

150) *Mental Hospitals,* VI, 1955, p. 20에 실린 광고.
151) Herman Melville, 같은 책, p. 139.

기관은 병원 밖으로 환자가 나가는 것을 선호하지 않는 경향이 있다. 사람-일과 다른 종류의 일에는 다른 유형의 차이도 있다. 아마 가장 중요한 차이는 사람이라는 대상은 위협, 보상, 설득 등을 통해 지시를 받을 수 있고 그러한 지시를 스스로 수행할 수 있다는 사실에서 기인한다. 사람들이 외부의 감시 없이 계획된 행동들을 수행할 수 있으리라는 신뢰를 받는 시간적 길이는 경우에 따라 꽤 다르다. 그러나 중환자 병동의 사회적 조직은 긴장형 정신분열증 환자 같은 극단적인 경우에도 충분히 신뢰하고 일을 맡길 수 있다는 것을 보여준다. 그러한 환자의 능력은 가장 복잡한 전자 장치의 능력에 버금갈 정도다.

사람이라는 재료가 무생물 재료만큼 다루기 어렵지는 않다. 그러나 직원이 제시한 계획을 지각하고 완수할 수 있는 바로 그 능력으로 인해 사람은 무생물 대상보다 더 직원을 곤경에 처하게 만든다. 반면 무생물 대상은 목적의식적이고 지적으로 우리의 계획을 방해할 수 없다(비록 그들이 마치 그러한 능력을 가지고 있는 것처럼 우리가 잠시나마 반응할 수는 있지만). 그러므로 교도소의 간수와 "양호한" 병동의 경비는 탈출과 같은 조직적 시도들과, 그들을 속이고 "함정에 빠뜨리려는" 시도들에 항상 대비해야 한다. 그렇지 않다면 간수들은 곤란에 처할 것이기 때문이다. 재소자들이 그런 시도를 하는 것이 단순히 자존감을 회복하고 지루함을 덜기 위해서라는 사실을 안다고 해도 간수들의 불안은 줄지 않는다.[152] 심지어 늙고 약한 정

---

152) 바로 이 같은 고난도의 간수 역할에 관해서는 Lloyd W. McCorkle and Richard Korn, 같은 책, pp. 93~94와 Gresham M. Sykes, "The Corruption of Authority and Rehabilitation," *Social Forces*, XXXIV, 1956, pp. 257~62에 언급되어 있다.

1 총체적 기관의 특징들에 관하여

신병 환자들도 이러한 능력에서는 뒤지지 않는다. 예를 들어 바지 주머니 안에서 엄지손가락을 말아 쥐는 것만으로도 담당 직원은 재소자의 옷을 벗기는 데 어려움을 겪을 것이다. 이것이 직원들이 재소자의 미래와 관련된 결정을 숨기는 이유다. 만약 재소자들이 자기 자신과 관련된 최악의 계획을 알게 되면, 그는 그러한 계획의 원활한 수행을 의도적이고 노골적으로 방해할 수 있기 때문이다. 그런 이유로, 예를 들면 전기 충격 요법을 시행할 환자들에게는 부드럽게 거짓 이야기를 들려주고 그가 치료받을 방을 보여주지 않는 것이다.

인간 재료들이 다른 종류와 구별되는 세번째 일반적인 방식이 있다. 이는 특별한 문제를 발생시킨다. 아무리 직원들이 인간 재료로부터 거리를 두려고 해도 직원들은 이 재료들에 대해 동료 의식, 심지어 애정을 느낄 수 있다. 재소자들이 사람으로 보이는 위험은 항상 존재한다. 재소자들이 고난에 처하게 되면 이에 공감하는 직원 또한 고통스러울 것이다(결국 바로 이 때문에 장교들은 사병들로부터 사회적 거리를 유지해야 한다는 원칙이 있다). 다른 한편 재소자들이 규칙을 위반할 때, 그를 인간적 존재로 간주하는 직원은 자신의 도덕적 세계가 그 때문에 상처를 받았다고 느끼는 경향이 크다. 즉 합리적 존재로부터 "합리적" 반응을 기대하기에, 직원은 재소자가 올바른 품행을 보이지 않으면 분노와 모멸을 느끼고 자신이 공격을 받았다고 느끼는 것이다.

재소자가 직원의 공감 대상이 되는 것은 총체적 기관에서 간혹 보고되는 소위 연루 주기involvement cycle와 연관이 있다. 이는 직원이 재소자에 대해 취하는 사회적 거리의 한 지점에서 시작한다. 초기 시점에는 심각한 박탈이나 문제가 눈에 띄지 않기에, 직원들은 재소자 일부와 친밀한 관계를 맺지 말아야 할 이유를 찾지 못한다. 그러나 재소자와 연루된 직원은 재소자들의 행동과 그들의 고통으로 상처를 받는 위치로 이끌린다. 동시에 그의 동료 직원들이 재소자와 유지하는 거리에 위협을 줄 수 있는 위치로 이끌린다. 이에 대한 반작용으로, 재소자에 공감하던 직원은 그가 "소진"되었다고 느끼면서 서류 작업, 위원회 일, 혹은 외부와 차단된 다른 일로 은둔할 수 있다. 재소자와의 접촉이라는 위험 요소가 제거되면 그의 경계심은 사라지고 다시금 접촉과 철회의 주기가 시작될 수 있다.

사람-일이 지닌 특별한 어려움은 다음과 같은 사실들의 조합으로 이루어진 맥락에서 발생한다. 첫째, 직원들이 재소자들에 대해 인간적 처우의 기준들을 준수해야 할 의무가 있다는 사실. 둘째, 직원들이 재소자들을 정서적으로 관계를 맺을 수 있는 이성적이고 책임 있는 존재로 간주한다는 사실. 정신병원에는 명백한 자기 이익에 반하는 방식으로 극적으로 행동하는 환자들이 존재하기 마련이다. 예컨대 그들은 오염된 물을 마신다. 그들은 추수감사절이나 크리스마스에 과식을 하고 그중 일부는 위궤양이나 식도염에 걸린다. 그들은 벽을 머리로 받는다. 그들은 간단한 수술 후 스스로 봉합 부위를 찢는다. 그들은 의치를 변기물에 버려서 음식을 먹을 수도 없게 되고 그것을 다시 구하는 데는 몇 달이 걸린다. 그들은 안경을 박살 내버려서 잘 볼 수도 없게 된다. 이처럼 명백히 자기 파괴적인 행동들을 금지시키기 위해 직원들은 어쩔 수 없이 이 환자들을 거칠게 다루어야 한다. 어떤 인간도 다른 누구에게 해서는 안 되는 일을 환자들이 자신에게 하는 것을 막으려는 바로 그때, 직원들은 자기 자신에게서 가혹하고 고압적인 사람의 이미지를 발견하는 것이다. 그럴 때 직원들이 자신의 감정을 통제하기가 지극히 힘들다는 점은 충분히 이해할 만하다.

2

직원들의 하루 일과는 사람–일에 필요한 특별한 요건들에 따라 정립된다. 그들의 일은 특별한 도덕적 환경 속에서 수행된다. 직원들은 재소자들의 적대감 및 요구들과 부딪쳐야 하며 이때 그들은 기관이 표방하는 합리적 관점에 따라 재소자들을 대하려고 한다. 그러므로 우리는 이 관점들을 살펴봐야 한다.

총체적 기관의 공식적 목표들은 그리 많지 않다. 약간의 경제적 성취, 교육과 훈련, 의학적이고 심리적인 치료, 종교적 정화, 공동체를 오염으로부터 보호하기. 또한 교도소 연구자의 주장에 따르면 **"무력화, 징벌, 억제, 그리고 교화"** 등이 있다.[153] 총체적 기관이 자체의 공식적 목표에 많이 미치지 못한다는 사실은 잘 알려져 있다. 그러나 공식적 목표나 정관의 세부 사항들이 핵심적 의미를 제공한다는 점, 다시 말해 직원들, 때로는 재소자들의 행동 간극을 설명해주는 언어를 제공한다는 점은 잘 알려져 있지 않다. 예컨대 의학적 준거 틀은 단순히 약의 복용 양을 정하고 의미 있게 만드는 데만 사용되지 않는다. 그것은 모든 종류의 결정, 예컨대 병원 식사가 제공되는 시간, 혹은 병원의 속옷을 개키는 방식 등 모든 것을 설명하는 관점이다. 각각의 공식적 목표에서 교리들이 도출되고 각각의 교리에는

---

153) D. Cressey, "Achievement of an Unstated Organizational Goal: An Observation on Prisons," *Pacific Sociological Review*, I, 1958, p. 43.

그것을 수호하는 판관들과 그것을 지키려다 희생당한 순교자들이 결부되어 있다. 총체적 기관에는 공식적 목표들에 대한 손쉬운 해석을 교정하는 자연스러운 점검 장치가 없다. 따라서 각각의 기관은 공식적 목표를 실현하기 위해 스스로 노력해야 할 뿐만 아니라 그것들을 모든 것에 지나치게 적용하려는 전제적 지배 또한 경계해야 한다. 만약 그렇지 않다면 권위의 행사는 자칫 마녀 사냥이 될 수도 있다. 교도소에서 직원들의 행위들을 정당화하는 "보안"이라는 이름의 유령이 그 위험을 잘 보여준다. 총체적 기관은 종종 지성과 무관한 장소로 보이곤 한다. 그러나 적어도 최근 들어서는 총체적 기관에서 말에 대한 관심, 그리고 언어화된 관점에 대한 관심이 부각되고 있으며, 이는 때로 강력한 역할을 행사한다.

총체적 기관의 해석 틀은 재소자가 입소하자마자 바로 자동적으로 작동하기 시작한다. 직원들에게 입소란 개념적으로 병원이 다루어야 할 사람이 들어왔다는 사실을 보여주는 **자명한** 증거이다. 정치범 교도소에서 사람은 반역자이다. 교도소의 사람은 범죄자이다. 정신병원의 사람은 환자이다. 반역자이거나 범죄자이거나 환자가 아니라면 그가 왜 거기 있겠는가?

재소자에 대한 이 같은 자동적 신원 부여는 단순한 이름 붙이기가 아니다. 그것은 사회적 통제의 기본적 도구들에서 중심을 차지한다. 정신병원에 대한 한 초기 집단 연구가 이를 잘 보여준다.

담당 직원 문화의 주요한 목표는 환자를 통제하는 것이다. 이 통제는 환자의 복지와 무관하게 시행되어야 한다. 이는 환자가 표현하는 욕구나 요구와 관련하여 두드러진다. 그들의 욕구와 요구는, 그것이 합리적이건 아니건, 얌전히 표현되건 아니건, 예의 바르게 표명되건 아니건, 정신병의 증거로 취급된다. 비정상성이 정상이라고 간주되는 환경에서 담당 직원들은 정상성을 인지하지 않는다. 이러한 행태적 표현들 대부분이 의사들에게 보고가 되지만, 많은 경우, 담당 직원들의 판단은 변경되지 않는다. 이런 식으로 의사들 역시 정신병 환자들을 다루는 것의 핵심에는 통제가 있다는 가정을 존속시키는 데 기여한다.[154]

재소자들에게 직원들과 면대면 접촉이 허락되는 경우가 있다. 이러한 접촉은 흔히 "투덜대기"나 환자들의 요청으로 이루어지기에 직원들은 이에 시종일관 규제적 태도로 임하는 것이 마땅하다고 생각한다. 바로 이것이 직원-환자 상호작용의 일반적 구조이다. 재소자를 통제하고 공식적 목표의 명분으로 기관을 방어해야 하기에 직원들은 재소자들 전부를 동일한 대상으로 파악한다. 이때 직원들에게 관건은 처벌을 위한 범죄를 찾아내는 것이다.

나아가 직원들이 재소자에게 할당하는 특혜와 처벌은 종종 총체적 기관의 합법적인 목표들을 반영하는 언어로 표현된다. 예컨대 독방 감금이 "건설적 명상"으로 불리는 식으로 말이다. 재소자나 혹은 하위 직급의 직원은 이러한 이데올로기적 진술들을 특혜 체계의 단순한 언어로, 혹은 그 반대로 번역해야 하는 임무를 맡는다. 벨냅은 정신병 환자들이 규칙을 위반하고 처벌을 받을 때 어떤 일이 일어나는

---

154) J. Bateman and H. Dunham, "The State Mental Hospital as a Specialized Community Experience," *American Journal of Psychiatry*, CV, 1948~1949, p. 446.

지를 보여준다.

> 무례함, 불복종, 과도한 치근거림 같은 경우들은 "동요 상태" 혹은
> "흥분 상태" 등의 다소 전문적인 용어들로 번역되며 담당 직원들
> 은 이를 의사에게 의학적 보고의 형태로 제시한다. 이런 보고를 받
> 으면 의사들은 공식적으로 환자들의 특혜를 철회하거나 수정하며,
> 혹은 가장 낮은 지위부터 모든 것을 다시 시작하는 병동으로 환자
> 를 이송시킨다. 직원 문화에서 "좋은" 의사는 이처럼 번역된 의학
> 용어들에 대해 토를 달지 않는 사람을 의미한다.[155]

기관의 관점은 훈육과 직간접적으로 연관된 행동들에 적용된다.
오웰에 따르면 그가 다니던 기숙학교에서 침대에 오줌을 지리는 일
은 "불결"과 사악함의 증거[156]로 여겨졌으며 더 분명한 신체적인 비
행에 대해서도 유사한 관점이 적용되었다.

> 나는 기관지에 문제가 있었고 폐 한쪽에 상처가 있었는데, 이는 몇
> 년이 지난 후에야 발견되었다. 나는 만성적 기침에 시달렸을 뿐 아
> 니라 달리기는 나에게 고문이나 다름없었다. 그러나 당시 "쌕쌕거
> 림"이나 "콜록거림"이라 불렸던 증상들은 상상의 결과물이라고 진
> 단되거나 근본적으로는 과식에 따른 도덕적 장애로 여겨졌다. "아
> 코디언처럼 쌕쌕거리네," 심[교장의 이름]은 내 의자 뒤에 서서 비

---

155) Ivan Belknap, 같은 책, p. 170.
156) George Orwell, 같은 책, pp. 506~509.

1 총체적 기관의 특징들에 관하여

난조로 말하곤 했다. "음식으로 계속 배를 채우잖아. 그래서 그런 거야."[157]

중국의 "사상 교화" 수용소는 해석 조치를 극단까지 밀어붙인 것으로 알려졌다. 여기서 수감자의 과거에 있었던 사소한 일들은 반혁명적 행동의 징후로 번역되었다.[158]

물론 정신적 질병을 심리학적 문제로 보는 관점과 범죄와 반혁명적 행위를 환경의 결과로 보는 관점 모두 해당 범죄자로부터 도덕적 책임을 면제해주기도 한다. 그러나 총체적 기관들은 이런 식의 특수한 인과적 결정론을 거의 용인하지 않는다. 재소자들의 문제는 **자기주도적으로** 관리되어야 한다. 이러한 관리가 잘 이루어지려면, 바람직하고 바람직하지 않은 품행들은 개인의 의지에서 발현하는 것이며 개인 스스로 해결할 수 있는 것으로 정의되어야 한다. 요컨대 각 기관의 관점은 개인의 도덕성을 함축한다. 따라서 각각의 총체적 기관에서 우리는 소위 도덕적 삶에 대한 모종의 기능주의적 해석 틀이 발전해가는 과정을 목격할 수 있다.

재소자의 행태를 기관이 공인하는 관점에 맞춰 도덕주의적으로 번역할 때, 그 밑에는 인간 존재의 성격에 대한 모종의 포괄적인 전제들이 깔려 있다. 총체적 기관들이 책임지는 재소자와 그들을 처리하는 조치를 통해 직원들은 인간 본성에 대한 이론 같은 것을 발전시킨다. 기관의 관점을 구성하는 암묵적 요소로서, 이 이론은 기관의

---

157) George Orwell, 같은 책, p. 521.

158) 예로는 R. Lifton, "'Thought Reform' of Western Civilians in Chinese Communist Prisons," *Psychiatry*, XIX, 1956, 특히 pp. 182~84를 보라.

활동을 정당화하며, 재소자와의 사회적 거리와 그들에 대한 스테레오타입을 유지하는 섬세한 도구들을 제공하며, 그들을 향한 처우를 정당화한다.[159] 통상적으로 그러한 이론은 재소자들의 품행이 "좋고" "나쁜" 정도, 말썽의 형태들, 특혜와 처벌의 교훈적 가치, 직원과 재소자와의 "본질적" 차이를 판별한다. 군대에서 장교들은 규율, 전투 중의 복종, 군인에게 필요한 자질들, 사람의 "한계점," 정신적으로 아픈 상태와 꾀병의 차이에 대한 이론을 가져야 한다. 또한 직원들은 자신들의 본성에 대한 특정 개념들 또한 숙지해야 한다. 위병 출신인 한 사람은 장교들에게 기대되는 자질들의 목록을 제시하면서 다음과 같이 말한다.

> 훈련의 많은 부분은 신체적 능력 향상에 주안점을 두고 있지만, 그럼에도 불구하고 장교는, 그의 신체적 능력과 무관하게, 자빠져 죽을 때까지 혹은 의식이 사라질 때까지 자신의 신체적 부적합성을 절대 인정하지 않는 자존심(혹은 "근성guts")을 지녀야 한다는 신조가 팽배하다. 이 신조는 매우 중요한 것인데, 그 본질과 강도에서 신비로운 측면이 있다. 강도 높은 훈련 과정의 막바지에 두세 명의 장교는 물집이나 별것 아닌 애로사항에 대해 불평하면서 낙

---

159) 나는 이를 에버렛 휴스Everett C. Hughes가 *American Journal of Sociology,* LXI, 1955, p. 182에서 리뷰한 레오폴트 폰 비제Leopold von Wiese의 『스패트레제*Spätlese*』에서 끌어왔다. 최근의 인류학적 용어인 "민속심리학ethnopsychology" 역시 유사한 영역을 다룬다. 그러나 이 논의가 적용되는 영역은 기관이 아니라 문화이다. 덧붙이자면 재소자 역시 인간 본성에 대한 이론을 획득한다는 점이다. 이 이론은 부분적으로는 직원이 채용하는 이론을 자기화한 것이고 부분적으로는 그들 자신이 발전시킨 대항 이론이다. 이와 관련하여 Robert McCleery, 같은 책, pp. 14~15를 보면 수감자들이 개발한 "밀고자rat"라는 개념에 대한 흥미로운 묘사가 있다.

오하기 마련이다. 고상하고 자기애가 강한 수석 교관은 완곡하게 그들을 비난했다. 장교란, 그에 따르면, 낙오할 수 없고 낙오할 리도 없다. 다른 것은 몰라도 의지력이 그를 계속 끌고 가야 한다. 결국 모든 것은 "근성"의 문제다. 이 말에는 숨은 암시가 있었다. 장교 계급이 아닌 다른 군인들은 비록 장교들보다 신체적으로 강할지라도 낙오할 수 있으며 또한 낙오한다. 바로 이 때문에 장교는 우월한 신분에 속한다. 나는 장교들이 나중에 이러한 신조를 수용한다는 사실을 알게 되었다. 그들은 육체적으로 뛰어난 성과를 올릴 수 있으며 육체적인 고통을 감내할 수 있다. 그리고 그런 것들을 해내는 과정에서 그들은 사병들에게 요구되는 방식으로 훈련받을 필요가 전혀 없다. 예컨대 장교들은 P.T.를 받지 않는다. 그들은 그런 것이 필요 없다. 그들은 장교들이다. 휴양지에 있다가도 혹은 사창가에 있다가도 현장으로 투입되면 그들은 끝까지 모든 것을 이겨낼 것이다.[160)]

오늘날의 교도소에서 우리는 범죄에 대한 두 이론, 즉 정신의학 이론과 의지박약 이론의 충돌을 발견한다. 수녀원에서 우리는 영혼이 어떻게 약해지거나 강해지는지 그리고 영혼의 결함들이 어떻게 퇴치될 수 있는지에 대한 이론들을 발견한다. 여기서 정신병원이 부각된다. 정신병원의 직원들은 스스로를 콕 집어 지성에 입각하여 진단과 처방을 내리는, 인간 본성에 대한 지식 분야의 전문가로 천명한다. 실제로 표준 정신의학 교과서들을 보면 "정신역학"과 "정신병

---

160) Simon Raven, "Perish by the Sword," *Encounter,* XII, May 1959, pp. 38~39.

리학"에 관한 장들에서 인간 본성의 "본질"에 대한 근사한 명시적 공식들을 발견할 수 있다.[161]

총체적 기관에서 인간 본성 이론의 중요한 부분은 신입 재소자가 입소하자마자 직원들에게 지극한 존대를 표하게 할 수 있다면, 그는 그다음부터 관리하기 수월해진다는 믿음이다──즉 초기 요구들에 복종시킴으로써 그의 "저항" 또는 "정신"은 깨질 수 있다는 믿음이다 (이런 이유 때문에 앞서 언급했던 기죽이기 의례들과 입소 관행이 존재한다). 물론 재소자들이 인간 본성 이론에 부합하는 모습을 보인다면, 재소자 성격에 대한 직원들의 견해는 옳은 것으로 입증될 것이다. 한국전쟁에 참전했다가 포로가 된 미군의 행동 양식에 대한 최근 연구들이 좋은 사례들을 보여준다. 미국에는 현재 다음과 같은 믿음이 존재한다. 사람이 "한계점"에 다다르면 그 이후 어떤 저항도 보여주지 못한다는 것이다. 나약화의 위험에 관한 훈련 규정들이 떠받치는 인간 본성에 대한 이러한 견해는 일부 수감자들로 하여금 대단치 않은 자백이라도 한 번 하고 나면 모든 저항을 포기하게 만든다.[162]

물론 인간 본성 이론은 총체적 기관이 제공하는 해석 틀의 한 측면일 뿐이다. 기관의 관점이 다루는 또 다른 영역은 일이다. 바깥에

---

161) 인간 본성에 대한 기관 이론의 포괄적 성격은 최근의 선진적 정신과 시설에서 잘 표현되고 있다. 애초에 재소자들을 다루기 위해 발전된 이 이론들은 직원들에게도 점차 적용되고 있다. 따라서 잘못을 범하면 하위 직급의 직원들은 집단 심리 치료에, 고위직 직원들은 개인 심리 치료에 참여하는 게 벌칙이다. 기관 구성원 전체를 위해서는 심지어 사회학적 치료사들의 자문을 도입하는 움직임도 조금씩 생기고 있다.

162) Albert Biderman, "Social-Psychological Needs and 'Involuntary' Behavior as Illustrated by Compliance in Interrogation," *Sociometry,* XXIII, 1960, pp. 120~47은 이에 관해 매우 유익한 논문이다.

서 일은 보통 보수, 수익, 위신을 위해 하는 것이다. 이러한 동기를 포기한다는 것은 행위에 대한 특정 해석을 포기하고 새로운 해석을 도입한다는 사실을 뜻한다. 정신병원에는 "산업적 치료"와 "일 치료"로 불리는 것이 있다. 환자들은 업무 중에서도 낙엽 청소, 테이블 서빙, 세탁, 바닥 청소 같은 하찮다고 여겨지는 일에 투입된다. 이 업무들의 성격은 시설의 필요에 의해 결정되지만, 병원은 환자들에게 이 업무들이 그들의 갱생을 도와줄 것이며 또한 이러한 업무들을 잘 수행하는 능력과 의지는 그들의 병이 개선되었다는 진단의 증거가 될 것이라고 주장한다.[163] 환자들 스스로도 일을 그러한 견지에서 볼 수 있다. 일의 의미를 재정의하는 과정은 종교 기관들에서 잘 나타난다. '가난한 클라라 수녀회' 일원의 다음 언급을 살펴보자.

> 이것은 복종의 삶이 보여주는 또 다른 경이이다. 그대가 복종한다면 당신은 누구보다도 더 중요한 일을 하는 것이다. 빗자루, 펜, 바늘은 하느님에게 다 똑같다. 그것들을 다루는 손의 복종심, 그것들을 잡는 수녀 마음속의 사랑은 하느님에게, 수녀들에게, 그리고 모든 세상에 영원한 변화를 가져올 것이다.[164]

---

163) 이러한 "치료들"을 지나치게 냉소적으로 보는 것은 잘못이다. 세탁소나 신발수선소의 일들은 자체의 리듬을 지니고 있으며 병원이 아니라 관련 직업에 종사하는 개인들이 관리한다. 따라서 이러한 업무들에 투여한 시간은 어둡고 고요한 병동에서 보낸 시간보다 훨씬 더 즐거울 수 있다. 나아가 환자를 "유용한" 일에 배치하는 것은 우리 사회에서 꽤 매력적인 개념으로 여겨지기에 신발수선소나 매트리스 제작소 등의 운영은 적어도 얼마 동안은 기관이 자체 경비로 운영한다.

164) Sister Mary Francis, P.C., *A Right to be Merry*, New York: Sheed and Ward, 1956, p. 108.

속세의 사람들은 인간이 만든 법과 평범한 규정들에 복종해야 한다. 명상하는 수녀들은 신께서 인도하신 수도원의 규칙을 자유롭게 택한다. 타자기를 치는 소녀는 오로지 돈 때문에 타자기를 치며 그 일을 그만하고 싶어 한다. 가난한 클라라 수녀회의 일원이 수도원을 청소하는 것은 신을 위해 하는 것이며 바로 그 시간 동안은 그 어떤 속세의 일보다도 청소를 더 선호한다.[165]

상업적 시설들은 이윤이나 경제처럼 기관 내적 동기들에 강박적으로 집착하지만, 이 동기들과 거기 함축된 준거 틀은 다른 유형의 해석을 제한할 수 있다.[166] 바깥 사회의 일반적 원리들이 행사될 수 없을 때, 주어진 장field은 온갖 종류의 해석적 비약과 과잉에 노출될 위험이 있으며, 결과적으로 이는 새로운 종류의 전제적 지배로 귀결할 수 있다.

나는 기관의 관점에 대해 마지막 주장 하나를 덧붙이고 싶다. 재소자 관리는 전형적으로 이상적 목표 또는 시설의 기능이라는 견지에서 합리화되며 인간적이자 기술적인 서비스를 포함한다. 전문가들은 이 서비스들을 수행하기 위해 고용된다. 물론 그들이 고용되는 이유는 단순히 재소자들을 밖으로 내보내 서비스를 받게 할 필요성

---

165) Sister Mary Francis, P.C., 같은 책, p. 99. 가난의 의미를 바꿔 적용하는 것은 물론 종교적 생활의 기본 전략이다. 스파르타 정신의 단순성 또한 급진적 정치 집단과 군사 집단에 의해 사용되어왔다. 최근에는 비트족이 대놓고 가난하게 사는 삶에 특별한 의미를 부여한다.

166) 이러한 해석 틀의 폭과 깊이에 대한 좋은 예시는 작은 식료품 가게의 경영 문제를 다룬 Bernard Malamud의 소설 *The Assistant*, New York: New American Library, 1958에서 찾을 수 있다.

을 운영 차원에서 없애기 위해서다. "수도사들은 밖으로 돌아다니지 않는 것이 좋다. 영혼의 건강을 위해 좋을 것이 없다"라는 말도 있다.[167] 그렇기 때문에 시설에 고용된 전문가들은 직업만족도가 떨어지는 경향이 있다. 그들은 거기서 자신의 소명을 제대로 수행하지 못하며 특혜 체계에 전문가적 요소를 가미하기 위해 자신들이 "포로"처럼 이용되고 있다고 느낀다. 이런 불만 호소는 고전적인 것이다.[168] 불만에 찬 정신과 의사들이 심리 치료를 제대로 하기 위해 병원을 떠난다는 주장은 많은 정신병원에서 보고된다. 종종 집단심리요법이나 사이코드라마, 혹은 예술 치료 같은 특별한 정신과 치료 서비스가 병원 고위 운영진의 절대적 지지 속에서 도입되기도 한다. 그러다 점차적으로 관심사는 다른 데로 옮겨가고 담당 전문가는 점점 자신의 일이 일종의 홍보 업무로 바뀐다는 것을 알게 된다. 즉 고위 운영진이 기관의 방문자들에게 자신들의 시설이 얼마나 현대적이고 완벽한지를 보여주고 싶을 때를 제외하면 그들의 치료-일은 말로만 지지를 받는다.

물론 시설의 공식적 목표와 자신의 일을 관련시키는 데 어려움을 겪는 직원 집단 중에 전문가만 있는 것은 아니다. 재소자들과 지속적으로 접촉하는 직원들 또한 재소자들에게 복종을 강요하면서 인간적 기준들도 준수해야 하고 기관의 합리적 목표도 달성해야 한다는 모순적 업무에 치이고 있다고 느낄 수 있다.

---

167) *The Holy Rule of Saint Benedict,* Ch. 66.

168) 예로는 Harvey Powelson and Reinhard B. Bendix, "Psychiatry in Prison," *Psychiatry,* XIV, 1951, pp. 73~86과 Waldo W. Burchard, "Role Conflicts of Military Chaplians," *American Sociological Review,* XIX, 1954, pp. 528~35를 보라.

기관 의례

나는 지금까지 재소자의 관점에서, 그리고 간략하게는 직원의 관점에서 총체적 기관들을 묘사했다. 각각의 관점 속에는 다른 집단에 대한 이미지가 핵심적 요소로 자리하고 있다. 앞서 묘사한 것처럼 재소자가 모범수 역할을 하면서 진지하게 스스로를 "적과 동일시"하는 드문 경우를 제외하고는 이러한 타자-이미지the image-of-the-other가 공감적 동일시로 이어지는 경우는 거의 없다. 우리는 직원과 재소자의 경계를 넘어 예외적인 친밀감과 인간관계가 형성될 때 연루 주기가 작동하고 온갖 곤란함의 파장이 일어나리라는 것을 알고 있다.[169] 권위와 사회적 거리는 심각하게 흔들릴 것이며 이 과정에서 마치 근친상간이라도 일어난 양 금기가 깨졌다는 느낌이 기관 내부에서 발생할 것이다.

직원-재소자 경계를 가로지르는 불법적이거나 의심스러운 "사적" 유대에 덧붙여, 직원과 수감자 사이에는 또 다른 유형의 간헐적인 접촉이 일어난다. 재소자들과 달리 직원들은 일정 정도 기관과 분리된 생활의 측면을 유지할 수 있다—비록 병원 구내나 근처에 거주할지라도. 동시에 재소자들의 일 시간은 그들 자신에게는 아무런 가치가 없으며 직원의 재량에 종속되어 있다고 알려져 있다. 이러한 상황에서 역할 분리[170]를 수행하는 것은 쉽지 않다. 재소자들은 자신

---

169) Erving Goffman, *The Presentation of Self in Everyday Life,* New York: Anchor Books, 1959, pp. 200~204. Lloyd W. McCorkle and Richard Korn, 같은 책, pp. 93~94. 이에 대한 선도적 연구는 Alfred H. Stanton and Morris S. Schwartz, "The Management of a Type of Institutional Participation in Mental Illness," *Psychiatry,* XII, 1949, pp. 12~26.

1 총체적 기관의 특징들에 관하여

이 직원들을 위해 시중을 들고 있다고 생각한다―정원 가꾸기, 집 페인트칠, 집 청소, 아이 돌보기의 일을 통해. 이러한 서비스들은 기관의 공식적인 준거 틀과 상관이 없기에, 직원들은 자신들의 하인들을 어느 정도 배려해야 하며 그들과 통상적 거리를 유지할 수도 없다. 기관 안에서는 늘 제약을 당하기에 재소자들은 이런 식으로 직원-재소자 관계 틀을 깨는 것을 꽤 즐거워한다. 로런스는 군대의 예를 들려준다.

> 특무상사는 직권 남용의 한 전범을 보여주었다. 그는 노역을 하는 병사 중 가장 직급이 낮은 사람을 자기 집으로 데리고 가 부인이 쇼핑을 하는 동안 창문살에 검은 칠을 하게 하고 아이를 돌보게 했다. 가너가 떠벌였다. "부인이 타르트 한 조각을 주더군. 암 그랬지." 그는 배를 채웠다는 이유로 우는 아이쯤은 가볍게 용서했다.[171]

이처럼 우연스레 선을 넘은 경우들에 덧붙여, 모든 총체적 기관은 직원과 재소자들이 가까워져서 타인에 대해 다소 우호적인 이미지를 형성하고 타인의 상황에 공감하게 되는 일련의 기관 내 관행들을―자생적으로건 혹은 모방을 통해서건―발전시킨다. 이러한 관

---

170) (옮긴이) 고프먼은 행위자가 다양한, 때로는 모순적인 역할들을 수행하며 이에 따라 관객이 누구냐에 따라 역할들을 분리하고 선택하고 수행할 수 있다고 주장한다. 그러나 총체적 기관에서 환자들은 직원과의 관계에 전인격적으로 종속되어 있기에 환자의 역할과 하인의 역할을 분리하기 힘든 것이다.

171) T. E. Lawrence, 같은 책, p. 40. 강제수용소의 경우에는 Eugen Kogon, 같은 책, pp. 84~88을 보라. 보완하자면 일부 총체적 기관, 특히 선상에서는 이러한 사적 서비스들은 계급에 따라 적법한 의무가 되기도 한다. 영국군의 당번병 역할도 이에 해당한다. 그러나 이런 예외들 속에서 공적이지 않은 직원의 생활은 거의 없을 것이다.

행들은 두 계층의 차이보다는 단합, 연대, 그리고 기관에 대한 공통의 헌신 등을 표현한다.

형태적으로 보면 이러한 함께-함get-togethers의 기관 내 관행은 격식과 업무 중심적인 재소자-직원 관계로부터의 탈피, 그리고 통상적인 지휘 계통의 완화라는 특징이 있다. 이럴 때 참여는 비교적 자발적인 경우가 많다. 통상적 역할의 견지에서 보자면, 이러한 활동들은 "역할 해소"를 표상한다.[172] 물론 재소자-직원 거리의 포괄적 영향력을 감안하면, 연대를 표현하는 쪽으로의 모든 변화는 자동적으로 역할 해소를 표상한다. 이 같은 함께함이 수행하는 다양한 기능에 대해서는 이런저런 추측이 가능하다. 그러나 이 기능들을 설명하는 것보다는 이러한 관행들이 모든 종류의 총체적 기관에서 동일한 방식으로 나타나며, 심지어 지극히 열악한 환경에서도 나타난다는 점이 훨씬 더 인상적이다. 따라서 비록 규명하기는 힘들더라도 이러한 관행들이 나타나는 데는 분명한 원인이 있을 것으로 짐작할 수 있다.

기관 의례 중에서 가장 흔한 형태는 주간 신문이나 월간 잡지 같은 기관지다. 보통 서열이 높은 재소자들이 기고를 하기에 이는 재소자 집단 속에 일종의 유사 위계를 만들기도 한다. 또한 재소자들과 비교적 친하면서도 간부들에게도 충성도가 높은 직원들이 감독과 검열을 맡는다. 기관지의 콘텐츠는 외부 세계와 구별되는 기관의 고유성을 드러내거나 내부 세계의 공통성을 뚜렷이 부각시키는 것

---

172) 이 용어는 에버렛 휴스Everett C. Hughes가 제안했으며 조지프 거스필드Joseph Gusfield의 미발표 논문 "Social Control and institutional Catharsis"에서 채택되고 있다.

들이다.

기관지에 등장하는 두 종류의 소재를 언급할 수 있을 것 같다. 첫째 "지역 소식"이 있다. 이는 최근의 기관 행사들뿐만 아니라 생일, 승진, 여행, 사망과 같이 기관의 구성원들, 특히 고위직이나 유명인사들에게 일어난 "사적" 사건들을 다루는 기사들을 포함한다. 이러한 콘텐츠는 축하나 애도를 표하며, 개별 구성원의 삶에 대한 공감대를 기관 전체에 표현한다. 바로 여기서 역할 분리의 흥미로운 지점이 발견된다. 기관에 중요한 구성원들(의사의 경우)의 역할은 다른 구성원들(담당 직원과 환자들의 경우)에 대비해 돋보이는 경향이 있으며, 그들의 역할은 기관의 연대를 표현하는 수단으로 사용될 수 없다. 대신, 연대감의 표현은 그들에게 기관과 무관한 역할들, 예컨대 부모나 배우자처럼 모든 집단이 공감 가능한—실제로는 아니더라도—역할들을 부여함으로써 이루어진다.

둘째, 편집자의 견해를 반영하는 소재들이다. 여기에는 적절한 논평이 가미된 재소자들의 사회적이고 법적인 지위 관련 뉴스, 창작수필, 단편소설, 시, 사설 등이 포함된다. 글을 작성하는 건 재소자들이지만 그 글은 기관의 기능에 대한 공식적 견해, 직원 편에서 본인간 본성 이론, 재소자-직원 관계에 대한 이상적 해석, 이상적 개종자가 취해야 하는 태도 등을 표현한다. 요컨대 이 글들은 기관의 노선을 보여준다.

그러나 기관지는 최적의 균형을 섬세하게 확보해낸다. 직원들은 인터뷰의 대상과 기사의 주제가 되어주고 재소자들에 의해 읽히게 되면서 미약하나마 저자와 독자의 통제하에 놓인다. 때로는 재소자들도 교육 수준이 높으며 공식적 언어와 노선을 다룰 정도의 높은 품격을 지니고 있다는 것을 기관지를 통해 보여줄 수 있다.[173] 다른 한편 기고자들은 공식적 이데올로기를 엄수하며 재소자들은 다른 재소자들에게 그 같은 이데올로기를 소개한다. 흥미로운 점은 직원들과 협약을 맺은 재소자들 역시 대항 도덕을 버리지 않는다는 것이다. 그들은 검열이 허락하는 한 기관에 대해 비판을 하기도 한다. 그들은 삐딱하거나 은근한 투의 글이나 풍자만화를 덧붙인다. 물론 그들의 기고는 동료로부터 냉소적인 반응을 끌어낼 수 있다. 즉 그들이 글을 쓰는 이유는 "쉬운" 일을 구하거나 출소 추천서를 얻기 위해서라는 것이다.

기관지가 관례로 자리 잡은 것은 꽤 되었다. 최근 그것과 유사한 역할 해소 형식이 총체적 기관에 등장하고 있다. 여기서 나는 "자기-통치"와 "집단 치료" 같은 몇몇 형식을 말하고 있다. 이 경우 통상적으로 재소자들이 말을 주도하고 재소자와 친한 직원들은 감독 역할을 수행한다. 여기서도 직원과 재소자 간에 일종의 협약이 발견된다. 재소자들은 상대적으로 "느슨하거나" 평등주의적인 환경에서 시간을 보낼 수 있는 특혜와 심지어 불평을 제기할 수 있는 권리를 부여받는다. 그 대가로 그들은 대항 도덕에 덜 충성하고 직원들이 제시하는 "자아-이상ideal-for-self"을 더 받아들일 것을 요구받는다.

재소자들이 공식적인 직원 언어와 직원 철학을 사용해 불만사항을 토론하거나 공개하는 것은 직원들에게 좋기도 하지만 나쁘기도 하다. 재소자들은 기관에 대한 직원들의 정당화 논리에 악영향을 미칠

---

173) 많은 교도소와 정신병원에서 돌아다니는 재소자가 쓴 학문적이고 법률적인 탄원서들도 동일한 기능을 수행하는 듯하다.

수 있으며 이를 통해 두 집단 간의 사회적 거리를 위협할 수 있다. 그러므로 우리는 정신병원에서 흥미로운 현상을 발견한다. 직원들은 서로 간에 또는 재소자들에게 정형화된 정신의학적 용어들을 사용한다. 그러나 환자들이 이런 용어들을 쓰면 직원들은 그들이 "똑똑하게 군다"거나 문제를 회피한다며 나무란다. 집단 치료 같은 형태의 역할 해소는 학문적 접근법을 취하는 전문가들이 유독 관심을 보인다. 그래서 총체적 기관의 이런 측면에 대한 연구들이 다른 측면을 다 합친 것보다 이미 더 많은 것이다.

기관 의례의 다른 유형은 연례 파티이다(때로는 1년에 한 번 이상 이루어진다). 여기서 직원과 재소자들은 식사, 게임, 춤과 같은 전형적인 사교 형식을 통해 "섞이게" 된다. 그때 직원과 재소자들은 신분 경계를 "스스럼없이" 가로지를 수 있는 허가를 받는다. 때로는 이러한 사회적 접촉이 성적인 방식으로 나타날 수 있다.[174] 어떤 경우에는 스스럼없음이 의례적 형태의 역할 전도까지 나타난다. 이때 직원들은 재소자들에게 테이블 서빙을 한다든지 다른 종류의 시중을 들기도 한다.[175]

총체적 기관의 연례 파티에는 크리스마스 축하연이 있다. 1년에

---

174) 물론 총체적 기관이 아닌 시설들에서 열리는 "사무실 파티"도 유사한 역동성을 지니며 이들로부터 관련 연구가 시작되었음은 분명하다. 이런 행사들에 대한 가장 훌륭한 기록은 역시 소설에서 발견된다. 예컨대 나이젤 발친Nigel Balchin의 『프라이빗 인터레스트 *Private Interests*』에는 공장 파티에 대한 묘사가 나온다. 앵거스 윌슨Angus Wilson은 단편소설 「사투르날리아Saturnalia」에서 호텔 직원-손님 파티에 대해 묘사한다. 이 소설은 그의 소설집 *The Wrong Set*, New York: William Morrow, 1950, pp. 68~89에 실려 있다. 정신병원의 연례 파티에 대해서는 J. Kerkhoff, 같은 책, pp. 224~25를 보라.

175) Max Gluckman, *Custom and Conflict in Africa*, Glencoe, Ill.: The Free Press, 1955, ch. v, "The Licence in Ritual," pp. 109~36을 보라.

한 번 재소자들은 탈착이 쉬운 장식물로—일부는 직원이 제공한다—시설을 꾸민다. 특식으로 식사 테이블 분위기가 바뀌듯이 주거지도 분위기가 바뀌는 것이다. 재소자들에게는 작은 선물들과 먹을거리가 제공된다. 과업도 일부 취소된다. 면회도 늘고 외출 규제도 줄어든다. 전체적으로 재소자들의 기관 내 생활의 엄격함도 하루 동안 완화된다. 영국 교도소의 예를 보자.

> 교도소 당국은 우리의 흥을 북돋우기 위해 최선을 다했다. 크리스마스 아침에 우리는 콘플레이크, 소시지, 베이컨, 콩, 빵 튀김, 마가린, 빵, 마멀레이드로 이루어진 아침 식사를 먹었다. 점심으로는 로스트 포크, 크리스마스 푸딩, 커피가 제공되었고 저녁에는 코코아 한 잔 대신 민스파이와 커피가 나왔다.
> 복도는 종이 띠, 풍선, 종으로 장식되었고 곳곳에 크리스마스트리가 세워졌다. 체육관에서는 특별 영화 상영이 있었다. 관리자 두 명 모두 내게 시가를 주었다. 나는 전보로 안부 메시지를 주고받을 수 있었고 수감된 후 처음으로 담배를 맘껏 피울 수 있었다.[176]

미국에서는 부활절, 독립기념일, 핼러윈, 그리고 추수감사절에 크리스마스보다는 간소화된 기념 행사가 있다.

크리스마스 행사와 연례 파티 때 간혹 이루어지는 흥미로운 기관

---

176) Anthony Heckstall-Smith, 같은 책, p. 199. Alfred Hassler, 같은 책, p. 157에 로버트 매크리어리Robert McCreery의 글을 보라. 정신병원에서 휴일에 베풀어지는 관용에 대해서는 J. Kerkhoff, 같은 책, pp. 185, 256을 보라. 군함의 경우는 Herman Melville, 같은 책, pp. 95~96에서 찾을 수 있다.

의례가 바로 연극이다.[177] 보통 재소자들이 배우를 맡고 직원들은 연출을 맡는다. 배역에 둘이 "섞이는" 경우도 있다. 극작은 보통 직원이건 재소자이건 기관의 구성원이 맡는다. 따라서 작품 안에는 기관과 관련된 내용들이 많을 수밖에 없다. 이때 연극이라는 공적 형식을 사적으로 사용함으로써 기관 내부에서 일어난 사건들이 특별하고 생생한 감각을 통해 전달되는 것이다. 여기에는 기관에서 잘 알려진 인사, 특히 고위직에 대한 풍자가 담기는 경우가 빈번하다.[178] 흔히 그렇듯 재소자 전체의 성별이 하나라면, 어떤 배우들은 다른 성별로 분장하여 익살스러운 연기를 펼치기도 한다. 이때 허용 범위가 종종 논란이 되며 직원 일부에게는 연극의 유머가 도를 넘는 것으로 보일 수 있다. 멜빌은 배 위에서 벌어진 연극이 공연되는 동안, 그리고 그 직후의 규율 완화에 대해 말한다.

> 이때 화이트 재킷이 훈계 말씀을 늘어놓기 시작했다. 일군의 위관급 장교들이 민중과 뒤섞여 잭 체이스 같은 일개 뱃사람에게 박수를 치는 그 예상치 않은 장면에서 나는 격한 기쁨에 사로잡혔다. 장교들이 우리와 함께 인간적 우애를 나누는 것을 목격하는 건 어쨌든 기분 좋은 일이라고 나는 생각했다. 누구도 대적할 수 없는 나의 잭, 그가 지닌 많은 덕목을 그들이 친근하게 감상하는 모습은 참 좋아 보였다. 아! 그들 모두 나의 고귀한 친구들이다. 잘 모르지만 내가 때로는 그들을 오해했을지도 모른다.[179]

---

177) 교도소의 경우에는 Frank Norman, 같은 책, pp. 69~70을 보라.
178) 수감자들이 간수와 교도소장을 풍자하는 예에 관해서는 George Dendrickson and Frederick Thomas, 같은 책, pp. 110~11을 보라.

풍자적 소묘에 덧붙여, 다른 비슷한 총체적 기관들의 나쁜 역사를 드라마틱하게 재기술해 보여주면서, 이를 보다 나은 현재와 비교할 수도 있다.[180] 객석은 분리될 수 있지만 재소자와 직원들이 모두 함께 공연을 관람하고, 때로는 외부자의 입장도 허용된다.

기관 연극이 외부 관객들에게 공연될 때, 관객들은 확실히 재소자들과 직원에게 통일성을 부여하는 대비적 배경이 된다. 다른 종류의 기관 의례들은 좀더 직접적으로 이런 기능을 수행한다. 최근에는 구성원들의 친지나 심지어 일반인들이 초대되어 병원 부지를 둘러보는 연례 참관일이 확산되는 추세다. 이때 그들은 높은 수준에서 인간적 기준이 준수됨을 눈으로 확인하는 것이다. 이런 날 직원과 재소자들은 눈에 띄게 서로 잘 지내는 경향이 있으며 이에 따라 평상시의 엄격함은 완화된다.

참관일은 "기관의 전시 홍보" 수단으로 성과를 이룰 가능성이 많아 보인다. 때로는 이러한 전시 혹은 겉치레는 내부 관객, 그중에서

---

179) Herman Melville, 같은 책, p. 101(강조는 원전에서). 멜빌은 이어서 씁쓸한 논평을 덧붙인다. 이러한 역할 해소 직후 장교들은 자신들의 "고위 사관다운 얼굴"을 다시 착용하고는 원래의 엄격함으로 완전히 돌아갔다는 것이다. J. Kerkhoff, 같은 책, p.229와 Anthony Heckstall-Smith, 같은 책, pp. 195~99를 보라.

180) "예전"과 "나중" 모두 사실에 근거하지는 않는다. 각각의 해석은 현 상황을 명료하게 하는 것이 목적이지 평가하는 게 목적이 아니기 때문이다. 현재와 비슷한 "과거"는 좀더 교묘한 방식으로 보일 수 있다. 나는 회복 병동의 한 환자가 했던 꽤나 알려진 무대 공연을 본 적이 있다. 그는 과거 정신병원의 중환자 병동에 만연했던 열악한 상태들을 묘사했다. 빅토리아풍의 의상을 입은 채 말이다. 관객은 인근 도시에서 온 정신의학에 조예가 깊은 독지가들이었다. 관객들이 앉은 곳에서 몇 건물 떨어진 곳에서는 실제로 똑같이 열악한 상황이 존재하고 있었다. 어떤 경우 배우들은 자신의 역할에 대해 잘 알고 있었는데, 그건 실제로 그들이 경험했기 때문이다.

도 주로 고위급 직원들을 대상으로 이루어진다. 한 정신병 환자 출신은 말한다.

> 아침 식사가 끝나자, 어떤 환자들이 옷을 입고 병동을 떠났다. 잠시 후 그들은 대걸레와 빗자루를 들고 나타나 다소 기괴한 기계적 방식으로 바닥을 청소하기 시작했다. 그들은 로봇처럼 경직되어 있었다. 이 갑작스런 행동은 나를 놀라게 만들었다. 간호견습생들이 우왕좌왕하며 청소된 바닥에 밝은색의 새 러그를 깔았다. 얼마 후 마치 마술처럼 한두 개의 사물함이 나타났고 주변에는 한여름의 꽃들이 갑자기 만개했다. 병동은 너무 달라져서 알아볼 수가 없었다. 나는 의사들이 아무것도 없는 원래 상태를 한 번이라도 본 적 있을까 궁금해졌다. 그들의 방문 후, 이 모든 찬란함은 그것이 나타났을 때와 마찬가지로 재빨리 없어졌다. 이 또한 나를 놀라게 만들었다.[181]

주로 기관 전시는 방문객을 대상으로 이루어진다. 때로 특정 재소자를 면회하는 특정 외부인을 향해 관심이 집중된다. 외부인들은 병원의 방식에 익숙지 않기 때문에 앞서 언급했던 것처럼 당황스런 요구를 할 수도 있다. 여기서 재소자 자신이 기관을 홍보하는 데 중요한 역할을 할 수 있다. 정신병원의 의과대학생이 사례를 든다.

> 환자가 면회자를 맞을 때 어떤 일이 일어나는지를 보면 상황이 분

---

181) D. McI. Johnson and N. Dodds, 같은 책, p. 92.

명해진다. 첫째, 병원 사무국에서 방문객이 왔다는 소식을 전화로 알린다. 그럼 해당 환자를 감금 상태에서 꺼내 씻기고 옷을 입힌다. 전시를 위한 준비가 되면 환자는 "면회실"로 옮겨진다. 면회실에서는 병동이 보이지 않는다. 환자가 너무 영악해서 신뢰할 수 없는 경우에 환자는 면회자와 단둘이 있을 수 없다. 그러한 예방 조치에도 불구하고 의심스러운 일이 생길 수 있다. 그러면 병동 담당자들은 의무적으로 상황을 통제해야 한다.[182]

여기서 총체적 기관의 면회실이 중요해진다. 흔히 면회실의 장식과 그 안에서의 품행은 재소자들의 실제 생활공간보다 훨씬 더 외부 기준에 맞춰진다. 외부자들은 이러한 기준에 맞춰 재소자의 상황을 이해할 것이며 그들은 이제 기관에 대해 예전보다 덜 압력을 행사하게 될 것이다. 인간적으로 서글픈 일일 수도 있지만 시간이 지나면 이 세 집단—재소자, 면회자, 그리고 직원—은 면회실이 잘 꾸며진 곳이라는 사실을 알아챈다. 그러나 그 깨달음 이후에도 그들은 암묵적 합의하에 그 같은 허구를 유지시킨다.

기관 전시는 일반 방문객을 대상으로 시설의 '적절한' 이미지를 제공한다. 이 이미지는 강제 시설에 대한 방문객들의 막연한 두려움을 완화시키기 위해 의도적으로 고안된 것이다. 모든 것을 보여준다고 위장하면서 기관은 으레 방문객들에게 호감 가고 협력적인 재소자들만을 보여주며 또한 호감 가는 일부 시설만 보여준다.[183] 이런 측면

---

182) J. M. Grimes, M. D., *When Minds Go Wrong,* Chicago: 자가출판, 1951, p. 81.

183) 교도소의 사례에 대해서는 Holley Cantine and Dachine Rainer, 같은 책, p. 62를 보라.

1 총체적 기관의 특징들에 관하여

에서 큰 규모의 정신병원에서 사이코드라마나 무용 치료 같은 현대적 치료요법은 적절한 역할을 수행한다. 이미 언급한 대로 치료사와 그의 단골 재소자 동료는 부단한 경험을 통해 낯선 사람들 앞에서 공연을 잘할 수 있는 능력을 발전시킨다. 더욱이 모범 재소자들로 이루어진 소집단은 방문객들을 데리고 기관 내의 "포템킨 마을Po-temkin village"[184]을 관람시키는 일을 수년간 맡기도 한다. 방문객들은 이러한 접대원들의 헌신성과 사교 기술이 전체 재소자들의 성격을 대표한다고 쉽사리 믿는다. 직원에게는, 반출되는 우편물을 제한하고, 조사하고, 검열하며 기관에 대해 부정적으로 기술하는 어떤 글도 항상 금할 권한이 있다. 이 또한 방문객들이 시설에 대해 우호적 관점을 유지하는 데 도움을 준다—또한 이는 내부 일을 알아서는 안 될 외부자들로부터 재소자들을 떼어놓는 데 도움을 준다. 재소자들 친족의 고향과 시설 사이의 물리적 거리는 내부의 "조건들"을 은폐시킬 뿐만 아니라 가족 면회를 일종의 관람 행사로 뒤바꿔버린다. 그리고 그런 이유로 직원들은 막대한 공을 들여 면회 행사를 준비하는 것이다.

　물론 방문객이 공식적 인사일 수도 있다. 그의 방문은 개별 기관의 고위 간부와 전체 기관들을 통솔할 책임을 맡는 부처가 맺은 관계망의 일부일 수 있다. 이때 우리는 기관이 전시 준비에 한층 더 정성을 기울이리라는 것을 예측할 수 있다. (한 재소자의 감옥 일화에서 나타난) 영국의 교도소 생활의 예를 들어보겠다.

---

184) (옮긴이) 1787년 러시아의 예카테리나 여제가 자신의 정부 그리고리 포템킨이 통치하는 지역을 시찰하기로 했다. 포템킨은 지역의 낙후성을 위장하기 위해 커다란 종이 위에 발전된 마을을 그려놓고 여제가 멀리서 배를 타고 지나가는 동안 볼 수 있도록 했다.

이 교도소에는 이 나라의 다른 교도소들과 마찬가지로 이따금 감독관이 방문한다. 간수들과 교도소장의 삶에서 이날은 아주 중요하다. 그가 방문하기 전날 그들은 대청소를 실시한다. 바닥 닦기, 광택 내기, 구석구석 청소를 한다. 운동장 쓸기, 화원 잡초 뽑기, 감방은 깨끗해지고 말끔해져야 한다.

마침내 대망의 날이 왔다. 보통 감독관은 심지어 여름에도 검은 외투와 검은 앤터니 에덴 모자를 쓴다. 또한 그는 우산을 들고 오기도 한다. 나는 그에 대해 왜 그렇게 난리인지 잘 모르겠다. 왜냐하면 그가 하는 일이라고는 와서 소장과 점심을 먹고 교도소를 잠시 둘러보고 큰 차를 타고 다시 돌아가는 게 전부이기 때문이다. 때로는 우리가 식사를 할 때 들러서는 한 명을 골라 이렇게 말한다. "음식은 어떤가? 불만은 없나?"

그러면 그는 소장과 간수장을 번갈아보다가 (왜냐하면 그 둘은 그가 교도소를 방문하는 내내 붙어 있기 때문이다) 이렇게 답한다. "불만 없습니다, 감독관님sir!"[185]

일상의 생활수준에 어떤 영향을 미치건 외부로부터의 방문은 시설 내의 사람들에게 하나의 사실을 상기시키는 듯하다. 바로 그들의 기관은 자신만의 세계가 아니라 넓은 세계의 구조와 모종의 관계를—그것이 관료적이건 혹은 종속적이건—맺고 있다는 점이다. 관객이 누구이건 기관 전시는 재소자들에게 그들이 최고 기관과 연계

---

185) Frank Norman, 같은 책, p. 103.

되어 있음을 주지시킨다. 재소자들은 놀랍게도 자신의 기관이 그렇다고 믿는 것 같다. 물론 그들은 그러한 믿음을 통해 자신의 지위가 더 넓은 세계에 속한다고 느낀다. 그들을 더 넓은 세계에서 추방시킨 것이 바로 그 동일한 조건인데도 말이다.

기관 전시의 발전은 상징화 과정 일반에 대한 어떤 것을 우리에게 가르쳐준다. 첫째, 전시된 기관의 부분은 새로운, 최신의 것일 가능성이 높다. 이 부분은 새로운 업무와 장비가 도입되면 다시 변화할 것이다. 따라서 새로운 병동 건물이 들어서게 되면, 기존의 "신新" 병동 건물에서 일했던 직원들은 모범 직원으로서의 역할, 그리고 공식적으로 사람을 맞이하는 역할이 다른 누군가에게 이전되었다는 사실에 마음이 편해질 수 있다. 둘째, 전시는 예컨대 화단이나 풀 먹인 커튼처럼 너무 관례적인 측면에 치중될 필요는 없다. 오히려 전시는 최신 주방 기구 또는 최고급 수술복 같은 실용적 물건들을 강조한다. 사실 그러한 장비들을 구입하는 이유 중의 하나는 보여주기 위한 전시 기능에 있다. 마지막으로 각각의 전시 품목은 어쩔 수 없이 실질적 함의들을 품고 있다. 이러한 함의들은 전시가 자아내는 인상과 동일하다고 볼 수는 없지만 여전히 중요하다. 예컨대 총체적 기관의 로비에 전시된 사진들은 이상적인 재소자들이 이상적인 직원들과 함께하는 일련의 활동을 보여준다. 물론 이는 기관 내 생활의 실재와 아무 상관이 없을 수 있지만 최소한 몇몇 재소자는 사진을 위해 포즈를 취하며 상쾌한 아침 시간을 보냈을 것이다. 교도소, 정신병원, 그리고 다른 시설들에서 재소자가 그린 벽화들은 눈에 잘 띄는 장소에 자랑스레 걸리곤 한다. 하지만 이것이 재소자들 전체가 예술 작업에 참여했다거나 창의성의 영감을 받았다는 증거가 될 수는 없다. 하지만 이는 최소한 한 명의 재소자라도 예술 작업을 하기는 했다는 증거가 될 수는 있다.[186] 시찰이나 참관일에 나오는 음식들은 적어도 하루 정도는 뻔한 식단에서 벗어나는 기회를 준다.[187] 기관지와 연극에 담긴 시설에 대한 우호적 관점은 그런 의례에 참여하는 소수 재소자의 일과에 일정 정도의 가치를 부여할 수 있다. 또한 고급스런 몇 개의 안락한 입소 병동이 딸린 최고급 입소 사무동은 방문객들에게 좋은 인상을 주는데, 이러한 인상은 상당수의 재소자에게도 틀리지 않은 것이다.

여기서 덧붙일 것은 이 같은 외양의 역학에는 전시되는 것과 실제인 것 사이의 단순한 대비를 넘어서는 어떤 것이 담겨 있다는 점이다. 많은 총체적 기관에서 처벌은 적법한 통치 행위 바깥에서 이루어진다. 이러한 벌칙들은 통상적으로 독방이나 다수의 재소자와 직원의 시선이 미치지 않는 다른 장소에서 집행된다. 처벌들은 빈번히 이루어지지 않는다. 하지만 처벌들은 분명 구조적으로 행해지며 특정 유형의 위반은 처벌이라는 대가를 치러야 한다고 알려지거나 암시된다. 이러한 사건들과 총체적 기관 내 일상의 관계는 그 일상과 외부자들을 위한 전시의 관계와 동일하다. 현실의 세 가지 측면, 즉 재소자들에게 은폐되는 현실, 재소자들에게 드러나는 현실, 방문객

---

186) 재소자의 취미에 대한 애정을 대외 홍보에 이용한 대표적 사례는 리븐워스 교도소에 수감되었던 로버트 스트라우드가 만든 조류 연구소이다(T. E. Gaddis, 같은 책을 보라). 예상 가능한 일이지만 예술가 재소자들은 때때로 시설의 전체 인상을 보여주기 위해 직원에게 필요한 무언가를 만들어주고 그 대가로 그림 그릴 자유를 얻을 수 있었지만 그들은 이를 마다하고 협력을 거부하기도 했다. Lowell Naeve, 같은 책, pp. 51~55를 보라.
187) 관련 예는 Holley Cantine and Dachine Rainer, 같은 책, p. 61과 George Dendrickson and Frederick Thomas, 같은 책, p. 70에 있다.

들에게 보이는 현실은 동시에 고려되어야 한다. 이 셋은 긴밀히 연결되어 있으면서도 다른 기능을 수행하는 전체의 부분들이다.

나는 면회, 참관일, 시찰이 기관 내부의 모든 것이 잘 돌아간다는 것을 외부자에게 보여주기 위한 것이라고 주장했다. 다른 제도적 관행들도 동일한 기회를 제공한다. 예를 들어 총체적 기관들과 무대 공연자들—아마추어, 혹은 전문가 출신—사이에는 흥미로운 약속이 이루어진다. 기관은 무대를 제공하고 충분한 수의 관객을 약속한다. 공연자들은 무료로 공연을 한다. 그들은 서로 원하는 바가 확실하기에 개인적 취향은 문제시되지 않으며 둘의 관계는 거의 공생적이 된다.[188] 어쨌든 기관의 구성원들이 공연을 관람할 때, 공연자들은 직원과 재소자들이 함께 모여 마치 구분 없이 뒤섞인 채 자유로운 여흥의 밤을 보내는 듯한 모습을 보면서 직원-재소자 관계가 충분히 조화롭다고 느끼는 것이다.

기관지, 집단 회합, 참관일, 그리고 자선 공연 등의 매개물을 통해 일어나는 기관 의례들은 사회적으로 잠재적 기능들을 수행한다고 할

---

188) 우리는 총체적 기관이 재능 기부를 통한 유흥 행사를 얼마나 필요로 하는지 잘 알고 있다. 그러나 우리는 비직업적 연예인들이 얼마나 절박하게 자선 공연을 위한 관객을 필요로 하는지 인식하지 못하는 경향이 있다. 예컨대 내가 연구한 정신병원은 근방에 특정 무용 학원 학생 전체가 공연을 할 만큼 넓은 무대를 소유하고 있었다. 학부모 일부는 병원에 오는 것을 딱히 좋아하지 않았다. 그러나 학생 전체가 참여하는 행사를 할 경우, 병원 무대를 사용해야 했다. 게다가 학부모들은 수업료를 지불했으니 자녀들이 연간 학예회 무대에 오르기를 기대했다. 학생들이 얼마나 교습을 받았건 상관없었다. 실제로 어떤 학생들은 이미 충분히 교습을 받았을 만한 나이였다. 공연 참여자의 숫자가 많으면 그만큼 반응이 좋은 관객이 필요했다. 환자들이 이러한 관객 역할을 할 수 있었다. 대부분의 환자 관객은 담당 직원의 지시에 따라 객석에 입장했다. 그들은 일단 자리를 잡으면 역시 직원의 지시에 따라 무엇이라도 관람할 태세였다. 규칙을 위반하면 그런 행사 때 병동 밖으로 나갈 수 있는 특혜가 취소되기 때문이다. 환자 관객들은 같은 절박함 때문에 관리 직원들이 포함된 타종 합창단bell-ringing choir의 단골 관객이 되었다.

수 있다. 이러한 잠재적 기능은 특히 다른 종류의 기관 의례에서 분명히 드러난다. 바로 스포츠 대회이다. 전체 재소자들끼리의 내부 경쟁을 통해 올스타 집단이 선발된다. 외부 팀과의 경쟁에서 좋은 결과를 낼 경우 올스타들은 재소자들의 스테레오타입에서 명백히 탈피된 역할을 수행한다. 이는 팀 스포츠가 지성, 기술, 인내, 협력, 그리고 심지어 명예와 같은 자질들을 요구하기 때문이다. 그들은 외부자들과 직원들의 면전에서 그러한 역할을 실행한다. 이에 덧붙여 외부 팀과 그들이 데리고 오는 응원자들은 기관 내에 자연스러운 일이 자연스런 장소에서 이루어지고 있다는 사실을 목격할 수밖에 없다. 자기의 능력을 선보일 수 있는 기회를 허락받는 대가로 재소자들은 외부 팀들과의 만남 속에서 기관을 알리는 일을 한다. 소위 자발적 노력으로 불리는 일을 수행하면서, 재소자 팀은 외부자들과 재소자 관객들에게 최소한 이 경우에 직원들이 전제적이지 않으며 자신들은 기꺼이 기관 전체를 대표하는 역할을 수행하고 또 그러도록 허용된다는 점을 증명한다. 한목소리로 응원하면서, 직원과 재소자들은 기관 조직에 상호 동등하고 비슷한 지위로 참여함을 보여준다.[189] 간혹 직원들은 재소자 팀의 코치를 맡을 뿐만 아니라 함께 경기를 하기도 한다. 경기 동안 직원들은 사회적 차이가 잊힘을 극적으로 체험하는 데, 이는 스포츠가 부여하는 특징이라고 할 수 있다. 스포츠 대회가 없을 때도, 기관 간의 경쟁은 가능하다. 방문객들은 관람하고 판정하고 상을 주는 일종의 상징적 팀이 될 수 있는 것이다.[190]

---

189) 이에 관한 사례는 Brendan Behan, 같은 책, pp. 327~29에 담긴 교도소 스포츠에 대한 논평을 보라.
190) 교도소의 사례에 대해서는 Frank Norman, 같은 책, pp. 119~20을 보라.

1 총체적 기관의 특징들에 관하여

일요일에 예배와 오락 시간은 때로는 상충할 수 있다. 총체적 기관에서 이는 기능의 불필요한 중복이라는 견지에서 이해된다. 스포츠 행사나 자선 공연처럼 종교 행사는 직원과 재소자의 통일성을 드러내는 시간이라고 할 수 있다. 이때 두 집단은 별반 문제될 게 없는 어떤 역할 속에서 동일한 외부 공연을 관람하는 동일한 관객 구성원이 된다.

지금까지 언급한 의례적 생활의 모든 경우에서 직원은 감독 역할 이상을 수행한다. 고위 간부는 종종 경영진과 (바라기로는) 전체 시설을 대표하는 상징적 존재로 의례에 참여한다. 그는 잘 차려입고, 감동을 받고, 그리고 미소와 연설과 악수를 건넨다. 그는 부지 안에 새 건물들을 헌정하고, 새 설비들을 축복하고, 경기들의 심판을 맡고, 상을 수여한다. 이러한 능력들을 실행하며 재소자들을 만날 때 그는 온화한 태도를 취한다. 재소자들은 수줍어하고 존경을 표할 것이고 그는 그들을 자애로이 대할 것이다. 기관에는 유명한 재소자들이 있다. 고위 직원들은 이들을 잘 알고 있기에 자신들이 온화한 역할을 수행하는 데 시혜 대상으로 이용하기도 한다. 자선 기관에 가까운 규모가 큰 정신병원들에서 책임 간부들은 의례 행사들의 겉모습을 꾸미는 데 오랜 시간을 들인다. 여기서 우리는 영주의 역할이 관찰되는 현대 사회의 마지막 사례들과 마주한다. 이 의례들의 귀족적 면모들은 가볍게 취급되어서는 안 된다. 일부 의례들의 모델은 "연례 축제"에서 유래한다. 이 축제는 "대저택"에 속한 소작인, 하인, 지배자 모두를 한데 모아 꽃 축제, 스포츠, 무도회, 그리고 이런저런 것들을 "가미해" 경기를 벌인다.[191]

기관의 의례들에 대해 마지막으로 몇 마디 언급을 하겠다. 의례들은 특정 시공간에서 일어나며 사회적 열광을 야기한다. 시설의 모든 집단은 직급이나 직위와 상관없이—그러나 그들의 지위에 상응하는 장소를 제공받으며—참여한다. 이러한 의례 관행들은 뒤르켐의 분석과 잘 맞아떨어진다.[192] 재소자와 직원 들로 위태로이 갈린 사회는 이러한 의례들을 통해 통합을 유지한다. 이러한 의례들의 내용 또한 기능주의적 해석을 지지한다. 예를 들어 재소자들이 이러한 의례들에서 수행하는 역할에는 저항의 암시나 흔적이 담겨 있다. 교묘하게 쓴 글, 풍자적 묘사, 혹은 과하게 친밀한 춤 등을 통해 피지배자들은 지배자들을 모독하는 길을 찾는다. 여기서 우리는 막스 글루크만의 분석에 따라 풍자에 대한 이 같은 관용이야말로 시설의 강고한 상태를 보여주는 표식이라고 주장할 수 있다.

> 직접적이건, 혹은 반전을 통해서건, 혹은 다른 상징 형식을 통해서건, 이러한 갈등을 극화하는 것은 그 갈등을 포함하는 통합을 강조한다.[193]

---

191) 최근의 분석으로는 주인을 조롱하는 하인들의 풍자극에 대한 기록으로 끝을 맺는 M. Astor, "Childhood at Cliveden," *Encounter,* XIII, September 1959, pp. 27~28을 보라. 물론 많은 영국 소설은 마을 전체와 지역 귀족 집단을 아우르는 축제를 묘사한다. 예컨대 레슬리 하틀리L. P. Hartley의 『고-비트윈*The Go-Between*』을 보라. 소설로 이를 잘 다룬 작품은 앨런 실리토Alan Sillitoe의 『장거리 주자의 고독*The Loneliness of the Long-Distance Runner*』이다.

192) (옮긴이) 에밀 뒤르켐은 공동체의 구성원이 참여하는 의례가 집합 열광을 불러일으키며 이를 통해 공동체의 결속과 연대가 강화된다고 주장한다. 이에 대해서는 에밀 뒤르켐, 『종교 생활의 원초적 형태』, 노치준·민혜숙 옮김, 민영사, 2017을 참조하라.

193) Max Gluckman, 같은 책, p. 125. 또한 그가 쓴 *Rituals of Rebellion in South-East Africa,* The Frazer Lecture, 1952, Manchester: Manchester University Press, 1954를 보라.

합법적으로 허용되는 시간 동안 권위가 보는 앞에서 수행되는 저항은 합의된 공모에 따른 표현이라고 할 수 있다.

그러나 기관 의례들에 대한 단순한 기능주의적 해석이 항상 설득력이 있는 것은 아니다. 물론 집단 치료의 효과가 때때로 보여주듯 기능주의적 해석이 맞을 때도 있다. 어쨌든 많은 경우 그러한 해소들이 정말로 직원-재소자 연대를 창출하는가 질문하는 것은 바람직하다. 직원들은 자신들의, 혹은 더 나쁘게는, 상급자의 **노블레스 오블리주** 때문에 그 지루한 의례에 참여해야 하는 의무에 대해 서로 불평을 털어놓는다. 재소자들은 그러한 의례들에 참여할 때가 그렇지 않을 때보다 더 편안하며 덜 구속적이라고 느낀다. 나아가 재소자들은 직원의 눈에 잘 보이고 좀더 빨리 출소하기 위해 의례들에 참여한다. 어쩌면 총체적 기관은 형식적 조직 이상의 무엇이기에 집합적 의례들을 필요로 할 수도 있다. 그러나 의례들은 종종 가식적이고 밋밋한데 이는 총체적 기관이 결국 공동체에는 여전히 미치지 못하기 때문이다.

총체적 기관의 구성원들에게 무엇을 제공하건, 의례는 연구자들이 천착할 만한 대상이다. 직원과 재소자의 통상적 관계를 임시적으로 수정하면서, 의례는 두 그룹 사이의 성질 차이가 불가피하거나 불가역적이지 않다는 점을 드러낸다. 그것이 얼마나 밋밋하건(그리고 얼마나 기능적이건), 의례는 통상적인 사회적 드라마가 유예되고, 나아가 전도되는 계기를 보여주며 동시에 그렇게 유예된 것의 기본 성질이 연극적—물질적이 아닌—임을 보여준다.[194] 반란, 직원에 대한 집단 놀림, 직원-재소자 경계를 가로지르는 개인적인 시도들, 이 모든 것은 총체적 기관의 사회적 현실이 불안정함을 보여준다. 무대화를 통해 사회적 거리라는 음울한 실체의 취약성이 드러난다. 그러나 우리는 이런 취약성에 놀라서는 안 된다. 도리어 더 많은 결함이 나타날 수 있는데도 나타나지 않는 것에 놀라야 한다.

모든 종류의 시설은 목표, 규정, 직무, 역할로부터 시작해서 그러한 요소들의 배열에 깊이와 색채를 가미하며 스스로를 완성한다. 의무들과 경제적 보상들뿐만 아니라 성격과 존재도 할당된다. 총체적 시설에서 직무의 자아-정의적 측면은 극단으로 나아간다. 기관의 구성원이 됨으로써 그의 성격은 어떤 중요한 성격적 성향과 자질을 갖는 것으로 간주된다. 더욱이 이러한 성향들은 그가 직원에 속하냐 재소자에 속하냐에 따라 근본적으로 다르다.

직원의 역할과 재소자의 역할은 생활 전반을 아우른다. 그런데 이러한 두루뭉술한 성격화의 대상은 이미 다른 역할들과 다른 관계의 가능성을 습득한 시민들이다. 직원과 재소자 들이 근본적으로 다른 인간 유형이라는 가정을 기관이 강요하면 할수록(예를 들어 직원-재소자 경계를 가로지르는 비공식적 사회적 접촉의 금지), 그리고 직원과 재소자를 둘러싼 차이의 드라마가 심각하면 할수록, 기관의 무대에 올리는 쇼는 배우들이 지닌 시민적 레퍼토리에 모순될 것이며

---

194) (옮긴이) 어빙 고프먼의 사회학은 연극적 접근법dramaturgical approach을 취한다. 행위자들은 주어진 상황에서 자아의 인상을 관리하고 표현하며 이는 상호작용을 통해 조정되고 지속된다는 것이다. 특히 고프먼은 무대, 수행, 관객 등의 연극적 개념을 도입하여 상호작용 속에서 구성되는 정체성과 행위를 설명한다. 그러나 이는 행위자들이 참자아를 숨기고 연기한다는 뜻이 아니다. 고프먼에 따르면 자아 자체가 상호작용 속에서 형성되고 지지되는 구성물이며, 따라서 자아는 참/거짓의 단순 도식으로 판별될 수 없다. 이에 대해서는 어빙 고프먼, 『자아 연출의 사회학』, 진수미 옮김, 현암사, 2016을 참고하라.

그것에 더욱 취약해질 것이다.

총체적 기관의 성과 중 하나가 사람됨을 구성하는 상이한 두 사회적 범주 사이의 차이를 무대화하는 데 있다고 보는 것은 타당하다. 여기서 사람됨을 구성하는 차이란 사회적 자질과 도덕적 성격의 차이, 자아와 타인에 대한 인식의 차이를 말한다. 따라서 정신병원의 모든 사회적 질서는 직원 의사와 환자 사이의 근본적 차이를 지시한다. 교도소에서는 간수와 수감자의 차이를, 군대 병영에서는 (특히 엘리트 병영에서는) 장교들과 부하들의 차이를 지시한다. 이러한 위대한 사회적 성과는, 기관 의례들이 드러내는 배우들의 유사성에도 불구하고, 무대화의 한계와 개인적 긴장을 노출하는 것이다.

나는 여기서 무대화 과정에서 나타나는 한 문제적 증상을 언급하고자 한다. 총체적 기관에서 우리는 종종 유독 신원과 관련된 일화를 듣는다. 재소자들은 그들이 직원으로 오해받고 한동안 그렇게 지냈던 경우나 직원을 재소자로 오해한 경우를 이야기한다. 직원들 또한 자신들이 재소자로 오해받았던 경우를 말한다. 재미를 위해서라고는 하지만 한 집단의 구성원이 잠시 다른 집단의 구성원으로 가장하거나, 동료를 다른 집단의 구성원으로 대하는 식의 신원 관련 농담도 있다. 직원을 풍자하는 연례 연극은 이러한 농담의 원천이다. 일상생활에서 우연찮게 일어나는 소동은 또 다른 원천이다. 또한 우리는 신원 스캔들이라는 것도 발견한다. 즉 한 사람이 처음에는 직원이었는데 모종의 불명예 사건에 휘말려 똑같은 (혹은 유사한) 기관의 재소자로 신원이 바뀌는 것이다. 내 생각에 이러한 신원 관련 문제들은 사람들 사이의 차이의 드라마를 유지하는 것이 지니는 어려움을 보여준다. 많은 경우 사람들의 역할은 실제로 전도되며 또한 다른 편의 역할을 수행하는 것이다. (사실 사람들은 유희적인 방식으로 역할 전도를 행한다.) 이러한 의례들이 어떤 문제를 해결하는지는 분명치 않다. 그러나 이러한 의례들이 어떤 문제들을 드러내는지는 분명하다.

보론과 결론

1

지금까지 나는 총체척 기관을 아우르는 하나의 동일하고 기초적인 성격, 즉 분절articulation이라는 견지에서 그것을 살펴봤다. 바로 재소자와 직원이다. 이제 이러한 관점이 어떤 것을 놓치고 어떤 것을 왜곡하는지를 논할 차례이다.

총체적 기관에 천착하는 연구에 중요한 질문들이 있다. 각각의 주요 집단 내부에서 일어나는 전형적인 역할 분화는 어떤 것이며 더 특화된 지위들의 기관 내 기능들은 무엇이냐[195] 하는 것이다. 이 특화된 역할들의 일부는 특수한 기관 업무들을 논하는 과정에서 언급된 바 있다. 직원 일부는 바깥 사회의 위원회에 참여하여 기관을 공식적으로 대표하는 역할을 맡아야 하며 이를 효과적으로 수행하기

---

195) 교도소 수감자의 역할 분화에 대한 논의는 Gresham M. Sykes, *Society of Captives,* ch. v, "Argot Roles," pp. 84~108과 그의 논문 "Men, Merchants, and Toughs: A Study of Reactions to Imprisonment," *Social Problems,* IV, 1956, pp. 130~38을 참고하라. 정신병원 환자들을 대상으로 직원이 내린 역할 분화에 대해서는 Otto von Mering and S. H. King, *Remotivating the Mental Patient,* New York: Russell Sage Foundation, 1957, 특히 pp. 27~47의 "A Social Classification of Patients"라는 논문을 참고하라.

위해 기관스럽지 않은 품위를 유지해야 한다. 어떤 직원은 방문객들과 재소자의 다른 지인들을 담당해야 한다. 어떤 이들은 전문적 서비스를 제공해야 한다. 어떤 이들은 상대적으로 재소자들과 더 가까이 지내야 한다. 어떤 이들은 재소자들에게 기관을 대표하는 개인적 상징들을 지급해야 한다──이 상징들에는 재소자들의 다양한 감정들이 투사될 수 있다.[196] 총체적 기관에 대한 심층적 연구는 이 같은 범주 내 차이들에 체계적인 관심을 기울여야 한다.

나는 여기서 집단 내 역할 분화의 두 측면을 살펴보고자 한다. 그것들은 모두 하위 직급 직원 집단 내의 역동성과 관련 있다. 이 집단의 특징 중 하나는 그들이 대체로 장기간 고용된 사람들이며, 따라서 전통의 수호자 노릇을 하는 경향이 높다는 것이다. 반면 고위급 직원들, 그리고 심지어 재소자들은 자리 이동이 매우 잦다.[197] 이에 덧붙여, 재소자들과 얼굴을 마주하고 기관의 요구를 제시하는 이들은 바로 이 집단의 구성원들이다. 따라서 그들은 재소자들의 분노가 고위 직원들에게 다다르지 않게 하고, 만약 재소자들이 끝내 고위직 인사들과 접촉하게 되면 그 분노를 적당한 수위로 조절할 수 있다. 어쨌든 간부들은 자애로운 친절함과 심지어 특혜를 베풀어야 한다.[198] 이러한 자선 행위가 가능한 이유는 단순하다. 마치 삼촌처럼

---

196) 이 과정의 역동성에 대해서는 프로이트의 잘 알려진 책『집단 심리학과 자아분석*Group Psychology and the Analysis of the Ego*』에 개괄적으로 나와 있다. 또 다른 연구로는 Amitai Etzioni, 같은 책, p. 123을 보라. 예컨대 팀 마스코트 같은 다른 투사 대상물들이 있는데, 이 모두는 다 함께 고려되어야 할 것이다.

197) 예로는 Ivan Belknap, 같은 책, p. 110을 보라.

198) 예로는 Elliott Jaques, "Social Systems as a Defence against Persecutory and Depressive Anxiety," in Melanie Klein et al., *New Directions in Psycho-Analysis,* London: Tavistock, 1955, p. 483.

고위 직원들은 재소자들을 직접 훈육하는 직무를 수행하지 않는다. 그들이 재소자들을 직접 만나는 경우는 거의 없어서 그들이 관대함을 베풀어도 일반적인 규율 체계가 훼손될 일은 없는 것이다. 내 생각에 재소자들은 대부분의 직원은 악해도 제일 윗자리의 사람은 선하고 단지 밑에 사람들의 속임수에 걸려들 뿐이라고 느낀다. 이것이 비록 착각일지라도 재소자들은 대체로 그렇게 여기며 마음의 안정을 구한다. (대중소설과 영화에 등장하는 경찰을 보라. 말단 경찰은 가학적이고 편견에 사로잡혀 있고, 혹은 부패해 있다. 그러나 경찰 조직의 윗선은 "괜찮다.") 이것이 바로 에버렛 휴스가 말하는 "노동의 도덕적 분업화"이다. 여기서 개인들이 수행하는 업무의 차이는 그들에게 부여된 도덕적 속성들의 차이를 수반한다.

직원 내부의 역할 분화의 두번째 측면은 존대 유형과 관련 있다. 시민사회의 면대면 접촉 상황의 상호작용 의례에는 형식적 자연스러움이라는 요소가 매우 핵심적이다. 존대를 표하는 사람은 비계산적이고, 즉각적이고, 별생각이 없는 방식으로 의례를 수행해야 한다. 상대방에 대해 그가 속내에 품고 있다고 여겨지는 존중은 그런 식으로 표현되어야만 유효하다. 그의 행동이 그의 내부 감정을 "밖으로 표현"하는 방식이 그 외에 뭐가 있겠는가? 존대를 표하는 사람은 사회의 표준화된 존대 의례를 어릴 적부터 학습하고 성인이 되면 그것은 그에게 제2의 자연이 된다. 상대방에게 제공되는 존대는 직접적이고 자유로운 표현으로 간주되며, 따라서 상대방은 받기 힘든 적절한 존대를 대놓고 요구할 수 없다. 행위는 강제될 수 있다. 하지만 보여달라고 해서 보여주는 감정은 단지 보여주기 위한 것일 뿐이다. 존대를 받지 못해 모멸감을 느끼는 이는 상대에 대해 행동을 취할 수 있다. 하지만 이때에도 그러한 교정 행위를 취하는 구체적 이유는 은폐되어야 한다. 오로지 아이들만이 제대로 존대를 표하지 않으면 노골적인 제재를 받을 수 있을 것이다. 이것이 바로 우리가 아이들을 "사람이 덜되었다"고 여기는 한 징표이다.

모든 시설, 특히 총체적 기관들에서 재소자들은 존대를 표하는 사람이고 직원들은 존대를 받는 사람이다. 이때 존대의 일부 형식은 기관마다 특화되어 있다. 이것이 가능하기 위해서는 존중의 자연적 표현들을 받는 사람들이 바로 그 형식들을 가르치고 강요하는 사람들이어야 한다. 따라서 총체적 기관들과 시민적 생활에는 존대와 관련하여 근본적인 차이가 있다. 요컨대 총체적 기관의 존대는 재소자들을 향한 구체적 요구들, 그리고 재소자의 위반 행위에 대한 구체적 제재로 이루어진 형식적 토대 위에 정립된다. 예컨대 겉으로의 행위뿐만 아니라 내적 감정도 밖으로 표현되어야 한다고 요구된다. 무례함 같은 태도의 표현은 가차 없이 처벌된다.

직원들은 몇몇 표준화된 장치에 의존하여 이처럼 변경된 존대 의례로부터 자신을 보호한다. 첫째, 재소자들을 아직 성인이 아닌 존재로 여기면서 직원들은 존대를 강요한 것에 대한 자책감을 덜게 된다. 둘째, 특히 군대에서는 경례를 받는 것은 사람이 아니라 제복이라는 개념이 있다(따라서 그는 자기 자신을 위해 존대를 요구하는 것이 아니다). 이런 개념은 "당신이 무엇을 느끼건 그것을 표현하지 않는다면 문제될 게 없다"라는 말에서도 잘 드러난다. 셋째, 훈련을 시키는 것은 하위직 직원들이기에 고위급은 개인적으로 강요하지 않고도 존중을 받을 수 있다. 그레고리 베이트슨은 주장한다.

무엇보다 중간층의 기능은 밑에 사람들이 윗사람들을 대할 때 취해야 할 태도를 가르치고 훈육하는 것이다. 간호사들은 부모들 앞에서 어떻게 처신해야 하는지 아이들에게 가르친다. 하사관N.C.O.이 사병에게 장교들 앞에서 어떻게 처신해야 하는지 가르치고 훈육해야 하는 것처럼 말이다.[199)]

나는 지금까지 몇몇 집단 내 차이들에 대해 언급했다. 직원과 재소자 집단 모두 내적으로 동질적이지 않으며, 따라서 단순히 직원과 재소자 집단의 차이만 주목하면 중요한 사실들을 놓칠 수 있다. 어떤 시설들에서는 재소자 직급 내의 모범수 또는 조수가 수행하는 기능과 권력이 최하급 직원의 그것과 크게 다르지 않다. 사실 때로는 최하위 직급에서 가장 높은 지위를 차지하는 이가 최고위 직급에서 가장 낮은 지위를 차지하는 이보다 더 큰 권력과 권위를 가질 수 있다.[200)] 나아가 어떤 시설의 경우 연례 크리스마스 파티와 다른 기관 의례들과 더불어 (그 효과에서) 일종의 집단적 수난 의례도 검토할 가치가 있다. 이때 모든 구성원은 모종의 기본적인 박탈 체험을 의무적으로 공유한다. 수녀원에 관한 연구에서 좋은 사례가 등장한다.

나이, 직급, 역할과 상관없이 수도원장을 포함한 공동체의 모든 구성원이 여기 다 함께 있었다. 합창단, 예술가들, 의학박사, 인문학

---

199) Gregory Bateson, in M. Mead and R. Métraux, eds., *The Study of Culture at a Distance,* Chicago: University of Chicago Press, 1953, p. 372.

200) S. A. Richardson, 같은 책, pp. 15~18에는 예컨대 갑판장의 역할에 대한 논의가 있다. 소대의 중위와 비교되는 연대와 대대의 상사의 역할은 또 다른 예이다.

박사, 요리사, 세탁 담당, 신발 수선 담당, 채소밭 담당, 모든 수녀가 상자처럼 조그만 방에 살았다. 그 방들은 형태와 내용물이 다 똑같았다. 침대, 탁자, 의자도 똑같이 배치되었다. 의자들 위에 세 번 접힌 천도 똑같았다.[201]

성 클라라 수녀회는 수녀원장과 그 아래의 수녀 가릴 것 없이 모든 일에 같은 생활을 따라야 한다고 규정했다. 그러니 다른 이들은 어떠했겠는가! 상급자의 특전에 대한 성 클라라 수녀회의 생각은 당시에는 완전히 혁신적인 것이었다. 원장에게는 직원도 수행원도 딸리지 않는다. 그녀는 십자가 목걸이도 차지 않으며 어린 수녀들과 마찬가지로 (2.5달러짜리) 작은 반지만을 찬다. 의복의 전면에 덧댄 천조각만으로도 수녀원장은 아주 화려해 보인다. 그 천조각을 손수 옷에 꿰맨 그녀의 손은 최고의 사과를 골라 모아 벌레를 잡던 그 손, 전문가처럼 행주를 다루던 그 손이었다.[202]

어떤 수녀원들은 재소자-직원 분리라는 개념이 효과적이라고 여기지 않는다. 오히려 하나의 우애 집단이 단일하고 세부적으로 등급화된 계급 서열에 따라 내적으로 계층화된다. 나아가 기숙학교와 같은 총체적 기관에서는 선생과 학생의 계층에 기숙사 관리 직원이라

---

201) Kathryn Hulme, 같은 책, p. 20.
202) Sister Mary Francis, 같은 책, pp. 179~80. 앵글로아메리칸의 군대 전통의 규칙에 따르면 장교들은 그들의 부하가 처한 모든 위험을 직접 겪어야 하며 전투 중에는 부하들의 음식과 편의를 자신의 것보다 먼저 돌봐야 한다. 이는 수난 의례를 약간 변형시킨 것이라고 할 수 있다. 자신들보다 자신들의 부하들을 더 돌봄으로써 장교들은 부하들과의 유대를 강화하는 동시에 거리도 유지할 수 있다.

는 세번째 계층을 덧붙이는 것이 유용하기도 하다.

총체적 기관들은 직원과 재소자 집단들 사이의 역할 분화의 규모가 얼마나 되냐, 그리고 두 계층의 구별이 얼마나 선명하느냐에서 많은 차이가 난다. 잠깐 언급하고 지나갔지만 다른 중요한 차이들도 존재한다. 그중 하나에 대해 여기서 살펴보고자 한다.

신입 재소자들은 총체적 기관에 각각 다른 마음가짐으로 들어온다. 한쪽 극단에는 징역형을 선고받고, 정신병원에 입원당하고, 혹은 선원으로 끌려오는 식의 비자발적 입소가 있다. 이상적 재소자에 대한 직원의 견해가 가장 유지되기 힘든 것이 바로 이런 경우들에 해당된다. 다른 극단에서 우리는 종교적 기관들을 발견한다. 종교적 기관들은 자신들이 신의 부르심을 받았다고 생각하는 사람들만 상대하며, 이렇게 자원한 사람들 중에서도 가장 적격이고 가장 진지한 사람들만 받아들인다. (장교 훈련소와 정치 학교 일부도 여기에 해당될 것이다.) 그런 경우 개종은 이미 이루어졌고 남는 것은 초심자들에게 자신을 잘 훈육하기 위해서 취해야 할 노선을 보여주는 것뿐이다. 이 극단의 중간에서 우리는 징집된 사람들을 수용하는 군대 같은 기관들을 발견한다. 이곳의 재소자들은 의무적으로 복무를 해야 하지만 동시에 그것이 자신의 궁극적 이익에 비추어볼 때 정당한 것이라고 지속적으로 주지를 받는다. 물론 입소가 자발적이냐, 준자발적이냐, 강제적이냐에 따라 총체적 기관의 분위기는 큰 차이가 있다.

입소 양태라는 변수 말고도 또 다른 변수가 있다. 자기 규제상의 변화를 재소자로부터 이끌어내기 위해 직원들이 얼마나 많은 노력을 투여하는가이다. 임시 보호나 노역 기관의 경우, 재소자들은 행동 지침만 따르면 될 것이다. 주어진 일에 대한 마음가짐이나 내적 느낌은 공식적 관심사가 아니다. 교화수용소, 종교적 시설, 집중적 심리 치료를 위한 기관 등에서 재소자의 사적 감정들은 주요 관심사항이다. 여기서는 단순한 일 규칙 준수로는 충분치 않다. 직원의 기준을 재소자가 내면화하는 것은 부차적 결과물에 그치지 않고 기관이 능동적으로 추구하는 목표가 된다.

총체적 기관들의 차이가 나타나는 또 다른 영역은 소위 투과성으로 불리는 것이다. 즉 총체적 기관 내부의 사회적 기준과 바깥 사회의 사회적 기준이 상호 영향을 미침으로써 결과적으로 둘의 차이가 줄어드는 정도를 투과성이라 일컫는다. 이 쟁점은 우연적으로나마 우리에게 총체적 기관과 그것을 지지하거나 용인하는 바깥 사회의 역동적 관계를 살펴볼 수 있는 기회를 제공한다.

총체적 기관의 입소 절차를 연구할 때, 연구자는 시설의 투과 불가능성에 충격을 받는 경향이 있다. 입소 과정에서 일어나는 박탈과 평준화 과정은 신입이 보유하고 들어가는 다양한 사회적 구별선 distinctions들을 가로지르며 지우기 때문이다. 성 베네딕트가 수도원장에게 들려주는 교훈을 들어보자.

> 수도원에서는 아무도 사람들을 차별하지 못하게 하라. 신을 위한 사역과 순종에서 탁월성을 보이는 이를 제외하고는 어느 누구도 다른 사람보다 더 사랑을 받아서는 안 된다. 합당한 이유가 없는 한, 노예 출신이나 귀족 출신이나 동등하게 대하라.[203]

---

203) *The Holy Rule of Saint Benedict*, Ch. 2.

이미 언급한 것처럼 사관학교 생도들이 "부나 가족 배경에 대해 논하는 것은 금기"이다. 또한 "생도들에게 지급되는 월급이 낮더라도 그는 집에서 부치는 돈을 수령할 수 없다."[204] 바깥 사회의 연령에 따른 위계도 입소 후에는 철폐된다. 이에 대한 극단적 사례가 종교적 기관들에서 발견된다.

> 가브리엘은 영원히 자기 자리가 될 곳으로 이동했다. 40명의 지원자 중에서 세번째 자리였다. 그녀는 집단에서 세번째로 나이가 많은 여자였다. 왜냐하면 며칠 전 수도원이 신입자들을 맞이했을 때 그녀가 세번째로 등록한 사람이었기 때문이다. 그때 그녀의 원래 생애 연령은 소멸되었고 종교적 삶에서 내내 지속될 그녀의 연령이 바야흐로 시작되었다.[205]

(좀더 온건한 사례도 있다. 국가적 비상사태 동안 국가와 대학의 과학 관련 학과에서 청년들이 높은 직위를 맡는 것이 용인될 수 있다.) 연령이 무시되는 것처럼 꽤 엄격한 일부 총체적 기관은 입소 때 이름을 바꾸는데, 이는 (짐작컨대) 과거와 단절하고 시설에서의 삶을 받아들인다는 사실의 상징적 표현인 것이다.

투과 불가능성은 사기와 안정성이라는 관점에서 필요해 보인다.

---

204) Stanford M. Dornbusch, 같은 책, p. 317. 이런 종류의 계층 평준화는 영국 공립학교의 종복fagging 체계에서 발견된다. (옮긴이) 종복 체계란 19세기 영국에서 형성된 전통으로 후배가 선배의 시중을 드는 관행을 칭한다. 이때 우선시되는 것은 선후배 관계이지 학생들의 신분적 지위가 아니다.
205) Kathryn Hulme, 같은 책, pp. 22~23. 탈脫연령에 대한 베네딕트 수도회의 견해는 *The Holy Rule of Saint Benedict,* Ch. 63에 나온다.

1 총체적 기관의 특징들에 관하여

바깥의 사회적 구별선을 지움으로써 총체적 기관은 자체적인 명예 체계로 사람들을 끌어들일 수 있는 것이다. 따라서 주립 정신병원에서 사회경제적 지위가 높은 일부 환자들은 모든 이에게 다음과 같은 사실들을 천명한다. 정신병 환자들도 특별한 사람으로서의 역할을 수행할 수 있다. 기관은 단순히 하층 계급 떨거지들을 위한 하치장이 아니다. 재소자의 운명은 그저 그의 일반적인 사회 배경에서 기인하는 고통으로 결정되지 않는다. 영국 교도소의 "멋쟁이 수감자"나 프랑스 수녀원의 귀족 출신 수녀에 대해서도 마찬가지의 이야기를 할 수 있다. 몇몇 종교적이고, 군사적이고, 정치적인 집단들처럼 전투적 사명을 띤 총체적 기관은 기관과 바깥 사회의 차이와 대립을 상기시킬 때 외부의 사회적 지위 질서 일부가 내부에서 전도된다는 사실을 활용한다. 여기서 주목할 것은 외부에서 타당성이 있는 차이들을 지움으로써 가장 가혹한 총체적 기관이 가장 민주적인 기관이 될 수 있다는 사실이다. 실제로 재소자는 자신의 처우가 다른 이들의 처우보다 더 나쁘지 않다는 사실로 박탈감과 지지감을 동시에 느낄 수 있다.[206) 그러나 투과 불가능성이 이 기관들에 제공하는 가치에는 일부 한계가 있다.

나는 이미 최고위 직원들이 수행해야 하는 대표 역할에 대해 묘사한 바 있다. 그들이 바깥 사회 다른 분야의 지도자들과 동일한 소규모 집단 출신이라면 바깥 사회에서 어렵지 않게 품격과 위엄을 뽐낼 수 있을 것이다. 나아가 직원들을 배출한 계층이 재소자들을 배출한

---

206) 물론 개인적 진단에 맞추어 치료를 특화시키는 정신병원의 의료 관리에서 이는 문제가 될 수 있다.

계층보다 확고히 정당한 우월적 지위를 차지한다면, 바깥 사회의 이러한 격차는 직원의 지배를 지탱하고 안정화하는 데 도움을 줄 것이다. 제1차 세계대전까지의 영국 군대가 이 점을 잘 보여준다. 모든 계급의 사병들은 "공통의" 억양으로 말을 했고 모든 장교는 "훌륭한 교육"의 증거인 공립학교 영어를 말했다. 총체적 기관은 재소자가된 이들의 기술, 직업, 전문성 등도 필요로 하기에 직원들은 일정 정도의 역할 전이를 으레 허락하며 심지어 격려하기도 한다.[207]

따라서 총체적 기관의 투과성은 기관의 작동과 통합에 다양한 효과를 지닐 수 있다. 이는 하위 직원들의 가변적 지위에서 잘 나타난다. 만약 기관이 바깥 공동체에 상당히 투과적이라면, 직원 집단의 사회적 출신은 재소자들과 비슷하거나, 혹은 심지어 그들보다 낮아질 수도 있다. 재소자의 고향 세계의 문화를 공유하면서 그들은 자연스레 고위 직원과 재소자들 사이의 소통 채널 역할을 할 수 있다(이 채널에서 상향 소통은 종종 막히지만). 같은 이유에서 그들은 자신들이 책임진 이들로부터 쉽게 사회적 거리를 두지 못할 것이다. 어느 교도소 연구자가 최근에 주장했듯이, 이는 간수의 역할을 복잡하게 만든다. 즉 그는 재소자로부터 더 많은 조롱을 받을 수도 있고 재소자들은 그가 관대하고, 합리적이고, 또는 매수 가능하다고 생각

---

207) 강제수용소도 이는 마찬가지다. 예로는 Elie A. Cohen, 같은 책, p. 154를 보라. 성 베네딕트는(같은 책, Ch. 57) 현명하게 이러한 관행의 위험을 적시한다. "수도원에 장인이 있다면 원장이 허락하는 한도 내에서 그들로 하여금 자신의 기술을 겸손과 존경심을 가지고 행하게 하라. 그러나 그중 하나가 자신의 기술 지식이 수도원에 도움을 줄 수 있다며 스스로를 자랑스럽게 여긴다면 그의 기술을 빼앗아 다시는 수행할 수 없게 하라. 어쩌면 그가 자신을 다시금 낮출 수도 있다. 그때야 원장은 그 기술을 그에게 되돌려주어 수행하게 허락할 것이다."

할 수도 있다.[208]

투과 불가능성의 효용과 비효용이 무엇이건 간에, 그리고 총체적 기관이 얼마나 급진적이고 전투적이건 간에, 바깥 사회에서 이미 정립된 사회적 구별선을 재배열하고 활용하는 데에는 언제나 한계가 있기 마련이다. 어쨌든 총체적 기관은 사회와 필요한 일을 도모하고 사회의 관용을 얻어야 한다. 특히 서구 사회에서는 성sex으로부터 완전히 독립된 집단생활을 제공하는 총체적 기관은 없는 것 같다. 수녀원처럼 사회경제적 등급의 영향을 받지 않는 기관들도 실은 지방의 소농 출신 개종자들에게 가사 노동일을 배당하는 경향이 있다. 이는 인종차별이 없는 것으로 유명한 정신병원들에서조차 쓰레기 담당은 거의 흑인인 경우와 같다.[209] 이와 유사하게 영국의 기숙학교에서는 귀족 출신의 학생들은 다른 학생들보다 학칙 위반을 많이 해도 제재를 덜 받는다.[210]

총체적 기관들의 차이 중 가장 흥미로운 지점은 출소자들이 겪는 사회적 운명에서 나타난다. 통상적으로 그들은 지리적으로 흩어지기 마련이다. 물리적으로 떨어져 있음에도 불구하고 구조적 유대가 어느 정도로 유지되느냐는 기관마다 차이가 있다. 하나의 극단은 베네딕트 수도원의 졸업 동기생들이다. 그들은 비공식적인 유대를 이어갈 뿐만 아니라 일생 동안 그들의 직업과 지리적 거주지는 어느 수도원 출신

---

208) Gresham M. Sykes, *Corruption of Authority*. 또한 Holley Cantine and Dachine Rainer, 같은 책, pp. 96~97을 보라.

209) 모든 시설에서 상위와 하위 등급의 재소자들이 바깥 사회의 기준에 비교적 더 높은 투과성을 보이는 것은 사실이다. 반면 비투과적 경향은 기관 위계상 중간층에서 두드러지게 나타난다.

210) George Orwell, 같은 책, pp. 510, 525.

이냐에 따라 결정된다. 동일한 극단은 전과자의 경우다. 그들의 감옥 생활은 그들을 천직으로, 출소 후 삶을 지배하게 될 전국 곳곳의 범죄 공동체로 이끌 것이다. 또 다른 극단에는 같은 부대 출신의 징집병들이 있다. 이들은 제대 후 곧바로 사적 생활에 녹아들어가며 심지어 부대원 재회 모임에는 가지도 않는다. 정신병원 출신도 마찬가지다. 그들은 병원과 관련된 모든 사람과 모든 일을 애써 회피한다. 이같은 양극단 사이에 사립학교와 대학원의 "O.B.(old-boy)" 모임이 있다. 이 모임은 동창생 집단에게 삶의 기회를 제공해줄 수 있는 선택적 공동체로 기능한다.

2

나는 지금까지 총체적 기관들을 목록화하면서 그에 대한 명시적 정의를 내렸고 또한 몇몇 공통적 특징을 검토해보았다. 이러한 시설들에 대한 상당한 양의 연구 문헌이 축적되어왔다. 이제 우리는 단순한 주장을 넘어서 총체적 기관이라는 사회적 동물의 구조와 기능을 해명하는 강고한 이론적 틀을 구축해야 한다. 확실히 총체적 기관들에서 부각되는 유사성은 너무나 명백하고 집요하다. 따라서 우리는 이러한 유사한 특징들이 존재하는 기능적 이유에 대해 질문을 던져야 하며 기능적 설명이라는 수단을 통해 그것들을 이해해야 한다. 만약 이런 일을 해낸다면, 우리는 감독관들, 명령자들, 교도관들, 수도원장들을 칭찬하거나 욕하는 데 덜 집중할 것이다. 대신 우리는 총체적 기관들에 공통적으로 내재하는 구조적 얼개에 집중하고 그를 통해 총체적 기관의 사회적 문제와 쟁점들을 이해하는 데 더 많은 관심을 기울일 것이다.

2 정신병 환자의 도덕적 이력

전통적으로 **이력**이라는 용어는 인정받는 직업 안에서 성공을 향해 나아가기를 기대하는 사람들에게 적용되어왔다. 그러나 이 용어는 이제 포괄적인 의미에서 한 개인의 삶의 과정에서 전개되는 사회적 가닥들을 지칭하는 데 사용된다. 이는 자연사적 관점에서 이력을 보는·것이다. 즉 이러한 관점은 개인에게 일어나는 고유한 결과보다는 한 사회적 범주에 속하는 구성원들에게 일어나는 기본적이고 공통적인 변화를 우선시한다——그 변화가 각 구성원에게 독립적으로 일어날지라도. 이때 이력은 훌륭하다고 또는 실망스럽다고 말할 수 있는 성질의 것이 아니다. 성공이나 실패나 크게 다르지 않다. 내가 정신병 환자를 검토하는 것은 바로 이러한 견지에서다.

이력이라는 개념의 장점은 양면성에 있다. 한 측면은 개인이 깊숙이 꼭 붙잡고 있는 내적 문제들이다. 자아에 대한 이미지나 자기가 느끼는 정체성이 이에 해당한다. 다른 측면은 공식적 직위, 법적 관계, 생활양식과 관련되며 이는 공적으로 접근 가능한 제도적 복합체 institutional complex[1]의 구성 요소이다. 그렇다면 이력이라는 개념을 통해 우리는 한 개인이 자신이 생각하는 자아 이미지에 대한 진술에

---

1)   (옮긴이) 이 책에서 institution은 때로는 기관으로 때로는 제도로 번역되었다. 물리적 특성이 부각될 때는 기관으로, 규범적이고 문화적인 측면이 포함될 때는 제도로 번역했다.

과도하게 의존하지 않고도 사적인 것과 공적인 것, 자아와 그가 속한 사회 사이를 오갈 수 있을 것이다.

이 논문은 제도적 관점에서 접근하는 자아에 대한 연구 시도라고 할 수 있다. 주요 관심사는 이력의 **도덕적** 측면이다. 이력은 개인의 자아, 그리고 스스로와 타인을 판단하는 상상적 틀에서의 규칙적이고 연쇄적인 변화를 수반한다.[2]

"정신병 환자"라는 범주 자체는 지극히 사회학적인 의미에서 이해될 것이다. 이 관점에 따르면 사람에 대한 정신의학적 견해는 그 판단이 그의 사회적 운명을 변화시키는 한에서 의미가 있다. 예를 들어 우리 사회는 한 사람이 정신병원에 입원하면, 그리고 그럴 때에만 매우 중대한 운명의 변화가 일어났다고 여긴다.[3] 그러므로 나는 몇몇 인접한 범주는 논외로 할 것이다. 예를 들어 아직 발견되지 않은 후보들이 있다. 그들은 정신의학적 기준에서 보자면 "아픈 사람"이겠지만, 그리고 주변 사람들을 꽤나 힘들게 하겠지만 아직 자신이나 타인들이 그렇게 판단하지 않은 이들이다.[4] 또한 정신과 의사가

---

2) 도덕적 이력에 관한 문헌은 지위 변화의 의례들에 대한 초기 사회 인류학적 연구들과 사회 운동과 조직에 참여할 때 발생하는 자아관의 급진적 변화에 대한 사회심리학 고전의 작업들에서 발견된다. 최근에는 "정체성" 문제를 다루는 정신의학적 접근과 직업 이력과 "성인 사회화"에 대한 사회학적 연구들이 새로운 관련 자료들을 제공한다.

3) 이 점에 대해서는 최근 Elaine Cumming and John Cumming, *Closed Ranks*, Cambridge: Commonwealth Fund, Harvard University Press, 1957, pp. 101~102에서 언급된다. "의료적 경험에 따르면 많은 사람이 정신병을 '한 사람이 정신병원에서 치료를 받는 상태'로 정의한다는 것을 알게 된다…… 즉 정신병은 사람을 망가뜨려 정신병원에 가게 만드는 상태라는 것이다. 하지만 병원에 가기 전까지 그들이 하는 거의 모든 것은 정상이라고 여겨진다." 레일라 디지Leila Deasy는 내게 이는 화이트칼라 범죄와 유사성이 있다고 지적해주었다. 즉 범죄를 저지른 사람 중에서 교도소에 들어간 사람에게만 범죄자라는 사회적 역할이 부과된다는 것이다.

보기에 병원 바깥에서 약물 치료나 충격 치료를 받을 수 있다고 판단하는 비非입원 환자office patient가 있다. 심리 치료 과정에 고객으로 참여하는 정신병 환자도 여기에 해당한다. 나는 상태가 어떻건 정신병원 서비스의 강력한 기계에 붙잡힌 사람들을 분석 대상으로 삼는다. 이런 식으로 정신병 환자로 취급을 받는 것의 효과와 의사가 어떤 경향들을 정신병리적이라고 봄으로써 한 사람의 삶에 미치는 효과는 확실히 구별될 수 있다.[5] 정신병 환자가 되는 사람들은 정신병 의사가 진단하는 병의 종류와 강도, 그리고 일반인이 묘사하는 병의 속성들에서 그 양상이 매우 폭넓게 다르다. 그러나 일단 정신병 환자가 되는 길로 들어서면, 그들은 직면하게 되는 환경과 그에 대응하는 방식들에서 매우 중요한 유사성을 공유한다. 이 유사성들은 정신병 그 자체에서 기인하는 것이 아니다. 오히려 병 자체와 무관하게 발생하는 것이다. 정신병 환자들의 통일적인 지위는 개인들의 집단에 공통의 운명을 부여하며 그로 인해 궁극적으로는 동일한 성격을 부여한다. 그뿐만이 아니다. 인간 재료들이 사회에 의해 한데 묶인다고 했을 때, 그것이 지니는 가장 완고한 다양성조차 사회

---

4) 최근에는 병력 기록을 활용하여 해당 개인에 대한 정신의학적 개입이 이루어지며 나아가 정신의학적 판단이 개시되기 전 그가 자신과 타인에게 심각한 문제들을 끼쳤다는 사실이 적시된다. John A. Clausen and Marian Radke Yarrow, "Paths to the Mental Hospital," *Journal of Social Issues*, XI, 1955, pp. 25~32. August B. Hollingshead and Fredrick C. Redlich, *Social Class and Mental Illness*, New York: Wiley, 1958, pp. 173~74를 보라.

5) 이러한 관점이 모든 종류의 일탈에 어떻게 적용되는가에 대한 예시는 Edwin Lemert, *Social Pathology*, New York: McGraw-Hill, 1951, pp. 74~76에 특히 잘 나와 있다. 구체적으로 정신적 문제에 대한 적용은 Stewart E. Perry, "Some Theoretic Problems of Mental Deficiency and Their Action Implications," *Psychiatry*, XVII, 1954, pp. 45~73 과 특히 pp. 67~68을 보라.

적으로 재가공되는 것이다. 이 모든 것은 사회적 힘이 권력으로 작동하기 때문이다. 이 논문에서 빠진 것은 정신병원 출신들이 종종 구성하는 방어적 집단생활이다. 이는 사회 안에서 일탈적 하위집단이 심리역학적으로 생성되는 전형적인 반작용 과정을 생생하게 보여준다.

이러한 사회학의 일반적 관점은 정신병원에 대한 사회학적 연구자들의 핵심적 연구 성과에 힘입어 보다 강화된다. 문맹 사회들에 대한 연구가 반복적으로 보여준 것처럼 이국 문화의 야만성에 대한 감탄과 불쾌는 연구자가 그의 연구 대상이 취하는 세계관에 익숙해질수록 줄어든다. 마찬가지로 정신병원 연구자는 환자들이 지녔다고 하는 광기와 "병적 행태"가 오로지 정신병의 산물만은 아니라는 것을 깨닫는다. 그것들은 대부분 환자들에게 그러한 증세를 부여하는 사람과 환자들이 속한 상황과의 사회적 거리의 산물이다. 다양한 환자들에 대한 정신의학적 진단이 얼마나 정밀하건, 그리고 "내부"의 사회적 삶이 영위되는 방식이 얼마나 특별하건, 연구자는 자신이 참여 관찰을 하는 공동체가 그동안 연구해온 다른 공동체들과 큰 차이가 없다는 것을 발견할 수 있다. 물론 조기 퇴소한 환자들이 병원 바깥에서 형성한 공동체를 들여다볼 때 그는, 다른 환자들이 그런 것처럼, 폐쇄 병동의 삶이 기괴하다고 느낄 수 있다. 또한 입소동이나 회복 병동에 있다 보면, 그는 장기 입원 환자들이 있는 병원의 "중환자" 병동이 사회적으로 얼마나 기괴한 곳인지 느낄 수 있다. 그러나 병원에서 "최하급"으로 알려진 병동에 가서 참여 관찰을 하면 그는 바로 공감하게 될 것이다. 즉 거기에도 생활이 있고 의미 있는 사회적 세계가 존재하며 사회적 관심의 대상이 될 수 있음을 말이다. 물론 어떤 병동이나 환자 집단에도 사회 조직의 규칙을 따를 능력이 없는 소수자가 존재한다는 사실을 부정할 수는 없다. 또한 환자 집단이 규범적 기대를 잘 수행하는 것은 어떤 식으로든 병원 내에 제도화된 전략적 조치들의 영향력 때문이라는 사실 또한 부정할 수 없다.

정신병 환자의 이력은 일반적으로 그리고 자연스럽게 세 가지 국면으로 이루어진다. 병원에 입소하기 전의 기간, 나는 이를 전前환자 국면이라고 칭할 것이다. 병원에서의 기간, 즉 환자 국면. 병원에서 퇴원하게 되면 그 이후의 기간, 이는 퇴원 국면이라고 칭할 것이다.[6] 이 논문은 앞의 두 국면만 다룰 것이다.

전환자 국면

전환자 집단 가운데 상대적으로 소수만이 정신병원에 자발적으로 들어온다. 그들은 자신에게 도움이 될 거라고 생각하며 또한 그들의 가족 구성원들과 진심으로 동의를 한 상태에서 입원을 한다. 아마도 이들 신입들에게는 자신의 행동들이 자기가 봐도 미쳐가거나 자기 통제력을 상실한 증거라고 생각할 것이다. 스스로를 이렇게 보는 것은 우리 사회에서 자아에게 생길 수 있는 가장 끔찍한 일처럼 보인다. 어쨌건 문제가 매우 심각해져서 개인 스스로도 자각할 수 있는

---

6) 대략 퇴원 국면에 처한 환자 출신들이 겪는 다소 특별한 경험은 이러한 단순화를 복잡하게 만든다. 즉 병원에 재입원하는 경험인데, 이는 상습범 혹은 "재再환자" 국면이라고 부를 수 있을 것이다.

증상이 나타날 때 이런 일이 일어나는 것이다. 설리번은 다음과 같이 묘사한다.

> 정신분열적 변화나 정신분열적 과정을 겪는 사람의 자아 체계에서 우리가 발견하는 것은, 가장 단순한 방식으로 표현하면, 극단적 공포에 젖은 혼란이다. 이 혼란은 어느 정도 일반화되고 매우 정교하게 다듬어진 참조 과정을 수반한다. 이를 통해 개인은 사람됨에서의 근본적 실패, 즉 가치 있는 존재로서 존중받을 수 있는 존재가 되는 과정에서의 실패를 해결하기 위해 노력한다.[7]

이 같은 혼란스런 자아 재평가는 다른 것도 수반한다. 즉 이제 자아에 대한 새로운 중요 사실들을 타인이 보지 못하게 지난한 노력을 해야 한다. 또한 타인이 그것들을 발견했는지도 알아내야 한다.[8] 여기서 나는 자신이 미쳐가는 것losing one's mind에 대한 인식이 문화적으로 파생되고 사회적으로 뿌리내린 스테레오타입들에 기초하고 있다고 강조하고 싶다. 이런 스테레오타입들에 비추어 어떤 증상들, 예컨대 환청, 시공간적 감각의 상실, 미행당하고 있다는 느낌 등등이 그 의미를 부여받는다. 또한 눈에 띌 정도로 확실해 보이는 이런

---

7) Harry Stack Sullivan, *Clinical Studies in Psychiatry,* edited by Helen Swick Perry, Mary Ladd Gawel, and Martha Gibbon, New York: Norton, 1956, pp. 184~85.

8) 이러한 도덕적 경험은 대마초 중독자가 되어가는 사람이 학습하는 바와 대비된다. 그의 경우 "취해" 있으면서 동시에 "멀쩡해" 보여 남들에게 들키지 않을 수 있다는 것을 알게 되며 이는 대마초의 쓸모를 새로운 차원으로 확장시킨다. Howard S. Becker, "Marihuana Use and Social Control," *Social Problems,* III, 1955, pp. 35~44와 특히 pp. 40~41을 보라.

증상은 많은 경우—비록 당사자에게는 끔찍할 수 있지만—정신의
학적으로 보면 스트레스 상황에서 야기되는 일시적인 정서적 혼란으
로 정의된다. 마찬가지로 이런 식의 자아 인식에서 유발되는 불안, 그
리고 불안을 잠재우기 위해 사용되는 전략들은 이상 심리학abnormal
psychology이 고안한 것이 아니다. 자신의 미쳐감을 인식하는 문화
속에서 사회화된 사람이라면 누구나 동일한 불안과 불안 다스리기
전략을 내보일 것이다. 미국 사회에서 자신이 미쳤음을 인식하는
데 필요한 표상의 양과 관심의 강도가 하위문화별로 매우 상이하다
는 점은 흥미롭다. 따라서 하위문화별로 전문가 의뢰의 정도도 상이
하다. 예컨대 정신의학적 도움 없이 혼란스러운 자아관을 감내할 수
있는 능력은 상층 계급의 기이한 문화적 특권이다.[9]

스스로를 정신적으로 불균형하다고 보는—어떤 근거에서건—사
람에게 정신병원에 입원한다는 것은 때로는 안도감을 제공한다. 아
마도 그것은 부분적으로 그의 기본적인 사회적 상황이 뒤집어졌기
때문에 가능할 것이다. 즉 스스로를 의심하면서 자신의 역할을 온전
히 유지하려고 애쓰기보다는 차라리 자신이 공식적으로 문제가 있는
사람이라는 것을 인지하고 스스로에 대한 의심을 거두는 게 나은 것
이다. 다른 경우, 입원이 오히려 문제를 악화시킬 수 있다. 특히 스
스로 병원을 찾은 환자에게는 그동안 혼자서만 경험했던 자아의 문
제가 객관적 상황이 되어버리는 것이다.

전환자 단계에서 자발적으로 입원한 환자도 비자발적으로 입원한

---

9)   August B. Hollingshead and Fredrick C. Redlich, 같은 책, p. 187을 보라. <표 6>을
    보면 전문가 의뢰의 상대적 빈도가 계급별로 제시되어 있다.

환자와 동일한 일련의 경험을 거칠 수 있다. 어쨌든 내가 관심을 갖는 대상은 후자인데, 그 이유는 현재 미국에서는 후자의 경우가 수적으로 훨씬 더 많기 때문이다.[10] 그들이 기관에 오는 이유는 다음 세 가지 중 하나이다. 가족의 간청 때문에 혹은 그들이 "자발적"으로 입원하지 않는다면 가족의 인연을 끊겠다는 협박조의 말을 듣고 오는 경우. 경찰에 이끌려 강제적으로 오는 경우. 타인의 꼬임에 넘어가 잘못 생각하고 온 경우, 특히 청소년 환자들의 경우.

전환자 단계의 이력은 추방 모델이라는 관점에서 볼 수 있다. 환자는 애초에 인간관계와 권리들을 가지고 있다. 그러나 입원 초기 단계부터 그 모든 것은 그의 수중에서 사라진다. 이러한 이력의 도덕적 측면은 통상적으로 버림받음, 배신, 쓰라림으로 시작한다. 다른 사람들에게는 그가 치료를 받는 이유가 너무나 명백해 보여도, 그리고 그가 병원에 들어와서 치료에 곧바로 동의를 하는 경우에도 이는 마찬가지다.

대다수의 정신병 환자의 병력에는 면대면 생활 영역—가정, 일터, 교회나 상점 같은 준-공공 조직, 거리나 공원 같은 공공 영역—에서 환자가 범한 비행들이 기재되어 있다. 문서에는 종종 일부 **고발인**, 즉 비행을 범한 자를 대상으로 행동을 취해 결국 입원하게 한 인물들의 기록도 존재한다. 물론 그가 첫번째 행동을 취한 사람은 아닐 수 있다. 하지만 그는 결과적으로 첫번째 효과를 발휘한 행동을 취

---

10) 여기서 자발적 환자와 비자발적 환자를 구별하는 것은 법률적 의미에서의 자발과 비자발의 구별을 넘어선다. 정신병원에 기꺼이 온 사람들 중에서도 법률적으로는 강제 입원 당한 것으로 등록되는 경우가 있고, 가족의 강권에 의해 정신병원에 온 사람 중 일부는 자발적 환자로 등록하기도 한다.

한 사람이라고 볼 수 있다. 바로 여기서 환자의 이력이 사회적으로 시작되는데, 이는 그의 정신병이 시작되는 심리적 출발점과는 무관하다.

입원으로 이어지는 비행들은 다른 추방들—수감, 이혼, 실업, 의절, 지역에서의 내쫓김, 비기관적 정신병 치료 등등—과 그 본질에서 다르게 느껴진다. 하지만 이 차이를 가져오는 요인에 대해서는 그리 연구된 바가 없다. 실제 입원 과정을 연구하다 보면, 다른 결과도 가능한 것처럼 보일 때가 많다. 또한 고발로 이어지는 모든 비행이 정신의학적으로 유사하다고 해서 다 입원으로 이어지는 것도 아니다. 때로는 어떤 행동도 취해지지 않는다. 행동이 취해진다 해도 그 결과는 다른 종류의 추방이다. 때로는 고발이 이루어지지만 무마나 지연을 통해 행동의 효력이 나타나지 않는다. 따라서 클라우센과 애로가 잘 보여준 것처럼, 결국 비행을 범해 입원에 이른 사람도 그렇게 되기까지 오랜 기간 그에 대해 취해진 효과 없는 행동들의 연쇄가 있다.[11]

입원의 근거로 활용될 수 있었으나 그렇게 되지 않았던 비행들과 결국 입원의 근거로 활용된 비행들을 분리하는 과정에서 우리는 직업 연구자들이 이력 우연성career contingencies이라 칭했던 현상을 매우 많이 발견한다.[12] 그 같은 우연성의 일부가—비록 본격적으로 검토된 것은 아니지만—암시되어왔는데, 예를 들어 사회-경제적 지

---

11) John A. Clausen and Marian Radke Yarrow, 같은 책.
12) 정신 건강 분야에 이 개념을 구체적으로 적용한 사례는 Edwin Lemert, "Legal Commitment and Social Control," *Sociology and Social Research*, XXX, 1946, pp. 370~78에서 찾아볼 수 있다.

위, 저지른 비행의 선명성, 정신병원과의 지리적으로 거리, 지역 내 치료 시설의 숫자, 해당 병원들의 치료 유형에 대한 지역 공동체의 관심 등등이 해당된다.[13] 다른 종류의 우연성에 대해서는 일탈 일화 atrocity tales[14]들이 도움이 된다. 예컨대 이런 이야기이다. 부인이 사이코 남편을 견딘다, 남자 친구가 생길 때까지. 아이들이 사이코 아버지를 견딘다, 성인이 되어 아파트로 이사해 집을 나갈 때까지. 알코올중독자가 정신병원에 보내진다, 감옥이 꽉 차서. 마약 중독자가 정신병원에 보내진다, 그가 바깥에서의 심리 치료를 거부하기 때문에. 반항적 10대 딸을 더 이상 집에서 감당할 수 없다, 어울릴 수 없는 남자와 연애를 하겠다고 으름장을 놓아서 등등. 반대로 다른 운명으로 이끄는 우연성들의 집합 또한 그만큼 중요하다. 한 사람이 병원에 들어온 후에도, 또 다른 종류의 우연성들의 집합이 그의 출소 시기를 결정하게 될 것이다―가족이 그가 집에 돌아오기를 바람, 그가 "잘할 수 있는" 일이 있음 등등. 또한 병원 바깥에서 "정신적으로 아픈" 사람들의 수가 병원 안의 환자 수와 비슷하거나 혹은 그보다 더 많아지면 환자들은 정신병이 아니라 이런저런 우연성들에 더 영향받을 것이다.

이력 우연성은 전환자 이력의 두번째 특성과 연관되어 발생한다.

---

13) 예로는 Jerome K. Meyers and Leslie Schaffer, "Social Stratification and Psychiatric Practice: A Study of an Outpatient Clinic," *American Sociological Review,* XIX, 1954, pp. 307~10. Edwin Lemert, 같은 책, pp. 402~403. *Patients in Mental Institution,* 1941, Washington, D.C.: Department of Commerce, Bureau of the Census, 1941, p. 2를 보라.

14) (옮긴이) 일탈 일화란 사회적 규범과 가치를 위반하는 행위 혹은 사건을 노골적으로 드러내 불쾌와 불안을 조성함으로써 오히려 기존의 도덕적 질서를 재확증하는 상징적 이야기를 뜻한다. 이에 대해서는 https://en.wikipedia.org/wiki/Atrocity_story를 참고하라.

즉, 시민에서 환자 지위로 이동하는 경로에 깊이 개입하는 행위자—그리고 행위체agency—의 관계회로가 그것이다.[15] 바로 여기서 점점 그 중요성이 높아지는 사회 체계의 한 부문이 등장한다. 이는 행위자와 행위체로 구성되어 있으며 이들은 같은 사람들을 끌어들이고 이동시키는 체계적 연결망 안에 놓는다. 이러한 행위자들의 역할들을 이제 논의할 것이다. 이때 짚고 넘어갈 것은 모든 구체적 관계회로 내부에서 역할은 한 번 이상 채워질 수 있으며 동일한 사람이 하나 이상의 역할을 채울 수 있다는 점이다.

첫째는 **최근접인**the next-of-relation이다. 즉 전환자가 보기에 자신이 어려움에 처해 있을 때 도움을 청할 수 있는 가장 가까운 사람이다. 그의 정신 상태를 가장 믿어주는 사람이며 그에게 다가오는 불행으로부터 최선을 다해 그를 구해줄 사람이 최근접인이다. 일반적으로 최근접인은 최근친자이다. 여기서 최근접인이라는 특별한 용어를 사용하는 이유는 최근친자가 반드시 최근접인은 아니기 때문이다. 두번째는 **고발인**이다. 즉 돌이켜봤을 때 그를 병원으로 이끈 첫번째 사람이다. 세번째는 **중재자**이다. 즉 입원 과정에서 전환자가 문제를 의뢰하고 또한 그를 이동시키고 처리하는 행위자와 행위체의 연쇄가 그것이다. 여기에는 경찰, 회계사, 일반 의료 전문가, 개인 정신과 의사, 공공 의료기관 직원, 변호사, 사회복지사, 교사 등이 있다. 이러한 행위자들 중 어떤 이에게는 입원을 허가하고 실행하는 법적 의무가 있으며, 다른 이들은 그러한 결정이 내려지기에 앞서 처리해야

---

15) 행위자의 관계회로와 그것이 이력 우연성에 미치는 영향의 특정 사례에 대한 연구는 Oswald Hall, "The Stages of a Medical Career," *American Journal of Sociology,* LIII, 1948, pp. 327~36을 보라.

할 사안들을 다룬다. 중재자가 물러나면, 전환자는 환자가 되고 병원 행정 직원이 주요한 행위자로 등장하게 된다.

고발자들이 취하는 행동은 시민, 고용주, 이웃, 또는 친지처럼 평범한 사람의 능력이면 되지만 중재자들은 전문가들이며 자신들이 도와주는 대상들과는 근본적으로 다른 사람이다. 그들은 문제를 다룬 경험이 충분하며 그 문제와 전문적인 거리를 둔다. 경찰이나 혹은 일부 회계사를 제외하고, 그들은 일반 사람들보다 더 정신의학적 태도를 취하며 일반인들이 치료를 중시하지 않을 때 더 치료의 필요성을 절감한다.[16]

이러한 역할들의 흥미로운 특징 중 하나는 그것들이 겹칠 때 발생하는 기능적 효과이다. 예컨대 환자의 감정은 고발자 역할을 하는 사람이 최근접인 역할을 하냐 안 하냐에 따라 영향을 받는다. 이 같은 당혹스러운 조합은 특히 하층 계급보다는 상층 계급에서 더 자주 발생한다.[17] 이제부터는 이처럼 새롭게 나타나는 효과의 일부를 살펴보겠다.[18]

전환자가 가정에서 병원으로 이행하는 과정에서 그는 그 자신 제3자 입장에서 일종의 소외적 제휴 관계alienative coalition에 참여할 수

---

16) Elaine Cumming and John Cumming, 같은 책, p. 92를 보라.

17) August B. Hollingshead and Fredrick C. Redlich, 같은 책, p. 187.

18) 이러한 관계회로가 입원 환자에게 미치는 몇몇 영향에 대한 분석은 Leila Deasy and Olive W. Quinn, "The Wife of the Mental Patient and the Hospital Psychiatrist," *Journal of Social Issues,* XI, 1955, pp. 49~60을 보라. 이에 대한 또 다른 흥미로운 분석은 Alan G. Gowman, "Blindness and the Role of the Companion," *Social Problems,* IV, 1956, pp. 68~75에서도 발견된다. 좀더 일반적 논의는 Robert Merton, "The Role Set: Problems in Sociological Theory," *British Journal of Sociology,* VIII, 1957, pp. 106~20에서 찾아볼 수 있다.

있다. 그의 최근접인은 그로 하여금 의료 전문가들, 개인 정신과 의사나 다른 상담가들과 "잘 이야기해보라"고 압력을 가할 수 있다. 그가 이를 꺼려하면 최근접인은 내버림, 의절, 또는 다른 법적 행위의 가능성을 가지고 협박할 수도 있다. 또는 그런 면담이 본질적으로 협력적이고 실험적인 것에 불과하다고 강조할 수도 있다. 그러나 통상적으로 그런 면담을 주도하는 것은 결국 최근접인이다. 즉 전문가를 고르고, 시간을 조정하고, 전문가에게 환자의 상태를 설명하는 것 등등은 결국 최근접인의 역할이다. 이러한 조치의 결과로 최근접인은 주요 사안에 대한 보고를 받는 책임자가 되며 이와 동시에 그가 다루는 상대는 환자가 되는 것이다. 면담을 하는 전환자는 자신이 최근접인과 동등하며 제3자가 둘 사이에 개입할 수 없을 만큼 둘의 관계는 긴밀하다고 믿는다. 이것이 바로 우리 사회에서 친밀한 관계가 정의되는 한 방식인 것이다. 그러나 사무실에 도착하자마자 전환자는 그와 최근접인의 역할이 같지 않다는 것을 돌연 깨닫게 된다. 또한 전문가와 최근접인은 이미 생각을 공유했으며 그것이 이제 그에게 불리하게 작동한다는 것을 깨닫는다. 극단적으로 보이겠지만 많은 경우, 전문가는 검진자와 진단자의 자격으로 전환자와 단독 면담을 한 후 조언자의 자격으로 최근접인과 단독 면담을 한다. 이때 전문가는 다 같이 한 자리에서 진지한 문제를 논의하는 것을 조심스럽게 피한다.[19] 심지어 면담이 생략된 경우에는 공공 기관의 관리자가 개입하여 강제적으로 개인을 가족으로부터 떼어놓는 경우도 있

---

19) 내가 관찰한 한 병력 기록에 따르면 한 남자는 자신이 부인을 데리고 정신과 의사를 보러 간다고 생각했지만 부인이 자신을 위해 약속을 잡은 것이라는 사실을 곧바로 알게 되었다.

　　　　　　　　　　　　　　　2 정신병 환자의 도덕적 이력

다. 이때 가족은 그를 관용하고 싶을 수도 있지만 결국 최근접인은 공식적 결정을 "따르기" 마련이다. 이때에도 전환자는 그에게 불리한 소외적 제휴관계가 만들어졌다고 느낄 수 있다.

그와 같은 제휴관계에서 소외되어 제3자로 전락하는 도덕적 경험은 전환자를 고통스럽게 만들 수 있다. 특히 그의 문제 때문에 이미 최근접인으로부터 멀어진 상황에서는 더욱 그럴 수밖에 없다. 입원 후 최근접인의 꾸준한 면회는 환자에게 그가 제대로 대우를 받는 듯한 "인상"을 심어줄 수 있다. 그러나 초기 면회 동안에는 자신이 버려졌다고 잠시나마 강하게 느낄 것이다. 그는 면회자에게 자기를 꺼내달라거나 최소한 더 많은 권리를 얻게 해달라고 또 그의 끔찍한 고통을 이해해달라고 간청할 수 있다. 이때 면회자들의 반응이란 그저 희망 섞인 말을 하거나, 그의 요구를 "경청"하지 않거나, 혹은 의료진들이 그런 것들을 다 알고 있으며 치료를 위해 최선을 다한다고 장담하는 식이다. 그 후 면회자는 환자가 보기에 자유와 특권으로 가득한 세계로 무심히 돌아간다. 결국 환자는 최근접인이 자신을 배신하고 버린 행위를 위선적으로 덮어버리기 위해 면회를 온 것이라고 느낀다.

환자가 자신의 최근접인에게 느끼는 배신감은 다른 사람이 그러한 배신을 목격하고 있다는 사실로 인해 더 깊어진다—이는 다수의 3자관계에서 매우 중요한 요소이다. 단둘이 있을 때 공격을 받는 사람은 공격을 하는 사람에 대해 관대하고 타협적으로 행동함으로써 무엇이 옳고 그르냐보다 둘 사이의 평화를 우선시할 수 있다. 그러나 목격자의 개입은 공격에 다른 의미를 추가한다. 이때는 일어난 사건을 망각하고 지우고 억압하는 것이 공격하는 자와 공격받는 자의 재량 밖에 있다. 요컨대 공격은 공적인 사회적 사실이 된다.[20] 으레 그렇듯 목격자가 정신 의료 관련자인 경우 목격된 배신 행위는 "모멸 의례degradation ceremony"[21]에 가까운 것이 될 수 있다. 이 경우, 공격을 받은 환자는 자신의 명예와 사회적 가치가 회복되기 위해서는 목격자가 보는 앞에서 일종의 포괄적인 배상이 필요하다고 느낄 수 있다.

체감된 배신의 다른 두 측면을 언급하지 않을 수 없다. 타인의 입원 가능성을 제안하는 사람들은 입원 과정이 실제로 어떤 충격을 줄 것인지 사실적으로 설명하지 않는 경향이 크다. 치료와 휴식이 필요하고 몇 달 후면 퇴원할 것이라는 정도의 말뿐이다. 어떤 경우에는 자신들이 아는 것을 감추기도 한다. 그러나 내 생각에 그들은 대체로 자신들이 사실이라고 믿고 싶은 것만 말하는 편이다. 여기서 우리는 환자와 중재 전문가 사이의 유의미한 차이를 발견한다. 대중이 생각하는 것과 달리, 중재자들은 정신병원을 단기 의료시설로, 즉 강제 추방의 장소가 아닌 환자들이 필요한 휴식과 돌봄을 원하는 대로 받을 수 있는 장소로 보는 경향이 크다. 그러나 전환자가 병원에 도착하면 그는 매우 빨리 매우 다른 사실을 배우게 된다. 그가 제공받은 병원 내 생활 관련 정보는 그가 저항하지 않고 병원에 들어오는 데 효과를 발휘했다. 그러나 이제 그는 깨닫는다. 실상을 알았더라면 입원하지 않으려고 저항했으리라는 것을. 그를 사람에서 환자

---

20) 이는 Kurt Riezler, "Comment on the Social Psychology of Shame," *American Journal of Sociology*, XLVIII, 1943, p. 458의 한 구절을 살짝 바꾼 것이다.

21) Harold Garfinkel, "Conditions of Successful Degradation Ceremonies," *American Journal of Sociology*, LXI, 1956, pp. 420~24.

로 전환시키는 과정에 개입한 자들의 의도가 무엇이건, 그는 결국 그들의 "속임수" 때문에 현재의 곤경에 빠지게 되었다고 생각한다.

나는 전환자가 시민으로서의 권리, 자유, 만족감을 가지고 시작하지만 정신병동에 들어갔을 무렵에는 그 모든 것을 박탈당한다고 주장한다. 여기서 문제는 그러한 박탈이 어떻게 실행되느냐이다. 이것이 내가 관심을 갖는 배신의 두번째 측면이다.

전환자가 보기에 중요 인물들의 관계회로는 일종의 배신 통로로 기능할 수 있다. 사람에서 환자로 변해가는 이 경로는 상호 연결된 일련의 단계들에 의해 영향을 받으며, 각각의 단계는 다른 행위자에 의해 관리된다. 각각의 단계는 성인으로서의 자유로운 지위를 급격히 추락시키지만 동시에 각각의 행위자는 그러한 추락이 더 일어나지 않으리라는 허구를 지속시킨다. 한 단계의 행위자는 이 허구를 존속하면서 전환자를 다음 단계의 행위자에게 넘긴다. 나아가 현 단계의 행위자는 주어진 말들, 신호들, 제스처들을 통해 상황의 행정적 사실들을 에둘러가는 일련의 예의 바른 담소 속으로 전환자를 은근히 유도한다. 그에 따라 각각의 단계에서 전환자는 사실들과 점점 어긋나게 된다. 이제 배우자는 전환자에게 제발 정신과 의사를 만나라고 하소연하지 않는다. 이제 정신과 의사는 그와 배우자가 따로따로, 그리고 다른 방식으로 만난다는 사실을 알게 된 전환자의 소란을 겪을 필요가 없다. 이제 경찰은 전환자를 병원에 데려갈 때 구속복을 입힐 필요가 없다. 차라리 그에게 담배와 친절한 말들과 경찰차 뒷좌석에서 편히 앉을 수 있는 자유를 제공하는 게 낫다. 마지막으로 입원 환자를 맞이하는 정신과 의사는 상대적으로 조용하고 세련된 "입소 특실"에서 일을 더 잘할 수 있다는 것을 알게 된다. 의도된 것은 아닐지라도 그곳이야말로 정신병원이 진실로 편안한 장소라는 개념이 살아 있는 곳이기 때문이다. 만약 전환자가 그 모든 요청에 순응하고 그 모든 것에 품행이 바르다면, 그가 집에서 병원으로 이행하는 과정에서 누구도 벌어지는 사태를 직접 눈으로 볼 필요가 없을 것이며 누구도 그런 상황에서 그가 표출하는 날것의 감정과 맞닥뜨릴 필요가 없을 것이다. 전환자가 자신을 병원으로 이동시키는 사람들을 배려하면 그 사람들도 전환자를 배려할 것이다. 심지어 보통의 면대면 상황이 자아내는 우호적이고 조화로운 분위기 속에서 상호작용이 이루어질 것이다. 그러나 신입 환자가 병원행의 순차적 단계들의 이면을 직시한다면 상황은 다를 것이다. 전환자는 모든 사람이 분주하게 안락함을 유지하는 동안 자신의 장기적 복지가 침해되어가는 것을 느낄 것이다. 이러한 깨달음은 전환자에게 상당 기간 바깥의 사람들과 더욱 분리되는 도덕적 체험을 제공할 것이다.[22]

나는 이제 도덕적 이력에 개입하는 행위자들의 관계회로를 행위자들의 입장에서 살펴보고자 한다. 시민으로부터 환자로 지위가 이동하는 과정에서 중재자들—입원 후에는 병원 내 담당자들—은 해

---

22) 강제수용소의 관행은 협력을 이끌어내고 저항과 소동을 줄이는 배신 통로의 기능을 잘 보여주는 사례이다. 물론 여기서는 중재자들이 재소자에게 최선의 도움을 주기 위해 행동하지는 않는다. 집에서 사람들을 체포할 때, 경찰은 부드러운 농담을 하고 커피를 끝낼 때까지 기다려주겠다고 말하기도 한다. 가스처형장은 이 잡는 방처럼 꾸며지고 희생자는 옷을 벗을 때 어디다 옷을 놓았는지 기억해두라는 말을 듣는다. 처형될 사람 중 병이 있고, 노령이고, 혹은 정신병이 있는 사람은 때로는 적십자 앰뷸런스에 실려 소위 "검진 병원observation hospital"이라는 곳으로 끌려갔다. 다음을 참고하라. David Boder, *I Did Not Interview the Dead,* Urbana: University of Illinois Press, 1949, p. 81. Elie A. Cohen, *Human Behavior in the Concentration Camp,* London: Jonathan Cape, 1954, pp. 32, 37, 107.

당 개인을 책임지는 최근접인을 환자의 대리인이나 보호자로 지정하려고 한다. 마땅한 후보가 없을 때에도 누군가는 어쨌든 그 역할을 맡아야 한다. 따라서 개인이 점차 환자로 전환되는 과정에서 최근접인 또한 보호자로 전환되어간다. 보호자가 있어야 전환 과정 전체는 깔끔히 흘러갈 수 있다. 그는 전환자가 시민이었을 때의 활동들과 사업들을 주지하고 있을 테고 일의 진행을 잘 단속할 수 있을 것이다. 그가 아니라면 병원은 꽤 골치를 썩일 것이다. 전환자가 빼앗긴 시민적 권리 일부는 그에게 전이되며 이는 전환자가 실질적으로 그의 권리를 상실했음에도 그것들을 보유하고 있다는 법적 허구의 존속을 가능케 한다.

환자들은 공통적으로, 적어도 일정 기간 동안은 입원 과정에서 자신의 권리가 심대하고 부당하게 박탈되었다고 느낀다. 그리고 때로는 바깥의 몇몇 사람에게 그것이 사실이라고 설득시킬 수 있다. 때로는 환자에게 고통을 가했다고 지목된 이들은 의심을 거두기 위해 환자와 가까운 이를 찾는다. 이들은 환자를 가장 진심으로 걱정하는 사람으로 상대를 대하면서 협력과 동의를 구하며 이는 실제로 효과를 발휘한다. 보호자가 신입 환자에 대한 처우에 만족한다면 나머지 세계도 만족하지 않을 수 없는 것이다.

이렇게 볼 수 있다. 한 사람이 다른 사람의 합법적이고도 사적인 이해관계를 자신의 것으로 가지면 가질수록 전자는 후자에 대해 보호자 역할을 취할 수 있다. 그러나 두 사람의 이해관계의 일치를 인정해주는 사회의 구조적 질서는 또 다른 결과를 가져온다. 환자가—강제 입원 같은 위험에서 보호해달라고—도움을 청하는 사람은 중재자들과 병원 직원들에게는 절차적으로 승인을 구하는 사람에 불과하다. 그렇다면 환자들은 한 사람이 자신과 가깝다고 해서 그 사람을 신뢰할 수는 없다는 사실을 잠시나마 직감하게 될 것이다.

이 같은 역할의 보완성이 지니는 다른 종류의 기능적 효과가 있다. 최근접인이 환자 때문에 겪는 문제로 중재자에게 도움을 청할 때, 애초에 그는 입원을 염두에 두고 있지 않을 수 있다. 그는 심지어 전환자가 정신적으로 아프다고 인지하지 않을 수도 있고, 그렇다 하더라도 그러한 생각을 오래하지 않을 수도 있다.[23] 이때 최근접인에 상황 정의를 내려주는 것은 바로 중재자들의 관계회로이다. 중재자들은 자신들의 정신의학 지식과 정신병원의 의료적 성격에 대한 신념을 가지고 입원은 가능한 해결책, 그것도 좋은 해결책이며, 그것은 배신 행위가 아니며, 오히려 전환자의 이익에 가장 부합하는 의료적 행위라고 최근접인을 납득시킬 것이다. 이때 최근접인은 자신의 의무 수행이 한동안은 전환자가 자신을 불신하고 심지어는 증오하게 만들 수 있다는 것을 알게 된다. 그러나 전문가들이 이러한 일련의 행위를 짚어주고 진단한다는 사실, 또한 도덕적 의무로 정의해준다는 그 사실이 최근접인들의 죄책감을 어느 정도 덜어준다.[24]

---

23) 이러한 비정신의학적 인식에 대한 분석은 Marian Radke Yarrow, Charlotte Green Schwartz, Harriet S. Murphy, and Leila Deasy, "The Psychological Meaning of Mental Illness in the Family," *Journal of Social Issues,* XI, 1955, pp. 12~24. Charlotte Green Schwartz, "Perspectives on Deviance-Wives' Definitions of their Husbands' Mental Illness," *Psychiatry,* XX, 1957, pp. 275~91을 보라.

24) 이러한 죄-짊어지기guilt-carrying 기능은 물론 다른 역할 복합체에서도 발견된다. 예컨대 중산층 커플이 법적 별거나 이혼 절차를 밟게 되면 각각의 변호사는 업무상 고객들에게 모든 잠재적인 청구사항과 권리들을 주지시키는 위치에 서게 된다. 이때 고객들은 전-동거자ex-partner의 권리와 명예를 조심스럽게 배려하다가도 결국은 변호사를 따라 그러한 요구들을 하게 되는 것이다. 이때 고객은, 그 모든 요구는 변호사가 최선이라고 주장한 바를 따른 것에 불과하다고 솔직하게 이야기할 수 있는 것이다

특히 가슴 아픈 사실은 성인 자녀가 어쩔 수 없이 중재자 역할을 맡게 되어 배우자를 향했을지도 모르는 적개심이 자식들에게 향하게 된다는 것이다.[25]

전환자가 병원에 들어오면, 이제 직원들이 최근접인을 위해 죄를 짊어지는 기능을 맡게 된다.[26] 환자는 달리 생각할지 몰라도 자기 자신은 환자를 배신하지 않았다는 감정은 최근접인이 환자를 면회하러 올 때 취할 수 있는 방어 기제를 제공한다. 또한 그것은 입원 기간 동안 유예되었던 관계가 회복될 수 있다는 희망의 토대가 될 수 있다. 물론 최근접인의 이러한 입장을 환자가 감지하면 환자가 최근접인을 만나려 하거나 만날 때 좋은 핑곗거리가 될 수 있다.[27]

따라서 최근접인은 중재자들과 병원 행정 직원을 위해 중요한 기능을 수행하지만 동시에 그들 또한 최근접인을 위해 중요한 기능을 수행한다고 할 수 있다. 우리는 여기서 기능들 간의 의도하지 않은 교환과 호혜성을 발견하게 된다. 물론 그 기능들 자체도 의도된 것은 아니다.

마지막으로 나는 전환자의 도덕적 이력이 유달리 회고적인 특징을 지닌다는 점을 고려해보고자 한다. 이력 우연성의 중요성을 고려할 때, 한 사람이 결국 병원에 다다를 때까지 그가 그럴 수밖에 없는 운

---

25) 클라우센 팀이 수집한 자료에 기록되어 있다.

26) Elaine Cumming and John Cumming, 같은 책, p. 129가 이 지점을 분석한다.

27) 여기서 결핵 환자의 도덕적 이력이 흥미로운 대비점을 보여준다. 줄리어스 로스Julius A. Roth는 내게 말하길 결핵 환자들은 최근접인과의 합의하에 병원에 자발적으로 오는 경우가 많다는 것이다. 시간이 경과하고 그들이 얼마나 더 오래 머물러야 하는지 그리고 병원의 규칙이 얼마나 박탈적이고 비합리적인지를 알게 되면 그제야 퇴원 방도를 찾게 된다. 이때 환자는 직원과 친지의 반대에 부딪히고 비로소 배신감을 느끼게 된다.

명이라는 것을 확실히 알 길은 없다. 입원 직전까지도 그가 정신병 환자가 되리라고는 자신도 다른 사람들도 인지하지 못한다. 환자가 자신의 의지에 반해 병원에 머문다고 할 때, 그를 고통으로 내모는 최근접자나 병원 직원은 자신의 행동을 정당화하는 논리를 절대적으로 필요로 할 것이다. 직원-일의 의료적 성격을 증명하기 위해서는 직원들이 일에 맞는 직업 훈련을 받았다는 증거가 필요하다. 물론 이런 문제들은 의도하지 않은 방식으로 해결된다. 병력의 작성을 통해 환자의 과거가 기록되는데, 이는 그가 내내 아팠고, 병이 더 악화되었고, 입원하지 않았더라면 훨씬 더 심각한 문제가 발생했을 것이라는 사실을 입증한다―물론 이 모든 것이 사실일 수 있다. 간혹 환자가 자신의 입원 이유를 스스로에게 납득시키고 싶을 때가 있다. 혹은 이미 말한 것처럼 최근접인을 선의를 지닌 좋은 사람으로 다시 보고 싶을 때가 있다. 이런 이유로 그는 과거에 남은 정신병적 흔적의 일부를 신뢰하게 되는 것이다.

여기서 이력의 사회학을 위한 미묘한 시사점이 발견된다. 모든 이력의 핵심적 측면 중 하나는 한 사람이 이력의 진행 과정을 돌아보는 시점에 형성되는 견해이다. 어떤 의미에서 전환자의 이력 전체가 이러한 재구성에서 비롯된다. 고발의 결과로 출발하는 전환자 이력은 정신병 환자의 전체 이력의 진행에서 매우 중요한 부분이다. 그러나 이 부분의 역할은 회고적으로 드러난다. 즉 입원을 통해서 그가 지녔던, 지금은 사라진, 그 부분이 환자가 되기 전의 이력이었음이 입증되는 것이다.

환자 국면

전환자 이력의 마지막 단계에는 하나의 깨달음—그것이 근거가 있건 없건—이 자리한다. 즉 그가 사회에 의해 버림받았고 그와 가장 가까운 사람들의 관계로부터 내쳐졌다는 깨달음이다. 흥미롭게도 처음 입원한 환자는 자신이 정신병동에 갇혀 있음에도 어떻게든 이러한 결론을 피하려고 한다. 입원을 하면 그는 누구에게도 그 지경까지 전락한 사람으로 보이고 싶지 않고 혹은 입원 전의 품행에 비추어 규정되고 싶지 않다고 강하게 느낄 수 있다. 결과적으로 그는 사람들과의 대화를 피하고, 가능한 한 혼자 있으려고 할 것이다. 심지어 그는 "은둔"하거나 "조증"에 빠질 수 있다. 이 모든 것이 상호예의 바른 역할을 강요하고 스스로를 타인의 눈으로 보는 것을 비준해주는 관계를 거부하기 위해서다. 최근접인이 면회를 오면 그는 입을 다물거나 아예 면회실에 들어가지 않는 식으로 면회를 거부할 수도 있다. 이러한 전략들이 드러내는 것은 환자가 자신의 과거 잔여물들에 여전히 집착하고 있으며 또한 변화된 자신과의 싸움이 남긴 마지막 잔해물들을 부여잡고 있다는 사실이다.[28]

보통 환자는 결국 익명성과 부재성 속에 숨으려는 힘든 노력을 포기하게 된다. 그리고 끝내 병원 공동체의 관습적인 사회적 상호작용

---

[28] 그 같은 비준관계에서 거리를 두는 재소자의 초기 전략은 공립 정신병원에서 왜 집단 형성이 상대적으로 활발하지 않은지를 설명해준다. 이와 관련해서는 윌리엄 스미스William R. Smith가 언급해주었다. 사적 유대는 상대방의 인생살이에 지나친 관심을 갖게 하기에 이를 회피하고 싶은 욕구도 하나의 변수가 될 수 있다. 물론 교도소와 마찬가지로 정신병원의 직원들 또한 의식적으로 집단 형성을 초기에 막음으로써 집단 반란 행위와 다른 종류의 병동 내 소란을 예방하려고 한다.

속으로 진입하게 된다. 그 이후로 그는 특별한 방식으로만 움츠린다—별명만 사용하기, 병원 주보에 이니셜로만 쓰기, 일부 병원이 별 악의 없이 전술적으로 채택하는 "위장" 주소 사용하기. 혹은 특별한 때에, 예컨대 병원 견학을 온 한 무리의 간호 실습생을 보았을 때나 병원 구내를 돌아다니다 스치는 시민 무리 속에서 자신이 고향에서 알았던 이를 갑작스레 보게 되었을 때 움츠린다. 담당 직원들은 이렇게 환자가 스스로를 타인에게 접근 가능한 존재로 열어 보이는 것을 "정착"이라고 부른다. 그것은 환자가 하나의 입장을 공개적으로 선택하고 지지하게 되었음을 나타내는 표식이며 다른 집단에서 일어나는 "커밍아웃" 과정과 닮아 있다.[29]

전환자들이 일단 정착하기 시작하면, 그의 운명의 주요 윤곽은 사회에서 격리된 모든 종류의 시설—감옥, 수용소, 수도원, 노동수용소, 등등—에서 나타나는 운명과 같은 방식으로 전개된다. 재소자들은 생활 전반을 구내에서 지내며 동일한 지위를 공유하는 집단의 구성원들과 늘 함께하며 계획된 일상을 보내게 된다.

대다수 총체적 기관의 신참들처럼 갓 입원한 환자는 자신에게 익

---

29) 동성애 세계에서 그와 같은 커밍아웃이 일어난다. 이는 한 사람이 "게이" 모임에서 스스로를 구경꾼이 아니라 접근 가능한 존재로 스스로를 드러내는 경우이다. 이에 대해서는 Evelyn Hooker, "A Preliminary Analysis of Group Behavior of Homosexuals," *Journal of Psychology*, XLII, 1956, pp. 217~25. 특히 p. 221을 보라. 이를 소설화한 좋은 사례는 James Baldwin's *Giovanni's Room*, New York: Dial, 1956, pp. 41~57에서 찾을 수 있다. 익숙한 커밍아웃의 예는 물론 사춘기 전 아이들에게서 발견된다. 예를 들어 성질을 부리며 자존심이 상한 채 방을 박차고 나간 아이가 슬쩍 방으로 되돌아오는 경우이다. 커밍아웃이라는 구절 자체는 상층 계급의 어머니가 딸을 위해 마련했던 통과의례에서 유래한 것으로 보인다. 흥미롭게도 규모가 큰 정신병원의 환자들에게는 병원 전체의 환자 무도회에 처음으로 적극 참여하는 것이 완전한 커밍아웃을 상징할 때가 있다.

숙한 자기 긍정, 만족거리, 보호 방책 들을 완전히 박탈당하고 온갖 종류의 모욕적 경험에 끌려 들어간다. 자유로운 움직임의 제약, 공동생활, 사람들 전체를 계층으로 나누는 포괄적 권위 등등. 이때부터 개인은 자아를 지탱하는 일반적 틀이 갑자기 사라졌을 때 자아의 개념이 유지될 수 있는 한계가 어디까지인가를 학습하기 시작한다.

자신의 존재가 초라해지는 도덕적 경험들을 겪으면서, 환자는 "병동 체계"에서 자리를 잡아가는 방식을 배운다.[30] 공립 정신병원에서 이 체계는 병동, 서비스동이라 불리는 행정 단위, 그리고 외출 자격 parole statuses 등을 중심으로 구축된 일련의 등급화된 생활 체제로 구성된다. "최하급"의 생활수준은 나무 벤치, 별 볼일 없는 음식, 그리고 비좁은 침실 등으로만 이루어져 있다. "최상급"의 생활수준은 자기만의 방, 병원 안 외출과 병원 밖 외출 특혜, 비교적 무해한 종류의 직원 접촉, 양질의 음식, 그리고 풍요로운 복지시설 등으로 이루어져 있다. 기본적 내규들을 어기게 되면, 재소자는 특혜의 상실이라는 가혹한 처벌을 받게 될 것이다. 복종을 잘하면, 바깥에서는 당연하게 여겼던 작은 만족거리들의 일부를 되찾는 것이 허용될 터이다.

이처럼 근본적으로 상이한 생활수준들의 제도화는 사회적 환경이 자아에 대해 어떤 함의를 지니는지 시사점을 던져준다. 즉 여기서 확인되는 것은 자아의 소유자와 의미 있는 타인들 간의 상호작용을 통해서만 자아가 생성되는 것은 아니라는 점이다. 자아란 구성원이 속한 조직에서 형성된 질서로부터도 생성되는 것이다.

---

30) 병동 체계에 대한 유용한 묘사는 Ivan Belknap, *Human Problems of a State Mental Hospital*, New York: McGraw-Hill, 1956, ch. ix, 특히 p. 164를 보라.

한 사람의 자기 표현 또는 연장이 되기에 마땅치 않은 종류의 환경들이 있다. 관광객은 평소보다 못한 생활을 하게 되어도 그 상황을 오히려 즐길 수 있다. 왜냐하면 그 상황은 자신의 반영이 아니라 오히려 명백하게 그 반대이기 때문이다. 다른 환경들도 있다. 거실을 예로 들어보자. 사람은 자신의 거실을 스스로 꾸미되 다른 사람 마음에도 들도록 할 수 있다. 또 다른 환경들도 있다. 일터를 예로 들어보자. 일터는 피고용자의 직업적 지위를 표현하지만 최종적 통제권은 그가 아니라 고용인—그가 어떤 전술을 택하건—의 소관이다. 정신병원은 바로 이 마지막 가능성의 극단적 사례이다. 이는 단순히 환자의 생활수준이 유달리 저하되었기 때문만은 아니다. 이는 자아에게 중요한 사안들이 가혹하고, 집요하고, 철저하게 환자에게 부과되는 독특한 방식 때문이다. 일단 병동 안에 수용되면, 환자는 그가 직면하는 규제와 박탈은 전통이나 경제—자아로부터 분리 가능한—와 같은 맹목적 힘 때문이 아니라 치료를 위해 의도된 것이자 그를 위해 필요한 부분이며, 따라서 그의 자아가 처한 상태의 반영이라는 것을 주지받는다. 재소자가 온갖 이유를 들어 더 좋은 조건을 요구해보아도, 그는 직원이 보기에 그가 "감당할 수 있을 때" 또는 상위 단계의 병동을 "편안하게 느끼게 될 때," 그제야 합당한 행동이 취해질 거라는 이야기를 듣는다. 요컨대, 지정된 병동에 수용되는 것은 보상이나 처벌이 아니라 그가 수행하는 사회적 기능의 일반적 수준, 혹은 사람으로서의 그의 지위의 표현으로 간주된다. 실제로 최하급 수준의 병동에선 뇌손상을 입은 환자들도 쉽게 감당할 수 있는 일과가 제공되며, 이 제한된 인간존재들이 실제로 그 일과를 해내는 것을 보면, 우리는 병원이 갖는 거울 효과가 어떤 것인

지를 어느 정도 이해할 수 있다.[31]

병동 체계는 시설의 물리적 실재가 어떻게 노골적으로 활용되어 개인의 자아 개념을 규정하는지를 보여주는 극단적 사례라고 할 수 있다. 덧붙여 정신병원의 공식적인 정신의학적 규정들은 더 직접적이고, 심지어 더 노골적인 방식으로 재소자의 자아관을 침해한다. 정신병원이 더 "의료적"이고 선진적일수록—단순히 환자들을 수용하는 것이 아니라 그들을 더 치료하려고 할수록—환자는 자신의 과거가 실패이며, 실패의 원인은 환자 자신의 내면에 있으며, 삶에 대한 태도에 문제가 있으며, 그리고 만약 그가 사람답게 살고 싶다면 그가 사람들을 대하는 방식과 자신에 대한 개념을 바꿔야 한다는 고위 직원의 주장에 맞닥뜨린다. 예컨대 고백 시간 동안—개인 상담이건 집단 심리 치료이건—환자는 자신의 자아를 정신의학적 관점에서 바라봐야 한다는 사실을 뼈저리게 배운다. 이는 언어적 공격을 통해 작동하는 도덕적 가치의 영향력 때문이다.

이제 환자의 도덕적 이력에 대한 일반적 주장—이는 여타 도덕적 이력과도 관련 있다—을 개진할 차례다. 사람은 누구나 자신의 이력에서 어떤 단계에 다다랐을 때, 그의 삶의 진행—과거, 현재, 그리고 미래—에 대한 이미지를 형성한다. 사람은 그러한 이미지를 선택하고, 추상하고, 또한 왜곡하는데, 이는 현재 상황을 해석하는 데 유용한 자아관을 제공해준다. 일반적으로 한 사람의 자아 이야기

---

31) 여기서 정신병원이 "시간을 보내는" 장소로는 강제수용소와 교도소보다 열악한 곳이라는 게 드러난다. 후자 기관에서는 환경의 상징적 함의로부터 자아를 절연시키는 것이 더 쉽다. 사실 병원 환경에서 자아 절연은 매우 어렵다. 환자들이 자아 절연을 위해 사용해야 하는 수단들은 직원들의 눈에는 정신이상의 증상으로 간주된다.

가 사회의 기본 가치들에 방어적으로 맞춰진다면 우리는 그것을 참회 이야기라고 부를 수 있을 것이다. 만약 한 사람이 자신의 현재 상황을 이야기할 때 과거의 긍정적인 개인 자질과 앞으로 펼쳐질 긍정적 운명을 보여줄 수 있다면 그것은 성공담이라고 부를 수 있을 것이다. 한 사람의 과거와 현재의 사실들이 극단적으로 암울하다면, 그가 할 수 있는 최선의 일은 자신의 끔찍한 모습이 자기 책임이 아니라고 이야기하는 것이다. 그리고 이는 서글픈 이야기라고 부를 수 있을 것이다. 이를테면 자신의 과거가 지배적인 도덕 가치에 부합하지 않을수록, 그는 지인들에게 서글픈 이야기를 하고 싶을 것이다. 어쩌면 그는 타인들이 지니는 적절한 삶에 대한 감각을 존중하기 위해 그런 이야기를 할 수도 있다.[32] 어쨌든 우리가 서글픈 이야기를 쉽게 들을

---

32) 범죄자와 관련해서는 Anthony Heckstall-Smith, *Eighteen Months,* London: Allan Wingate, 1954, pp. 52~53을 보라. "주정뱅이"에 대한 논의는 Howard G. Bain, "A Sociological Analysis of the Chicago Skid-Row Lifeway"(미출간 석사 논문, Department of Sociology, University of Chicago, september 1950)를 보라. 특히 논문의 한 장인 "The Rationale of the Skid-Row Drinking Group," pp. 141~46을 보라. 베인의 논문이 도덕적 이력에 관한 유용한 연구 자료라는 점은 간과되어왔다. 성매매 종사자에게 되풀이되는 직업적 곤란 중 하나는 고객 혹은 다른 직업군과의 만남에서 상대가 종종 동정심을 표하며 어쩌다 그런 처지로 전락했는지를, 그것도 뭔가 극적이고 변명조의 설명을 해달라는 요청을 받는다는 점이다. 그들은 어쩔 수 없이 서글픈 이야기를 준비해놓아야 한다. 이 때문에 아마도 성매매 종사자는 경멸이 아닌 동정의 대상이 되는 경우가 더 많을 것이다. 성매매 종사자의 서글픈 이야기의 좋은 사례는 Henry Mayhew, *London Labour and the London Poor,* Vol. IV, *Those That Will Not Work,* London: Charles Griffin and Co., 1862를 보라. 현대적 사례는 *Women of the Streets,* edited by C. H. Rolph, London: Secker and Warburg, 1955, 특히 p. 6을 보라. "그러나 경찰이 몇 마디 충고를 하면 그다음에 소녀는 자신의 삶이 어떠했는지를 설명하기 시작했다. 소녀의 이야기는 주로 자기 정당화의 논조를 띠었다……" 최근에는 성매매 종사자들의 서글픈 이야기는 놀라울 정도로 훌륭한데, 그것은 물론 그들을 상담하는 심리 전문가들의 도움이 크다. 예로는 Harold Greenwald, *The Call Girl,* New York: Ballantine Books, 1958을 보라.

수 있는 사람들에는 범죄자, "주정뱅이," 성매매 종사자 등이 있다.

정신병원의 환경과 내규는 환자에게 다음과 같은 사실을 각인시킨
다. 즉, 그가 결국에는 바깥에서 사회적으로 실패했으며, 다른 전반
적인 부분에서도 실패했으며, 전인격체로서의 행위 능력이 없고 사
회적 가치를 상실한 정신병 사례의 하나에 불과함을. 이때 아마도
수치심을 가장 크게 느끼는 사람은 중산층 출신의 환자들일 것이다.
이는 그들이 이전 삶의 조건 속에서 그러한 수치에 대한 면역력을
키우지 못했기 때문이다. 하지만 다른 환자들도 모멸감을 느낀다.
그 또한 바깥 하위문화의 여느 구성원과 마찬가지로 자신이 "아프
지" 않고, 자신이 처한 "약간의 곤경"은 자신이 아닌 누군가의 탓이
고, 자신의 과거 삶이 명예롭고 정직했고, 따라서 병원이 자신에게
정신병 환자의 지위를 덧씌우는 것은 부당하다는 사실을 증명하는
서글픈 이야기를 도입함으로써 그러한 수치스러운 상황에 대처할 것
이다. 스스로 자존감을 살리려는 이 같은 경향은 병원 내 환자 사회
에서 강력하게 제도화되어 있다. 사회적 접촉을 개시할 때 통상적으
로 환자들은 자신이 거주하는 현재 병동의 위치나 입원 기간 등에
대해서는 기꺼이 정보를 내놓지만 왜 병원에 들어와 머물게 되었는
지에 대해서는 그렇지 않다. 그런 상호작용은 병원 바깥에서의 담소
에서만 오가기 마련이다.[33] 환자들끼리 친밀해지면, 환자들은 적당

---

33) 비슷한 자기 보호 규칙이 교도소에서 발견된다. Alfred Hassler, *Diary of a Self-Made
Convict*, Chicago: Regnery, 1954, p. 76은 동료 수감자와의 대화를 묘사한다. "그는 왜
수감되었는지에 대해서는 딱히 말이 없었다. 나도 묻지 않았다. 이는 교도소에서 용인되
는 태도였다." 정신병원의 경우는 다음의 소설에서 발견된다. J. Kerkhoff, *How Thin the
Veil: A Newspaperman's Story of His Own Mental Crack-up and Recovery*, New
York: Greenberg, 1952, p. 27.

한 수준에서 자신들이 입원한 이유를 서로에게 말한다. 이때 그들은 일반적으로 상대 환자의 이야기를 직접적으로 의심하지 않으면서 수용한다. 이를테면 그들은 다음과 같은 이야기를 공공연하게 주고받는다.

나는 석사 학위를 받기 위해 야간학교에 진학할 계획이었어. 그리고 직장은 잠시 접어둘 예정이었지. 업무 스트레스가 이만저만이 아니었어.

여기 다른 사람들은 정신적으로 아파. 하지만 나는 신경 체계에 문제가 있어서 이런 공포증들이 생긴 거야.

내가 여기 온 이유는 당뇨병 진단을 받고 실수로 온 거야. 며칠 있으면 퇴원할 거야. [환자는 7주간 입원했다.]

나는 어렸을 때 문제가 있었어. 그리고 나중에 아내 도움으로 의지할 곳을 구한 거야.

내 문제는 내가 일을 할 수 없다는 거야. 그래서 여기 들어온 거지. 나는 직업이 둘이나 되었고 집도 있고 돈도 원하는 만큼 다 있었어.[34]

---

34) 환자들과의 비공식적인 상호작용을 기록한 저자의 연구 노트에서. 가능한 한 거의 말한 그대로verbatim 옮겨 적음.

환자는 종종 자신의 직업적 지위를 지나치게 긍정적으로 포장하면서 이러한 이야기들을 보강한다. 예컨대 라디오 진행자가 되기 위해 오디션을 본 남자는 스스로를 라디오 진행자로 포장한다. 사무실에서 몇 달간 복사 일을 하다 규모가 큰 업계 잡지에서 기자로 일하다 3주 만에 해고된 또 다른 남자는 스스로를 기자라고 포장한다.

환자 사회 안에서의 사회적 역할 전체는 이렇듯 상호 우호적으로 지지되는 허구에 의해 구성된다. 면대면 상호작용에서의 미묘한 이야기들은 등 뒤에서 이루어지는 가십에 의해 검증되는데, 이 가십조차도 "객관적" 사실과 완전히 부합하는 것은 아니다. 물론 여기서 우리는 동일 지위 간 비공식 연결망의 전형적인 사회적 기능을 발견한다. 그들은 자아를 지탱해주는 이러한 이야기들을 서로에게 말하고 들어주는 청중이 되어준다. 이때 이 이야기들은 판타지보다는 근거가 있고 사실보다는 근거가 빈약하다.

반면 환자의 참회 이야기는 특별한 상황에서 등장한다. 애초에 정신의학적 논리를 따라 구성된 이야기를 제외하면 자아 이야기를 그렇게까지 파괴하는 상황은 거의 없기 때문이다. 공식 문서 바깥의 비공식적 전제들에 뿌리를 둔 그 파괴성은 환자의 마음이 건강하지 않고 스스로와 타인에게 위협이 될 수 있음을 입증한다. 이러한 입증은 우연일지라도 환자의 자존심에 깊은 상처를 주며 또한 그러한 자존심의 싹조차 잘라버릴 수 있다.

확실히 병원 환경의 모멸적 조건들은 환자들이 내놓는 대부분의 자아 이야기들과 모순된다. 또한 병원에 있다는 사실 그 자체가 그들의 이야기를 반박하는 증거이다. 더욱이 환자들 사이의 연대가 충분한 것도 아니어서 환자 사이의 불신은 줄어들지도 않는다. (마찬가지로 "전문성"을 지닌 직원들이 충분치 않아서 환자를 향한 직원들의 불신도 줄어들지 않는다.) 한 환자는 동료 환자에게 반복적으로 넌지시 말한다.

당신이 그렇게 똑똑하면 여기에는 어쩌다 오셨나?

정신병원이라는 환경은 여전히 불신이 팽배하다. 그렇게 느끼는 이유가 무엇이건 환자의 이야기를 불신함으로써 직원들은 얻는 것이 크다. 병원의 감호 담당 부서custodial faction가 불평이나 말썽 없이 환자의 일과를 성공적으로 관리하기 위해서는 환자가 자신의 요구를 정당화하는 주장이 잘못되었고, 그는 스스로 주장하는 자기 자신이 아니며, 그리고 사람으로서 실패했다는 것을 지적하는 것이 유용하다. 병원의 정신 치료 담당 부서가 자체의 자아관을 환자에게 각인시키기 위해서는 환자의 과거와 성격에 대한 부서의 해석이 환자 자신의 해석보다 훨씬 더 우위에 있다는 것을 상세히 보여주어야 한다.[35] 감호 담당과 정신 치료 담당이 다양한 정신과 치료에서 환자의

---

35) 정신의학적으로 한 사람을 검진하고 결과적으로 그의 지위를 바꾸거나 낮추는 과정은 병원과 교도소 용어로는 버깅bugging이라고 불린다. 여기에는 이러한 가정이 담겨 있다. 일단 누군가가 감시자의 주목을 끌게 되면 그는 자동적으로 미쳤다는 꼬리표가 붙게 되거나 혹은 감시 과정 자체가 그를 미치게 할 것이다. 따라서 정신과 직원은 환자가 아픈지 아닌지를 발견하는 사람이 아니라 환자를 아프게 하는 사람으로 판단될 수 있다. "이봐, 나 좀 들볶지bug 마"는 "그만 좀 괴롭혀. 돌아버리겠어"라는 말을 뜻할 수 있다. 셸던 메싱거Sheldon Messinger는 버깅의 의미는 또 다른 구어적 의미와 연결되어 있다고 알려주었다. 즉 비밀 마이크를 방에 설치한 후 감청 대상의 신뢰를 떨어뜨리기 위해 정보를 수집하는 도청 행위가 그것이다.

협력을 끌어내기 위해서는 치료 목적에 대한 환자의 견해를 교정시켜야 하며 그들이 자신들의 일을 잘 알고 환자를 위해 최선의 일을 하고 있음을 환자가 고맙게 생각하게 해야 한다. 요컨대 환자가 야기하는 문제들은 자신에게 일어나는 일에 대한 그의 해석과 긴밀히 결합되어 있으며, 협력을 위해서는 그의 해석은 무시되는 것이 더 낫다. 결국 환자는 병원이 제공하는 자신에 대한 견해를 "마음 깊이" 받아들여야 하며, 혹은 받아들이는 척해야 한다.

직원은 또한 재소자의 자기 합리화를 폐기할 수 있는 이상적 도구들—환경의 거울 효과에 덧붙여—을 가지고 있다. 최근의 정신의학적 학설에 따르면 정신 장애는 환자의 유년 시절에 그 뿌리를 두고 있으며 생애 전반에 걸쳐 그 징후를 보이며 또한 현재의 그의 모든 행동의 구석구석에 침투해 들어온다. 그렇다면 그의 과거와 현재의 어떤 부분도 정신의학적 평가의 관할과 재량을 벗어날 수 없다. 정신병원은 공식적으로 환자에 대한 진단과 그의 과거에 대한 정신의학적 견해를 환자 치료의 근간으로 삼음으로써 그 같은 포괄적인 재량을 관료적으로 제도화시킨다.

병력 기록은 이 같은 명령을 핵심적으로 표현한다. 어려운 상황에 대처하는 환자의 품위와 능력을 기록하는 데 항상 서류가 필요한 것은 아니다. 또한 병력 기록이 그의 과거 행실에 대한 대략적인 평균이나 표본을 보여주는 통상적인 근거도 아니다. 병력 기록의 용도 중 하나는 환자가 "아픈" 방식과 왜 그를 병원에 입원시키는 것이 옳았고 또한 계속 병원에 입원시키는 것이 옳은지를 보여주는 것이다. 그리고 이는 그의 생애 전반에서 "징후적" 중요성이 있는, 혹은 주요성이 있을 수 있었던 사건들의 목록을 추출함으로써 가능하다.[36]

"기미"를 내비치는 환자의 부모나 형제들의 불행 또한 인용될 수 있다. 환자가 어렸을 때 보여준 그릇된 판단력이나 정서적 불안 또한 기록될 것이다. 보통 사람이 보기에 비도덕적이고, 성적으로 도착적이고, 의지 박약하고, 유아적이고, 배려심 없고, 충동적이고, 광적인 경우들도 기술된다. 다른 사람이 보기에 한계를 넘어선, 즉각적인 조치를 요하는 비행은 상세하게 보고될 가능성이 높다. 덧붙여 병력 기록은 입원 시 그의 상태를 묘사할 것이다—그리고 이 시점에서 그의 상태는 평안과 안락과는 거리가 멀 것이다. 병력 기록은 수치스러운 질문에 답할 때나 사실에 명백하게 반하는 주장을 할 때 이루어지는 환자의 허위 진술 또한 보고할 수 있다.

> 맏딸과 함께 살았다고 주장함. 그리고 아플 때와 돌봄이 필요할 때만 자매들과 살았다고 주장함. 다른 때는 남편과 살았다고 함. 하지만 남편에 따르면 둘은 12년 동안 함께 살지 않았음.

> 그는 더 이상 바닥을 두들기지 않고 또 아침에 울지 않는다고 함. 하지만 이는 직원의 보고와 다름.

---

36) 많은 종류의 조직들이 구성원에 대한 기록을 보유한다. 거의 모든 기록에 일부 사회적 의미를 지닌 속성들이 간접적으로 포함되지만 이는 공식적 기록으로 적절치 않다. 그러나 정신병원은 "전全" 인격체를 다룬다는 점을 공식적으로 천명하기에 무엇이 적합한지에 대한 한계를 공식적으로 지니지 않는다. 이는 사회학적으로 흥미로운 예외적 자유 license이다. 생활의 다른 영역에서 시민적 자유의 증진에 관심을 갖는 사람들이 환자를 대상으로는 완전한 정신의학적 재량권을 행사하고 싶어 한다는 것은 기이한 역사적 사실이다. 겉으로는 의료 자격을 지닌 관리자들과 정신과 의사들이 더 많은 권력을 가질수록 환자의 이익은 더 충족될 것이라고 여겨진다. 그러나 내가 아는 한 환자들은 이 문제에 대한 결정권을 가진 적이 없다.

자궁 제거 사실을 숨기고 있음. 아직도 생리를 한다고 주장함.

처음에는 결혼 전 성적 경험이 있음을 부인했음. 하지만 짐Jim에 대해 묻자 불쾌한 일이었기 때문에 잊어버렸다고 함.[37]

환자의 주장을 반증할 수 있는 사실들이 알려지지 않은 경우에도, 이는 주도면밀하게 미결 문제로 처리된다.

환자는 동성애 경험을 전적으로 부정했으며 그녀가 임신한 적이 있거나 성적으로 방종했음을 인정하게 할 수 없었음. 자위행위도 부정했음.

상당한 압박을 받았음에도 편집증적 기전을 전혀 노출하지 않았음.

이번에는 정신이상 행태가 노정되지 않았음.[38]

또한 사실에 근거하지 않더라도, 병원에서 환자의 사교적 태도social manner를 묘사하는 부분에서 환자를 불신하는 진술들이 종종 포함된다.

---

37) 병원의 병력 기록 자료를 그대로 옮겨 적음.
38) 병원의 병력 기록 자료를 그대로 옮겨 적음.

면담을 할 때 그는 말하는 내내 무심했고, 자기 확신이 강했고, 지나친 일반화의 태도로 점철했다.

제법 세련되게 차려입고 히틀러식의 작고 말쑥한 콧수염을 지닌 이 45세의 남자는 지난 5년여 동안 병원에서 지냈다. 그는 이제 병원에 매우 성공적으로 적응하여 활달하고 댄디 같은 모습으로 다른 동료 환자들에 비해 지적으로 우월할 뿐만 아니라 여성들에게도 인기를 끌고 있다. 그의 말은 다음절multi-syllabled 말들로 점철되어 있고 그는 그런 말들을 적절하게 사용하는 편이다. 하지만 그가 어떤 주제에 대해 지나치게 길게 말할 때면 이윽고 그는 말의 홍수 속에서 완전히 길을 잃어버려 그가 무슨 말을 하는지 완전히 못 알아듣게 된다.[39]

병력에 기록된 사건들은 보통 사람이 보면 민망하고, 불명예스럽고, 수치스러운 것들에 불과하다. 내가 보기에 정신병원에 근무하는 모든 직급의 직원들은 대체로 이런 자료들을 대할 때 의료적 진술과 정신의학적 진단에 필요하다고 알려진 도덕적 중립성을 유지하지 못한다. 오히려 그들은 보통 사람들 같은 어조와 제스처를 취하고 자료들을 대한다. 이는 직원들끼리, 혹은 직원과 환자 사이에서도 마찬가지다.

일부 정신병원에서는 병력 기록에 접근할 수 있는 사람은 의료진과 간부급 간호사에 국한되어 있다. 그러나 하위직들도 종종 비공식

---

39) 병원의 병력 기록 자료를 그대로 옮겨 적음.

적으로 열람을 하거나 혹은 한 사람이 다른 사람에게 정보를 전달하기도 한다.[40] 더구나 병동 관리자들은 환자의 과거 품행이 어떠했는지 알 권리가 있다고 생각한다. 환자가 만들어가는 현재의 평판에는 그러한 과거가 아로새겨져 있으며, 따라서 직원들이 보기에 병력은 환자 자신의 이익과 다른 환자의 안전을 관리하는 데 도움을 주는 것이다. 모든 직급의 직원들은 통상적으로 병동에 비치된 간호일지를 열람할 수 있다. 간호일지는 모든 환자의 병적 상태와 품행의 경과를 매일 기록한다. 병력 기록이 환자의 과거에 대한 정보를 제공한다면 간호일지는 가장 최근의 정보를 제공한다.

내 생각에 병력 기록에 담긴 대부분의 정보는 사실에 가깝다. 물론 거의 대부분의 사람의 생애 과정에도 정신병원에 입원할 만한 충분히 많은 부끄러운 사실이 담겨 있는 것이 사실이다. 어쨌든 나는 여기서 병력 기록을 유지하는 것이 바람직하냐, 혹은 직원들은 왜 그것을 보유하려고 하냐를 따지지 않는다. 요지는 병력 기록에 담긴 정보들이 사실이라고 할 때, 환자는 그것들을 숨기고 싶은 규범적이고 문화적인 압력에 시달릴 것이며, 그 정보들이 깔끔히 정리되어

---

40) 그러나 일부 정신병원은 선택된 기록을 담은 "기밀 파일"을 보유하며 이는 특별 허가를 받은 다음에야 열람해볼 수 있다. 이는 원무 심부름꾼 역할을 하거나 아니면 자신의 기록을 몰래 들여다볼 수 있는 환자들의 기록일 수 있다. 또한 병원에 대해 법적 행동을 취할 가능성이 있는, 그래서 자신의 기록에 다가갈 동기가 있는 환자들의 자료일 수 있다. 일부 병원은 심지어 "특급 기밀 파일"을 감독관 사무실에 비치해둔다. 나아가 환자의 직업명은, 특히 의료와 관련된 경우, 의도적으로 그의 파일 카드에서 삭제되기도 한다. 정보 취급의 일반 규칙에 대한 이 모든 예외 사항들은 물론 정신병원의 기록 관리가 지니는 일부 함의가 현실적으로 나타난 결과일 수 있다. 더 많은 예에 대해서는 Harold Taxel, "Authority Structure in a Mental Hospital Ward"(미출간 석사 논문, "Department of Sociology," University of Chicago, 1953), pp. 11~12를 보라.

공개되고 누가 그것들을 열람하는지를 통제할 수 없다는 사실에 매우 두려워할 것이라는 점이다.[41] 이런 경우들을 떠올려보라. 겉으로는 남자답게 생겼지만 군대에 징집된 후 탈영해 호텔방 옷장에 숨어 울고 있다가 엄마에게 발견된 젊은이, 임박한 세계 종말을 대통령에게 경고하기 위해 유타에서 워싱턴 D.C.로 간 여성, 세 명의 소녀 앞에서 옷을 벗은 남성, 여동생을 집 밖으로 내친 후 그녀가 창문을 통해 집 안으로 들어오려고 하자 얼굴을 강타해 그녀의 이빨 두 개를 부러뜨린 소년. 이들은 자신이 한 일을 숨기고 그것에 대해 거짓말을 할 매우 분명한 이유가 있다.

직원들을 연결하는 공식적이고 비공식적인 커뮤니케이션 유형은 병력 기록의 공개성을 증폭시키는 경향이 있다. 환자는 병원 공동체의 한 영역에서 생활을 하던 중 문제적인 행동을 한다. 그러고는 다른 생활 영역에서 자기는 그런 행동을 할 사람이 아니라는 태도를

---

41) 이것이 많은 집단이 다양한 수준에서 겪는 "정보 통제"의 문제다. 이에 대해서는 Erving Goffman, "Discrepant Roles," *The Presentation of Self in Everyday Life*, New York: Anchor Books, 1959, ch. iv, pp. 141~66을 보라. 교도소의 기록과 관련한 이러한 문제에 대한 논의는 James Peck, "The Ship that Never Hit Port," *Prison Etiquette*, edited by Holley Cantine and Dachine Rainer, Bearsville, N.Y.: Retort Press, 1950, p. 66을 보라. "물론 이런 식의 정보 침해는 수감자를 다루는 데 최고의 패를 제공해준다. 이를 통해 죄수는 언제든 처벌될 수 있기 때문이다. 모든 규칙 위반은 기록이 되어 수감자 봉투 속에 들어가는데, 이는 해당 죄수의 수감 전후 삶의 모든 세부사항을 담고 있는 문서함이다. 일 담당 간수, 독방동 담당 간수, 혹은 수감자들의 대화를 엿들은 간수들이 작성하는 일반적 보고서도 있다. 밀고자가 토해낸 이야기 또한 여기 포함된다." "당국자의 관심을 끄는 모든 편지는 봉투 속에 들어간다. 우편 검열은 수감자의 편지 전체를 사진 복사하거나 혹은 구절만을 복사하는 식으로 이루어진다. 종종 간수나 가석방 담당자가 재소자를 불러내 그가 오래전에 쓴 까맣게 잊고 있던 무언가를 들이대며 추궁하기도 한다. 아마도 그것은 재소자의 사적 삶이나 정치적 견해와 관련된 것일 텐데 거기 담긴 생각의 편린은 교도소 당국자가 보기에 위험스러운 것이며, 따라서 나중의 쓸모를 위해 파일에 보관된다."

취한다. 그러나 한 영역의 감독자는 그의 문제를 다른 영역의 감독자에게 알려준다.

여기서 중요한 것은 다른 사회적 시설들과 마찬가지로 정신병원에서도 모든 직급의 직원들을 아우르는 전체 회의 관행이 공통적으로 늘고 있다는 점이다. 여기서 직원들은 환자들에 대한 견해를 공개적으로 밝히고 환자가 취하려는 행동 노선과 취해야 하는 행동 노선에 대한 집합적 합의를 형성한다. 담당 직원과 "사적" 관계를 맺거나 그럴듯한 말로 끈질기게 불평을 제기하며 직원을 긴장시키는 환자들이 있다. 직원회의는 이들의 "병세"에 요주의 및 확인 조치를 내림으로써 그들을 환자 본연의 자리로 돌려보낸다. 사람은 보통 자신을 둘러싼 다양한 영역이 제공하는 다양한 자아 이미지와 만나게 된다. 그런데 병원에서 다양한 자아 이미지는 무대 뒤에서 하나로 묶여 전체적 논의 대상이 되어버린다. 환자는 마치 자신에게 반하는 동맹 같은 것과 맞닥뜨리는 처지에 놓인다. 그 동맹이 진실로 환자 자신의 복지를 위한 것이라고 여겨지더라도 말이다.

또한 환자를 한 병동 혹은 서비스동에서 공식적으로 다른 병동 혹은 서비스동으로 이동시킬 때가 있다. 이때 환자의 특징에 대한 비공식적 기술이 첨부되는데, 이는 새로 환자를 맡는 직원의 일을 수월하게 해준다고 여겨진다.

마지막으로 가장 비공식적 수준에서, 예컨대 중식과 커피 브레이크 때 직원들 간의 담소에서 환자의 근황이 논의될 수 있다. 가십은, 환자의 모든 것은 어떤 식으로든 병원 직원의 소관이라는 가정에 의해 더 강화된다. 이는 다른 사회적 시설에서도 마찬가지다. 이론적으로만 보면 가십이 논의 대상을 헐뜯는 게 아니라 좋게 이야기할 수도 있다. 하지만 눈앞에 없는 사람에 대한 이야기는 비판적인 방향으로 흐르는데 이는 대화를 하는 집단의 도덕성과 위신을 유지하는 데 도움이 되기 때문이다. 따라서 화자의 의도가 겉으로는 친절하고 관대할지라도 대화는 언제나 환자가 불완전한 사람이라는 전제를 함축하기 마련이다. 예를 들어 환자에게 동정적인 한 양심적인 집단 심리상담가는 커피를 마시면서 동료에게 이렇게 고백한다.

> 지금까지 집단 상담을 해오면서 세 명 정도의 방해꾼을 겪어봤어요. 특히 [목소리를 낮추며] 제임스 윌슨이라는 변호사가 있었는데, 아주 똑똑한 사람이었죠. 그 사람 때문에 정말 고생했어요. 하지만 나는 언제나 그에게 앞으로 나가서 뭐든 하라고 말했지요. 음, 사태는 더 절망적이 되어갔어요. 한번은 그를 담당하는 상담사와 마주쳤는데, 그에 대해 이렇게 말하더군요. 허세와 가식의 이면에 그는 사람들을 절실히 원하고 있다고요. 그리고 퇴원 말고는 그에게 의미 있는 건 없을 거라고요. 그는 그저 지지가 필요했던 거지요. 어쩌겠어요, 그 이야기를 들으니 그 남자에 대한 느낌 전체가 바뀌더라고요. 그는 이제 퇴원했어요.

대체로 정신병원들은 환자가 숨기고 싶은 그런 종류의 환자 정보를 체계적으로 유포시킨다. 다양하고도 세부적인 방식으로, 이런 정보들은 환자의 주장을 무력화시키기 위해 일상적으로 사용된다. 입원과 진료에서, 환자는 자존감을 지키기 위해 어쩔 수 없이 거짓 대답을 해야 하는 질문을 받게 된다. 그러면 환자는 옳은 답으로 반격을 당하게 된다. 담당 직원에게 환자가 자신의 과거와 자신이 왜 병원에 있는지를 자신의 해석으로 이야기하면 직원은 미심쩍은 미소를 짓거나 이렇게 말한다. "제가 들은 것과 다르네요." 이는 환자에게 현실을 일깨워주는 정신의학적 기술의 일환이라고 볼 수 있다. 환자가 병동에서 의사나 간호사를 만나 더 많은 특혜나 퇴원을 요구하면, 그들은 환자가 제대로 답을 할 수 없는 질문으로 응대한다. 그 질문은 그가 부끄러운 짓을 했던 과거를 환기시키기 때문이다. 환자가 집단 상담 동안 자신이 처한 상황에 대한 견해를 표명하면, 상담가는 환자에게 일종의 심문자처럼 면박을 주고 잘못은 당신에게 있고 변해야 하는 것은 당신 자신이라는 식의 말을 한다. 환자가 직원이나 동료 환자들에게 자신은 아프지 않고 사실 아픈 적이 한 번도 없다고 말하면 누군가 그에게 상세히 말할 것이다. 기껏해야 한 달 전에 환자가 소녀처럼 껑충대며 돌아다녔다고. 혹은 환자 자신이 신이라고 주장했다고. 혹은 말하고 먹는 것을 거부했다고. 혹은 머리카락 속에 껌을 집어넣었다고.

직원이 환자의 주장을 위축시킬 때마다 사람 됨됨이에 대한 감각과 동료 간 사회적 소통의 규칙들은 환자를 압박하고, 그러면 환자는 말을 바꿔 자신의 이야기를 들려준다. 매번 환자를 감호와 정신 치료의 대상으로 보는 직원은 환자의 이야기를 다시금 불신하게 된다.

말 때문에 자아는 이렇게 흔들린다. 그리고 그 이면에서 기관의 기반은 마찬가지로 불안하게 동요한다. 통념과 달리 "병동 체계"는, 특히 입소 첫 해 동안 병원 내에서 상당한 정도의 사회적 이동성을 보장한다. 그 시기에 환자는 한 번 이상 치료 서비스가 변화하고, 서너 번 병동을 옮겨 다니고, 외출 자격 역시 몇 번이 바뀌게 된다. 또한 환자의 처우가 좋아지기도 하고 나빠지기도 한다. 각각의 조치는 생활수준에서 매우 급격한 변화를 수반한다. 또한 이 같은 변화는 자기-긍정self-confirming을 수행하는 일련의 활동에 필요한 재료들의 급격한 변화도 수반한다. 말하자면 이 같은 변화들은 그 범위에서 더 광범위한 계급 체계에서의 계급 이동에 버금가는 것이라고 할 수 있다. 또한 환자 자신이 보기에 처지가 비슷한 동료 재소자들 또한 유사한 변화 과정을 겪는다. 이때 그 방향과 속도는 사람마다 차이가 나는데, 이러한 차이는 각각의 사회적 변화와 연계된 감정을—그가 그 감정을 직접 경험하지 않을지라도—반영한다.

앞서 시사한 것처럼 정신의학적 원칙들은 정신병동의 사회적 이동성을 강화시킬 수 있다. 최근의 정신의학적 견해에 따르면 병동 체계는 일종의 사회적 온실이라고 할 수 있다. 즉 그 안에서 환자는 사회적 유아로 시작하여 몇 해 안에 회복기 병동에 이르렀을 때는 재사회화된 성인이 되는 것이다. 재사회화 관점은 직원들로 하여금 자신의 일에 가치를 부여하고 자긍심을 갖게 한다. 나아가 이러한 해석은 특히 고위직 수준에서는 병동 체계를 말 안 듣는 사람을 처벌과 보상으로 훈육하는 방식으로 보는 식의 해석을 묵살하게 도와준다. 어쨌든 이 같은 재사회화 관점은 최하급 병동의 환자들은 사회화된 품행을 수행할 능력이 없다고 강조하는 경향이 크다. 반면 최상급 병동의 환자들에 대해서는 사회적 게임을 수행할 채비와 의지가 있다고 과장하곤 한다. 사실 병동 체계는 재사회화 공간에 그치지 않는다. 재소자들은 "말썽messing up"을 부리고 문제를 일으킬 동기가 다분하며, 따라서 많은 경우, 특혜가 적은 병동으로 강등될 여지도 많다. 이러한 강등은 공식적 해석에 따르면 정신의학적 지체나 도덕적 퇴행에 불과하며 병원의 재사회화 견해는 여전히 유지될 수 있다. 이러한 공식적 해석들은 암암리에 규칙에 대한 단순 위반과 그에 따른 강등을 재소자의 자아 지위의 본질적 표현으로 간주한다. 마찬가지로 병동 인구수의 증가, "일하는 환자"의 필요성, 혹은 정신의학과 무관한 이유에서 비롯된 지위 상승 또한 환자의 자아 전체를 본질적으로 표현하는 어떤 것으로 해석될 수 있다. 직원은 환자가 최대한 빨리 "호전"되려는 개인적 노력을 기울이기를 요구하며 자아의 성공과 실패라는 관점을 견지하도록 지속적으로 상기시킨다.[42]

그러한 맥락에서 재소자들은 도덕적 지위의 전락이 자신들이 상상했던 것만큼 그리 나쁘지 않다는 것을 발견하게 된다. 궁극적으로는, 그러한 강등을 야기하는 위반이 법적 제재나 환자의 사회적 지위의 위축을 수반하지 않을 수도 있는데, 이는 그가 이미 그런 상황들을 충분히 겪어왔기 때문이다. 더욱이, 과거 또는 현재에 저지른 잘못들은 환자를 환자 공동체로부터 추방시킬 정도로 끔찍한 것으로 여겨지지 않으며, 따라서 정상적 삶의 실패가 갖는 낙인 효과 일부가 경감될 수 있다.[43] 마지막으로 지위 전략에 대한 병원의 해석을 수용함으로써 환자는 "바로잡기straightening up" 과정 속에서 자기 자리를 찾으며 이를 더 공고히 하기 위해 직원에게 동정, 특혜, 그리고 작은 만족거리 등을 요구하게 된다.

모든 것이 발가벗겨지고 자아의 존중이 불안정한 조건에서, 더구나 그러한 존중을 스스로 부여하거나 보류하는 데 아무런 통제력도

---

42) 샬럿 그린 슈바르츠Charlotte Green Schwartz는 나에게 이와 관련된 그리고 그 외의 다른 의견들을 제공해주었다.
43) 이 책 제3장 「공공 기관의 지하 생활」의 각주 174를 보라.

없는 상태로 사는 법을 배운다는 것은 환자의 사회화에서 중요한 단계이다. 이 같은 사회화 단계는 정신병원의 재소자로 산다는 것이 어떤 것인지에 관해 중요한 점을 말해준다. 한 개인의 과거 실수와 현재의 발전을 항상적인 도덕적 평가의 대상으로 삼는 상황이란 매우 특별한 적응 노력을 요한다. 그러한 적응에서 이상적 자아에 대한 도덕적 고려는 그리 중요한 요소가 아니다. 이제 개인의 결함과 실패의 문제가 생활 속에서 너무나 중심적이 된다. 또한 그 문제는 계속 변화하기 때문에 다른 사람이 자신을 어떻게 보느냐에 대한 통상적 고려는 유지될 수 없다. 자아에 대한 고정적인 견해를 유지하는 것은 그리 도움이 되지 않는다. 재소자는 자아의 전락과 회복에 너무 큰 비중을 둘 필요가 없다는 것, 동시에 직원과 동료 재소자들이 자아의 과잉과 위축에 무관심하다는 것을 배우게 된다. 그는 자기가 방어할 수 있는 자아 이미지가, 빠른 속도로, 하지만 꽤 평온하게, 구축되고, 사라지고, 재구축될 수 있는 종류의 자아 외부에 있는 것임을 이해하게 된다. 그는 하나의 입장을—따라서 자아를— 가질 수 있는 가능성에 대해 배운다. 이때 그가 견지하는 입장이란 병원이 그에게 주고, 다시금 그에게서 앗아갈 수 있는 것에 속하지 않는 무엇이어야 한다.

환자를 둘러싼 환경은 일종의 코즈모폴리턴적 세련됨이라고 할 만한, 혹은 예의 바른 무관심이라고 할 만한 소양을 만들어낸다. 이처럼 담담하면서도 기이하게 과장된 도덕적 맥락 속에서 자아를 구축하거나 파기한다는 것은 수치를 모르는 하나의 게임이 되어버린다. 비록 그 게임이 아주 중요한 것일지라도 이 과정을 하나의 게임으로 본다는 사실 자체가 탈도덕화의 일부라고 할 수 있다. 병원에서 재소자는 자아가 요새가 아니며, 작은 개방된 도시라는 것을 배운다. 아군이 그 도시를 점령했을 때는 기쁨을 표시해야 하며 적군이 점령했을 때는 불쾌감을 표시해야 한다. 그리고 이 모든 것에 지긋지긋해진다. 자신의 자아가 사회적으로 정의되며 따라서 그 자아가 튼실할 수 없다는 사실을 일단 학습하게 되면 그러한 정의가 지니는 위협감—이 위협감 때문에 사람들은 사회가 부과한 자아에 집착하게 된다—은 약화된다. 사회적으로 보면 자기 파괴적인 방식으로 행동함으로써 생존할 수 있다는 것을 깨닫는 때부터 환자는 새로운 평정심을 갖게 되는 것 같다.

이 같은 도덕적 해이와 도덕적 피로에 대한 몇 가지 사례를 살펴볼 수 있을 것 같다. 주립 정신병원의 환자들 사이에는 최근 소위 "결혼 유예"라는 관행이 퍼지며 또한 직원들도 이를 어느 정도 용인한다. 물론 비공식적인 동료 집단 압력이 한 번에 한 명 이상의 병원 파트너와 "놀아나는" 것에 가해질 수도 있다. 그러나 잠시나마 꾸준히 이성 환자와 관계를 맺는 것에 대한 제재는 그리 심하지 않아 보인다. 심지어 두 파트너 모두 결혼했고, 아이도 있고, 심지어 가족이 정기적으로 면회를 오는 경우에도 말이다. 요컨대 정신병원에서는 결혼생활을 처음부터 다시 시작할 수 있는 허가증이 부여된다고 할 수 있다. 물론 여기에는 어떤 영구성이나 지속성도 없다는 것이 감안된다. 선상이나 휴가 중의 로맨스처럼 이러한 연애관계는 병원이 외부 공동체와 단절되어 자신의 시민들을 위해서만 작동하는 폐쇄적 세계임을 보여준다. 확실히 이 같은 유예는 환자들이 자신과 가까운 외부인들에 대해 느끼는 소외감과 적대감의 표현이기도 한다. 그러나 동시에 이는 세계-내-세계에서 생활할 때 발생하는 도덕적 해이 효과의 증거이기도 하다. 그러한 세계 속에서 사람들은 서로를 진지하게 대하는 것이 어렵다.

두번째 사례는 병동 체계와 관련된 것이다. 환자에 대한 불신이 가장 자주 발생하는 곳은 최하급 병동이다. 이는 부분적으로 시설 부족 때문이기도 하고, 부분적으로는 그곳을 관리하는 담당 직원과 간호사들이 행사하는 사회적 통제의 직업적 규범에 조롱과 냉소가 포함되어 있기 때문이다. 동시에 자아 구축에 필요한 도구와 권리의 결핍 또한 영향을 미친다. 환자는 계속해서 몰락하게 되는데, 이때 몰락의 높이는 너무 짧다. 이들 병동에서는 유쾌하면서도 위악적인 유머가 만연한다. 이를테면 환자들은 직원들에게 자유롭게 대들거나 모욕에 대해서는 모욕으로 대응한다. 이런 환자들은 처벌을 받게끔 되어 있지만 쉽게 굴복하지도 않는다. 당연히 그들에게는 은근한 학대 전에 사람들이 누리기 마련인 약간의 배려도 없다. 마치 성매매 종사자처럼 병동 내 재소자들은 잃을 명성도 권리도 없으며 바로 이 때문에 어느 정도 자기 마음대로 할 수 있는 것이다. 한 사람이 병동 체계에서 지위가 올라갈수록 자신을 사람답게 대해달라는 주장이 묵살당하는 일을 덜 겪을 것이며 자존감에 필요한 더 많은 재료들을 확보하게 될 것이다. 이 경우에도 그는 몰락을 피할 수 없지만—결국 몰락한다—이제는 몰락하는 높이가 더 길어진다고 할 수 있다. 예컨대 특혜를 누리는 환자는 병동보다 더 넓은 세계에 살며 여기에는 복지recreation 부서 직원들이 있어서 환자들이 요구하면 케이크, 카드, 탁구공, 영화표, 필기구 등을 제공해주기도 한다. 하지만 바깥 사회라면 지불의 대가로 주어지는 사회적 통제력—수령자가 응당 행사하는—이 여기서는 결여되어 있다. 따라서 환자는 자신의 요구가 무시당할 위험을 감수해야 한다. 예컨대 친절한 직원조차 환자에게 다른 사람과의 사소한 대화가 끝날 때까지 기다리라고 말하거나, 환자에게 왜 그런 요구를 하는지 조롱 섞인 말투로 묻거나, 혹은 무심하거나 차가운 표정으로 그를 평가하려 드는 것이다.

따라서 병동 체계에서 오르락내리락하는 것은 자아 구성에 필요한 자원self-constructive equipment의 변화와 가시적인 지위의 변화에만 국한되지 않는다. 위험 계산법도 오르락내리락 변화한다. 자아를 정의self-conception하는 과정에서 위험을 따지는 일은 모든 사람의 도덕적 경험 속에 내재하는 것이다. 그러나 주어진 위험 수준 자체가 사회적으로 결정된다는 사실을 깨닫는 것은 드문 종류의 경험이며, 이를 겪는 사람들은 쉽게 환멸을 느끼게 될 것이다.

도덕적 해이의 세번째 경우는 환자의 퇴원에 연계된 조건들에 관한 것이다. 종종 환자는 퇴원 후에도 최근접인의 감독과 관할 아래 놓이며 혹은 엄선된 직원의 특별 감시 아래 놓이게 된다. 그들의 보호 감독 와중에 환자가 비행을 저지르면 그는 곧바로 재입원된다. 따라서 그는 보통의 상황이라면 자신에게 힘을 행사할 수 없고 오히려 가장 적의를 품었을 법한 사람이 자신에게 특별한 권력을 행사하고 있음을 발견한다. 그러나 병원에서 나가기 위해 그는 이런 종류의 조치에 대한 불만을 숨겨야 하며, 최소한 병원의 관리 명단에서 자신의 이름이 안전하게 삭제되기 전까지는 그 같은 감호 조치를 기꺼이 받아들이는 척해야 한다. 그렇다면 퇴원 절차 속에는 역할과 관련된 교훈이 내장되어 있다. 즉 내적인 충실성 없이도 적극적으로 주어진 역할을 수용해야 하는 것이다. 이러한 퇴원 절차는 타인들이 진지하게 여기는 세계들로부터 결국 한 사람을 점점 더 멀어지게 만

202

든다.

주어진 사회적 범주 안에서 한 사람의 도덕적 이력은 자아를 인식하는 방식, 특히 스스로가 자아를 바라보는 방식에서의 표준적이고 순차적인 변화를 포함한다. 이러한 변화 과정의 숨은 부분은 도덕적 경험에 대한 이후 연구를 통해 밝혀질 수 있을 것이다. 즉 한 사람의 세계관에 변화를 가져오는 분기점으로서의 경험들에 대한 연구가―비록 그러한 세계관의 특이성을 분명히 밝히기는 어렵더라도―필요하다. 한 사람이 취하는 명시적 전술과 전략, 즉 특정한 타인들 앞에서 실질적으로 취하는 태도를 연구할 필요도 있다. 비록 그러한 외면적 태도들을 마음으로 받아들이는 정도가 은폐되어 있고 변화하더라도 말이다. 이러한 도덕적 경험들과 명시적인 개인의 태도들을 연구함으로써 우리는 비교적 주관적인 사실들을 비교적 객관적인 방식으로 추적해볼 수 있을 것이다.

각각의 도덕적 이력과 그 이면의 각각의 자아는 기관 체계의 한계 안에서―그 체계가 정신병원 같은 사회적 시설이건 혹은 사적이고 전문적인 관계들의 복합체이건―발생한다. 그렇다면 자아란 사회 체계의 구성원을 아우르는 질서 안에 거주하는 어떤 것이라고 할 수 있다. 이 점에서 한 사람에게 부여되는 자아는 그 사람의 소유물이 아니다. 오히려 자아는 한 사람과 그를 둘러싼 타인들과 관련되어 행사되는 사회적 통제의 패턴 안에 존재한다. 이런 종류의 특별한 기관 내 질서는 자아를 보완한다기보다는 자아를 구성한다고 보아야 한다.

이 논문은 이러한 기관 내 질서의 두 사례를, 그것의 통치 규칙들이 느슨해졌을 때 사람에게 무슨 일이 일어나는가를 살펴봄으로써 고려해보았다. 첫번째는 최근접인이 환자에게 제공하는 헌신성의 느낌과 관계된다. 전환자의 자아는 최근접인과 중재자의 상호 관련 속에서 세 가지 역할이 연관되고, 부상하고, 잦아드는 방식의 함수로 묘사될 수 있다. 두번째는 사람이 타인에게 자아관을 표현할 때 필요한 방어책들, 그리고 하나의 시설이 체계적 작동을 통해—의도적이지 않더라도—환자의 방어책을 철회시키는 방식과 관련 있다. 나는 이 논문에서 시설 참여자들의 자아가 형성되는 두 가지 기관 내 지배 규칙들에만 천착했다. 이 논문이 고려하지 않은 다른 지배 규칙들 또한 그만큼 중요하다고 할 수 있다.

성인의 통상적인 사회화 과정에서도 우리는 낯선 형태의 세계관과 자아 개념이 야기하는 소외와 모욕을 발견할 수 있다. 정신병 환자의 경우, 이런 종류의 자아 갱생은 확실히 빈번하다. 이는 정신의학적 관점에 대한 강력한 믿음, 혹은 정신병 환자를 위한 더 나은 치료—단기적으로라도—라는 사회적 명분에 대한 헌신 속에서 이루어진다. 그러나 정신병 환자의 도덕적 이력은 매우 특별한 성질을 지닌다. 한 사람이 자신의 과거 자아가 입었던 옷을 벗어던질 때—혹은 그 껍데기를 찢어버릴 때—그는 새 옷을 필요로 하지 않으며 새 관객 앞에서 긴장할 필요도 없다. 대신 그는 한시적으로나마, 모든 사람 앞에서 무치shamelessness라는 비도덕적amoral 예술을 선보이는 법을 배우게 된다.

3 공공 기관의 지하 생활
― 정신병원 내 생존법에 대한 연구[1]

1) 이 논문은 원래 미국 사회학 협회의 연례 학회에서 좀더 짧은 분량으로 발표되었다.
    "The American Sociological Society," Washington, D.C., August 1957.

Part 1: 서론

행위와 존재

1

개인을 여러 종류의 사회적 단위들과 연결하는 결속은 그 자체 공통의 속성들을 지니고 있다. 그 단위가 이데올로기이건, 민족이건, 직업이건, 가족이건, 사람이건, 혹은 단순한 대화이건, 이에 대한 개인의 참여에는 동일한 일반적 특징들이 있을 것이다. 개인은 의무들을 짊어져야 한다. 어떤 의무들은 냉혹하고, 다른 대안들을 제치고, 일을 처리해야 하고, 서비스를 제공해야 하고, 시간이 들고, 돈이 들 것이다. 어떤 의무들은 훈훈하고, 소속감과 일체감과 정서적 애착을 느끼게 할 것이다. 사회적 단위 속으로 참여하게 되면 **헌신**commitment과 **애착**attachment이 모두 수반된다.

사회적 단위가 참여자들에게 요구하는 헌신 혹은 애착은 그것들에 부과되는 적절성의 범위를 고려할 때 더 분명히 드러난다. 군대는 군인에게 용감해질 것을 요구하지만 동시에 한계를 설정해서 그것을 넘어선 용기는 군인의 의무를 넘어서거나 그것과 무관한 것이 되어 버린다. 나아가 군인은 자신의 아버지가 죽거나 아내가 출산하면 특별 휴가를 얻을 권리가 있다. 마찬가지로 부인은 남편이 공적으로는 그녀와 함께 하나의 가시적인 사회적 단위를 형성할 것이라고 가정하지만 동시에 주중에는 남편을 일의 세계로 양도해야 한다. 또한 남편은 저녁에 바에서 혼자 시간을 보내거나 친구들과 카드 게임을 하거나 다른 종류의 자유를 누리는 간헐적 권리를 가질 수 있다.

3 공공 기관의 지하 생활

바로 이러한 사회적 결속과 그것의 규제에 사회학의 고전적 이중 주제가 놓여 있다. 서구 사회에서 공식적 합의나 계약은 그러한 이중 주제의 상징으로 기능한다. 그 같은 합의나 계약은 펜의 한 획으로 한편으로는 사람들을 연결하는 결속을, 다른 한편으로는 그 결속으로 만들어진 유대의 한계를 의례화한다.

　　그러나 이 이중 주제에 다른 요소가 추가되어야 한다. 뒤르켐이 우리에게 가르쳐준 것처럼 각각의 계약 이면에는 참여자들의 성격에 대한 비계약적 가정들이 존재한다.[2] 서로의 의무 사항을 합의하는 과정에서 당사자들은 계약적 권리와 의무들의 일반적 효력, 그러한 효력들이 무효화되는 여러 조건, 그리고 계약 위반에 대한 합법적 제재의 유형들에 대해 암묵적으로 합의하게 된다. 계약 당사자들은 또한 그들의 법적 자격, 정직성, 그리고 계약 상대에 대한 신뢰의 한계 등에 대해서도 암묵적으로 합의한다. 어떤 것은 포기하고 어떤 것은 유보하느냐를 합의하면서 개인은 자신이 그렇게 포기하고 유보할 수 있는 종류의 것들을 지니고 있는 사람이며 또한 이러한 사안들을 계약을 통해 합법적으로 다룰 수 있는 사람이라는 것을 암묵적으로 합의한다. 요컨대 계약 관계 속으로 진입한다는 것은 한 사람이 고유한 성격과 존재를 지닌다고 가정한다는 것이다. 따라서 개인의 의무와 권리를 꼼꼼하게 규정하는 사소하고 협소한 계약 역시 개인의 성격에 대한 매우 포괄적인 가정들에 기반할 수 있는 것이다.

　　이처럼 공식 계약 내부에 자아와 타인에 대한 자아-정의적 합의

---

2)　　Emile Durkheim, *Professional Ethics and Civic Morals,* trans. Cornelia Brookfield, London: Routledge & Kegan Paul, 1957, pp. 171~220.

들이 존재한다면 덜 구속적인 다른 유대에는 더 많은 자아-정의적인 함의들이 존재할 수 있다. 공식 계약이란 결국 가능한 한 개인의 변덕이나 참여자의 성격에 좌우되지 않는 결속으로 확립되기 마련이다. 반면 친구나 친족 같은 결속에서는 명시적으로 배제되지 않는 모든 것이 요구될 수 있다고 여겨진다. 좋은 친구나 헌신적 형제가 된다는 것의 중요한 함의는 한 개인이 좋은 친구나 헌신적인 형제가 될 수 있는 그런 종류의 사람이라는 점이다. 예컨대 아내와 네 명의 아이를 부양하는 데 실패한다면, 그는 그런 식으로 실패할 수 있는 종류의 사람이 되는 것이다.

만약 모든 종류의 결속이 그 결속에 결박된 사람에 대한 포괄적 정의를 함축한다면, 우리는 그 개인이 그러한 자아-정의를 어떻게 다루는지를 질문해야 한다.

극단적인 가능성들도 존재한다. 그는 대놓고 자신의 의무들을 불이행할 수 있고, 그가 속한 결속에서 스스로 떨어져 나올 수 있고, 사람들이 자신에게 던지는 평가의 시선에 철면피처럼 맞설 수 있다. 그는 결속이 부과하는 자아-정의를 거부하지만 결국에는 그의 행동 속에서 소외 효과가 나타나지 않도록 방지하려고 할 수도 있다. 결국 그는 다른 참여자들이 바람직하다고 여기는 사람이 됨으로써 결속 내부의 자아-정의를 개인적으로 받아들일 수도 있다.

실제로 개인은 이 모든 극단적 경우들을 피해간다. 그는 자신의 주요 의무들을 수행하면서도 약간의 불만족을 표시하는 방식으로, 결속 내부의 자아-정의들을 전적으로 포용하지 않으려고 한다.

그 같은 거리감의 표현, 그리고 이와 관계된 일부 행동 패턴이 내가 여기서 탐구하려는 주제이다. 나는 주로 한 가지 유형의 사회적 단위, 즉 "도구 지향 형식적 조직instrumental formal organizations"에 대해 논의할 것이다. 이를 위해 나는 그러한 조직들의 하위 범주 안의 한 사례라고 할 수 있는 정신병원의 병력 자료들을 주로 검토하고자 한다.

2

"도구 지향 형식적 조직"이란 목적의식적으로 조정된 활동들을 통해 명시화된 목표 전반을 수행하는 체계라고 정의할 수 있을 것이다. 그것이 의도하는 생산물은 물질적인 인공물, 서비스, 의사 결정, 또는 정보일 수 있고, 이들은 매우 다양한 방식으로 참여자들에게 분배될 수 있다. 나는 주로 단일 건축물 혹은 상호 인접한 건축물들의 단지 속에 위치한 형식적 조직들에 관심을 기울일 것이다. 그러한 건축물이나 단지는 폐쇄적 단위라고 할 수 있는데, 여기서는 편의상 사회적 시설, 기관, 또는 조직이라고 부를 것이다.

이러한 전통적 접근을 일부 보완하기 위해 도구 지향 형식적 조직을 구성하는 요건들이 무엇인지 살펴볼 필요가 있다. 형식적 조직들은 서로 상충하는 복수의 공식적 목표들을 가질 수 있다. 각각의 목표에는 고유의 지지자들이 있고 또한 어떤 당파가 조직을 대변하는가에 대해서도 논란이 있을 수 있다. 나아가 어떤 조직들은 비용 절감이나 오염 방지 같은 목표들을 소소한 활동들에 적용하는 세부 기준을 제공할 수 있다. 클럽이나 지역 복지관처럼 어떤 시설들은 그 목표에서 시설 내 생활의 세부사항들을 검토하는 명확한 기준이 결여되어 있을 수도 있다. 또 다른 형식적 조직들의 경우, 핵심 관건은 조직의 보존과 생존 그 자체이기 때문에 공식적 목표는 그렇게 중요하지 않을 수 있다. 마지막으로 담장 같은 물리적 경계는 궁극적으로는 조직의 우연적 특징일 뿐이므로 분석을 요하지 않을 수도 있다.[3]

폐쇄적 조직들은 다른 몇몇 사회적 단위와 동일한 특징을 공유한다. 개인의 의무 중 일부는 적절한 시간에 조직의 활동에 **가시적으로** 참여하는 것이다. 여기에는 주의와 물리적 노력을 기울이는 것, 그리고 주어진 활동에 전념하는 것 등이 포함된다. 조직 활동 속으로의 의무적 몰두는 개인의 헌신과 애착의 상징으로 여겨진다. 이러한 몰두는 그 이면에서 또 다른 것을 표상한다. 그것은 개인이 자신의 본성을 정의하는 데 조직 활동 참여가 지니는 함의를 받아들인다는 사실이다. 그렇다면 조직이 부여하고 정의하는 정체성에 개인들은 어떻게 적응하는가에 관심이 있는 연구들은, 개인들이 조직 활동에 몰두하는 자신의 모습을 어떻게 드러내는가에 관심을 가질 수 있다.

3

도구 지향 형식적 조직은 구성원들로부터 조직에 기여하는 유용한 활동들을 이끌어냄으로써 생존할 수 있다. 명기된 수단들이 채택되고 명기된 목표들이 성취되어야 한다. 그러나 체스터 바너드가 주장했듯이, 조직은 그 운영 과정에서 구성원에 의존해 적절한 활동을 끌어낼 수 있는 한계치를 인식해야 한다.[4] 인간이라는 그릇은 약하기로 악명 높다. 타협이 이루어져야 하고, 배려도 보여주어야 하고, 보

---

3) 아미타이 에치오니Amitai Etzioni는 나와 개인적으로 나눈 대화에서 이러한 주장을 개진했다.

4) Chester Barnard, *The Functions of the Executive,* Cambridge: Harvard University Press, 1947, ch. xi, "The Economy of Incentives."

호 방책도 취해주어야 한다. 참여자들을 이용하는 데 부과되는 이러한 한계들은 문화마다 고유한 방식으로 구성되는데, 이는 문화의 매우 중요한 특징인 듯하다.[5]

영미 문화권에서 이러한 한계들의 윤곽은 대략 다음과 같은 상상의 모습으로 표현된다. 이때 조직은 조직 운영자와 동일시된다고 할 수 있다.

첫째, 조직 활동에 참여하는 개인은 일정 정도의 "복지 수준"을 부여받는다. 이 복지 수준은 인간 유기체를 유지시키는 데 필요한 최소치 이상이다. 이때 복지 수준이란 휴식, 건강, 안전의 수준 등과 관련 있다. 복지의 한계는 필요한 노력의 종류와 양과 관련 있다. 복지는 조직 참여자에게 합법적 권한을 행사하는 다른 조직들을 고려해야 한다. 복지에는 은퇴와 휴가와 관련한 권리들, 불만 제기, 심지어 법적 검토도 포함된다. 또한 적어도 외부적으로는 존엄성, 자기 표현, 창조적 활동의 기회를 보장해야 한다.[6] 이러한 복지 수준은 인간이란 단순히 특정 조직 구성원 이상의 존재라는 점을 분명히 공인한다.

둘째, 우리 사회에서 조직 구성원은 자발적으로 협력해야 한다고 상상되는데, 이는 조직과 구성원 개인의 이해 관심을 실질적으로 혹은 전략적으로 일치시키는 "공통 가치joint values" 때문이다. 예컨대 자신이 다니는 학교나 일터에 자부심을 갖는 경우처럼, 개인은 조직의 목표와 운명에 스스로를 동일시한다. 다른 경우 조직은, 예컨대

---

5) 경제적 기관에 대해 나온 최근의 간략한 연구는 Talcott Parsons and Neil J. Smelser, *Economy and Society,* Glencoe, Ill.: The Free Press, 1956, ch. iii, "The Institutional Structure of the Economy." 산업 조직과 관련된 상세한 논의는 Reinhard Bendix, *Work and Authority in Industry,* New York: Wiley, 1956에서 찾을 수 있다.

6) Reinhard Bendix, 같은 책, "Managerial Conceptions of 'The Worker'," pp. 288~97.

병원 직원이 환자의 회복에 진심으로 기뻐하는 것처럼 특정 구성원의 사적인 운명에 깊이 개입한다. 이 두 가지 종류의 공통 가치는 대부분의 조직들에서 구성원에게 동기부여 효과가 있다.

셋째, 때로는 "인센티브"의 지급이 필요하다고 인식된다. 인센티브란 개인의 능력─그의 이익이 궁극적으로 조직의 이익과 일치하지 않을지라도─을 솔직히 인정하고 그에 대해 보상이나 추가 보수를 지급하는 것을 의미한다.[7] 어떤 인센티브는 조직 외부에서도 효과가 있다. 즉 인센티브를 받는 개인은 거기서 생긴 이익을 조직의 다른 구성원들과 무관하게 자기 재량껏 이용할 수 있다. 예컨대 금전적 보수, 연수, 자격증이 대표적인 인센티브라고 할 수 있다. 어떤 금전적 보수는 조직 내적 효과가 있다. 이때 인센티브는 일종의 부수입으로 조직 내부의 환경에서만 현실화된다. 직급의 승진, 혹은 기관이 제공하는 편의의 증가가 대표적이다. "간부executive"라는 직업적 명칭을 지닌 경우가 그렇듯 대부분의 인센티브는 조직 안팎에서 효과가 있다.

마지막으로 조직은 처벌과 불이익 같은 위협적 조치를 통해 참여자들의 협력을 이끌어낼 수 있다. 이러한 "부정적 제재"는 보통 때의 보상이나 복지 수준의 일시적 감소를 포함하며 때로는 단순한 보상 감소 이상의 것이 포함될 수도 있다. 처벌이 원하는 활동을 이끌어

---

7) 우리의 관습적인 생각은 조직의 목표와 피고용자에 대한 보수를 손쉽게 분리시키는 경향이 있다. 실제로 그 둘이 일치하는 경우에도 그렇다. 조직의 목표란 사적으로 소비할 수 있는 보상을 피고용자들에게 분배하는 것으로 정의될 수 있다. 이를테면 청소부의 보수는 조직의 목표 차원에서 보면 주주의 이윤과 동일한 지위를 갖는 것이다. R. M. Cyert and J. G. March, "A Behavioral Theory of Organizational Objectives," in Mason Haire, ed., *Modern Organization Theory,* New York: Wiley, 1959, p. 80.

내는 효과적 수단이 될 수 있다는 개념에는 인센티브를 통해 동기 부여가 가능하다는 전제와는 다른 인간 본성에 대한 전제가 포함되어 있다. 처벌의 공포는 개인들이 어떤 행위를 수행하는 것이나 혹은 실패하는 것을 방지하는 데 적합하다고 여겨진다. 그러나 장기적이고, 지속적이고, 개인의 노력을 이끌어내려면 긍정적 보상이 필요하다고 여겨진다.

우리 사회의, 어쩌면 다른 사회의 도구 지향 형식적 조직은 구성원의 활동만을 이용하지는 않는다. 조직은 또한 공식적으로 적절한 수준의 복지, 공통 가치, 인센티브, 처벌의 윤곽을 짠다. 이 개념들은 조직 참여와 관련한 단순한 계약을 참여자의 본성 혹은 사회적 존재에 대한 정의로 확장시킨다. 이러한 암묵적 이미지들은 모든 조직이 존속시키는 가치들의 구성 요소—그것이 얼마나 효과적인가 혹은 얼마나 비인격적인가와 상관없이—가 된다.[8] 조직의 사회적 질서 속에는 구성원에 대한 치밀하고 포괄적인 정의가 자리하고 있다. 이러한 정의는 단순히 조직 구성원으로서의 개인에 대한 것이 아니다. 그 이면에는 인간 존재로서의 개인에 대한 정의가 존재한다.[9]

우리는 인간에 대한 조직의 정의를 급진적 정치 운동과 복음주의적 종교 집단에서 쉽게 발견한다. 이들은 강력하면서도 포괄적인 스파르타식 기준을 복지와 공통 가치에 적용한다. 이때 구성원들은 조직이 당면한 필요에 자신의 처분을 맡겨야 한다. 그가 무엇을 해야

---

8) 경제적 조직의 대가 관련 업무에 대해서는 Philip Selznick, *Leadership in Administration*, Evanston, Ill.: Row, Peterson & Co., 1957을 보라.

9) 사례 연구는 Alvin Gouldner, *Wildcat Strike,* London: Routledge & Kegan Paul, 1955. 특히 "The Indulgency Pattern," pp. 18~22를 보라. 이 글은 노동자들의 조직에 대한 도덕적 기대 전반을 보여주는데, 이때 그러한 기대는 업무 계약의 공식적 요소가 아니다.

하고 왜 그것을 해야 하는지를 말하면서 조직은 그가 누구인지에 대한 전부를 말한다. 그럼에도 다양한 형태의 배신이 이루어진다. 심지어 배신이 자주 일어나지 않을 때에도, 배신의 염려는 지대하다. 그리고 이는 언제나 정체성과 자아-정의의 문제와 관련되어 있다.[10]

하지만 간과해서는 안 될 점이 있다. 기관이 공식적으로 외적 인센티브를 제공하고 참여자의 충성도, 시간, 영혼에 대한 제한적이지만 일정한 통제력을 천명할 때 참여자는 이를 수용할 수 있다. 이때 참여자가—그가 주어진 보상으로 무엇을 하건, 그리고 그의 진심이 무엇이건—자신의 행위에 동기를 부여하고 자신이 누구인지 정의해주는 관점들을 수용하는 것은 암묵적 차원에서 이루어진다. 다시 말해 그는 자신에 대한 그러한 가정들이 지극히 자연스럽고 당연하다고 느낄 수 있다. 그리고 이것이야말로 연구자들이 그러한 가정들이 존재하는 것을 알면서도 그것들을 대체로 인지하지 못하는 이유다. 호텔의 예절은 손님의 사생활 전반에 거의 개입하지 않는다. 교화 수용소는 간섭하지 말아야 할 사생활이라는 것 자체가 재소자에게 허락되지 않는다고 여긴다. 그런데 둘은 한 가지 점에서 유사하다. 둘 다 거주자에 대한 일반적 관점을 가지고 있다는 점이다. 거주자에게 그 관점은 중요하며, 그는 그 관점을 따를 것이라고 기대된다.

극단적 상황들도 우리에게 시사점을 제공한다. 이는 거창한 식의 충성이나 배신보다는 생활 속 작은 행동들에 관한 것이다. 아마 우리는 양심적 병역 거부자나 정치 포로범 같은 철저한 이상주의자들

---

10) 이에 대한 유익한 묘사는 Isaac Rosenfeld, "The Party," *The Kenyon Review*, Autumn 1947, pp. 572~607에서 발견된다.

3 공공 기관의 지하 생활

의 회고록을 조사하고 그들이 당국자와의 "협력" 정도를 결정하는 과정에서 양심의 문제를 어떻게 처리하는지 들여다볼 때, 비로소 조직 내의 사소한 쌍방 거래에서도 작동하는 자아-정의적 함의를 이해할 수 있을지 모른다. 예컨대 명령, 혹은 정중한 요구에 따라 몸을 움직인다는 것은 상대방의 행위 노선에 정당성을 부여한다는 것이다. 교도소의 경우, 마당에서 운동을 하거나 예술 재료를 제공받는 특혜를 수용한다면, 수감자는 약간의 감사와 협력적 태도를 보일 수밖에 없으며 (비록 주는 것만 받는다고 할지라도) 따라서 욕구와 필요에 대한 당국자의 견해를 일부 수용할 수밖에 없다. 이를 통해 당국자가 자아를 정의할 수 있는 권리 또한 일부 승인되는 것이다.[11] 여기서 적과의 협력이라는 쟁점이 제기된다. 방문객에게 재소자의 그림을 보여달라는 간수의 예의 바른 요구도 문제가 될 수 있다. 만약 재소자가 간수에게 제공하는 그만한 협력도 간수의 지위를 정당화하고, 결과적으로 간수가 제공하는 자아 개념까지 정당화하는 결과를 가져온다면 재소자는 간수의 요청을 거부할지도 모른다.[12] 신체적 고문을 당하면서도 자백을 거부하고 죽어가는 정치범은, 무엇이 그의 입을 열게 하는지에 대한 고문자의 생각을 거부하고, 따라서 그의 인간 본성에 대한 고문자의 정의를 거부하는 것이다. 하지만 정치범의 입장에는 덜 명확하지만 그만큼 중요한 무언가가 있다. 예컨대 덜 가혹한 심문을 받는 동안 더 예민한 죄수는, 질문에 침묵하는 것 자체가 정보 제공 효과가 있으며, 따라서 자신의 의지와 무

---

11) 예로는 Lowell Naeve, "A Field of Broken Stones," in Holley Cantine and Dachine Rainer, eds., *Prison Etiquette*, Bearsville, N.Y.: Retort Press, 1950, pp. 28~44를 보라.
12) Holley Cantine and Dachine Rainer, 같은 책, p. 35.

관하게 스스로 협력자가 되어간다고 느낀다. 상황 자체가 자아-정의적 힘을 갖고 있기 때문에 정치범은 단순히 굳건하고 진실하다고 하여 그 상황에서 빠져나올 수 없는 것이다.[13]

우리가 조직 참여의 사소한 측면들이 지니는 자아-정의적 함의들을 인식하게 되는 것은 굳건한 신념에 따라 입장을 취하는 양심수들을 통해서만은 아니다. 또 다른 주요 집단은 뉴욕 같은 도시에서 무일푼으로 전전하는 고학력의 호기로운 무노동자들non-workers이다. 그들은 도시를 거닐 때 만나는 모든 상황을 공짜 음식, 공짜 온정, 공짜 숙소를 위한 기회로 간주한다. 이와 대조적으로 같은 상황에서 보통 사람들은 다른 것들에 신경을 쓴다. 즉 보통 사람들은 이들과 다른 관심사를 소유한 성격의 존재가 되는 것이다. 결국 도시의 기관들을 적절히 사용하는 방법을 둘러싼 암묵적 가정들을 학습한다는 것은 도시의 시민들에게 부여되고 그들이 합법적으로 보유할 수 있는 성격과 관심사를 학습한다는 것이다. 최근 출간된 관련 안내서에 따르면, 그랜드센트럴 역은 여행을 하고 친구를 만나는 사람들을 위한 장소이지 살기 위한 장소가 아니다.[14] 마찬가지로 지하철은 이동을 위한 것이고, 호텔 라운지는 만남을 위한 곳이고, 도서관은 독서를 위한 곳이고, 비상구는 생존을 위한 것이고, 영화관은 영화를 관람하는 곳이다. 이런 장소들을 침실처럼 사용하는 이방인들의 동기는 그 장소들이 공인하는 동기들과 상관이 없다. 한 남자가 겨울 내

---

13) Albert Biderman, "Social-Psychological Needs and 'Involuntary' Behavior as Illustrated by Compliance in Interrogation," *Sociometry,* XXIII, 1960, pp. 120~47, 특히 pp. 126~28.

14) Edumund G. Love, *Subways Are for Sleeping,* New York: Harcourt Brace and Company, 1957.

내 병원 특실에 입원한 한 여성을 만나러 간다. 그런데 그는 그녀를 잘 알지도 못하고 사실 거기 가는 이유는 추위를 피하기 위해서다.[15] 이 이야기를 통해 우리는 무엇을 배우는가? 한편으로 병원은 방문자들에게 일정 범위의 동기를 기대한다. 하지만 다른 사회적 단위들과 마찬가지로 병원 또한 편의적으로 사용되고, 악용되고, 활용될 수 있으며, 이때 병원 이용자들의 성격은 통상적인 기대치로부터 벗어나는 것이다. 마찬가지로 호전적인 전문 소매치기들이 위험을 감수하고 사소한 좀도둑질을 하는 이유가 물건을 돈 주고 사는 것이 자존심이 너무 상해서라는 사실을 알고 나면,[16] 우리는 싸구려 잡화점에서의 통상적 구매 행위가 갖는 자아-정의적 함의를 이해하게 되는 것이다.

오늘날 조직 참여자에 대한 공식적 견해와 참여자 자신의 견해 차이는 산업계에서 두드러진다. 특히 적절한 인센티브와 "장기근속 노동자" 개념을 둘러싼 쟁점이 있다. 경영진은 종종 피고용자들이 돈을 저축하고 호봉을 쌓기 위해 계속 일하고 싶을 것이라고 가정한다. 그러나 도시의 일부 하층 노동자들과 산업 사회의 주변부에서 성장한 많은 노동자들의 실제 현실에 비추어보면, "장기근속 노동자"라는 개념은 적절치 않다. 파라과이의 경우를 살펴보자.

날품팔이로 연명하는 소작농의 행태는 시사적이다. 그들에게 일이란 분명히 또한 바람직하게는 누군가에게 호의를 베푸는 것이다.

---

15) Edumund G. Love, 같은 책, p. 12.
16) David Maurer, *Whiz Mob, Publication* No. 24 of the American Dialect Society, 1955, p. 142.

대가로 받는 임금이란 선물이거나 존경의 표시이다. 더 분명하게는, 임금을 받고 일을 하는 이유는 특정 목적을 위해 약간의 현금이 필요하기 때문이다. 노동은 비인격적으로 매매되는 상품이 아니며 또한 고용주를 위해 일하는 것은 생계를 꾸려가는 수단으로 간주되지 않는다. 대농장과 벽돌공장에서 이직률은 매우 높은데, 왜냐하면 노동자들이 예상한 만큼의 현금을 약간 모으면, 바로 그만두기 때문이다. 어떤 경우 파라과이의 외국 고용주들은 양질의 노동을 얻기 위해, 또한 노동자의 만족도를 높여 장기근속을 이끌어내려고 통상 임금보다 더 많은 액수를 지급했다. 그런데 고임금의 결과는 기대와 정반대였다. 이직률은 더 늘어났다. 고용주들은 사람들이 약간의 현금을 위해 이따금 임금 노동을 한다는 것을 이해하지 못했다. 원하는 만큼의 액수를 빨리 얻으면 얻을수록, 그들이 일을 그만두는 시간도 더 당겨졌다.[17]

참여자들에게서 예상 밖의 상황 정의를 발견하는 것은 산업 조직에만 국한되지 않는다. 교도소도 한 예가 될 수 있다. 보통 재소자가 독방에 갇히면, 그는 교도 당국의 예상대로 심한 박탈감을 겪을 수 있다. 그러나 영국 사교 사회의 말단이라고 할 수 있는 중상계급의 영국인에게 독방 감금은 예상 밖의 의미가 있을 수 있다.

내게 주어진 형량 중 첫 5주 동안 나는 오전과 오후의 두 시간 노

---

17) E. R. and H. S. Service, *Tobatí: Paraguayan Town* Chicago: University of Chicago Press, 1954, p. 126.

3 공공 기관의 지하 생활

동, 그리고 운동 시간을 제외하고는 감방에 갇혔다. 다행히도 나는 혼자였다. 대다수 사람은 오랜 감금 시간을 두려워했다. 그러나 얼마가 지나자 나는 간수들의 고함 소리와 혹은 끝없이 들려오는 죄수들의 욕지꺼리로부터 벗어나 홀로 지내는 축복과도 같은 시간을 고대하게 시작했다. 나는 홀로 지내는 대부분의 시간을 독서로 소일했다.[18]

서아프리카의 프랑스 공무원은 더 극단적인 사례를 보여준다.

이제 프랑스령 서아프리카에서 투옥은 모든 사람에게 같은 것을 의미하지 않는다. 어떤 곳에서 그것은 전혀 불명예스럽지 않은 모험처럼 여겨졌고, 어떤 곳에서는 반대로 사형 선고와 다름없는 것으로 여겨졌다. 어떤 아프리카인들은 감옥에 갇히면 하인처럼 되고 종국에는 서로 가족처럼 될 것이다. 하지만 풀라니족의 일원을 투옥시키면 그는 결국 죽고 만다.[19]

나는 구성원들의 인간 본성과 관련된 조직 운영을 논의할 때, 명시적으로 언어화된 이데올로기에만 주목하지 않는다(그러나 그것은 주어진 상황에서 확실히 중요한 요소이기는 하다).[20] 나는 경영진이

---

18) Anthony Heckstall-Smith, *Eighteen Months,* London: Allan Wingate, 1954, p. 34.
19) Robert Delavignette, *Freedom and Authority in French West Africa,* London: International African Institute, Oxford University Press, 1950, p. 86. 요컨대 돌로 된 담 벽 자체가 감옥을 만드는 것은 아니다. 에벌린 워Evelyn Waugh의 『쇠퇴와 타락 *Decline and Fall*』은 「돌로 된 담 벽 자체가 감옥을 만드는 것은 아니다」라는 제목의 장에서 이 주제를 다루고 있다.

취하는 행위에 대해서 말하고 있는 것이다. 물론 그 행위가 대상이 되는 사람에 대한 자아–정의를 표현하는 한에서 말이다.[21] 여기서 교도소는 다시 분명한 사례를 보여준다. 교도소 관리자들은 이데올로기적으로 보면, 죄수들이 자신이 감옥 안에 있다는 사실을 수용——전적인 포용은 아니더라도——해야 한다는 입장을 취할 수 있다. 실제로 종종 그런 입장을 취하기도 한다. 왜냐하면 (최소한 "현대적" 유형의) 교도소는 죄수들에게 사회에 죗값을 치르는 방법을 제공하고, 법에 대한 존중심을 육성하고, 자신의 죄를 반성케 하고, 합법적 직업을 배우게 하고, 때로는 심리 치료까지 받게 하기 때문이다. 그러나 행위라는 견지에서 봤을 때 교도소 운영진은 "보안" 문제, 즉 무질서와 탈옥 방지에 주로 관심이 있다. 교도 당국이 정의하는 재소자들의 성격이란 그들은 기회만 있으면 자신에게 주어진 법적 복역 기간에서 벗어나려고 한다는 것이다. 덧붙이자면 재소자들이 탈옥을 원한다는 사실, 동시에 붙잡혀서 처벌을 받을까 봐 그러한 욕망을 자제한다는 사실은 재소자들이 자신들을 보는 당국의 관점에 동의한다는 점을 (말이 아닌 감정과 행위를 통해) 표현한다. 그러므로 교도 당국과 재소자들 사이의 갈등과 적대의 대부분은 재소자들의 본성에 대한 합의와 밀접히 관련되어 있다.

요약하자면 나의 주장은 이런 것이다. 우리는 특정한 관점에서 조

---

20) Reinhard Bendix, 같은 책을 보라.

21) 경제적 동기를 둘러싼 가정들에 대해서는 예컨대 Donald Roy, "Work Satisfaction and Social Reward in Quota Achievement: An Analysis of Piecework Incentive," *American Sociological Review*, XVIII, 1953, pp. 507~14와 William F. Whyte et al., *Money and Motivation*, New York: Harper, 1955, pp. 2 이하를 보라. 특히 여기서 화이트는 성과급 체제에서 이루어지는 노동자의 인간 본성에 대한 경영적 정의를 논한다.

직 참여를 봐야 한다. 참여자들은 무엇을 해야 하는가, 실제로 그들이 무엇을 하는가는 나의 주요 관심사가 아니다. 조직이 기대하는 활동 속에 행위자에 대한 정의가 함축되어 있으며, 그러므로 조직이란 정체성에 대한 가정들을 생성하는 장소로 볼 수 있다는 사실에 나는 관심이 있다. 시설의 문턱을 넘어 들어오면, 개인은 의무를 짊어지고 이를 통해 상황에 열의를 보이고, 그 안에서 적절한 방향과 위치를 찾게 된다. 시설 내 활동에 참여할 때, 그는 의무를 매개로 특정 시점의 활동에 연관된다. 이처럼 주의와 노력을 기울이는 자세와 참여를 통해 그는 시설에 대한 태도, 그리고 시설에 포함된 자아-정의에 대한 태도를 드러낸다. 미리 규정된 마음가짐을 가지고 특정 활동에 참여한다는 것은 결국 특정한 종류의 세계에 거주하는 특정한 종류의 사람이 된다는 사실을 받아들인다는 것이다.

어떤 사회적 시설이건 그것이 자아에 대한 함의를 체계적으로 발생시키는 장소라고 한다면, 우리는 그 장소에서 참여자들이 그러한 함의를 어떻게 다루는지 봐야 한다. 규정된 활동을 무시하거나 혹은 그러한 활동에 참여하되 규정되지 않은 방식으로 혹은 규정되지 않은 목적을 위해 그렇게 한다는 것은 결국 공식적 자아와 공식적으로 주어진 세계에서 물러난다는 것이다. 행동을 규정한다는 것은 결국 세계를 규정한다는 것이다. 규정에서 벗어난다는 것은 정체성에서 벗어난다는 것이다.

나는 두 사례를 예로 들려고 한다. 브로드웨이 뮤지컬의 악단석에서 일하는 음악가들은 제시간에 일하러 와야 하고, 적절한 의상을 입어야 하고, 주어진 연습을 해야 하고, 주어진 일에 적절한 열의를 보여야 한다. "구멍gutter" 속에 자리를 잡고 나면, 그들은 단정하게 앉아 주의력을 집중해 스스로를 잊고 음악을 연주하거나 큐 신호를 기다려야 한다. 음악가로서 그들은 음악 세계에 속하기 위해 스스로를 훈육시켜야 한다. 이것이 바로 악단석과 거기서의 음악 일이 그들에게 만들어주는 존재이다.

그러나 특정 쇼를 위한 악보를 다 익히고 나면, 그들은 더 이상 할 일이 없고, 나아가 작업 현장에서 그들에게 오로지 그리고 온전히 음악가가 되라고 요구했던 사람들의 시선에서 반쯤 몸을 감출 수도 있다. 결과적으로 악단석 음악가들은, 물리적으로는 움직일 수 없을지라도 일에서 벗어나 공연장과 무관한 자아와 세계 모두를 남몰래 드러내기도 한다. 들킬까 봐 조심하며, 그들은 편지를 쓰거나, 작곡을 하거나, 고전 작품을 다시 읽거나, 십자말풀이를 하거나, 쪽지를 교환하거나, 바닥판을 이용해 체스를 두거나, 물총을 갖고 장난을 치기도 한다. 만약 이어폰을 끼고 라디오를 듣던 음악가가 갑자기 "스나이더가 홈런을 쳤어요!"라고 말해 객석 앞 열에 앉은 관객을 놀래킨다면,[22] 그 음악가는 확실히 자신에게 프로그래밍된 세계와 능력에 열성적이라고 할 수는 없을 것이다──그럴 때 관객이 운영진에게 제기하는 불만이 그 증거이다.

두번째 사례는 독일 포로수용소 안의 생활에서 발견된다.[23] 재소자가 장교를 만날 때 별 지적 사항 없이 통과한다면 재소자는 교도소 안에서 적절히 처신한다는 뜻이며 또한 감금 상태를 잘 받아들인다는 뜻이다. 하지만 우리는 또 안다. 바로 그 재소자가 때로는 자신

---

22) Albert M. Ottenheimer, "Life in the Gutter," *The New Yorker,* August 15, 1959.
23) P. R. Reid, *Escape from Colditz,* New York: Berkley Publishing Corp., 1956, p. 18.

의 외투 안에 침대 널판 몇 개를 숨겼다가 탈옥 터널의 받침대로 쓸 수 있다는 것을. 그런 도구를 갖추고 간수 장교 앞에 서는 재소자는 장교가 보고 있는 사람, 또한 수용소가 부과하는 세계 속의 존재가 아닌 사람일 수 있는 것이다. 이때 그는 수용소 안에 갇혔지만 그의 역량은 거기서 벗어났다고 할 수 있다. 더욱이 외투는 이러한 벗어남의 확실한 증거를 숨길 수 있기에, 또한 옷과 같은 위장 수단은 모든 조직 참여에 수반되기에, **모든** 이는 **모든** 외양을 통해 영혼의 탈출을 은폐할 수 있는 것이다.

그렇다면 모든 조직에는 활동에 대한 훈육이 있다고 할 수 있다. 하지만 여기서 우리의 관심은 모든 조직이 일정한 수준에서 존재에 대한 훈육을 실시한다는 사실에 있다. 존재에 대한 훈육이란 부과된 성격의 사람이 되어야 하고 부과된 세계 속에 머물러야 하는 의무를 뜻한다. 여기서 나의 목표는 특별한 종류의 의무 방기, 즉 규정된 활동이 아닌 규정된 존재에 대한 의무 불이행을 검토하는 데 있다.

1차 적응과 2차 적응

1

하나의 개념을 도입해보자. 개인이 주어진 조건들에—우리 사회에서 이 조건들은 기관 내 기준에 입각한 복지 지원, 인센티브와 공통 가치에 의한 동기부여, 정해진 처벌들의 압박과 연결되어 있다—따라 필요한 활동을 협조적으로 수행함으로써 조직에 기여할 때 그는 협력자가 된다. 즉 그는 "정상적"인, "프로그래밍"된, 혹은 붙박이 구성원이 된다. 그는 적절한 마음가짐을 가지고 체계적으로 계획된 어떤 것을 주고받는다. 그 주고받는 어떤 것이 그의 자아와 큰 상관이 있건 없건 말이다. 요컨대 그는 공식적으로 자신을 위해 마련된 것 그 이상도 그 이하도 아닌 존재가 되어야 하며, 자신에게 적합한 세계 안에 거주해야 할 의무가 있다. 나는 개인이 조직에 대해 수행하는 **1차 적응**의 경우에 대해 이야기할 것이다. 물론 조직이 개인에 대해 수행하는 1차 적응에 대한 이야기 역시 그만큼 중요하지만 여기서는 일단 유보하고자 한다.

나는 두번째 경우를 이해하기 위해 엉성한 용어 하나를 개발했다. 소위 **2차 적응**이 그것인데, 이는 조직 구성원이 승인되지 않은 수단을 채택하거나 승인되지 않은 목표를 달성함으로써(혹은 둘 다를 통해), 그의 의무(그가 해야 하고, 획득해야 하고, 되어야 하는 것)를 회피하는 데 사용하는 모든 관행적 조치를 의미한다. 2차 적응이란 기관이 당연시하는 개인의 역할과 자아 개념으로부터 벗어난 개인의 입장을 드러낸다. 예를 들어 최근 들어 수감자들에게는 도서관 시설이 필요하며 그들의 마음은 독서를 통해 윤택해질 수 있고 또 그러도록 허용되어야 한다는 가정이 미국에서 부상하고 있다. 도서관 활동에 정당성을 부여하는 최근 추세에 비추어볼 때, 도널드 클레머의 연구가 발견한 사실들은 그리 놀라운 것이 아니다. 즉 죄수들은 자기 계발을 위해서가 아니라, 가석방 위원회에 좋은 인상을 주거나, 사서들을 괴롭히기 위해서, 혹은 단순히 소포를 받기 위해 책을 주문한다.[24]

2차 적응과 유사한 사회학적 용어들이 있기는 하지만 이들은 다른 것들도 지시한다. "비공식적informal"이라는 용어가 사용될 수 있을 법하다. 하지만 조직은 공식적 차원에서 구성원들이 내키는 대로 활동할 수 있는, 이를테면 스스로의 선택에 따라 여가 활동을 마련하고 즐길 수 있는 시간과 장소를 형식적으로 제공하기도 한다. 이때 그들은 자유분방한 비공식적 행태를 내보일 수 있는 것이다. 학교의 아침 휴식이 그 예이다. 이때 비공식성은 1차 적응의 일부라고 할 수 있다. "비공인unofficial"이라는 말이 사용될 수도 있다. 하지만 이 개념은 조직 내에서 통상적으로 이루어지는 공식적 활동에 해당하는 경우가 많다. "비공인"이라는 말은 조직의 공식적 목표 수행과 참여자의 1차 적응에 필요한 암묵적 이해와 약호화되지 않은 활동들에 적용되는 경향이 있다.[25]

---

24) Doald Clemmer, *The Prison Community*(재출간), New York: Rinehart, 1958, p. 232.
25) 비공식 혹은 비공인 직업 집단에 대한 고전적인 '호손 공장' 연구에 따르면, 노동자들의 연대가 수행하는 주요 기능은 노동자들이 뭘 해야 하고 어떤 존재가 되어야 하는지를 둘러싼 경영진의 관점에 대한 저항으로 보인다. 이때 2차 적응과 비공식 적응은 같은 것을 지칭하게 된다. 그러나 이후 연구들에서는 일터의 비공식 소집단은 경영진이 구축한 노동자의 역할과 양립 가능한, 심지어 그것을 긍정하는 활동들을 수행한다는 것을 보여주었다. 이에 대해서는 Edward Gross, "Characteristics of Cliques in Office Organizations," *Research Studies,* State College of Washington, XIX, 1951, 특히 p, 135와 "Some Functional Consequences of Primary Controls in Formal Work Organizations," *American Sociological Review,* XVIII, 1953, pp. 368~73을 보라. 물론 경영진뿐만 아니라 부하 직원들 또한 "형식적" 합리성이 아닌 "실질적" 합리성을 선택할 수 있다—즉 다른 상충하는 공식적 목표들에 대해 다른 공식적 목표를 선택적으로 추구할 수 있다. 이에 대해서는 예컨대 Charles Page, "Bureaucracy's Other Face," *Social Forces,* XXV, 1946, pp. 88~94. A. G. Frank, "Goal Ambiguity and Conflicting Standards: An Approach to the Study of Organization," *Human Organization,* XVII, 1959, pp. 8~13을 보라. 또한 이에 대한 매우 훌륭한 연구는 다음을 보라. Melville Dalton, *Men Who Manage,* New York: Wiley, 1959, p. 222. "······비공식적 행위는 많은 목표에 효과적으로 작동할 수 있다. 조직을 변화시키고 보존하기, 약한 개인을 보호하기, 잘못한 이를 벌주기, 다른 이를 보상하기, 새로운 직원 채용하기, 공식적 위엄을 유지시키

여기서 나는 2차 적응이라는 개념을 사용하는 것의 어려움을 언급하고자 한다. 2차 적응 중에는 다음과 같은 것이 있다. 노동자는 자신이 생산한 물건의 일부를 가족에게 지급하곤 하는데, 이는 조직 관행의 일부로 굳어져서 일종의 "부수입"으로 간주되기도 한다. 이때 이러한 부수입은 공개적으로 요구되지도 않고 공개적으로 의문시되지도 않는다.[26] 이러한 2차 적응들 중 일부는 조만간 합법화되지도 않을 것이며, 오히려 효과적인 작동을 위해서는 비공인 상태를 유지하는 게 낫다. 멜빌 돌턴이 보여준 것처럼 한 참여자의 특별한 능력은 동일 집단의 다른 누구도 받지 않는 보상에 의해 인정받을 수 있다. 참여자 자신이 보기에 들키지 않고 넘어갔다고 생각하는 것—2차 적응—은 사실 꼼꼼한 간부가 조직이 전반적으로 잘 돌아가고 있다는 사실을 보여주기 위해 고의적으로 허용해준 것일 수도 있다.[27] 더욱이 앞서 이야기한 것처럼 누가 조직을 대변하느냐에 대

기, 물론 그 외에도 권력 투쟁을 이어가기, 그리고 모두들 난색을 표하는 목표를 위해 일하기 등이 있다."

26) 예로는 Paul Jacobs, "Pottering about with the Fifth Amendment," *The Reporter*, July 12, 1956의 논의를 보라.

27) Melville Dalton, 같은 책, 특히 ch. vii, "The Interlocking of Official and Unofficial Reward"를 보라. 돌턴의 주장에 따르면(pp. 198~99), 산업계에서는 광범위한 종류의 비공인 보상이 광범위한 종류의 비공인 서비스에 주어진다. 조직의 유연한 작동을 위해서 간부는 부하 직원에게 이러한 서비스를 요청해야 한다. "비공식적 보상은 이상적으로는 기대 이상의 노력과 기여를 산출한 특정 직급에 제공된다. 그러나 많은 다른 목적, 종종 예상 밖의, 형식적으로는 금기시된, 그러나 조직을 유지하고 목표를 달성하는 데 중요한 목적들을 수행할 때도 제공된다. 예컨대 비공식적 보상은 다음과 같은 조건에서 지급될 수 있다. (1) 승진이나 봉급 인상이 실행될 수 없을 때 그 대안으로, (2) 필요하지만 그리 유쾌하지 않은, 혹은 위신을 잃는 일을 한 것에 대한 보너스로, (3) 정책 대결이나 직원 싸움에서 패배한 것을 잊고 넘기기 위한 방편으로, (4) 성난 동료를 달래준 대가로, 혹은 다른 부서를 상대로 효과적인 교섭을 이루어낸 대가로, (5) 실적 저하를 예방하고, 위기 시점의 문제들에 잘 대처한 사무직 또한 직원 집단의 핵심 인사들을 위한 부수입으로,

3 공공 기관의 지하 생활

한 합의는 거의 없으며, 합의가 존재하더라도 조직의 대변자는 확신을 가지고 1차 적응과 2차 적응을 정확히 나누지 못할 수도 있다. 예를 들어 많은 경우, 미국 대학생들의 대학 경험에서 교과 과정 외의 "사교" 생활을 너무 많이 억압하는 것은 학생의 본성에 대해 지나치게 완고한 견해라고 여겨질 것이다. 이는 대학은 "다재다능한" 혹은 "균형 감각 있는" 학생들이 필요하다는 최근의 견해에 부합하는 것이다. 그러나 학생의 시간을 교과 과정 내부와 교과 과정 외부로 정확히 나누는 기준에 대해서는 합의된 바가 많지 않다. 이와 유사하게 여학생들 중 일부는 대학에서 남편감을 만나고 결혼 후에는 졸업보다 중퇴를 선택하는 것이 적절하다고 느낄 수 있는데, 이런 판단은 납득할 만하며 또한 대체로 수용되기도 한다.[28] 하지만 한 여학생

---

(6) 최저 임금에 대한 보완으로, (7) 비공인 인센티브 체계를 감안하여 그것의 운영을 보조하고 유지하기 위해, (8) 사적으로 지대한 희생을 치른 것에 대한 보상으로. 물론 여기 명시되지 않은, 그러나 직관적으로 판단하여 보상이 지급되는 더 미묘한 경우들이 있다. 이를테면 이런 것들이다. 집단이나 부서의 사기를 진작시키는 능력, 좋은 직원을 고르고 붙잡을 수 있는 기술, 때로는 비공인적 방식으로도 표현할 수 없는 상사와 동료의 기대를 직관적이고 암묵적으로 이해할 수 있는 능력, 불리한 상황에서 상사의 체면을 살리고 조직의 위신을 지키는 전문 능력."

28) (옮긴이) 고프먼의 글쓰기는 그의 젠더관을 부분적으로 드러낸다(남편과 부인의 관계를 설명하는 본서의 p. 207과 개인을 지칭할 때 항상 "he"라는 인칭대명사를 사용하는 것 등). 고프먼은 관습적인 젠더 역할과 위계를 개괄적으로 요약 기술하면서 젠더 역할과 위계를 둘러싼 다양한 전략과 갈등을 간과할 때가 간혹 있다. "여학생들 중 일부는 대학에서 남편감을 만나고 결혼 후에는 졸업보다 중퇴를 선택하는 것이 적절하다고 느낄 수" 있다는 진술이 그 예이다. 그러나 반대의 인식도 가능하다. 고프먼이 활동하던 시기는 여성의 대학 진학을 남성에 대한 의존도를 줄이고 여성의 독립성을 증진시키는 기회로 보는 인식의 전환이 이루어지던 때이기도 했다. 그렇지 않았다면 1960년대 이후 미국 내 여성운동과 페미니즘의 부상은 불가능했을 것이다. 물론 고프먼의 이론은 소수자를 향한 사회적 낙인과 지배의 문제를 드러내는 데 유용하며 실제로 고프먼은 1970년대 이후 젠더 문제를 적극적으로 다루었다. 이에 대해서는 Erving Goffman, *Gender Advertisements*, Cambridge, MA: Harvard University Press, 1979를 보라. 고프먼 글

이 남자가 많은 과를 찾아 매년 전공을 바꾼다면 학장은 이에 대해 크고 작은 염려를 표할 것이다. 마찬가지로 영리 기관의 경영진은 경리나 비서 들이 업무 시간을 빼앗기지 않는 한도 내에서 서로 사적 관계를 맺는 것을 기꺼이 허락할 터이다. 그러나 동시에 수습사원이 결혼 상대가 있는지 확인하는 동안만 회사에 머물다가 다른 후보를 찾아 다른 회사로 옮겨가는 것은 허락하지 않을 터이다. 그러나 경영진은 이러한 두 극단 사이, 즉 어쩌다 자기 편의에 맞게 시설을 이용하는 합법적 방식과 자기 편의를 도모하기 위해 시설을 이용하는 불법적 방식 사이에 정확히 선을 그을 수 없다.

1차 적응과 2차 적응의 구별과 관련된 또 다른 문제는 이 두 가지 양식의 적응이 전부가 아니라는 점이다. 전체적인 그림을 얻으려면 우리는 또 다른 가능성을 염두에 두어야 한다. 경영진이 어떤 식으로 참여자들에게 압력을 가하건, 참여자들은 경영진이 요구하는 것보다, 혹은 종종 원하는 것보다 더 조직에 대한 헌신과 애착을 보여주기도 한다. 교구민들은 삶의 너무 많은 부분을 교회 안에서 그리고 교회를 위해 보낼 수 있다. 가정주부는 너무 열심히 집안을 가꿀 수 있다. 부선장은 배와 함께 고집스레 최후를 맞이할 수 있다. 이런 것은 심각한 사회적 문제는 아니다. 하지만 교도소, 정신병원, 병영, 대학, 그리고 문제아 수용시설에서 퇴소를 거부하는 재소자들의 경우에는 문제가 될 수 있다. 하지만 분석적 차원에서 우리는 두 종류

쓰기의 남성 편향적 젠더관과 고프먼 이론의 페미니즘적 잠재력 사이의 모순에 대해서는 Mary Jo. Deegan, "Goffman on Gender, Sexism, and Feminism: A Summary of Notes on A Conversation with Erving Goffman and My Reflections Then and Now," *Symbolic Interaction* 37(1), 2014, pp. 71~86을 참고하라.

의 사람들이 언제나 존재함을 파악해야 한다. 어떤 사람들은 자신이 속한 사회적 단위를 충분히 포용하지 않으려고 하며, 반면 적어도 소수의 사람은 지나치게 포용적인 태도를 취해서 조직을 난처하게 만드는 것이다.

마지막으로 나중에 더 상세히 보겠지만, 기관의 공식적 운영 원칙은 실제로는 거의 중시되지 않을 수 있다. 오히려 더 견고하게 그리고 완전하게 준수되는 것은 반-공식적인semi-official 관점일 수 있다. 우리는 2차 적응을, 이처럼 권위에 의해 승인되었지만authorized-완전히-공식적이지는-않은 체계에 비추어 분석해야 한다.

2

1차 적응과 2차 적응이 사회적 정의definition의 문제이며 한 사회의 어느 시점에 정당한 적응 조치와 인센티브가 다른 역사적·사회적 시점에서는 그렇지 않을 수 있다는 것은 놀라운 사실이 아니다. 예컨대 한 미국 죄수가 교도소 안이나 밖에서 배우자와 하룻밤을 보내게 된다면 그것은 상당한 수준의 2차 적응을 달성한 것이라고 할 수 있다.[29] 반면 멕시코 감옥에서 그러한 조치는 최소 수준의 복지에 해당하며, 따라서 1차 적응에 해당한다고 볼 수 있다. 미국의 포로수용소에서 성매매 종사자와의 접촉은 시설 내부에서 존중받을 만한 욕구가 아니다. 그러나 일부 독일 강제수용소에서는 남자의 특정한 주요 욕구에 대해 매우 관대한 견해가 통용되었다.[30] 19세기 미국 해군

---

29) James Peck, in Holley Cantine and Dachine Rainer, 같은 책, p. 47.

30) Eugen Kogon, *The Theory and Practice of Hell,* New York: Berkely Publishing Corp., n.d., pp. 123~24.

은 남자들의 음주벽을 인정했고 매일 독한 술을 제공했다. 오늘날 이는 2차 적응으로 간주된다. 다른 한편 멜빌은 당시의 해군에서는 비번 시 오락 게임(체커 같은)이 특전으로 간주되었다고 말한다.[31] 오늘날의 선상에서 비번 날 오락 게임은 당연한 권리로 여겨진다. 오늘날 영국의 산업계에서 여덟 시간 노동과 한 시간의 점심시간과 10분의 커피 타임 혹은 티타임은 오늘날 일하는 사람에 대한 정의가 어떤지를 보여준다. 1830년대에 영국의 일부 방적 공장들은 노동자들에게는 신선한 바람과 마실 물이 필요 없다는 가정하에 운영되었고 일과 시간 도중에 그러한 위안거리들을 얻을 심산으로 교활한 행동을 하다 들키면 벌금을 내야 했다.[32] 당시 영국의 일부 경영자들은 순전히 강압의 관점에서 피고용자들을 파악했다. 노동자들은 다음 날 일어나 노동을 할 수만 있다면 오늘 최대한 오래, 최대한 열심히 일을 해야 했다.

육체적 처벌은 좋은 사례가 될 수 있다. 처벌은 명백히 처벌 대상의 자아에 대한 믿음을 함축하는 관행이다. 또한 처벌이란 관행을 규정하는 정의들은 크게 변화해왔다. 6세기경 성 베네딕트 수도회는 기도문 암송을 할 때 잘못을 범하는 아이들은 신체적 처벌을 받아야 한다고 규정했다.[33] 반항적 아이들을 순종적으로 만드는 방식에 대한 정의는 서구 사회에서 놀라울 정도로 오래 지속되었다. 최근 10여 년에 들어서야 미국 학교는 교정 목적을 위해 아이들의 신체를 건드릴 수 있는 사람은 오직 부모들뿐이라는 개념을 받아들였다. 지난

---

31) Herman Melville, *White Jacket*, New York: Grove Press, n.d., p. 346.
32) Reinhard Bendix, 같은 책, p. 39.
33) *The Holy Rule of Saint Benedict*, Ch. 45.

반세기 동안 미해군 또한 해병들을 최소한의 존엄을 지닌 "인간"이라고 여기면서 태형을 처벌 수단으로 사용해서는 안 된다는 인식이 생기기 시작했다. 최근 들어 독방 감금이라는 교도소의 처벌 형태는 심각하게 재검토되고 있다. 격리 조치는 인간 본성을 거스르며 인간 본성은 침해될 수 없다는 믿음이 광범해지고 있기 때문이다.

종교 의례는 참여자들에게 부과되는 또 다른 흥미로운 조건들의 사례를 보여준다. 우리 사회에 안식 의례가 없는 기관은 존재하지 않는데, 이는 사람의 본성은 그가 무슨 짓을 했건 기도를 위한 시간을 필요로 한다는 뜻을 함축한다. 즉 우리는 종교적 존재로서 양도 불가능한 역량을 지니고 있다는 것이다. 상업과 산업 분야에서 일요일과 몇몇 종교적 기념일을 휴일로 정하는 데에는 이러한 가정이 깔려 있다. 그러나 일부 남미 국가의 직장은 인간의 종교적 본성에 훨씬 더 많은 비중을 둔다. 예컨대 에콰도르 인디언을 고용하면, 성스러운 성격을 띠는 다양한 축일과 개인 경조사를 술과 함께 기념하도록 1년의 3분의 1을 휴가로 주어야 할 수도 있다.[34]

심지어 동시대 동일한 사회 내부의 동일한 범주의 시설들 또한 1차 적응과 2차 적응을 구별하는 데 상당한 차이를 보여준다. "부수 혜택 fringe benefits"이 바로 그렇다. 어떤 건물의 사람들에게 부수 혜택은 정당한 수단과 목표로 당연시되지만 길 건너 다른 사람들에게는 공식적으로 금지될 수 있다. 또한 동일 시설에서도 주어진 시간 안에서 현저한 차이가 생긴다. 예를 들어 나치 시대의 독일에서 강제수

---

34) 이에 대해 도움이 되는 논의는 Beate R. Salz, *The Human Element in Industrialization*, Memoir No. 85, *American Anthropologist*, LVII, 1955, No. 6, Part 2, pp. 97~100을 보라.

용소의 치안을 담당하는 재소자 조직은 처음에는 금기시되었지만 나중에는 결국 공식적으로 인정되었다.[35] 이는 미국에서 공장과 제작소의 비밀 노조 조직가들이 나중에 노조 간부로 인정된 것과 유사하다. 요컨대 주어진 시설에서 한 참여자 집단에게는 1차 적응인 것이 다른 집단에게는 2차 적응이 될 수 있음은 명백하다. 군대 주방에서 일하는 병사들은 계급에 어울리는 것 이상으로 잘 먹을 수 있고, 가정부는 남몰래 집안의 술을 마실 수 있고, 보모는 자신의 일터를 파티 장소로 이용할 수 있다.

이러한 변이들에 덧붙여, 우리는 조직들이 2차 적응에 대처할 때 규율을 강화하는 것뿐만 아니라 선택적으로 어떤 관행들을 합법화시킨다는 점을 주목해야 한다. 이런 식으로 조직은 일부 참여자들의 의무 방기에도 불구하고 통제력과 통치력의 회복을 바라는 것이다. 결혼을 통해 과거의 불륜을 합법화하는 식의 일이 가정이라는 시설에서만 일어나는 것은 아니다. 2차 적응의 역할을 이해한다는 것은 결국 2차 적응을 합법화하려고 할 때 일어나는 혼재된 결과에 대해서도 이해한다는 것이다.

3

나는 지금까지 개인들의 참여로 이루어진 형식적 조직들에 국한시켜 2차 적응을 이해하려고 했다. 그러나 이런 종류의 적응은 개인들이 다른 유형의 사회적 단위와 맺는 결속에서도 일어날 수 있으며 또 실제로 일어난다. 이런 관점에서 우리는 "금주령"이 내려진 지역

---

35) Eugen Kogon, 같은 책, p. 62.

의 공공 규칙과 음주의 관계를,[36] 정부와 지하 운동의 관계를, 결혼과 불륜의 관계를, 사업과 재산 사안을 규제하는 법적 세계와 다양한 불법 거래의 관계를 이해할 수 있다.[37] 마찬가지로 폐쇄적 조직이 아닌 단위들 또한 2차 적응을 1차 적응으로 합법화시킴으로써 참여자들을 통제하려고 한다. 시 행정의 사례를 살펴보자.

요새 같은 한여름에는 우리 [뉴욕시의] 경찰력은 소방과와 수도, 가스, 전기과의 지원을 받아 아이들과 광범위한 국지전을 벌이곤 한다. 아이들은 소방 급수전을 렌치로 열어 물놀이 분수대로 만들어버린다. 해가 갈수록 이런 관행이 증가해왔다. 또한 처벌적이고 예방적인 조치들을 취했지만 대부분 성공적이지 못했다. 그 결과 경찰과 소방과, 수도과는 물 공급을 심각하게 저해하지 않는 한도 내에서 아이들을 만족시킬 수 있는 호혜적 타협책을 보급시키려고 노력 중이다. 이 계획에 따라 "명망 있는 단체나 개인"(신청자는 경찰의 꼼꼼한 심사를 통과해야 한다)은 특수하게 제작된 분사용 급수 마개를 신청할 수 있다. 이 마개는 겉모습이 표준 마개를 닮았지만 색깔이 노랗고 50여 개의 구멍이 뚫려 있어, 그것을 통해 물이 샤워처럼 분사될 수 있도록 깔끔하고 제한적으로, 그러나 바라건대 만족스러운 방식으로 만들었다.[38]

---

36) 예로는 C. K. Warriner, "The Nature and Functions of Official Morality," *American Journal of Sociology,* LXIV, 1958, pp. 165~68.
37) 정치 체제와 관련해 이 주제를 다룬 유명한 연구는 David Riesman, "Some Observations on the Limits of Totalitarian Power," *The Antioch Review,* Summer, 1952, pp. 155~68 이다.
38) *The New Yorker,* August 27, 1960, p. 20.

우리가 살펴보려는 2차 적응과 관련된 사회적 단위가 어떤 것이건, 우리는 조금 더 포괄적인 단위들을 고려해야 한다. 우리는 2차 적응이 발생하는 실질적인 장소들과 참여자들이 유래하는 "원천 영역drawing region" 모두를 살펴봐야 한다. 예컨대 부엌의 단지에서 몰래 과자를 꺼내 다락방에서 먹어치우는 아이의 경우를 보자. 여기서 장소의 구별은 분명하지도 않고 중요하지도 않다. 이때 가계household란 관련 조직이자, 참여자들이 유래하는 영역이자, 거칠게 말하면 2차 적응이 일어나는 장소이기 때문이다. 하지만 다른 경우 조직만이 유의미한 단위인 것은 아니다. 한동네에 사는 아이들은 빈집에 모여 집에서는 허락되지 않는 활동을 할 수 있으며 어느 작은 마을의 연못가에는 마을 청년들이 모여 금지된 행위를 할 수도 있다. 도시에는 "환락가"라 부르는 구역이 있어서 온 도시의 남편들을 집 밖으로 끌어내기도 한다. 그리고 라스베이거스나 애틀랜틱시티 같은 일부 지역들은 나라 전체를 위한 환락가가 되기도 한다.

이처럼 2차 적응이 수행되는 실제 장소와 2차 적응 실행자들이 유래하는 원천 영역에 대한 관심은 분석의 초점을 개인과 개별 행위로부터 집합적 문제로 이동시킨다. 사회적 시설로서의 형식적 조직에서는, 개인적인 2차 적응에서 조직의 전체 구성원들이 개별적으로 혹은 집합적으로 유지시키는 2차 적응의 전체 집합으로 분석의 초점이 이동한다. 이러한 관행들이 모이면 소위 기관의 **지하 생활**이라는 것이 구성될 것이다. 이때 사회적 시설의 지하 생활은 도시의 지하 세계와 같은 것이라고 할 수 있다.

사회적 시설로 다시 돌아가자면, 1차 적응의 중요한 특징은 그것이 기관의 안정성에 기여를 한다는 점이다. 조직에 적응하는 참여자는 조직이 원하는 한 그런 식으로 지속적으로 참여할 것이며, 그가 조직을 떠나고 누군가가 그 자리를 채운다면, 이행이 유연하게 이루어지게 해야 할 것이다. 1차 적응의 이러한 측면은 우리로 하여금 두 가지 종류의 2차 적응을 구별토록 한다. 첫째, **균열적**disruptive 2차 적응이다. 이 경우 참여자들의 실제 의도는 조직을 버리거나 그것의 구조를 근본적으로 바꾸는 것이다. 둘 다 결국에는 조직의 원활한 운영에 균열을 낼 것이다. 둘째, **포섭적**contained 2차 적응이다. 이는 1차 적응과 유사한 특징을 공유하는데, 급진적 변화를 추구하기보다는 기관의 기존 구조에 순응한다는 점에서 그렇다.[39] 또한 이런 종류의 2차 적응은 실제로 균열적인 다른 시도들을 차단하는 기능을 수행한다. 그러므로 조직의 지하 생활에서 안정적이고 확립된 측면은 대부분 균열적이기보다는 포섭적 2차 적응으로 이루어질 공산이 크다.

균열적 2차 적응은 정부기관에 잠입한 외부 세력이나 노조 조직 같은 극적 사례들에 대한 연구에서 많이 논의되어왔다. 균열적 2차 적응은 그 정의상 임시적이며, 따라서 폭동 음모와 같은 경우에 "적응"이란 용어는 적합하지 않을 수 있다.

나는 주로 포섭적 2차 적응을 논할 것이고, 그것을 단순히 "관행

---

39) 이 같은 온건한 2차 적응을 규정하는 특징들에 관해서는 리처드 클로워드Richard Cloward가 지적한 바 있다. *New Perspectives for Research on Juvenile Delinquency,* eds. Helen L. Witmer and Ruth Kotinsky, U. S. Department of Health, Education and Welfare, Children's Bureau Publication No. 356, 1956의 4절, 그중에서 특히 p. 89를 보라. 또한 클로워드의 또 다른 글 "Social Control in the Prison," in Social Science Research Council Pamphlet No. 15, *Theoretical Studies in Social Organization of the Prison,* 1960, pp. 20~48에서 특히 pp. 43 이하를 보라. 여기서 그는 엘리트 재소자의 적응 과정에서 드러나는 "보수적" 특징을 검토한다.

practices"이라고 지칭할 것이다. 이러한 관행들이 취하는 형식은 종종 균열적 2차 적응과 유사할 수 있지만, 일반적으로 그 목표에서 차이가 나며 관련자들 또한 한두 사람일 가능성이 매우 높다——이때 관건은 집단 모의가 아니라 개인이 추구하는 이익이다. 포섭적 2차 적응들은 대상이 되는 사회적 단위에 따라 고유의 명칭들folk titles을 부여받는다. 우리는 이러한 관행들을 살펴볼 때 산업계의 인간관계에 대한 연구와 교도소 사회에 대한 연구에 의존할 것이다. 특히 교도소 사회 연구는 "비공식 적응" 또는 "죄수의 방식conways"이라는 용어를 사용한다.[40]

2차 적응의 개인적 활용은 필연적으로 사회-심리적 사안이다. 즉 2차 적응이 개인에게 중요한 점은 그것이 다른 방식으로는 얻을 수 없는 만족감을 부여한다는 사실이다. 그러나 2차 적응의 관행에서 개인이 "얻어내는" 것이 정확히 무엇이냐는 사회학의 1차적 관심이 아니다. 사회학적으로 보았을 때, 2차 적응에 던져야 할 첫번째 질문은 그러한 관행이 행위자에게 무엇을 제공하냐가 아니라 그것의 획득과 유지에 필요한 사회적 관계의 특징이다. 이 질문은 자기 충족적consummatory[41]이거나 사회-심리적인 관점과 대비되는 구조적 관점을 따른다. 개인적인 적응들, 그중에서도 2차적인 적응들을 염두

---

40) Donald Clemmer, 같은 책, pp. 159~60. Norman S. Hayner and Ellis Ash, "The Prisoner Community as a Social Group," *American Sociological Review*, IV, 1939, pp. 362~69.

41) (옮긴이) 자기 충족적consummatory이라는 표현은 존 듀이John Dewey의 "자기충족적 경험consummatory experience"이라는 개념에서 빌려온 것 같다. 듀이는 예술의 제작 활동을 그 자체 수단이자 목적인 자기충족적 경험이라고 정의한다. 이에 대해서는 John Dewey, *Art as Experience,* New York: Penguin Putnam, 1934를 참고하라.

에 두면서, 우리는 여러 부류의 관행을 아우르는 적응 전반에 대한 추상적 개념으로부터 출발하여 구체적 부류에 속하는 관행의 특징을 살펴보는 방향으로 체계적으로 나아갈 수 있다. 즉, 관행의 범위, 관행을 통해 구성원들이 맺는 결속의 성격, 체계 유지에 기여하는 제재의 유형 등이 그 특징에 해당한다. 나아가 개인적 2차 적응의 구체적 부류를 염두에 두고, 이를 수행하는 사람들이 기관에서 차지하는 비율에 대해, 또한 그중에서도 비슷한 부류의 관행을 수행하는 사람들의 비율에 대해 질문을 던질 수 있다. 이런 식으로 우리는 하나의 관행과 관련해 발생할 수 있는 일종의 "포화 상태"를 측정해볼 수 있다.

4

우리는 이제 2차 적응—사회적 시설의 지하 생활을 구성하는 관행들—을 살펴보고자 한다. 이때 우리는 그러한 관행들이 조직 위계 내의 행위자의 위치에 따라 다양한 빈도와 다양한 형식으로 출현한다는 점에 주목한다. 거대 조직의 하층에 있는 사람들은 통상적으로 단순한 환경에 처해 있다. 반면 지위가 높은 구성원들은 조직 내 인센티브를 통해 다른 이들이 영위할 수 없는 가시적 만족거리들을 즐길 수 있다. 하층의 구성원들은 상층 구성원에 비해 조직을 향한 헌신과 정서적 애착 정도가 낮기 마련이다. 그들에게는 맡은 일job은 있지만, 경력career이 없다. 결과적으로 그들은 넓은 범위에 걸쳐 2차 적응을 활용한다. 조직에서 상층부를 점하는 사람들은 공통 가치에 의해 동기부여가 되는 경향이 크지만, 조직의 대표인 그들의 특별한 의무는 여행, 레크리에이션, 의전 혜택 등을 수반하기도 한다—이는 2차 적응의 특별 범주로 최근 "교제비expense account"로 생활하는 현상에 관한 기사들을 통해 알려지기도 했다. 2차 적응은 조직의 중간층에서 가장 덜 발견될 것이다. 이들은 대개 조직의 기대에 가장 부응하며 바람직한 품행의 모델은 바로 이들로부터 나와 하층의 사람들을 교화하고 고무시키는 데 사용된다.[42]

물론 1차 적응의 특징들 또한 직급에 따라 다를 것이다. 하층의 노동자들은 조직에 전적으로 투신하지 않으며 "집에서 일 생각"을 하지 않는다. 반면 고위 관리자들은 회사와 자기를 동일시하는 경향이 높다. 예컨대 주립 정신병원의 담당 직원이 교대 시간이 끝나자마자 퇴근을 하는 것은 합법적 행동이며, 따라서 그렇게 하는 것이 당연히 조직에 부합하는 일이다. 그러나 서비스동의 책임자가 9시부터 5시까지 정시간만 일한다면 경영진은 그를 훌륭한 인재로 보지 않을 것이다. 예컨대 그의 행동은 훌륭한 의사라면 보여주어야 할 헌신성의 기준에 못 미치는 것이다. 마찬가지로 담당 직원이 병동 근무 시간에 잡지를 읽는 것은 긴급한 임무 수행 상황이 아니라면 그의 재량에 속한다고 할 수 있다. 하지만 똑같이 처신하는 간호사는 "전문성이 결여된" 품행으로 규칙을 위반했다고 평가될 수 있다.

시설에 따라 2차 적응의 확산 정도는 차이가 있다.

대략적으로 해당 집단에 속한 구성원들이 기관에 참여하는 시간이 짧을수록, 그들은 경영진이 제공하는 활동 프로그램과 동기를 수용하고 따를 가능성이 높다. 예컨대 담배처럼 사소한 공산품을 판매하는 기업의 소비자들은 기업이 프로그래밍한 역할 범위 안에서 구매 주기를 완료할 것이다—아마도 일회적인 사교적 소비에는 해당되

---

42) 폴 왈린Paul Wallin이 내게 언급해주었다.

지 않을 것이다. 참여자들이 의무적으로 "구내 거주"를 하는 시설의 지하 생활은 풍요로울 가능성이 크다. 조직이 프로그램을 실행하는 기간이 길면 길수록, 그것의 성공 가능성은 낮아지기 때문이다.

또한 강제로 입소를 시키는 조직들에서 신입들은 적어도 입소 초기에는 기관의 공식적 자아-정의를 기꺼이 수용하려 들지 않을 것이며, 따라서 승인되지 않은 활동에 이끌릴 가능성이 높다.

마지막으로 이미 언급했듯이 많은 양의 외부 인센티브를 제공하지 않는 시설들은 소위 마음속 아담Adam을 다스리지 못할 것이며, 따라서 비공인적인 몇몇 외부 인센티브가 개발될 수 있다.

역동적 지하 생활을 촉진하는 이 모든 조건이 다 모여 있는 곳이 바로 정신병원이다. 이제부터 나는 정신병원의 2차 적응들에서 나타나는 주요 주제를 살펴보려고 한다. 연구를 위해 나는 7천여 명의 환자가 거주하는 공립 정신병원 내 환자들의 삶을 1년 동안 참여 관찰했다. 이 병원을 나는 "중앙병원"이라고 요약해서 칭할 것이다.[43]

정신병원 같은 기관은 "총체적" 종류의 것이다. 즉 재소자들은 자신들의 삶 전체를 시설 내부에서 보내며 이때 그들은 외부 세계와 단절된 동류의 사람들과 밀접히 무리를 이루어 산다. 이 기관들의 참여자들은 매우 상이한 상황에 속한 두 큰 집단으로, 즉 직원과 재소자로 나뉜다. 나는 편의를 위해 두 집단이 채용하는 2차 적응을 각각 분리해서 살펴볼 것이다.

중앙병원의 직원들이 수행하는 2차 적응에 대해서도 할 말이 있다. 예컨대 직원들은 간혹 환자들을 보모로,[44] 정원사로, 이런저런

---

43) 「책머리에」에 이에 대한 감사말을 썼다.

일을 돕는 수족처럼 활용한다.[45] 병원 밖 외출을 나가는 환자들은 의사들과 간호사들을 위해 심부름을 하기도 한다. 담당 직원들은 금지된 일이지만 병원 음식을 먹을 수 있다. 또한 주방 직원들은 음식을 "빼내는" 것으로 유명하다. 병원 차고는 간혹 직원 자동차를 수리하고 부품을 조달하는 원천으로 활용된다.[46] 야근 직원은 종종 낮에 일을 하기 때문에 밤에 잠을 자도 용인이 되며, 잠자는 것을 들키지 않도록 다른 담당 직원들이나 친한 환자들에게 경고 신호를 보내달라고 부탁하기도 한다.[47] 한두 번의 갈취도 있었다. (한 환자의 주장에 따르면) 언어 장애 환자가 매점에서 쓰려고 모은 돈을 직원들이 유용하여 물품들을 사서 나눠 갖거나 혼자 쓴 것이다.

나는 중앙병원의 직원들이 수행하는 2차 적응은 부차적이라고 본

---

44) 직원 가족이 구내에 거주하는 총체적 기관에는 반드시 재소자 보모가 존재한다. 예로는 1920년대 영국의 육군과 공군의 병영 생활에 대해 연구한 T. E. Lawrence, *The Mint,* London: Jonathan Cape, 1955, p. 40을 보라.

45) Eugen Kogon, 같은 책, pp. 84~86을 보면 독일 친위대원들이 수용소의 양복점, 사진관, 인쇄소, 병기 공방, 도기 공방, 화방 등에서 일하는 재소자를 특히 크리스마스 시즌에 자기 편의를 위해 부리는 흥미로운 사례들이 나온다. 멜빌 돌턴(Melville Dalton, 같은 책, p. 199)은 미국 산업 공장의 비공인적 보상을 분석하면서 기능적 분화가 이루어진 사례를 보여준다. "밀로Milo 목공소의 공식적 십장인 테드 버거는 '남몰래sub rosa' 보충적인 보상 체계를 운영하고 보호했다. 무조건적인 충성을 대가로 그는 공식적 의무를 면제받았고 최소한 부서장 자격으로 보상 체계의 거간꾼 역할을 했다. 그가 받는 보상은 사회적이고도 물질적이었다. 그러나 그가 그러한 보상 체계를 도맡으면서 다양한 직급과 부서의 사람들을 묶는 사회적 아교가 의도치 않게 형성되었다. 버거는 기계를 담당하지 않아도 되었기에 하루에 최소 여섯 시간을 아기 침구, 방풍창, 차고 창문, 인형 유모차, 흔들 목마, 탁자, 고기 써는 도마, 밀대 등을 만드는 데 사용할 수 있었다. 이 물건들은 많은 관리인을 위해 맞춤 생산되었다."

46) 산업계의 사례로는 Melville Dalton, 같은 책, p. 202를 보라.

47) 야근 시 태만은 물론 미국의 직업 조직들 전반에서 나타나는 전형적인 현상이다. 예로는 S. M. Lipset, M. A. Trow, and J. S. Coleman, *Union Democracy,* Glencoe, Ill.: The Free Press, 1956, p. 139를 보라.

다. 훨씬 더 정교한 방식의 직원 지하 생활이 다른 많은 정신병원이나[48] 혹은 군대 시설에서 발견된다. 나아가 중앙병원의 이러한 관행들은 직원들이 근무 시간 외에 재소자들의 여가 활동에 시간과 주의를 투여하는 많은 사례와 함께 검토되어야 한다. 이런 사례들은 직원들이 경영진이 기대하는 것보다 자신의 일에 더 헌신한다는 사실을 보여주기 때문이다. 그러므로 나는 여기서 직장과 조직의 부하 직원들이 수행하는 다른 여러 표준적 2차 적응, 즉 생산 억제,[49] "불필요한 작업," "비공인 작업,"[50] 생산성 보고서 허위 작성[51] 등등을 포함한다. 도널드 로이와 멜빌 돌턴 같은 학자들은 이러한 적응 기술을 꼼꼼하고 세심하게 연구해왔는데, 이는 다른 시설을 연구하는 학자들에게 귀감이 될 만하다.

　중앙병원의 정신병 환자들이 수행하는 2차 적응을 검토할 때, 나는 가능하다면 다른 유형의 시설들에서도 보고되는 동일 관행들을 언급할 것이며 모든 시설에 해당되는 2차 적응에 대한 주제 분석thematic

---

48)　예컨대 훈육 목적을 위해 전기 충격을 사용하기도 한다. John Maurice Grimes, *Why Minds Go Wrong*, Chicago: 자가출판, 1951, p. 100은 직원에게 효과적 도구로 잘 알려진 "비누-양말soap-sock"의 예를 든다. 비누-양말은 멍도 남기지 않고 숨기기 쉬우며 무엇보다 사람을 죽이지 않는다.

49)　대표적 논문은 Donald Roy, "Quota Restriction and Goldbricking in a Machine Shop," *American Journal of Sociology*, LVII, 1952, pp. 427~42. 또한 O. Collins, Melville Dalton, and D. Roy, "Restriction of Output and Social Cleavage in Industry," *Applied Anthropology* [지금은 *Human Organization*], V, 1946, pp. 1~14를 보라.

50)　Edward Gross, *Work and Society*, New York: Crowell, 1958, p. 521의 각주는 다음과 같다. "이는 때로는 '숙제'라 불리며 [업무 시간에] 사적인 일을 하는 것을 지칭한다. 예를 들어 식탁 다리 고치기, 집에 있는 연장 수선하기, 아이 장난감 만들기 등등."

51)　예로는 Donald Roy, "Efficiency and 'The Fix': Informal Intergroup Relations in a Piecework Machine Shop," *American Journal of Sociology*, LX, 1954, pp. 255~66.

analysis을 시도할 것이다. 따라서 나는 병력 기록 분석과 비교 분석을 적당히 혼합할 텐데, 어떤 경우는 개별 병원에 대한 연구보다는 기관들 간의 비교 분석에 더 초점을 맞출 것이다.

물론 정신의학적 원칙으로 따지자면, 재소자들에게 2차 적응이란 존재할 수 없다. 환자가 하게 되는 모든 행동은 치료와 보호 관리의 일부이다. 환자가 스스로 하는 모든 것은 그의 질병이나 회복의 징후로 정의된다. "가벼운 죄를 자백"하고 감옥에 복역하는 대신 정신병원에 입원하여 시간을 보내려는 범죄자는, 정말로 마음 깊은 곳에서는 치료를 받고 싶은 것이다. 마찬가지로 군대에서 정신병을 앓는 척 꾀병을 부리는 병사 역시 그가 흉내 내는 병에 걸린 것은 아닐지라도 진짜로 아픈 것이다. 병원에 입원하여 자기 이익을 도모하는 환자 역시 치료 시설을 악용한다고 비난받기보다는 그가 그러한 선택을 한 이유는 정말로 아파서일 수도 있다고 봐야 한다는 것이다.

무엇보다 주립 정신병원은 정신의학적 원칙을 따르기보다 "병동 체계"로 기능한다. 병원은 처벌과 보상을 통해 환자들에게 지극히 간소화된 생활 조건을 부과하며, 이는 어느 정도 형벌 기관의 어법을 따른다. 거의 모든 담당 직원과 상당수의 고위급 직원들은 특히 병원을 운영하는 일상적 문제와 관련해 그 같은 행동과 말의 틀을 채택한다. 훈육적 준거 틀은 환자들에게 합법적으로 주어지는 수단과 목표의 전체 집합의 윤곽을 짠다. 또한 이 같은 권위적인, 그러나 완전히 공식적이지는 않은 체계에 비추어, **결과적으로** 환자 활동의 다수가 불법적이거나 용납될 수 없는 것으로 규정된다. 따라서 병원이 병동의 환자들에게 승인해주는 생활이란 너무나 공허하다. 그 공허가 너무 커서 환자들이 어떤 식의 행동을 취하건, 계획하지 않은 만족이 거기에 딸려올 정도다.

Part 2: 병원의 지하 생활

원천들

나는 이제 환자들이 2차 적응 과정에서 취하는 재료들의 원천을 검토하고자 한다.

1

먼저 주목해야 할 것은 **임시변통**make-do의 만연이다. 모든 사회적 시설의 참여자들은 가용한 인공물들을 공식적 의도와 다른 방식으로, 그리고 다른 목표를 위해 사용하며 그럼으로써 개인들에게 프로그래밍된 생활 조건을 변경시킨다. 인공물을 물리적으로 재가공하기도 하고 혹은 불법적으로 활용하기도 하는데, 어떤 쪽이건 이는 로빈슨 크루소 주제의 통속적 변주라고 할 수 있을 것이다. 교도소는 이와 관련된 뚜렷한 사례들을 제공한다. 예컨대 수저를 두들겨 칼을 만들거나, 『라이프』 잡지 종이에서 잉크를 추출하거나,[52] 내기 액수를 적기 위해 중고책을 사용하거나,[53] 전등 콘센트 같은 이런저런 도구를 이용하여 담배에 불을 붙이거나,[54] 부싯깃 상자를 손수 만들거

---

52) Holley Cantine and Dachine Rainer, 같은 책, p. 42.
53) Frank Norman, *Bang to Rights,* London: Secker and Warburg, 1958, p. 90.
54) Frank Norman, 같은 책, p. 92.

나,[55] 성냥을 쪼개 쓰거나 등등이 여기에 포함된다.[56] 다수의 복잡한 관행을 통해 이런 식의 재활용이 이루어지는데, 대부분은 타인과 관계없이 자기가 만든 것을 자기 혼자 쓰는 경우에 해당된다(기술을 배우고 가르치는 경우는 제외하고).

중앙병원은 단순한 종류의 많은 임시변통을 암묵적으로 승인한다. 예컨대 많은 재소자는 화장실 욕조에서 직접 세탁한 개인 빨래를 라디에이터에 널어 말릴 수 있다. 이런 식으로 기관의 공식 업무인 세탁이 개인의 임의에 맡겨졌다. 딱딱한 벤치가 있는 병동에서 환자들은 종종 신문지를 말아 들고 다니는데, 이는 벤치에 누울 때 베개로 쓰기 위해서다. 말린 외투와 수건도 같은 용도로 사용되었다. 다른 수감 기관을 경험한 환자들은 이 경우 더 효과적인 물건을 사용했다. 바로 신발이다.[57] 병동을 옮길 때 환자들은 윗단을 꿰맨 베갯잇에 개인 소지품을 넣어 다니기도 하는데, 이는 어떤 감옥에서는 반-공식적으로 승인된 관행이다.[58] 소수의 노인 환자는 운이 좋으면 개인 침실을 제공받는데, 어떤 이들은 방에 비치된 세면대 아래 수건을 깔아놓았다. 이때 세면대는 책을 읽을 수 있는 책상이 되고 수건은 차가운 바닥에서 발을 보호하는 깔개가 되는 것이다. 더 나이든 환자들은 이동이 금지되거나 혹은 어려운 경우가 있는데, 이들은

---

55) George Dendrickson and Frederick Thomas, *The Truth About Dartmoor*, London: Gollancz, 1954, p. 172.

56) George Dendrickson and Frederick Thomas, 같은 책, pp. 172~73.

57) 해군과 비교해볼 수 있다(Herman Melville, 같은 책, p. 189): "……해군 규정에 따라 군함에서 지급되는 방수 모자는 어찌나 단단하고 찌그러지지 않고 무거운지, 특히 새것은 매우 견고해서 그 위에 앉을 수도 있다. 다른 곳에 앉으니 차라리 자기 엄지 위에 앉겠다는 그 완고한 해병들도 방수 모자를 의자 용도로 사용한다."

58) 영국의 사례는 George Dendrickson and Frederick Thomas, 같은 책, p. 66을 보라.

3 공공 기관의 지하 생활

화장실에 가지 않아도 일을 처리할 수 있는 전략을 고안했다. 병동 내부의 라디에이터는 소변 자국이 그리 오래가지 않기에 소변기로 쓸 수 있었다. 일주일에 두 번 지하 이발소를 사용할 때, 직원들이 보지 않는 동안 그들은 사용된 수건을 비치하는 용기에 소변을 보기도 했다. 중환자 병동 내 모든 연령의 환자들은 종이컵을 들고 다니다가 타구나 재떨이로 사용했다. 직원들은 침 뱉기나 흡연보다 바닥이 더러워지는 데 더 신경을 쓰기 때문이다.[59]

총체적 기관에서 임시변통은 특정 영역에 국한되는 경향이 있다. 그중 한 영역은 개인의 외모 가꾸기이다——즉 그럴듯한 모습으로 타인에게 자아를 표현하는 방편을 도모하는 것이다. 예컨대 수녀들은 유리 뒷면에 검은 가림막을 대어 거울로 활용하곤 한다. 이때 거울은 수녀 사회에서는 용인되지 않는 자아 관찰, 자아 교정, 자아 인정을 위한 도구라고 할 수 있다.[60] 중앙병원에서는 화장실 휴지가 "활용되었다." 꼼꼼한 환자는 그것을 잘 찢고 접어 소지하고 다니며 조심스레 크리넥스처럼 사용했다. 마찬가지로 한여름에 몇몇 남성 환자는 병원이 지급한 카키 바지를 자르고 재단하여 제법 근사해 보이

---

59) 중앙병원에서 언어 능력을 완전히 잃어버린 다수의 환자는 요실금, 환각, 그 외의 전형적인 증상을 보인다. 그러나 고의적이고 지속적으로 리놀륨 바닥 위에 담뱃재를 떨어뜨리는 무모한 환자들은 거의 없었다. 또한 내가 관찰한 바에 따르면 식당에서 줄서기를 거부하고, 샤워를 하지 않고, 잠을 자지 않고, 제때에 일어나지 않는 환자들도 거의 없었다. 정신이상 증세가 가감 없이 표출되는 와중에도 그 이면에서 병동의 기본적 규칙은 엄수되고 있었다.

60) Kathryn Hulme, *The Nun's Story*, London: Muller, 1956, p. 33. Frank Norman, 같은 책, p. 87에 따르면 영국의 캠프 힐 교도소에서 크리스마스 기간 동안은 규율이 느슨해지는데, 이때 동성애자들은 치약 분말로 얼굴에 분칠을 하고 책표지를 물에 적셔 구한 붉은 염색물로 입술을 칠한다.

는 여름용 반바지로 사용했다.

2

지금까지 언급한 단순한 임시변통의 특징은 다음과 같다. 임시변통을 할 때, 개인은 시설의 공식적 세계에 덜 참여하며 덜 마음을 쓴다. 나는 이제 기관의 합법적 세계에 더 민감한 일련의 관행들을 살펴보고자 한다. 이때 합법적 활동에 임하는 태도는 유지되지만 원래의 범위를 넘어 진행되는 경우가 생긴다. 다시 말해 합법적 만족을 이끌어내는 원래의 원천들이 확장되고 정교화되는 것이다. 혹은 공식적 활동의 통상적 과정 전체가 개인적 목표를 위해 남용되는 것이다. 이제 나는 소위 체계의 "이용"에 대해 이야기할 것이다.

중앙병원에서 가장 기본적 방식의 체계 이용은 중환자 병동의 환자들이 보여준다. 이들은 계속 진료를 요구하거나 규율을 거부하는데, 이는 분명 담당 직원이나 의사들의 관심을 얻으려는 의도이며, 또한 비록 규율의 범위 내일지라도 그들과 사회적 관계를 맺으려는 의도 때문이다.

병원에서 나타나는 체계 이용의 기술들은 대부분 정신 질환과는 크게 상관이 없다. 오히려 그러한 기술들은 이를테면 식사와 관련된 일련의 정교한 관행들에서 잘 나타난다. 예컨대 남성 만성 환자들로 구성된 서비스동[61]의 환자 900명이 교대로 식사를 하는 대규모 식당

---

61) 주거라는 견지에서 보면, 미국의 일반적 정신병원은 공식적으로는 병동과 서비스동 services을 중심으로 조직화되어 있다. 병동에는 흔히 숙소(보통은 폐쇄된다), 휴게실, 휴게실이 보이는 간호사 대기실, 다수의 관리 및 원무실, 일렬로 늘어선 독방, 그리고 때로는 식당 영역이 포함된다. 서비스동은 하나 혹은 그 이상의 분리된 건물을 점유하는 병동들의 집합이라고 할 수 있다. 이 병동들은 공통의 행정과 동질적 환자들—연령, 성

에서 어떤 환자들은 자신의 입맛에 맞게 음식에 양념을 하기 위해 직접 조미료를 챙겨왔다. 그들은 겉옷 주머니에 설탕, 소금, 후추, 케첩을 넣은 작은 병들을 지참했다. 종이컵에 뜨거운 커피가 나올 때는 또 다른 종이컵을 겹쳐서 손을 보호하기도 했다. 바나나가 나오는 날이면, 어떤 환자들은 식이요법을 위해 따로 물병에 준비된 우유를 한 컵 몰래 훔친 다음 거기 바나나를 썰어 넣고 설탕을 쳐서 "제법 괜찮은" 후식을 만들어 먹었다. 프랑크 소시지나 간처럼 음식이 괜찮고 휴대 가능한 날에는, 일부 환자들은 종이 냅킨에 음식을 싼 다음 "두번째" 식사를 다시 받고, 첫번째 음식은 병동에 가져와 야식으로 먹었다. 우유가 나오면 환자들은 휴대한 빈 병에 우유를 담아 병동에 가져오기도 했다. 메뉴 중 특정 음식이 맘에 들어 그것을 더 먹고 싶으면 일단 그 음식을 먹고 나머지 음식들은 오물통에 버린 후 (허용이 되면) 다시 전체 음식을 받아 두번째 식사를 했다. 구내 외출이 가능한 일부 환자들은 식당에서 하절기에 저녁 식사로 제공되는 빵과 치즈로 샌드위치를 만든 다음 커피 한 잔을 사 매점 밖에서 평화롭게 식사를 했다. 병원 밖 외출권이 있는 환자들은 때로는 저녁을 먹고 동네 가게에서 후식으로 파이와 아이스크림을 사 먹었다. 다른 병원의 작은 식당에서 환자들은 식사를 두 번 먹는 것이 시간상 모자라다고 예상하면서 (보통 맞는 예상이다) 식판에서 자기 몫의 고기를 꺼내 빵 사이에 집어넣은 다음 자기 자리에 놓고

별, 인종, 혹은 병의 만성 정도 등의 기준에서—로 이루어져 있다. 이러한 동질성 때문에 서비스동 내에는 그 성격과 기능이 차별적인 개별 병동들이 형성된다. 이에 따라 개별 병동은 각각의 특혜 사다리를 제공하며 서비스동 내의 모든 환자는 관료적 절차의 활용 없이 그 안에서 오르내릴 수 있다. 요컨대 병원은 각각의 서비스동이 병동을 통해 미시 수준에서 실행하는 것을 서비스동을 통해 거시 수준에서 반복한다.

잽싸게 다시 줄을 서서 두번째 음식을 받기도 했다. 두뇌 회전이 빠른 이 환자들은 간혹 자기 자리로 돌아왔을 때 첫번째 음식이 이미 동료 재소자의 차지가 되어버렸다는 사실을 발견했다. 한 사기꾼이 힘들이지 않고 다른 사기꾼을 속인 셈이다.

체계를 잘 이용하려는 개인은 체계에 대한 깊은 지식이 있어야 한다.[62] 그러한 지식이 병원에서 작동하는 것은 쉽사리 발견된다. 예를 들어 외출 허가를 받은 환자들은 외부에서 자선 공연을 관람한 후 밖으로 나갈 때 극장 복도에서 담배나 사탕을 지급받는 사실을 잘 알고 있다. 공연이 재미가 없으면, 어떤 환자들은 공연이 끝나기 불과 몇 분 전에 극장에 들어가서 다른 이들과 함께 나왔다. 그런가 하면 다른 환자들은 몇 번이고 줄을 다시 서면서 통상적 값어치 이상의 것을 그 상황에서 뽑아냈다. 물론 직원들은 환자들의 이러한 관행들을 알고 있었다. 직원들은 병원 전체가 참여하는 무도회에 늦게 오는 이들은 아예 문을 잠가 입장을 못하게 했는데, 이는 환자들이 음식만 먹고 도망가기 위해 시간을 맞춰 온다고 가정하기 때문이었다. 유대인 복지관의 여성 회원들은 일주일에 한 번 아침 예배가 끝나면 브런치를 제공하는데, 한 환자는 이에 대해 "시간을 잘 맞춰 오면 예배는 빠지고 점심을 먹을 수 있어"라고 말했다. 또 다른 환자는 남들이 모르는 사실을 알고 있었다. 병원에는 여성 재봉사 팀이 있

---

62) 간수의 일과에 대한 지식은 많은 탈옥 소설에서 등장한다. 또한 절박함과 지식의 상호 연관성은 실제 경험에서도 발견된다. 코곤(Eugen Kogon, 같은 책 p. 180)은 부켄발트 의 수감자들이 배식이 줄고 중단될 때 어떻게 반응하는지를 논하면서 말한다. "……재소 자가 텐트에서 죽으면, 그들은 사망 사실을 숨겼다. 한두 사람이 시체를 끌어서 빵이 배 급되는 장소까지 옮겨놓았다. 그러면 빵은 '조력자들'에게 지급되었다. 그다음 시체는 점 호 장소 부근의 아무 곳에 내던져졌다."

어서 옷을 수선하곤 했는데, 그 환자는 자기 셔츠와 바지를 가져가 말끔히 고친 다음 그 보답으로 담배 한두 갑을 주거나 혹은 약간의 돈을 주기도 했다.

병원 체계를 이용하는 데 타이밍은 매우 중요한 수단이다. 예컨대 적십자가 기증하는 중고 잡지나 소형 책들은 일주일에 한 번 병원 구내에 위치한 후생관에 트럭으로 배달되었다. 이 도서품목들은 도서관에 소장되어 있다가 개인 환자들이나 병동에 지급되었다. 독서를 좋아하는 환자들은 트럭이 도착하는 정확한 시간을 알아서 맨 먼저 원하는 책을 고르기 위해 시간에 맞춰 기다렸다. 일부 환자들은 지하 통로를 통해 중앙 주방에서 식당으로 음식이 전달되는 타이밍을 알고 1층에 음식통이 오면 그것을 세운 후 음식을 빼내기도 했다. 또 다른 예는 정보 획득과 관련이 있다. 규모가 큰 한 식당의 음식은 먼저 거동이 불편한 병동 내 노인 환자들에게 지급되도록 되어 있다. 이때 외래 환자들은 창을 통해 병동을 주시하다 메뉴가 무엇인지를 알아챈 후 식당으로 갈 것인지 혹은 매점에서 샌드위치를 사먹을 것인지를 결정했다.

병원 체계 이용의 또 다른 사례는 쓰레기 뒤지기scavenging이다. 몇몇 환자는 쓰레기 수거 시간 직전에 서비스동 근처의 쓰레기통을 순찰했다. 그들은 커다란 나무 쓰레기통에 쌓인 쓰레기의 윗부분을 찔러 보면서 음식, 잡지, 신문, 그 외의 잡동사니를 찾아내려고 했다. 쓰레기들이 의미가 있는 이유는 물품 지급이 부족하고 또한 그것들을 합법적 방식으로 구하기 위해서는 담당 직원이나 다른 간부들에게 굽실거리며 부탁을 해야 했기 때문이다.[63] 환자들은 또한 일부 원무동 내 사무실이 위치한 복도에서 재떨이 대용으로 사용하는 접시들을 뒤져 피울 만한 꽁초를 찾기도 했다. 개방된 공동체open communities에도 물론 쓰레기를 뒤지는 이들은 있다. 중고품을 수집하고 해체하는 모든 거대 체계에는 그것으로 몰래 이득을 보는 사람들이 늘 있기 마련이다.[64]

몇몇 환자는 자신의 이익을 도모하는 과정에서 체계 이용을 모색했고 이는 관습적인 2차 적응에서는 찾아볼 수 없는 개인적 성과로 이어졌다. 한 서비스동에는 회복기 환자들이 있는 두 병동──하나는 폐쇄형, 다른 하나는 개방형──이 있었다. 이곳의 한 환자는 폐쇄 병동에서 개방 병동으로의 이전을 요구했는데, 그 이유는 개방 병동의 당구대 커버가 훨씬 좋았기 때문이다. 또 다른 환자는 개방 병동에서 폐쇄 병동으로의 이전을 요구했는데 그것은 폐쇄 병동이 "더 사교적"이었기 때문이다──물론 어떤 환자들은 강제로 폐쇄 병동에 머무르지만. 또 다른 환자는 병원 밖 외출을 하면 병원 일을 면제받았고 심지어 교통비를 지급받았고 병원 바깥에서 직장을 알아보기도 했다. 그는 외출하면 오후 내내 영화를 봤다고 이야기했다.

나는 여기서 다른 종류의 박탈적 상황을 경험해본 환자들, 특히 약삭빠른 환자들은 종종 체계를 어떻게 이용할 수 있는지 잽싸게 간파한다는 사실을 덧붙이고 싶다. 예를 들어 렉싱턴의 병원에 이미

---

63) 강제수용소의 경험을 비교해볼 수 있다(Eugen Kogon, 같은 책, p. 111). "……쓰레기통을 뒤져 썩은 고기를 찾는 수많은 사람이 늘 있었다. 이들은 고기뼈를 모아 끓이곤 했다."
64) 작은 마을의 남자 아이들이 자신들만의 세계를 구축하기 위해 이용하는 도구의 대다수는 다양한 종류의 쓰레기 저장소에서 나온다. 일종의 배설 활동cloacal activities이라고 할 수 있는 이러한 현상에 대한 흥미로운 정신분석적 해석도 가능하다. 그러나 이 사례는 민속지적 관점에서 보면 여기서의 약탈자scavenger와 동떨어진 것일 수 있다.

입원한 적 있는 환자는 병원에 온 첫날 아침부터 말아 피우는 담배 roll-your-owns를 지급받았고, 구두 광택제를 구해 신발 두 켤레를 닦았고, 동료 재소자가 어디에 범죄소설을 숨기는지 알아냈고, 인스턴트커피와 뜨거운 수돗물로 커피를 타 먹었고, 집단 심리 치료 시간에 사람들 곁에 단정히 앉아 불과 몇 분 만에 자신에게 주어진 역할을 적극적으로 수행하는 적응력을 보여주었다. 바로 이 때문에 우리는 왜 담당 직원이 "환자가 퇴원할 수 있는지 없는지 알아채는 데는 3일도 안 걸린다"라고 말하는지 이해할 수 있다.

지금까지 언급한 체계 이용은 그것이 행위자 자신에게만, 혹은 그와 가까운 사람들에게만 이익을 제공하는 경우에 해당한다. 집합적 이익을 염두에 두고 고안된 관행들은 많은 총체적 기관에서 발견되지만,[65] 정신병원에서 체계 이용을 위한 집합적 수단은 그리 흔치 않은 것처럼 보인다. 중앙병원에서 발견된 집합적 2차 적응은 대부분 기관 내 유사-교도소 기관 출신의 재소자들이 수행하는 듯했다. 이 기관은 "감옥Prison Hall"으로 불렸는데, 여기에는 법적으로 정신장애 범죄자 신분의 사람들이 수용되었다. 예컨대 전과자 환자들이 모여 있는 한 병동은 식사 시간 직전에 한 명을 주방으로 보내 음식을 포장해서 뜨거운 상태로 가져오게 했다. 그렇지 않으면 지하 통로로

---

65) 예로는 Eugen Kogon, 같은 책, p. 137을 보라. "모든 강제수용소에는 정치범들이 있었고 그들은 상당 정도의 주도권을 행사했다. 그들은 친위대가 행사하는 어마한 공포가 지배하던 수용소의 병원을 수많은 수감자를 구제해주는 거점으로 뒤바꾸었다. 환자들은 실제 치료를 받았는데 그뿐만이 아니었다. 죽임을 당하거나 집단 처형장으로 이송될 위험에 처한 건강한 수감자들 또한 은근슬쩍 환자 목록에 올려져 친위대의 손아귀로부터 벗어날 수 있었다. 특별한 경우, 빠져나갈 수 있는 방법이 안 보일 경우, 위험에 처한 당사자들은 명목적으로는 '사망' 처리된 후 이미 죽은 수감자들의 이름을 사칭해서 살아가곤 했다."

이동하는 동안 음식이 식기 때문이다.

"체계 이용"을 살펴볼 때, 우리는 입원 과정 자체가 어떻게 이용되는지를 살펴보지 않을 수 없다. 예를 들어 직원과 재소자 모두 주장하기를 어떤 환자들은 병원에 오는 이유가 가정과 일에 대한 책임을 회피하기 위해서이거나[66] 무료로 의료 서비스나 치과 서비스를 받기 위해서이거나 혹은 형사 고발을 피하기 위해서였다.[67] 이런 주장이 과연 맞는지 확인할 수는 없다. 병원 밖 외출권이 있는 환자들은 주말에 술을 마시고 술을 깨기 위해 병원에 온다고 했다. 실제로 지독한 숙취 해소에는 마취제가 효과가 좋다는 식의 이야기가 실제로 환자들의 행동을 부추기기도 했다. 또한 병원 밖 외출권이 있는 어떤 환자들은 최저 생계비 이하의 파트타임 직업을 구하기도 했다. 그들에게는 무료로 병원 음식과 숙소가 제공되기 때문에 저임금을 감당

---

66) 병원의 한 서비스동에는 일이 궁할 때마다 들어오는 남성 환자들이 다수 있었는데 그들은 바깥 세상의 시류에서 다소 멀어진 상태에서 실제로 병원에서 챙길 수 있는 "몫deal"이 꽤 짭짤하다고 믿었다. 공짜 후식을 얻은 한 환자는 주장했다. "이만한 사과 파이를 바깥에서 25센트 주고 구할 수 없지. 암 없고말고." 기관 속에 영구적으로 내장되어 있는 무감각, 그리고 안락한 정착지에 대한 갈망, 흔히 우울증 시기에 나타나는 이러한 특징들 또한 연구 대상이 될 수 있다.

67) 하층 계급 출신의 한 남성은 이미 정신병원 출신이라는 낙인이 찍혀 있었고 또한 일 경험이나 수감 기간이 중요하지 않은 일을 주로 맡았다. 그는 병원 구석구석을 다 알았고 직원들 중 일부와는 친구가 되었기에 박탈감을 거의 느끼지 않았다. 정신병원 출신 중 어떤 이들은 자신의 의료 기록을 소지하고 다닌다고도 했다. 어떤 이유로건 경찰 조사를 받으면 의료 카드를 내보여 자신에게 내려질 조치에 영향을 미치려고 한다는 것이다. 그러나 내가 만난 환자들은 살인 혐의를 제외하면 병원에 들어가는 게 일반적으로 처벌을 면하는 좋은 방법은 아니라고 주장했다. 사실 교도소는 형량이 확실하고 약간의 돈도 벌 수 있고, 요새는 TV 설비도 꽤 괜찮다는 것이다. 그러나 나는 이런 식의 이야기가 실제로는 반-직원 정서의 표현으로 해석되어야 한다고 느꼈다. 그러나 이러한 해석에서 중앙병원처럼 "정신장애 범죄자criminally insane"를 수용하는 특별 폐쇄 건물이 있는 병원은 예외일 수 있다.

3 공공 기관의 지하 생활

하는 것이 남들보다 유리했다.[68]

덧붙여 환자들의 체계 이용이 덜 전통적인 방식으로 이루어지는 경우도 있었다. 모든 사회적 시설은 참여자들을 우선적으로 면대면 접촉을 통해 모으고 혹은 최소한 면대면 접촉의 기회를 늘리려고 하는데, 이는 다른 기관들과 마찬가지로 정신병원에서도 2차 적응을 활성화시키는 토대가 된다. 병원이 제공하는 사교 기회를 이용하는 집단 중 하나는 전과자 환자들, 즉 감옥 출신들이었다. 이들은 상대적으로 젊고 도시의 노동자 계급 출신이 많았다. 괜찮은 병원에 오게 되면 이들은 양질의 일거리를 필요 이상으로 할당받았고 또한 자신들이 끌리는 여성 환자들과 관계를 맺을 수 있었다. 다른 기관에서 "학생회 간부들campus wheels"로 불리는 대다수의 남자는 바로 이 계층 출신이다. 또 다른 집단은 흑인들이었다. 이들 중 일부는 원한다면 일정 정도 계급과 인종적 선을 넘나들면서 백인 환자들과 어울리고 사귀었다.[69] 이들은 또한 정신과 직원들과 중산층의 전문가스러운 대화를 나누었고 밖에서는 받을 수 없는 대우를 받았다. 세번째 집단은 동성애자들이었다. 성적 성향으로 인해 그들은 다른 집단으로부터 유폐되어 동성애자들만 사는 기숙사 생활을 하게 됨으로써 오히려 성적 기회를 얻을 수 있었다.

---

68) 엄격한 정신의학 원칙에서 보자면, 이미 언급한 것처럼 이런 식으로 병원을 남용하려는 동기는 그 자체 정신과 치료가 "진짜로" 필요하다는 징후로 해석된다.

69) 나는 종종 보수적인 백인 담당 직원과 보수적인 환자들이 흑인 남자 환자가 백인 여성 환자와 데이트하는 장면을 보고는 투덜거리는 소리를 들은 적 있다. 병원 행정은 이러한 보수적 집단의 반대편에 섰고 또한 일종의 새로운 사회적 분위기에 따라 그들과 선을 그었다. 행정 차원의 차별은 폐지되었고 노인 서비스동에서도 인종 간 분리는 사라졌다. 다른 서비스동들도 차별을 없애나갔다. 환자들 중 주도적 집단, 즉 피부색의 차이보다는 "힙"한 것에 더 관심이 있는 젊은층도 마찬가지였다.

일부 환자들이 체계를 이용할 때 동원하는 흥미로운 방법 중 하나는 외부인들과의 교류와 관련된 것이다. 외부인과의 상호작용 문제는 병원 내 환자의 신분적 지위와 광증을 향한 낙인 신화와 관련된 것으로 보인다. 일부 환자는 비환자들이 불편하다고 했지만, 다른 환자들은, 마치 동전의 이면을 보여주듯, 비환자들과 어울리는 것이 근본적으로 더 건강하며, 또한 어떤 점에서는 더 권장할 만하다고 주장했다. 더욱이 외부인들은 직원처럼 환자의 지위를 폄하하지도 않았다. 외부인들은 환자의 지위가 얼마나 비천한지 알지 못하기 때문이다. 마지막으로 일부 환자들은 동료 환자들과 자신의 감금 생활과 병에 대해 이야기하는 것을 지겨워하면서 외부인과의 대화를 환자 문화에서 벗어나는 기회로 생각하며 고대했다.[70] 외부인들과의 교류는 자신이 정신병 환자가 아니라는 느낌을 강화시켰다. 그러므로 병원 구내와 후생관에서는 일부 "신분은폐passing"가 작동했으며 이는 환자들로 하여금 자신이 제정신인 사람들과 차이가 없으며 그들 또한 그리 똑똑하지 않다는 사실을 확인해주는 중요한 원천이었다.

병원의 사회 체계에는 외부인과의 교류를 가능케 하는 몇몇 전략적 지점이 존재한다. 병원 내 거주 의사들의 10대 딸들은 병원 내 외출권이 있는 남성 환자들과 간호 수련생들이 병원 테니스 코트에서 작은 무리를 이루어 경기를 벌일 때, 동등한 자격으로 참여하기도 했다.[71] 경기 내내, 그리고 경기가 끝난 후 이 집단은 근처 잔디밭에

---

70) 이 모든 주제는 물론 다른 모든 낙인의 대상 집단들에서 확인된다. 환자들은 "우리는 정상인들이랑 단지 조금 다를 뿐이야. 그게 다야"라고 말한다. 그런데 역설적으로 그렇게 말하는 환자들도, 다른 "정상적 비정상인"과 마찬가지로 알지 못하는 사실이 있다. 모든 낙인 대상 집단들은 "조금 다를 뿐"이라는 식으로 스테레오타입화되고, 예측되고, "정상인" 취급을 받지 못한다는 것이다.

서 흥겹고 편하게 시간을 보냈는데, 이때 분위기는 시종일관 병원스럽지 않았다. 또한 외부 자선 단체들이 무도회를 개최했던 어떤 밤에는 젊은 여성 몇 명이 방문을 했는데, 한두 명의 남성 환자는 그녀들과 어울렸고 그녀들 또한 그들을 환자처럼 대하지 않았다. 마찬가지로 간호 수련생들이 정신과 실습을 하는 입소동admission ward에서 일부 젊은 남성 환자들은 그녀들과 함께 정규적으로 카드나 다른 게임을 했는데, 이때 그들 사이에는 간호가 아니라 데이트 분위기가 완연했다. 사이코드라마나 집단 치료 같은 "고급" 치료 시간에는 외부 전문가들이 최신 요법을 관찰하기 위해 자리를 했다. 이때 이 사람들 또한 환자들에게 정상인과의 상호작용 기회를 제공하는 원천이 되었다. 마지막으로 병원 대표 농구팀의 환자들은 병원 인근의 지역 농구팀과 경기를 할 때, 상대 팀원들과 특별한 우애감을 느낄 수 있었고 이로 인해 양 팀 모두 관객들과 분리되어 하나가 될 수 있었다.

3

아마도 환자들이 중앙병원에서 체계를 이용하는 가장 중요한 방식은 "이용할 수 있는" 과업을 배당받아 수행하는 과정에서 발견된다. 이때 이용할 수 있는 과업이란 특별한 일, 레크리에이션, 치료, 혹은 2차 적응의 일부를—때로는 전체를—작동시키는 병동 내 과업을 뜻한다. 이에 대해서는 영국 메이드스턴에 위치한 교도소와 관련한 한 전과자의 증언을 참고할 만하다.

---

71) 사회적으로 말하면, 단 한 명의 여성 환자도 이 집단과 "함께 어울리지made it" 못했다. 그런데 내가 아는 한 병원 내 거주 의사들의 아이들은 환자들과의 관계에서 신분상의 거리를 드러내지 않는 유일한 비환자 집단이었다. 왜 그런 거냐고? 나도 모른다.

1년에 세 번, 각 분기가 끝날 무렵에 교육과는 교도소 감독관에게 여러 집단에서 이루어진 개선 사항을 보고한다. 우리는 이런저런 수업에 죄수들의 출석 횟수를 보여주기 위해 숫자를, 더 많은 숫자를 만들었다. 예를 들어 가장 인기 있는 수업 중 하나는 "시사 문제"를 논쟁하는 토론 모임이었다고 보고서에 적었다. 우리는 그것이 왜 그리 인기가 있었는지는 말하지 않았다. 사실 그 이유는 토론을 지도한 그 선량한 여선생이 학생들을 위해 매주 담배를 제공했기 때문이다. 수업 내내 푸른 담배 연기가 가득했고 선생이 학생들에게 "시사"에 대한 이야기를 장황하게 설명하는 동안 늙은이들, 부랑자들, 멍청이들로 이루어진 그 학생들은 그저 느긋하게 앉아 공짜 담배를 즐길 뿐이었다![72]

환자들은 쓸모의 가능성을 염두에 두고 과업을 고른다. 혹은 과업이 주어진 후 쓸모가 생겨 계속 그 일을 하고 싶을 수도 있다. 어쨌든 우리는 이러한 "과업 이용하기"가 정신병원, 교도소, 강제수용소에서 유사하게 나타난다는 사실을 발견한다. 이 경우 재소자는 임시변통 이상의 것을 수행한다. 즉 그는 담당 직원에게 자신이 올바른 동기에서 과업을 수행한다는 점을 암시한다—특히 그 일이 자발적이고 직원과 재소자 간에 상대적으로 긴밀한 협력을 요할 때, 요컨대 "진심 어린 노력"이 기대될 때. 그런 일들을 수행할 때 재소자는 겉으로 보기에는 자신에게 주어진 과업을 적극 수행하며, 이를 통해

---

72) Anthony Heckstall-Smith, 같은 책, p. 65.

자신에 대한 기관의 견해를 적극 포용하는 것처럼 보인다. 그러나 실제로 과업을 활용하여 이익을 취하는 이 특별한 방식은 환자의 자아와 환자에 대한 기관의 높은 기대를 분리시키는 쐐기로 기능한다고 할 수 있다. 사실 요령을 부려 피할 수 있었던 과업을 수용함으로써 직원과 재소자 사이에는 오히려 우호적 관계가 시작되며, 재소자를 향한 직원의 태도 또한 강제적인 조종을 통해 타협을 끌어내는 보통의 경우보다 더 너그럽게 되는 것이다.

여기서 첫번째로 주목할 점에 대해서는 이미 언급한 바 있다. 즉 만약 배당된 과업이 뭔가를 생산한다면 이때 일꾼은 비공식적으로 자기 노동 성과의 일부를 취할 수 있다는 것이다. 병원에서 주방일을 하는 이들은 여분의 음식을 챙겼다.[73] 세탁소에서 일하는 이들은

---

73) 영국의 한 정신병원 사례와 비교할 수 있다. D. McI. Johnson and N. Dodds, eds., *The Plea for the Silent*, London: Christopher Johnson, 1957, pp. 17~18. "이윽고 나는 30여 명의 병동 내 환자 중 비교적 제정신인 두 사람과 한 조가 되었다. 첫번째는 앞서 언급한 젊은이였다. 주방장은 기꺼이 내 도움을 수락했고 내가 취하는 보상은 매일 차 두 잔을 덤으로 마시는 것이었다." 강제수용소의 사례는 Eugen Kogon, 같은 책, pp. 111~12에 나온다. "수용소를 둘러싼 철조망 바깥에는 대부분의 친위대원이 키우던 애완견들이 있었다. 녀석들에게는 고기, 우유, 시리얼, 감자, 달걀과 적포도주가 주어졌다. 그것들은 정말이지 너무나 훌륭한 음식이어서 굶주린 많은 수감자는 개먹이 주는 일을 맡을 때마다 그 기회를 최대한 활용하여 개 음식 일부를 확보하려고 했다." Holley Cantine and Dachine Rainer, 같은 책, p. 92에는 돈 드보Don Devault가 맥닐 섬의 감옥 사례를 다음과 같이 묘사한다. "추수 시기에 과수원에서 일하는 팀의 음식 상황은 크게 개선되었다. 우리는 거기서 실컷 과일을 먹었고 다른 재소자들에게도 많은 과일을 가져다주었다. 또한 나중에 수리 팀에서 일할 때도 마찬가지였다. 닭장에 가서 철망을 고치면서 동시에 달걀을 삶아 먹었다. 혹은 부엌에 가서 싱크대를 고치다가 조리사가 요리한 햄버거를 얻어 먹기도 했다. 아무도 보지 않을 때는 우유 한 병을 덤으로 얻기도 했다." Anthony Heckstall-Smith, 같은 책, p. 35에는 영국의 웜우드 스크럽스 교도소 출신의 증언이 나온다. "나는 배추를 심고 봄 양파 모판을 만드는 데 대부분의 시간을 보냈다. 신선한 야채를 접할 기회가 없었기에, 첫 며칠 동안 나는 너무 많은 봄 양파를 먹었다. 나는 장교들이 양파 줄에서 빈 곳을 알아볼까 봐 겁이 났다."

깨끗한 옷을 더 자주 지급받을 수 있었다. 신발 수선소에서 일하는 이들은 좋은 신발이 충분했다. 마찬가지로 병원 테니스코트에서 일하는 이들은 새 공을 가지고 자주 테니스를 칠 수 있었다. 도서관에서 자원 봉사를 하는 이들은 첫번째로 새 책을 구할 수 있었다.[74] 얼음 트럭에서 일하는 이들은 여름을 시원하게 보냈다. 중앙 의류 창고에서 일하는 환자들은 잘 차려입을 수 있었다. 직원 심부름으로 매점에 가 담배, 과자, 음료를 구매하는 환자들은 그중 일부를 챙길 수 있었다.[75]

직접적인 방식으로 과업을 이용하는 것 외에도 여러 우연적 경우가 있다.[76] 예를 들어 일부 환자들은 운동 시간을 고대했다. 왜냐하면 병원 생활에서 환자들이 가장 즐기는 활동 중 하나인 낮잠을 자는 데 지하 체육관의 비교적 푹신한 매트는 안성맞춤이었기 때문이

---

74) 이는 마치 영화애호가가 안내원 일을 맡아 임금 이상의 보상을 얻는 것과 같다.

75) 이 모든 다양한 시도는 대부분 매우 의욕적으로 보이지만, 산업시설과 상업시설에서 이루어지는 재료와 도구의 사적 활용은 그 규모와 화려함에서 정신병원의 재소자들이 엄두를 못 낼 정도다(Melville Dalton, 같은 책, pp. 199 이하). 우리는 또 다른 예를 찾아볼 수 있다. 제2차 세계대전 종전 유럽에서 미군 종사자들이 "활용organizing" 작업을 통해 챙긴 이득은 가히 어마어마했다.

76) 총체적 기관에 관한 문헌들은 몇몇 좋은 사례를 보여준다. 죄수들은 신선한 공기와 운동 기회를 이유로 때로는 겨울에도 농장과 채석장 일을 선호했다(George Dendrickson and Frederick Thomas, 같은 책, p. 60). 또한 어떤 이들은 방송통신 교육 과정에서 구조역학 수업을 들었는데, 이는 탈옥에 도움이 되었기 때문이다(Thomas Gaddis, *Birdman of Alcatraz*, New York: New American Library, 1958, p. 31). 혹은 변론 취지서를 쓰기 위해 법률 과목을 듣거나 모델로 사용하는 신선한 과일을 훔치기 위해 예술 수업을 듣기도 했다(J. F. N. 1797, "Corrective Training," *Encounter*, X, May 1958, p. 17). Eugen Kogon, 같은 책, p. 83은 강제수용소의 일에 대해 논한다. "수감자들은 모든 노동의 사소한 부분에서까지 크게 두 가지 부분을 염두에 두었다. 즉 피난처와 불이다. 특히 겨울에 수감자들은 몇몇 사소한 것을 열망했다. 예컨대 불 근처의 일을 얻기 위해서, 심지어 바깥일이라도 감독관을 매수하는 데 어마어마한 웃돈이 얹혀졌다."

다. 또한 몇몇 환자는 일주일에 두 번 입소동에서 진행되는 면도 시간을 기대했는데, 이는 이발 의자가 비어 있으면 거기서 잠깐이라도 휴식을 취할 수 있었기 때문이다. (이때 체육관 강사와 이발사 들은 일부러 고개를 돌림으로써 환자들이 주어진 조건을 활용하여 편의를 도모할 수 있게 했다. 이에 대해서는 병원 전체가 알았고 또한 논란이 되기도 했다.) 병원 세탁소에서 일하는 사람들은 지하 화장실에서 혼자, 그리고 여유 있게 면도를 할 수 있었다―이는 병원에서 어마어마한 특권이다. 직원 관사에서 청소 일을 하는 나이 든 환자들은 직원 파티에서 남은 음식과 음료를 챙길 수 있었고, 조용한 낮 시간에는 직원 전용 텔레비전―병원에서 가장 질이 좋았다―을 시청하기도 했다. 일부 환자들은 내게 말하길, 일부러 진료-수술 병동으로 보내지길 원했는데, 그럼으로써 환자다운 치료를 받을 수 있다는 이유였다. 내가 관찰한 바에 따르면 실제로 그러했다.[77] 흥미롭게도 어떤 재소자들은 인슐린 쇼크 요법의 숨겨진 가치를 발견해냈다. 인슐린 주사를 맞은 환자들은 오전 내내 인슐린 병동의 침대에 누워 있을 수 있었는데 이러한 호사는 다른 병동에서는 누릴 수 없는 것이었다. 그들은 거기서 간호사로부터 진짜 환자 대접을 받았다.

　예상했겠지만 많은 과업은 환자들에게 마음에 맞는 이성 상대를

---

77) 의무실의 불법적 이용은 물론 총체적 기관의 고전적 주제이다. 멜빌은 해군의 사례를 제시한다(Herman Melville, 같은 책, p. 313). "그러나 이 모든 것에도 불구하고, 의료실이 어둡고 비좁음에도 불구하고, 그 안에서 소위 무자격 환자들은 의사가 다 치료되었다고 말할 때까지 잠자코 입닥치고 있어야 함에도 불구하고, 많은 혜택이 있다. 특히 악천후가 지속되면 꾀병 환자들은 고된 일과 흠뻑 젖은 외투에서 벗어나고자 이 암울한 병실에 감금되기를 마다하지 않는 것이다."

만날 수 있는 기회를 제공했다. 이는 시민 사회의 다수 여가 조직 및 종교 조직에서 활용되고 부분적으로는 합법적으로 허용되는 2차 적응의 유형이라고 할 수 있다. 마찬가지로 어떤 과업들은 병원 내 분리된 거주 공간 탓에 떨어져 지내는 두 사람이 "회합"할 수 있는 가능성을 부여했다.[78] 예컨대 환자들은 강당에서 이루어지는 영화 관람이나 자선 공연에 조금 일찍 와서 이성 상대와 노닥거리다 공연 중에는 옆자리에 앉았고 그게 안 되면 공연 내내 다른 방식을 동원해 그러한 활동을 이어갔다.[79] 환송식 또한 이러한 만남의 상황을 만들어주어서 그날 밤은 작은 동네의 사교 모임 분위기가 났다. 병원 구내에서 이루어지는 알코올중독자 치료 모임도 비슷했다. 이때 음주벽으로 병원에 갇힌 환자들은 2주일에 한 번씩 만나 친구처럼 가십을 주고받고 유대를 돈독히 했다. 운동도 마찬가지로 활용되었다. 서비스동 대항 배구볼 경기에서 타임을 부를 때마다 옆줄로 가서 여자 친구의 손을 잡는 환자를 발견하는 것은 흔한 일이었다. 여자 친구 또한 경기 참관을 위해 병동 밖으로 나온 것이라고 하지만 사실

---

78) Frank Norman, 같은 책, p. 44는 영국 교도소의 예를 저자의 입으로 직접 이야기한다. "진료 소집이 제일 기가 막힌 속임수였다. 환자 목록에 20명이 있으면 진짜 아픈 이는 한 명에 불과하다는 것은 누구나 알았다. 진료 소집 명단에 있는 대부분의 녀석은 병원에 가는 이유가 그날 아침 일하러 가기 싫어서이거나 아니면 다른 동에 있는 누군가를 병원에서 만나기 위해 둘이 같이 책략을 꾸몄기 때문이다. 회합을 약속하고 또한 지킬 수 있는 가장 확실하고도 유일한 방법이었다. 규모가 큰 교도소에서 한 동에 친구가 있고 당신은 다른 동에 있다고 한다면 실제로 여기 있는 내내 그는 당신을, 당신은 그를 못 볼 가능성이 매우 크다. 심지어 둘 다 몇 년을 있었는데 말이다. 결국 친구를 만나려면 그런 종류의 책략을 꾸며야 하는 것이다."

79) 교도소 예배도 마찬가지여서 동성애자들의 만남 장소가 되었고 이는 종교에 나쁜 평판을 주는 격이 되었다. 예로는 George Dendrickson and Frederick Thomas, 같은 책, pp. 117~18.

은 남자 친구의 손을 잡으러 온 것이었다.

동료 환자들과의 사회적 접촉과 "회합"을 위한 목적으로 이용되는 가장 두드러진 정신병원의 과업은 치료였다. 중앙병원에서 심리 치료는 주로 집단 상담, 무용 치료, 그리고 사이코드라마의 형식으로 진행되었다. 이 프로그램들은 비교적 관대한 분위기에서 진행되었고 참여자들의 다수는 이성을 만나고 싶은 환자들이었다. 사이코드라마가 특히 그랬는데, 조명이 어두운 것도 그 이유 중의 하나였다. 무용 치료도 마찬가지였다. 프로그램에는 사교춤이 포함되었는데 이때 사람들은 자신이 선택한 상대와 춤을 추었다.

병원에서 환자들이 과업을 할당받는 가장 일반적 이유 중 하나는 병동 바깥으로 나가 감독의 통제와 물리적 불편에서 벗어나기 위해서였다. 병동은 일종의 피스톤처럼 환자들을 밖으로 밀어내는 기능을 했다. 환자들은 병동에서 나가기 위해 온갖 종류의 집단 일에 참여하고 싶어 했으며 이 때문에 이 일들은 성공적으로 수행되는 것처럼 보였다.[80] 직원이 일, 치료, 레크리에이션, 혹은 강연 등 어떤 것을 제안하건 늘 수많은 사람이 참여했는데, 이는 제안된 활동이 무엇이건 환자들의 생활 조건을 현격히 개선시켜주었기 때문이다. 예술 수업에 등록한 환자들은 병동을 떠나 반나절 동안 시원하고 조용한 지하실에서 그림을 그렸다. 그들을 친절하게 지도해주는 이는 일주일에 한 번 자선 봉사활동을 하는 상층 계급 여성이었다. 커다란

---

80) 교도소 감방에서도 비슷한 상황이 생긴다. 예로는 Frank Norman, 같은 책, p. 32를 보라. 어떤 가장들에게는 부인과 아이들이 동일한 피스톤 효과를 유발시킨다. 남자들은 밖으로 나가 볼링을 치고, 술을 마시고, 낚시를 하고, 학회에 참여하고, 그 외의 다른 가정 바깥에서 이루어지는 활동을 한다. 이러한 활동 자체만을 보면 그것들이 제공하는 즐거움을 설명하기 어렵다고 할 수 있다.

전축에서는 클래식 음악이 들려왔고 사제 담배가 매 시간마다 지급되었다. 요컨대 다수의 환자는 이 프로그램에 참여하기 위해 자발적 포로가 되는 것을 마다하지 않았다.

담당 직원들, 간호사들, 정신과 직원들은 노골적으로 병동 업무(사포로 광택 내기 같은)가 생활 조건을 향상시키는 핵심적 수단이라고 천명했다. 그러나 어떤 형태의 심리 치료건 환자들의 참여는 그 같은 **대가**의 관점에서 정의되지 않았다. 따라서 비록 생활 개선을 위한 것이라고 하더라도 그러한 "고급" 치료에 환자들이 참여하는 것은 2차 적응의 일환이라고 봐야 한다. 많은 환자는 이러한 참여 활동이 좋든 나쁘든 "치료"를 받았다는 증표가 될 수 있다고 여겼으며, 어떤 이들은 퇴원을 하면 고용자나 친척들에게 그러한 참여 활동이 실제 치료가 이루어졌다는 증거가 될 수 있을 거라고 생각했다. 환자들은 또한 병원 내 생활 여건을 개선하고 또한 퇴원을 위해 열심히 참여 활동을 하면 치료사가 자기네 편을 들어줄 것이라고 생각했다.[81] 예컨대 앞서 언급한 바 있는 입원하자마자 병원 체계를 이용하기 시작한 환자는 다른 환자가 퇴원하기 위해 어떻게 할 계획이냐고 묻자 이렇게 대답했다. "이봐, 나는 전부 다 참여할 거야."

물론 때때로 직원들은 환자들이 치료를 기대와 다른 방식으로 이용한다는 사실에 불쾌해할 수 있다. 실제로 사이코드라마 강사는 내게 말했다.

---

81) 가장 선도적인 사례는 미국 교도소에서 목회가 시작되었을 때 교도소 재소자들이 열렬히 종교를 받아들인 경우이다. H. E. Barnes and N. K. Teeters, *New Horizons in Criminology,* 2nd ed., New York: Prentice-Hall, 1951, p. 732.

환자가 자신의 문제를 드러내고 나아지기 위해서가 아니라 그저 여자를 만나려고 혹은 사교의 일환으로 여기 오면 나는 그와 이야기를 나눕니다.

또한 집단 상담치료사는 모임에 와서 자신들의 개별적인 정서적 문제에 대해 이야기하기보다 기관에 대해 불평을 늘어놓는 환자들은 비난받을 필요가 있다고 생각했다.

중앙병원에서 과업을 선택할 때 주요 고려 사항은 그것들이 얼마나 고위 직원들과 접촉할 기회를 제공하는가이다. 보통의 병동 조건을 고려하면, 고위 직원들 주변에서 일하는 환자들은 더 많은 이득을 챙길 수 있었고 직원들이 영위하는 안락한 생활 조건의 덕을 볼 수 있었다. (이는 집 밖에서 일하는 하인과 집 안에서 일하는 하인의 차이, 전투병과 후방의 행정병 사이의 차이를 만드는 오랜 요인이기도 하다.) 실력 있는 타자수 환자는 양질의 일과 시간을 가질 수 있는 최적의 위치에 있었으며, 이로 인해 비환자가 받는 예우에 가까운 대접을 받기까지 했다. 이들이 지불해야 하는 유일한 대가는 흔히 그렇지만 직원들이 환자가 없는 데서 환자에 대해 어떻게 말하는지를 엿들어야 한다는 것이었다.

이런 종류의 적응 사례는 최하급 병동에서도 발견된다. 사람들과 비교적 원만하게 지내고 자기 통제가 가능한 환자들은 병동 내의 좋은 일거리들과 그와 관련된 생활 조건들을 손쉽게 독점할 수 있었다. 예컨대 하급 병동 내 한 환자는 심리상담가와의 면담을 거부하고 병동에 머무르면서 저녁때 간호사 대기실을 마음대로 사용할 수 있었다. 그는 대기실 뒤의 작은 방도 사용할 수 있었는데 거기에는 직원들이 사용하는 푹신한 가죽 의자, 잡지와 책, 라디오와 TV, 그리고 꽃이 비치되어 있었다.

장소들

1

지금까지 중앙병원의 사례를 통해 2차 적응에 동원되는 재료들의 기본적 원천 몇몇을 살펴보았다. 이제 나는 환경의 문제를 다루고자 한다. 지하 생활의 활동들은 특정 장소나 지역에서 일어나기 때문이다.[82]

중앙병원의 재소자들은 다른 많은 총체적 기관과 마찬가지로, 자신의 세계가 세 영역으로 나누어져 있음을 발견한다. 이러한 분할은 동일한 특권적 지위에 있는 이들에게도 비슷하게 적용된다.

첫번째, 제한 구역이나 금지 구역 같은 공간이 있다. 이때 이런 공간에 발을 들여놓는 것 자체가 엄격히 금지된 행동이다─재소자가 권한을 부여받는 직원과 "동행"하거나 필요한 서비스를 수행하는 경우는 예외이다. 예컨대 남성 환자 서비스동에 공지된 규칙에 따르면, 여성 서비스동 뒤의 구내 영역은 출입 금지인데, 이는 아마도 성적 접촉을 금하기 위한 조치일 것이다. 병원 밖 외출권이 있는 일부

---

82) 공간의 사회적 이용에 대한 연구는 최근 헤이니 헤디거Heini Hediger와 콘래드 로렌츠 Konrad Lorenz 같은 동물 행동학자들의 연구를 통해 재활성화되고 있다. 매우 흥미로운 논문들로는 Robert Sommer, "Studies in Personal Space," *Sociometry*, XXII, 1959, pp. 247~60과 H. F. Elenberger, "Zoological Garden and Mental Hospital," *Canadian Psychiatric Association Journal*, V, 1960, pp. 136~49를 보라.

를 제외한 모든 환자에게 기관의 담장 바깥은 금지 구역이다. 또한 폐쇄 병동 바깥의 모든 세계는 병동 거주 환자들에게는 제한 구역이며, 병동 자체 또한 거주 환자가 아닌 환자들에게는 제한 구역이다. 대다수 행정 건물, 혹은 건물의 행정 구역, 의사 사무실, 그리고 정도의 차이는 있지만, 병동 내 간호사 대기실 등은 환자들에게 금지 구역이다. 정신병원에 대한 다른 연구들 또한 유사한 금지 조치들을 다룬다.

> 감독[직원]이 사무실에 있는 경우, 사무실 그 자체와 사무실 바깥의 6제곱피트 정도는 특권이 있는 환자들 중에서도 병동 보조 일을 맡은 상층 집단을 제외한 다른 모든 환자에게 제한 구역이 된다. 다른 환자들은 그 구역에서 설 수도 앉을 수도 없다. 감독관이나 그의 직원들이 원하기만 하면 불시의 권한을 발동하여 특권이 있는 환자들조차 구역 밖으로 쫓아낼 수 있다. 이런 명령이 내려지면—흔히 "자, 이제 가봐"처럼 환자를 아이 취급하는 투로—환자는 즉각 복종한다. 환자에게 특권이 있는 이유는 그가 사회적 공간의 의미와 직원 지위의 다른 함의들을 이해하기 때문이다.[83]

두번째, **감시 공간**, 즉 환자가 통행하기 위해 특별한 이유가 필요하지는 않지만 시설 내의 통상적 권위와 규제들에 종속된 구역이 있다. 병원 내 외출권이 있는 환자들의 경우에는 모든 병원이 그러한

---

83) Ivan Belknap, *Human Problems of a State Mental Hospital*, New York: McGraw-Hill, 1956, pp. 179~80.

영역이 된다. 마지막으로 통상적인 직원의 권위에는 못 미치는 규칙들이 지배하는 공간이 있다. 이제 살펴볼 것은 이러한 세번째 공간의 다양한 변주들이다.

　정신병원 또한 다른 시설과 마찬가지로 특정 2차 적응이 눈에 띌 정도로 활성화되는 것은 엄격히 금한다. 2차 적응을 위해서는 직원의 눈과 귀에 띄어서는 안 된다. 단순히 직원의 시야에서 벗어나는 방법이 있을 수 있다.[84] 음식 섭취가 금지된 경우에는 반쯤 몸을 돌리고 조롱 섞인 미소를 머금으며 턱을 움직이지 않고 음식을 씹을 수도 있다. 흡연이 금지된 경우에는 담배를 손으로 오므려 보이지 않게 피울 수 있고 병동 내에서 포커 게임을 할 때 감독 간호사가 지나가면 내깃돈으로 쓰는 담배를 손으로 감출 수도 있다. 이런 것들이 중앙병원 환자들이 구사한 이러한 은폐 책략들이었다. 다른 정신병원에는 또 다른 사례가 있다.

　　혼수상태에서 회복된 후 나는 정신과 치료를 완전히 거부했다. 나는 이 거부 행위에 광적으로 빠져들었다. 나의 거부는 이제 다음 단계로 접어들었다. 바로 건설적 비판이었다. 나는 병원 관료제의 행정적 독단과 조직 말단부의 둔감함을 알아챘다. 처음에 나는 그 것들을 경멸하고 싶은 충동을 느꼈다. 시간이 지나자 나는 병동 정

---

84) 미국 교도소의 예는 알프레드 해슬러Alfred Hassler의 일기 *Diary of a Self-Made Convict*, Chicago: Regnery, 1954, p. 123에서 찾을 수 있다. "몇 분 후 간수는 '숫자 세기'를 하기 시작한다. 하나하나 숫자를 부를 때마다 죄수는 옷을 다 차려입고 문가에 서 있어야 한다. 하지만 이는 매우 단순했다. 감시자는 창가에서 힐끗 들여다보기만 하기 때문에 사실 셔츠 하나만 입고 문 앞에 가까이 서 있기만 해도 그들이 원하는 인상을 줄 수 있었다."

치의 엉성한 구조를 자유롭게 이용할 수 있는 방식들을 완벽하게 습득했다. 구체적으로 말하면, 나의 독서 행위는 한동안 감시의 시선에서 자유롭지 않았으나 마침내 나는 간호사나 간수 들이 알아채지 않게 최신의 책들을 읽을 수 있는 방법을 완벽하게 구사했다. 나는 『하운드 앤드 혼*Hound and Horn*』[85] 몇 권을 『필드 앤드 스트림*Field & Stream*』[86] 잡지라고 속이고 몰래 반입했다. 나는 호흐Hoch와 칼리놉스키Kalinowski의 『전기 충격 요법*Shock Therapy*』(병원에서는 일급비밀의 무기 해설책이라고 할 수 있는)을 애나 발라키안 Anna Balakian의 『초현실주의의 문학적 기원*Literary Origins of Surrealism*』의 책표지에 숨긴 다음 거리낌 없이 읽기도 했다.[87]

병원의 감시를 피하는 임시적인 수단들에 덧붙여, 재소자와 직원의 암묵적 공모하에 제한된 물리적 공간들이 출현할 수 있었다. 이 공간들에서 통상적인 감시와 규제의 수준은 현격히 완화되었고 재소자들은 어느 정도의 안전이 지켜지는 한도 내에서 일정한 범위의 금지된 활동을 공개적으로 수행했다. 이러한 장소들에서 통상적인 환자 인구밀도는 현격히 줄어들었고 그 결과 환자들은 얌전하고 조용해졌다. 직원들은 이런 장소들을 몰랐고, 알았어도 멀리하거나 그런 장소에 가더라도 암묵적으로 자신의 권위를 내세우지 않았다. 요컨대 허가는 지리적 특징을 지녔다. 나는 이러한 지역들을 **자유 장소**라

---

85) (옮긴이) 문학 잡지.
86) (옮긴이) 사냥 잡지.
87) Carl Solomon, "Report from the Asylum," in G. Feldman and M. Gartenberg, eds., *The Beat Generation and the Angry Young Men*, New York: Dell Publishing Co., 1959, pp. 177~78.

고 칭할 것이다. 특히 조직의 권위가 피라미드식 명령 체제보다 사다리꼴의 직제 전반에 뿌리를 내리고 있을 때, 이런 장소들은 더 자주 발견될 것이다. 자유 장소란 일반적인 직원-재소자 관계가 수행되는 무대 뒤에 자리한 배후 무대라고 할 수 있다.

중앙병원의 자유 장소들은 특정 금기 활동들을 위한 무대가 되었다. 병원 뒤의 숲속 공터는 비밀스러운 음주 공간이 되었다. 복지관 뒤와 병원 구내 중심부 근처에 자리한 큰 나무 그늘은 포커 게임을 벌이는 장소가 되었다.

그러나 때때로 자유 장소들은 그저 직원의 간섭과 북적대고 시끄러운 병동으로부터 떨어져 소일하려는 목적으로 사용되는 것 같았다. 일부 건물 지하에는 중앙 주방으로부터 음식을 나르는 용도로 사용되던 오래된 카트 트랙 철로가 있었다. 이 지하 도랑의 경사면에 환자들은 벤치와 의자를 가져다 놓았고 어떤 이들은 그곳에 말을 거는 직원들 따위는 없을 거라는 사실을 알고 하루 종일 거기서 뭉그적거렸다. 지하 도랑 자체는 통상적인 환자-직원 용법에 따라 직원과 마주칠 필요 없이 병원 구내의 한 영역에서 다른 영역으로 통행하는 수단이 되었다. 이 모든 장소에는 여유롭고 자율적인 분위기가 넘쳐흘렀고 이는 다른 병동을 지배하는 불편함과 확실히 대조를 이루었다. 이 장소들에서 사람은 자기 자신의 주인이 될 수 있었다.[88]

---

88) 군함에서 찾아볼 수 있는 좋은 예는 Herman Melville, 같은 책, pp. 305~307을 보라. "군함의 선원들은 일종의 가족적 공산주의domestic communism에서 벗어날 수 없었다. 또한 가장 부끄럽고 내밀한 행위들조차 공개적 방식으로 이루어져야 했다. 그러나 몰래 숨어들어 잠시나마 혼자 있을 수 있는 한두 개의 특이한 구석 자리는 존재했다." "이러한 장소들 중 가장 최고는 닻줄이었다. 때때로 나는 열대 위도 위를 활주하며 즐거운 귀향 길에 오를 때에도 그곳으로 발걸음을 재촉했다. 대장의 요란한 허풍을 들을 만큼 듣고

앞서 언급한 것처럼 자유 장소들은 이용하는 사람들의 수에 따라, 또한 그 사람들이 어디 출신이냐에 따라, 즉 사용자들의 거주지에 따라 다양할 수 있다. 중앙병원의 일부 자유 장소들은 오직 한 병동 출신의 사람들만 이용했다. 이에 해당하는 것은 장기 입원 남성 환자들이 머무는 병동 안의 화장실과 복도였다. 이곳의 바닥은 돌이었고 창문에는 커튼이 없었다. 담배를 피우고 싶은 환자들이 주로 이용한 이 장소는 직원의 감시가 거의 없는 곳으로 알려져 있었다.[89]

나면 나는 거기 고요히 몸을 눕히고—방해받지 않는다면—이런저런 생각거리를 뒤섞어 지혜를 빚어냈다." "닻줄은 선체 바깥에 작은 무대를 만들어주었다. 그것은 커다란 슈라우드 하부에 위치했고 세 개의 돛대 꼭대기에서 현장舷牆, bulwarks까지 이어졌다. 여기서 해군 장교는 작전이 끝나면 수염에 밴 지독한 화약 냄새를 없애기 위해 시가를 피우면서 한 시간가량 휴식을 취할 수도 있었다……" [……] "군함의 선미 갤러리와 선측 갤러리는 분리되어 있었지만 닻줄은 그 사이에 드리워져 있었다. 그만한 피난처는 어디에도 상상할 수 없다고 다들 동의했다. 슈라우드의 기초를 이루는 거대한 벽돌과 밧줄들은 닻줄을 수많은 작은 예배당, 골방, 틈새, 제단 등으로 분할해주었다. 우리는 거기서—여전히 선상이었지만 배 밖에서—게으르게 빈둥거릴 수 있었다. 하지만 이 군함 세계에서 우리는 수많은 좋은 것을 나누어 가졌다. 간혹 나는 이러한 작은 골방에 아늑하게 자리를 잡고 캐세이를 떠올리며 수평선을 바라보고 있다가 화승통match-tubs을 감아놓은 범포 위에 새로 칠을 하고 그것을 말리려고 가져온 막사의 어느 늙은 포격수 때문에 화들짝 고요로부터 깨어나기도 했다." "다른 때는 한 문신 예술가가 고객과 함께 현장에 기어 올라왔다. 그다음에는 내 눈 바로 앞에서 맨살이 드러난 팔이나 다리를 쭉 내뻗고는 그 이해할 수 없는 '찌르기' 작업을 시작하는 것이었다. 때로는 수선이 필요한 잡낭이나 어망, 그리고 한 무더기의 바지를 가지고 선원들이 들이닥쳐 내 은둔 생활을 망치기도 했다. 그들은 빙 둘러 바느질을 하면서 수다를 떨며 나를 쫓아냈다." "그러다 한번은—일요일 오후였다—두 밧줄 사이의 그늘지고 은폐된 작은 틈새에서 기분 좋게 몸을 누이고 있을 때였다. 나는 애원조의 낮은 목소리를 들었다. 밧줄 사이의 좁은 틈을 엿보니 무릎을 꿇고 있는 나이 든 선원이 눈에 들어왔다. 그의 얼굴은 눈을 감고서 바다 쪽을 향한 채 기도 속에 잠겨 있었다."

89) 다른 기관에서도 화장실은 비슷한 기능을 한다. Eugen Kogon, 같은 책, p. 51은 강제수용소의 사례를 보여준다. "수용소가 충분히 정리되자 세척장과 개방 변소가 두 건물 사이에 만들어졌다. 이곳은 수감자들이 기회가 되면 몰래 담배를 피우는 장소였다. 막사에서의 흡연은 엄격히 금지되었다." 교도소의 경우는 Anthony Heckstall-Smith, 같은 책, p. 28에서 언급된다. "우편 행낭 제작소에는 다른 교도소 공방과 마찬가지로, 사람들이

이 영역의 냄새에도 불구하고, 일부 환자들은 하루 중 얼마간 이곳에서 책을 읽고, 창밖을 내다보고, 혹은 그저 비교적 편안한 변기 좌석 위에 앉아 소일했다. 겨울에는 몇몇 병동의 야외 현관이 비슷한 기능을 수행했다. 어떤 환자들은 상대적으로 감시가 덜하다는 이유로 추위를 감내하며 이곳에 머물렀다.

다른 자유 장소들은 복수의 건물로 이루어진 정신 치료 서비스동 전체로부터 이용자들을 불러들였다. 장기 입원 남성 환자들을 위한 서비스동 내 한 건물의 지하 2층은 별 용도가 없었는데, 이곳은 비공식적으로 환자들을 위한 장소가 되었고 그들은 의자 몇 개와 탁구대를 가져다 놓았다. 거기서 일부 서비스동 환자들은 당국자의 권위로부터 벗어나 시간을 보내곤 했다. 담당 직원들이 탁구를 치러 오면, 그들은 그저 환자들의 경기 상대일 뿐이었다. 이런 종류의 허구에 참여할 준비가 되지 않은 직원들은 이 공간을 들락거리지 않았다.

병동과 서비스동의 자유 장소들 외에도 전체 병원 공동체로부터 환자들을 모으는 자유 장소들이 있었다. 자유 장소 중 하나는 병원의 주요 건물 뒤편에 일부가 숲인 들판으로 인근 도시를 내려다보는 최고의 전망을 제공했다. (병원과 무관한 가족들이 가끔 이곳에 소풍을 오곤 했다.) 이 영역은 병원에서는 전설적 장소였는데, 문란한 성행위가 바로 이곳에서 이루어졌다고 알려져 있었기 때문이다. 전체를 위한 또 다른 자유 장소는 의외로 병원 구내로 진입하는 정문 초소였다. 겨울에 이곳은 난방이 잘되었고, 여기 있으면 병원 구내

가능한 한 시간을 많이 보낼 수 있는 실습실이 있었다. 사람들은 거기 가서 몰래 담배를 피우거나 혹은 그저 일을 피하기 위해 앉아 있었다. 주어진 일에 진지한 사람을 만날 일은 교도소에서 거의 없었다."

로 누가 들어오고 나가는지 알 수 있었고, 병원 밖의 일반 도로들과 인접해 있었고, 산책을 할 때는 편리한 목적지가 되었다. 초소를 지키는 이들은 담당 직원들이 아니라 경찰들이었다. 병원 직원들과 상관이 없는 이들은 환자들과 어렵지 않게 어울리기도 했다. 이곳에는 비교적 자유로운 분위기가 지배적이었다.

추정컨대 병원 환자들 전체에게 가장 중요한 자유 장소는 환자들이 매점처럼 사용한 작은 노점 근처의 영역이었다. 이 노점은 맹인 협회가 운영했고 몇몇 환자는 여기서 직원으로 일했다. 환자들과 몇몇 직원은 이곳에 놓인 몇 개의 야외 벤치 주변에서 빈둥거리고, 가십을 나누고, 병원 현황에 대해 왈가왈부하고, 커피와 음료를 마시고, 샌드위치를 먹으며 소일했다. 이곳은 자유 장소로도 기능했지만, 마을 우물 같은 기능, 즉 정보의 교환이 이루어지는 정보 센터 역할을 하기도 했다.[90]

일부 환자들이 애용하는 또 다른 자유 장소는 직원 카페 건물이었다. 환자들은 병원 내 외출 허가를 받으면 (혹은 중요 면회자의 방문이 있으면) 이곳에 출입할 수 있었고 돈이 있으면 음식을 사 먹을 수 있었다.[91] 대다수 환자는 카페를 경외시하며 거기 있을 때는 편치 않

---

90) Herman Melville, 같은 책, pp. 363~64는 해군의 경우를 보여준다. "군함에서 포열 갑판 위의 갤러리 혹은 조리실은 선원들 사이의 가십과 뉴스가 오가는 가장 중요한 중심부였다. 여기에는 많은 사람이 식후 때마다 모여 수다를 떨며 반시간을 보냈다. 왜 다름 아닌 이 장소와 이 시간이 선택되었는가? 군함의 선원들은 갤러리 부근에서는 이곳에서만, 그리고 식후에만 여유로이 담배를 피울 수 있게 허락을 받았기 때문이다." 미국의 작은 마을에서는 특정 사업 시설의 입구 영역이 일반 시민들을 위해 이런 역할을 할 수 있다. James West, *Plainville, U.S.A.*, New York: Columbia University Press, 1945, "Loafing and Gossip Groups," pp. 99~107이 이를 잘 묘사한다.

91) 이 규칙은 중앙병원에서 병원 생활의 특정 측면과 관련해 유지되는 인간적이고 자유로

아 했다. 하지만 다른 환자들은 카페에서 그들이 다른 사람과 똑같은 대우를 받는다는 사실을 암암리에 인지하고 그곳을 십분 이용했다. 소수의 환자는 병동 내 식사를 마치고 입가심을 위해 커피를 마시러 카페에 왔다. 이때 그들은 거기서 간호 수련생들, 의대생들과 어울리면서—가끔 카페 출입이 금지되는 경우를 제외하고는—그 장소를 사교 센터로 흔히 이용했다.

환자들은 "병동 체계" 내에서 점진적으로 특권을 늘려갈수록 광범위한 지역에서 사람들이 모이는 자유 장소들에 대한 접근권도 늘려갈 수 있었다.[92] 나아가 공간의 지위는 병원 체계와 연계되어 있어서, 반항적 환자들에게 제한 구역인 공간은 결과적으로 순종적 환자들에게는 자유 장소가 되었다.[93] 병동 자체 또한 적어도 해당 서비스를 제공받는 환자들에게는 자유 장소가 될 수 있다는 점을 언급할 필요가 있다. 장기 입원 환자를 위한 한 서비스동에 속한 몇몇 병동,

---

운 정책의 좋은 사례이다. 이러한 자유주의에 입각하여 병원 보고서 전체를 작성하는 것도 가능하다. 실제로 기자들은 그렇게 하기도 했다. 내 연구의 예비 보고서를 검토하면서 당시 부원장은 보고서의 진술을 반박할 의도는 전혀 없지만, 자기라면 보고서의 전체적 결과를 병원에 호의적인, 그러면서도 진실된 진술로 보완할 것이라고 조언했다. 물론 그러면 그럴 수 있다. 그러나 여기서 쟁점은 병원 행정의 자유주의적 특징이 일시적으로 소수 환자의 생활에만 영향을 미치는지 혹은 다수 환자의 주요 생활 영역을 관할하는 사회 체계의 핵심적이고 반복적인 특징과 관련되는지의 여부이다.

92) 이미 언급한 것처럼 시민사회의 자유 장소는 매우 광범위한 영역 출신의 개인들로 가득 찰 수 있다. 도시의 공원이 그 예이다. 런던에서는 18세기까지 "피난처sanctuaries"라는 곳이 있었다. 거기는 도시에서 쫓겨 다니는 도둑들이 모여드는 자유 장소였으며 때로는 체포를 면하게 해주기도 했다. L. O. Pike, *History of Crime in England,* 2 vols., London: Smith, Elder & Co., 1876, Vol. II, pp. 252~54를 보라.

93) 첨언하자면 일부 장소들, 예컨대 독신 남성 직원 거주지 같은 곳은 환자들에게 제한 구역이었다. 사실 그곳들은 그러한 규칙 덕분에 직원들이 환자 앞에서 갖춰야 하는 행태의 제약에서 벗어나 "편히 있을 수 있는" 장소들이 되었다.

퇴원 준비 환자 혹은 회복 환자를 위한 병동은 연구가 진행되던 시점에는 "개방"되어 있었다. 낮 시간에 이 장소들에는 직원이 아예 없거나 혹은 소수만 배치되었으며 따라서 비교적 감시가 덜했다. 입소 서비스동에는 당구장, 잡지, TV, 카드, 서적, 간호 수련생들이 있었기 때문에 안전하고, 안락하고, 즐거운 분위기가 만들어졌다. 환자들은 이곳을 군대 복지관에 비유하기도 했다.

많은 종류의 과업은 환자들에게 자유 장소를 허락해주었다. 특히 직원이 아니라 전문가가 일을 감독할 경우에 더욱 그러했다. 이때는 일종의 일터 같은 분위기가 만들어졌고 이는 병동 생활에 비교하면 권위와 규제로부터 훨씬 더 많은 자유를 제공해주었다. 직업 치료, 세탁소, 그리고 구둣방이 유독 그러했다. 결국 자유 장소의 획득은 과업을 이용하는 매우 핵심적인 방식이었다. 입소 서비스동의 직업 훈련-치료실에서 환자들은 목공 일을 했는데, 이곳 또한 그들에게는 자유 장소였다. 무용 치료가 진행되는 지하실도 마찬가지였다. 특히 동료 환자와 직원 사이에 고루 평판이 좋은 일군의 젊은 환자들은 극단 같은 것을 꾸려 연극과 무용 작업을 선보였고 사람 좋은 무용 치료사의 지도하에 장시간의 연습과 리허설을 즐겼다. 휴식 시간이나 무용 연습 후 잠깐 동안 환자들은 무용실 뒤의 대합실에 들어가 때로는 치료사가 사준 자판기 콜라나 사제담배를 즐겼고, 피아노 주변에 모여 무용을 하거나, 사교춤을 추거나, 수다를 떨었다. 그들은 이렇게 바깥으로 치면 격식 없는 휴식이라고 부를 만한 시간을 보낼 수 있었다. 이러한 호의를 입는 환자들에게 이 시간은 병동 생활에 비교하면 더할 나위 없이 부드럽고 평화로웠으며 병원의 억압으로부터 자유로웠다.

자유 장소의 제공은 많은 경우 과업의 우연한 부산물이었다. 그러나 그것은 일부 과업이 제공하는 가장 중요한 보상이었다. 예컨대 한 구역의 입소동에 속한 인슐린 치료실 옆에는 작은 대기실이 있었는데, 여기서 간호사들은 누워서 쉴 수 있었고 쇼크에서 깨는 환자들을 위한 영양제가 공급되었다. 인슐린 치료실에서 보조 업무를 맡게 된 몇몇 환자는 그곳의 조용한 치료 분위기와 쇼크 상태의 환자들에게 제공되는 약간의 TLC[94]를 누릴 수 있었다. 대기실에서 그들은 환자 역할에서 벗어나 편안한 상태에서 흡연을 하고, 신발에 광을 내고, 간호사들과 시시덕거리고, 커피를 만들어 마실 수 있었다.

　이용자의 성격이 불분명한 일부 자유 장소들은, 역설적이게도 건물의 중심부에 위치했다.[95] 오래된 건물 중 한 곳에는 원무실로 향하는 중앙 복도가 있었다. 그곳은 널찍하고 천장이 높고 여름에는 냉방이 잘되었다. 그곳과 직각으로 면한 다른 복도는 폭이 4미터 정도 되었는데, 잠긴 문을 열면 병동으로 통했다. 이곳의 어두운 구석 공간에는 양쪽으로 벤치가 도열되어 있었고 콜라 자판기와 공중전화가 있었다. 중앙 복도와 구석 공간 전반에 걸쳐 행정적이고 공무적인 분위기가 지배했다. 공식적으로는 구석 공간 주위로 환자들이 "돌아다니는 것"은 금지되었고 때로는 중앙 복도를 통행하면 주의를 받기도 했다. 그러나 직원들이 잘 알고 일을 통해 신뢰를 얻은 몇몇

---

94)　(옮긴이) TLC란 '부드럽고 애정 어린 돌봄tender loving care'의 약어이다.
95)　자유 장소들이 종종 물리적 공간 전반을 감시하는 관리자들과 매우 가까운 곳에 있다는 것은 흥미로운 사회적 사실이다. 예컨대 작은 마을의 주정뱅이들은 종종 지역 법원 앞 잔디밭에 모여 함께 빈둥거린다. 정작 시내 거리에서는 이러한 권리를 행사할 수 없는데 말이다. Irwin Deutscher, "The Petty Offender: A Sociological Alien," *Journal of Criminal Law, Criminology and Police Science,* XLIV, 1954, p. 595 각주를 보라.

환자는 구석 공간에 앉는 것이 허락되었다. 더운 여름날 오후에 환자들은 그곳에 머물면서 심지어 당당히 카드 게임을 벌이기도 했다. 그들은 병원 한복판에서 앉아 있는 것만으로 병원 전체에서 벗어날 수 있었다.

자유 장소를 향유하는 것은 병원에서 환자들이 행하는 가장 씁쓸한 임시변통 중 하나이다. 격리된 환자들은 종종 근처에 있는 창이나 감시구멍을 통해 병원 구내와 병동 활동들을 바라봤다. 그렇게 그들은 상상을 통해 만족을 느끼며 시간을 보냈다. 심지어 중환자 병동의 일부 남성 환자들은 창밑을 차지하기 위해 서로 경쟁을 벌였다. 일단 자리를 확보하면, 그들은 창밑을 의자 삼아 웅크리고 앉아 몸을 앞으로 최대한 내밀어 창살 사이로 밖을 내다보았다. 이런 식으로 그들은 병동에서 벗어나려 했고 자신에게 부과된 영토적 한계로부터 자유롭고자 했다. 병원 내 외출권이 있는 환자들은 벤치를 담장에 최대한 가까이 옮겨서 민간인들이 걷거나 운전하면서 병원을 지나치는 것을 구경했다. 그럴 때 그들은 자유로운 외부 세계에 속한 것 같은 느낌을 일부나마 맛볼 수 있었다.

환자 개개인을 둘러싼 환경이 열악할수록 어떤 장소들은 더 수월하게 자유 장소가 된다. 환자들을, 특히 다수 "퇴행적" 환자들을 60명까지 수용하는 일부 최하급 병동들의 경우, 저녁 교대 시간(오후 4시부터 자정까지)에 직원 일손이 부족할 때가 있었다. 이 문제를 해결하기 위해 병원은 전체 환자를 휴게실에 모은 후 입구를 막아놓고 직원 한 명이 전체 환자를 감시할 수 있도록 했다. 이 시간에 의료진은 퇴근하고 없었고, 해 질 녘(겨울이었다)이었고—조명 상태가 안 좋아서 저녁이 되었다는 사실을 쉽게 알아챌 수 있었다—창문은 닫힌 상태였다. 이미 어두운 공간 안으로 어둠이 내려앉았다. 불쾌감과 긴장과 다툼이 늘어나기 시작했다. 이때 몇몇 환자, 특히 바닥을 청소하고 침구를 준비하고 다른 환자들의 잠자리를 준비하는 이들은 무리 바깥에 머물 수 있는 허가를 받아 기숙사와 관리사무소 사이의 인적 없는 복도를 자유롭게 통행할 수 있었다. 그 시간에 휴게실을 제외한 모든 공간은 고요했고 직원들의 상황 정의definition of situation[96] 또한 적대감을 띠지 않았다. 대다수 환자에게는 출입이 제한된 장소가, 동일한 규칙하에서, 선택받은 소수에게는 자유 장소가 되었던 것이다.

2

지금까지 살펴본 자유 장소는 범주적인 특징을 지녔다. 그 장소를 사용한 환자는 자신과 별 관계없는 다른 환자들 또한 그 장소를 사용할 것이고 사용할 수 있다는 점을 인정해야 했다. 이때 배타성이나 소유 감각은 불필요했다. 그러나 다른 경우도 있다. 일군의 환자들은 자유 장소에 대한 접근권뿐만 아니라 다른 환자들을 배제하는—어떤 이유로 초청하는 경우를 제외하고—소유권을 행사하려고 했다. 우리는 이제 집단 영토에 대해 논해보고자 한다.[97]

---

96) (옮긴이) 고프먼에 따르면 행위자들은 상호작용에 진입하여 자아를 표현할 때 그들이 처한 상황을 정의하고 공유한다. 각각의 행위자들은 상황을 정의하면서, 동시에 갈등을 피하면서 자신들이 원하는 방향으로 상호작용을 이끌어가며, 이 과정에서 자아를 표현하고 인정받는다. 일반적으로 상호작용에서 어떤 행위자들은 상황 정의를 내리는 데 더 적극적인 수행자 역할을 맡으며 다른 행위자들은 덜 적극적인 관객 역할을 맡는다. 이에 대해서는 Erving Goffman, *The Presentation of Self in Everyday Life*, New York: Anchor Books, 1959를 참고하라.

97) 영토와 관련하여 잘 알려진 사례는 시카고다. 서로 다른 갱단들이 시카고를 구역으로 나

집단 영토는 중앙병원에서 거의 형성되지 않은 것처럼 보였다. 그것은 환자들에게 합법적으로 허용된 특정 공간에 대한 사용 권리의 연장선상에서만 나타났다. 예컨대 연장 치료 서비스동 중 한 병동에는 당구대, 카드 게임 테이블, TV, 잡지, 여타 오락 시설이 비치되어 있었고 현관은 유리로 되어 있었다. 여기서 담당 직원들과 지위가 확고한 원로급의 장기 입원 환자들은 상호 동등한 사교적 관계를 맺었고 병원 내 소식에 대해 이야기를 나누기도 했다. 이들의 모임은 군대식으로 말하면 선임 상사들의 사교 클럽 같았다. 담당 직원은 자기 개를 데리고 와서 다른 이들에게 보여주기도 했고, 때때로 병원 밖 외출권이 있는 환자들과 낚시 계획을 짜기도 했으며, 다 같이

누어 각각의 통제하에 두었다. 예로는 John Landesco, *Organized Crime in Chicago,* Part III of The Illinois Crime Survey, 1929, p. 931을 보라. "많은 모범 시민의 낙관적 기대와 달리 맥주 전쟁으로 인한 막중한 희생은 조직 범죄의 종언으로 이어지지 않았다. 그러나 어쨌든 그로 인해 갱단 지도자들은, 여러 동기가 있겠지만, 평화 협정을 맺게 되었다. 그에 따라 영토가 정해졌으며 그 안에서 각각의 갱단이나 연합 조직은 서로 경쟁하지 않고 사업을 할 수 있게 되었다. 다른 이의 영토를 침해하는 것은 금지되었다." 최근 주목을 끄는 영토의 유형은 비행 청소년들 사이의 "영역turf"이다. 영토의 원래 개념은 동물행동학, 특히 조류학에서 유래한 것이다. 영토란 동물 한 개체, 혹은 한 무리의 동물이 같은 종의 수컷으로부터 지키는 영역을 지칭한다. 이 영역은 그 안에 무엇이 포함되느냐에 따라 다양하다. 한쪽 극단에는 단순히 동물의 보금자리나 집이 있고 다른 극단에는 "거주 범위home range" 전체, 즉 동물이 자신의 규칙적 움직임의 한계로 설정한 영역이 있다. 거주 범위 안에는 특화된 장소들, 즉 아이를 키우는 곳, 음료를 마시는 곳, 몸을 씻는 곳, 몸을 비벼 영토를 표시하는 곳 등이 있다. 이에 대해서는 다음의 논문들을 보라. W. H. Burt, "Territoriality and Home Range Concepts as Applied to Mammals," *Journal of Mammology,* XXIV, 1943, pp. 346~52. H. Hediger, *Studies of the Psychology and Behaviour of Captive Animals in Zoos and Circuses,* London: Butterworths Scientific Publications, 1955, pp. 16~18. C. R. Carpenter, "Territoriality: A Review of Concepts and Problems," in A. Roe and G. G. Simpson, eds., *Behavior and Evolution,* New Haven: Yale University Press, 1958, pp. 224~50. 영토의 개념에 대해서는 어번 드보어Irven DeVore가 많은 도움을 주었다.

경마 신문을 뒤적이면서 과거 혹은 미래의 베팅을 두고 놀리거나 장
난을 치기도 했다. 주말에는 그곳에서 담당 직원과 환자들이 포커
게임을 벌였다. 이때 환자들은 직원들에게 영향력을 행사할 수 있었
다. 이를테면 직원들은 환자 주방에서 가져온 음식을 대놓고 먹을
정도로 편안함을 느꼈다—먹어서는 안 되는 환자 음식을 직원이 먹
었던 것이다. 담당 직원들은 시끄러운 환자를 제재하기도 했지만 다
른 환자들이 암묵적으로 허락할 때에만 그렇게 했다. 이는 친목 집
단화의 뚜렷한 예라고 할 수 있다. 그리고 이는 정신과 직원들이 자
신에게 이익이 되는 환자들과 맺는 관계와 대비를 이루었다. 특히
이 공간에서 담당 직원들과 환자들은 다른 병동의 환자들이 방 안에
들어오지 않게, 특히 포커 게임에 참여하지 못하게 공통의 노력을
기울였다.

과업이 직원의 업무 환경 깊숙이 환자들을 끌어들여 자유 장소를
창출하는 것과 마찬가지로, 위와 같은 장소들도 유사한 기능을 수행
했다. 즉 이 공간에는 공식적으로 지정된 소수의 환자만이 접근할
수 있었고 이때 이 공간은 그들을 위한 영토가 되었다.[98] 예컨대 복

---

98) 이는 다른 정신병원 보고서도 언급해왔다. 예로는 Ivan Belknap, 같은 책, p. 174를 보라.
"화장실 시설과 의상실과 의류 보관실은 승인된 시간을 제외하고는 대부분의 환자에게
금지 구역이었다. 그러나 선택된 환자 집단은 의상실에 들어올 수 있었고, 특별한 경우
에는 청소 용구실에도 출입이 허락되었다." 그러한 가능성에 관한 한 교도소도 물론 빼
놓을 수 없다. Anthony Heckstall-Smith, 같은 책, p. 70은 영국의 사례를 보여준다. "교
육부 사무실에서 나는 교도소 간부들과 솔직하게 터놓고 이야기할 수 있는 수많은 기회
를 가졌다. 거기서 우리의 위치는 사뭇 독특했다. 우리는 많은 신뢰를 받았다. 우리는 내
키는 대로 들어오고 나갈 수 있었고 직접적인 관리 감독을 받지 않았다. 혼자서 일했고
사무실 열쇠를 지참하고 다녔다. 그것은 교도소에서 가장 편안한 일 이상이었다. 사무실
에는 라디오도 있었고 겨울에는 엄청 뜨거운 난방기구도 있었다……"

3 공공 기관의 지하 생활

지관 사무실 하나는 소수의 환자에게 배당되었는데 여기서 그들은 열심히 주간 신문을 만들었다. 그들은 작은 회사 사무실 분위기가 나는 그곳의 작업 여건뿐만 아니라 다른 환자들이 웬만하면 그 공간을 침범하지 않으리라는 사실을 좋아했다. 특별한 일을 해야 할 때가 아니더라도, 이 집단의 구성원은 자주 안락한 사무실 의자에 기대어 앉아 책상 위에 발을 얹어놓고, 평화로이 잡지를 넘겨보거나, 콜라와 담배나 혹은 너그러운 복지 담당 직원이 제공한 다과를 즐기곤 했다. 이런 종류의 사생활과 재량은 통상적인 병원의 생활 여건과 비교할 때만 그 소중함을 이해할 수 있다.

복지관은 또 다른 방식으로 집단 영토가 되었다. 대략 여섯 명의 환자는 살림과 청소를 돕기 위해 건물에 배치되었다. 그 일의 대가로 그들에게는 암묵적으로 특별한 권리가 부여되었다. 일요일이 되면, 그들은 바닥 청소와 정리 정돈을 전날 밤부터 시작했는데 그것을 마치고 나면 다음 날 늦은 아침 문을 열기까지 그 장소는 그들의 것이었다. 그들은 커피를 내려 마셨고 주방 일을 도울 때 챙겨두었던 케이크와 과자를 냉장고에서 꺼내 먹었다. 그들은 건물에 정기적으로 배달되는 두 종류의 일요 신문을 관리자의 책상에서 꺼내 몇 시간 동안 읽을 수도 있었다. 청소를 하는 몇 시간 내내 다른 환자들은 문 근처에 모여 들어갈 수 있을 때까지 기다렸고, 그동안 그들은 고요함, 안락함, 그리고 원하는 것을 할 수 있는 사치를 누렸다. 만약 그들 중 한 명이 지각을 하면 그는 모인 문 앞에 모인 사람들을 밀쳐내면서 나아갔고, 그러면 안에 있던 그의 동료는 오직 그만 들어올 수 있게 해주었다.

초소는 외출권이 있는 모든 환자에게 자유 장소가 될 수 있었다.

280

그러나 초소와 비슷하게 병원 전체로부터 사람들을 끌어 모으지만 모든 환자에게 개방되지 않는 장소들도 있었다. 그중 하나는 극장이 있는 건물의 관리 직원이 사용하는 작은 사무실이었다. 연극이나 장기자랑 등을 리허설할 때—이때 극장 무대 뒤와 "극장" 자체는 참여 환자들에게 자유 장소가 되었다—이 사무실은 소수의 "학생회 간부들"이 점심을 먹고 가십거리를 나누는 은신처로 사용되었다. 건물 관리자는 초소 경비병의 경우와 마찬가지로 동료 직원들보다는 오히려 환자들과의 접촉 빈도가 더 많았기에 직원과 환자 사이에서 비중 있는 역할을 맡지 않았다. 적어도 학생회 간부들은 그를 직원처럼 대하지 않는 방식으로 존중감과 친밀감을 표했다.

직원들은 병동 몇 군데에서 일부 환자들이 관할하는 집단 영토를 암묵적으로 승인했다. 이 병동들에 속한 환자들은 대부분 병세가 악화되거나 치매나 기질성 질병을 앓고 있었는데, 일부 상태가 괜찮은 환자들은 바닥을 걸레질하고 말을 잘 듣는 대가로 현관 부근 전체에 대한 관할권을 비공식적으로 부여받았다. 이때 이 영역은 의자들을 경계로 삼아 다른 환자들이 안으로 넘어올 수 없었다.

환자들이 정립한 영토적 권한의 일부는 잠정적인 특징이 있었다. 예컨대 남성 전용 장기 입원 서비스동의 환자 다섯 명에게는 병동에서 식당으로 이동하는 것이 힘든 환자들에게 음식을 나르는 과업이 주어졌다. 환자들에게 음식을 나른 후, 그 다섯 환자는 빈 접시들을 가지고 병동에 딸린 식기 세척실로 갔다. 그 직전이나 직후에 그들은 병동 주방에서 한 접시의 음식과 한 병의 우유를 자기네들끼리 여유 있게 먹을 수 있게 허락받았다. 이때 그들은 주방에 있는 냉장고에서 아침 식사 후 남은 커피를 꺼내 다시 데운 후, 사제담배를 피웠고, 30분가량 자유로운 분위기에서 앉아서 쉴 수 있었다. 더욱더 단기적인 영토권 주장도 존재한다. 예컨대 남성 입소 서비스동내 한 병동에는 울증, 조증, 뇌손상 환자들이 들어왔는데, 그중에비교적 상태가 좋은 몇몇 환자는 휴게실 한구석에 모여 의자들로 벽을 만들어 증상이 심각한 동료 환자들과 자신들을 분리시켰다.[99]

3

나는 지금까지 환자들이 예외적 통제권을 행사하는 두 종류의 장소들에 대해 이야기했다. 즉 자유 장소와 집단 영토이다. 첫번째는 누구나 공유 가능하고 두번째는 선택된 소수만 공유 가능하다. 남은 공간은 개인적 권한이 행사되는 공간이다. 이 공간에서 개인은 자신만의 안락과 통제력과 암묵적 권리를 행사하며 누군가를 초대하는 경우를 제외하고는 어떤 다른 환자와도 그것들을 공유하지 않는다. 나는 이제 **사적 영토**에 대해 이야기하고자 한다. 여기에는 스펙트럼이 존재하는데, 한 극단에는 실질적인 집이나 보금자리가 있다.[100] 다른 극단에는 그 안에서 개인이 가능한 만큼의 보호감과 만족감을

---

99) 이런 종류의 영토 형성은 당연히 시민적 생활 전반에도 흔한 일이다. 이를테면 애스콧 경마장의 일반인 출입금지 구역이나 결혼식에서 연주를 해야 하는 음악가들이 즉석에서 의자로 장벽을 만드는 일이 이에 해당한다. 이에 대해서는 Howard S. Becker, "The Professional Dance Musician and His Audience," *American Journal of Sociology*, LVII, 1951, p. 142를 보라.

100) "보금자리"의 개념에 대해서는 E. S. Russell, *The Behaviour of Animals*, 2nd ed., London: Arnold, 1938, pp. 69~73. H. Hediger, 같은 책, pp. 21~22를 보라. 보금자리 유형의 다양한 사적 영토와 집단 영토는 때로는 구별하기 어렵다. 예를 들어 미국 소년의 사회적 세계에서, 자기 마당에 지은 나무집, 요새, 혹은 동굴은 소년의 사적 영토일 수 있다. 이때 친구들은 초대를 통해 참여하며, 관계가 악화되면 이 초대는 취소될 수 있다. 하지만 똑같은 건물이 주인 없는 땅에 지어지면 그것은 집단의 소유가 될 것이다.

느끼는 단순한 장소나 도피처가 있다.[101]

정신병원, 그리고 그와 유사한 기관에서 기본적이라고 할 수 있는 사적 영토는 아마도 개인 침실일 것이다. 이 공간은 병동 전체 인구 중 5~10퍼센트 정도에게만 주어진다. 중앙병원에서 개인 침실은 종종 병동 일에 대한 보상으로 주어졌다.[102] 일단 침실을 확보하면 그곳은 환자 생활에 안락과 쾌락과 통제권을 제공하는 사물들로 채워졌다. 미녀 사진, 라디오, 문고판 범죄소설이 가득한 상자, 과일 보따리, 커피 용구, 성냥, 면도 용구 등, 이 물건들의 일부는 환자가 병원에 들여온 것이며 그중 다수는 불허된 것들이었다.

병동에 입원한 지 몇 달이 되는 환자들은 대체적으로 휴게실 내부에 사적 영토들을 만들어갔다. 일부 재소자들은 최소한 자신이 좋아하는 앉거나 설 수 있는 장소들을 확보했고, 때로는 그 자리를 빼앗으려 드는 누구든 거기서 내몰았다.[103] 연장 치료 병동에 거주하는

---

101) 피난처는 동물의 행동 범위 안에서는 종종 특화된 장소 중 하나이다.

102) 일의 대가로 개인 방을 받는 것에는 다른 불이익들이 있었다. 대부분의 병동에서 개인 방은 일과 중에는 잠겨 있었다. 따라서 환자는 안에 들어갈 수 있게 해달라고 매번 부탁을 해야 했고 그러면 그는 거절을 당하거나 안달하는 모습을 내비쳐야 했는데, 이는 열쇠를 가진 직원 때문에 자주 생기는 문제들이었다. 더욱이 몇몇 환자는 개인 방들이 다같이 자는 큰 규모의 숙소만큼 통풍이 잘 안 되고 온도 영향을 크게 받는다고 느꼈다. 그래서 가장 더운 시기가 되면 일부 환자들은 단기간 개인 방을 나가 다른 곳으로 가려는 시도를 했다.

103) 앉아서 차지하는 영토는 클럽을 소재로 하는 대중 문학에서 자주 등장한다. 이는 정신병원 관련 문헌에서도 보고된다. 예로는 D. McI. Johnson and N. Dodds, 같은 책, p. 72를 보라. "나는 몇 달 동안 이 잠자리를 차지했다. 낮에 우리는 커다랗고 안락의자로 잘 꾸며진 쾌적한 휴게실을 차지했다. 때때로 우리는 거기 앉아 말없이 몇 시간을 있었다. 아무 소리도 들을 수 없었다. 예외가 있다면 가끔 나이 든 환자 중 하나가 의자를 차지하고 있는 어떤 신참에게 그 의자는 본래 자기 것이라며 문제를 제기하면서 소란해질 때뿐이었다."

상태가 괜찮은 한 노인 환자는 상호 동의하에 라디에이터 하나를 확보했다. 그 위에 종이를 펼쳐놓고 그는 그 위에 앉아 있을 수 있었고 실제로 늘 거기 앉아 있었다.[104] 그 뒤에 그는 개인 소유물들을 두었는데, 이로 인해 그 영역은 확실히 그의 장소가 되었다. 몇 피트 떨어진 휴게실 한구석에는 일하는 환자 한 명이 "사무실"을 확보했다. 직원들은 필요할 때 그를 찾을 수 있는 장소가 바로 거기라는 것을 알았다. 그는 그 구석에 너무 오래 앉아 있어서 그가 늘 머리를 기대는 회벽은 얼룩이 져 움푹 들어가 있었다. 같은 병동에 또 다른 환자는 TV 바로 앞에 있는 의자의 소유권을 주장했다. 비록 몇몇 환자가 이 장소를 두고 경쟁을 벌였지만, 대체로 그는 그 자리에 대한 소유권을 유지할 수 있었다.

병동 내에서의 영토 형성은 정신질환과 특별한 관계가 있다. 시민 사회의 상황이라면 "먼저 온 자가 먼저 받는다"와 같은 평등주의적 규칙이 관철되기 마련이다. 또한 "강한 자가 원하는 것을 얻는다"와 같은 다른 종류의 조직 원칙을 숨기는 위장막이 존재한다. 후자의

---

104) 개인들이 사무실 책상, 매표구, 선반과 같은 고정된 일터를 가지면 그들은 시간이 지나면서 편안한 감정을 드러내고 통제력을 발휘하게 된다. 그리고 그 부근을 마치 자기 집처럼 이런저런 물건으로 채워 넣게 된다. 나는 여기서 다시 한 번 오케스트라 악단의 생활에서 예를 찾아보고자 한다. Albert M. Ottenheimer, 같은 책. "일단 공연이 안정적으로 진행되면 악단석에는 아늑하고 사람 사는 분위기가 생겨난다. 사람들은 인터미션 동안 관악기를 걸 수 있는 고리를 달아놓는다. 또한 악보, 책, 그리고 다른 비품을 올려놓을 수 있는 받침대와 선반도 설치한다. 통상적 관행 중 하나는 보면대에 작은 나무 상자를 옷걸이 철사로 묶어놓은 다음 종이, 연필, 껌, 안경을 편리하게 보관하는 용도로 쓰는 것이다. 「웨스트 사이드 스토리」 오케스트라의 현악기부는 악단석 난간에 달린 커튼의 안쪽에 (관객 시야에서 벗어난 곳에) 미녀 사진들을 붙이는 식으로 더 특별히 자기 집 같은 느낌을 부여하기도 했다. 어떤 이들은 심지어 작은 휴대용 라디오를 가져왔다 — 흔히 자신들이 좋아하는 스포츠 중계를 듣기 위해."

규칙은 하급 병동에 적용되었고, 전자의 규칙은 상급 병동에 적용되었다. 그러나 또 다른 차원이 있다. 다수의 중환자에게 병동 생활에 적응한다는 것은, 자발적 동기 때문이건 강제적 원인 때문이건, 결국 침묵과 순응을 받아들이고 말썽과 연루되는 일을 멀리한다는 것이다. 말썽을 부리는 사람은 그의 체격이나 체력과 무관하게 자리나 장소에서 쫓겨나게 되어 있다. 따라서 하급 병동에는, 특별한 종류의 서열pecking order이 발생한다. 건강하고 목소리가 큰 환자들은 그렇지 않은 환자들보다 좋은 의자와 벤치를 차지하게 되어 있다. 예컨대 이런 일이 있었다. 목소리가 큰 한 환자는 청각 장애 환자에게서 의자는 물론 발판까지 차지하고 앉았고, 따라서 청각 장애 환자에게는 남은 것이 하나도 없었다. 이 사태는 그냥 그런가 보다 할 수 없는 것이었는데, 왜냐하면 식사 시간 같은 중간 시간을 제외하면 일부 환자들은 한 자리에 앉거나 서서 하루 종일 병동에서 시간을 보내기 때문이다.

아마도 사적 영토를 이루는 최소 공간은 환자의 담요가 만드는 공간일 것이다. 일부 병동의 어떤 환자들은 오후 내내 담요를 가지고 다니다가, 담요를 덮어쓰고 바닥에 웅크리고 눕는 식의 지극히 퇴행적으로 여겨지는 행위를 내보였다. 그들은 이렇게 담요로 덮인 공간에서 일정한 재량권을 행사했던 것이다.[105]

예상한 바대로 사적 영토는 자유 장소나 집단 영토에서 형성될 수

---

105) 연구에 따르면 문간이나 담요로 만든 텐트와 같은 환경적 틈새 만들기는 자폐아들에게서 발견되기도 한다. 예를 들어 Bruno Bettleheim, "Feral Children and Autistic Children," *American Journal of Sociology,* LXIV, 1959, p. 458을 보라. "다른 아이들도 마찬가지로 어두운 구석이나 옷장에 자신만의 동굴을 만들어서는 거기서만 잠을 자고 밤낮으로 거기서만 시간을 즐겨 보냈다."

있다. 예컨대 남성 장기 입원 환자들이 머무는 서비스동의 오락실에는 커다란 목재 안락의자가 두 개 있었는데, 그중 하나는 조명과 라디에이터 옆 좋은 자리에 위치해 있었다. 이 자리는 존경받는 한 노인 환자가 주로 앉아 있었으며 환자와 직원 모두 그 자리에 대한 그의 권리를 인정했다.[106]

중앙병원의 자유 장소에서 이루어진 영토 형성 중 가장 정교한 사례가 하나 있다. 그것은 연장 치료 병동 건물 중 한 곳의 방치된 지하실에서 이루어졌다. 여기서 하위 직급의 직원들은 몇몇 상태가 좋은 방을 차지하고 창고로 사용했다. 그 결과 페인트를 보관하는 방과 병원 관리 설비들을 보관하는 방이 있었다. 보조 업무를 하는 환자는 반-공식적으로 이 방들을 자기 영토로 만들었다. 거기에 그들은 미녀 사진, 라디오, 비교적 푹신한 의자, 병원에서 지급한 담배들을 보관했다. 나머지 다소 쓸 만하지 않은 방들은 외출권이 있는 나이 든 장기 입원 환자들이 차지했으며 그들 모두 자신의 보금자리를, 망가진 의자나 오래된 『라이프』 잡지 뭉치처럼[107] 대단한 것은 아닐지라도 뭔가로 채워 넣었다. 만에 하나 직원들이 낮 시간에 그들을

---

106) 나는 하나의 실험을 했다. 어느 날 밤이었다. 두번째로 좋은 의자는 방의 다른 쪽으로 옮겨져 있었고 나는 그 환자가 도착하기 전에 그의 의자에 미리 앉아 있었다. 나는 별 생각 없이 독서를 하는 척했다. 늘 그렇듯 같은 시간에 방에 도착한 그는 나를 오래, 그리고 말없이 쳐다보았다. 나는 누군가 자신을 보고 있는지 모르는 사람같이 반응했다. 나에게 그 자리가 어떤 자리인지 상기시키는 데 실패한 그 환자는 방을 둘러보며 또 다른 좋은 의자를 찾았다. 의자를 발견하자 그는 그것을 원래 있던 자리, 즉 내가 앉아 있던 의자 옆에 가져다놓았다. 그리고 그 환자는 정중하고, 적개심이라곤 찾아볼 수 없는 어조로 내게 말했다. "젊은이, 괜찮다면 나를 위해 저 의자로 옮겨 앉아줄 수 있겠나?" 나는 다른 의자로 이동했고 실험은 그렇게 끝났다.

107) 일부 환자들은 그러한 보금자리를 병원 구내의 숲속에 구축하려고 했다. 그러나 구내 관리 직원들은 즉각 이 구조물을 해체했다.

286

부르면, 호출 메시지는 병동이 아니라 그의 지하 사무실로 직접 전
달되었다.

때로는 할당된 과업이 사적 영토를 제공하기도 했다. 예를 들어
병동의 세탁실과 창고를 책임지는 환자들은 할 일이 없을 때는 일터
에 머물 수 있었다. 거기서 그들은 바닥에 앉거나 누워 휴게실의 반
복적인 소란과 음울함으로부터 떨어져 있을 수 있었다.

설비들

나는 이제 병원 지하 생활의 두 가지 추가적 요소를 살펴보려고
한다. 이 요소들 또한 물리적 질서와 관계를 맺는다.

1

일상생활에서 1차 적응에 필요한 합법적 소유물들은 사용되지 않
는 동안 통상적으로 안전한 보관처에 넣어두기 마련이다. 이 장소들
은 소형 트렁크, 옷장, 책상 서랍, 대여 금고처럼 원할 때 언제든 접
근 가능한 곳들이다. 이러한 보관 장소들은 손상, 오용, 악용으로부
터 물건들을 보호하며 타인으로부터 은폐한다.[108] 더욱 중요한 점은

---

108) 보관을 위한 사적 장소들은 물론 다른 문화들에서도 발견된다. 예로는 John Skolle, *Azalaï*,
New York: Harper & Bros., 1956, p. 49를 보라. "투아레그족은 가죽 가방에 자신들의
모든 소유물을 지참하고 다녔다. 그들은 귀중품들을 안에 담아 종족 고유의 잠금 장치로
잠갔다. 이를 열기 위해서는 세 개의 열쇠가 필요했다. 이런 방식은 예방 조치로는 매우
비효과적이었는데, 왜냐하면 다들 칼을 지니고 다녔기에 가방을 훔치고 싶다면 열쇠를
무시하고 가죽 가방을 칼로 째면 되는 것이었다. 그러나 아무도 그럴 생각이 없었다. 모

이러한 장소들이 자아와 자아가 지닌 자율성의 연장으로 표상된다는 점이다. 따라서 이 장소들은 개인이 자아의 다른 저장고들을 잃어버릴수록 더 중요해진다. 만약 자아를 제외하고 남는 것이 하나도 없게 되면, 자신이 사용하는 모든 것이 남들에 의해 사용된다면, 타인에 의한 사회적 오염의 방지 가능성은 사라진다. 더욱이 이때 개인이 포기해야 하는 것들 중에는 그가 각별히 동일시하는 것들, 그리고 타인을 향해 자아의 정체성을 내보일 때 사용하는 것들이 있다. 따라서 수도원에서 편지함[109]이 그토록 중요한 것은 그것이 유일한 사생활이기 때문이며, 마찬가지 이유로 배에서는 옷가방[110]이 그토록 중요한 것이다.

사적 보관 장소가 허락되지 않는 곳에서는 불법적 보관 장소가 발달하리라고 예상할 수 있다. 만약 개인이 불법적으로 소지품을 소유한다면 그것이 보관되는 장소 자체 또한 비밀이 될 가능성이 높다. 사적 보관처를 은폐하거나 잠금 장치로 보호하는 이유는 불법적 침입자와 합법적 권위 모두를 예방하기 위해서다. 또한 범죄 세계나 유사 범죄 세계에서는 이를 **은닉처**라 부르는데, 여기서도 마찬가지 용어를 사용할 것이다.[111] 주목할 것은 이러한 불법적 보관처들은,

---

두들 이 열쇠를 프라이버시의 보편적 상징으로 존중했다."

109) Thomas Merton, *The Seven Storey Mountain,* New York: Harcourt, Brace and Company, 1948, p. 384.

110) Herman Melville, 같은 책, p. 47.

111) 미국의 교도소 사례는 Alfred Hassler, 같은 책, pp. 59~60에 언급된다. "나랑 바로 마주한 곳에는 숙소에서 가장 유명한 수감자—"노키" 존슨이 있었다. 그는 왕년에 애틀랜틱 시티의 영향력 있는 거물이었고, 내 기억이 맞는다면 휴양지의 온갖 추잡한 활동들을 주관했다. 노키는 키가 크고 건장한 60대였다. 교도소 내 위계에서 그의 위치는 침상 위에 쌓인 여섯 개의 고급 모직 담요(우리들은 훨씬 질 나쁜 담요 두 개만 가졌다)와 캐비닛

조직 차원에서 보자면, 단순한 임시변통보다 더 복잡한 문제와 관련되어 있다는 사실이다. 은닉처는 일반적으로 한 가지 이상의 불법적 소유물들을 보관한다. 덧붙이자면 은닉처로 활용되는 중요한 대상 중 하나는 바로 인간의 몸(살아 있건 죽어 있건)이다. 이와 관련하여 잠복hideout, 밀항stowaway, 은신laying low과 같은 특수 용어들이나 범죄소설에 필수적인 장면들이 실제로 나타나기도 한다.

환자들이 중앙병원에 들어올 때, 특히 흥분 상태나 우울 상태로 입원하면, 그들에게는 물건을 보관하고 꺼낼 사적 장소가 불허되었다. 예를 들어 개인 의류는 통제권 밖의 방에 보관되었다. 돈은 행정 건물에 보관되어 의료진이나 법적 대리인의 허가 없이는 회수할 수 없었다. 의치, 안경, 손목시계처럼 비싸거나 파손될 수 있는, 종종 신체 이미지의 일부를 이루는 품목들은 주인의 손이 닿지 않는 곳에 안전하게 보관되었다. 공식적인 신분 서류 또한 기관이 보관했다.[112] 외모 관리에 필요한 화장용품들은 공동 소유물이 되었고 특정 경우에만 환자들이 사용할 수 있었다. 회복기 병동에는 수납함이 있었지만 거기에는 잠금 장치가 없어 환자나 직원 들의 도둑질에 노출되어 있었다. 따라서 낮 시간에 자물쇠를 채운 방에 보관되어 환자들이 접근할 수 없게 했다.

의 잠금 장치—물론 우리 같은 조무래기들에게는 불필요한—만 얼핏 봐도 분명했다. 횡령죄로 수감된 내 이웃 죄수에 따르면, 다른 죄수들의 물건은 검색 대상이 되었지만 노키의 물건은 예외였다. 나는 한번 노키의 캐비닛을 힐끗 들여다본 적이 있었는데 그 안에는 담뱃갑이 가득 차 있었다. 화폐가 통용되지 않는 성역 같은 이곳에서 그것은 가장 중요한 교환 매체였다."

112) 여기서 분명히 짚고 넘어갈 점은 특정 환자들에게 사적 소유물을 불허하는 것에 대해서는 의료적이고 행정적인 차원에서 다수의 강력한 논거가 있다는 것이다. 그러한 불허가 과연 바람직한가에 대해서는 여기서 논하지 않겠다.

만약 사람들이 이타적이거나, 이타적으로 행동하라는 요구사항을 준수한다면 당연히 사적 보관처가 필요 없을 것이다. 한 정신병원 출신의 영국인은 증언한다.

> 나는 사물함을 찾아봤지만 소용이 없었다. 병원에 사물함 따위는 없어 보였다. 그 이유는 곧 분명해졌다. 그것들은 필요가 없었다. 사물함에 보관할 물건이 없었기 때문이다. 모든 것은 공유되었고 심지어 세면 수건도 그러했다. 수건은 다른 용도로도 사용되었으며 나는 이에 대해 매우 예민해졌다.[113]

하지만 누구나 어느 정도의 자아를 지니고 있다. 보관처의 상실이 자아 축소와 연관된다는 점을 고려할 때, 중앙병원의 환자들이 자신만의 장소들을 모색한다는 것은 놀라운 일이 아니다.

가장 일반적인 은닉처는 사람이 늘 가지고 다닐 수 있는 어떤 것이 된다.[114] 이는 병원 생활에서 특징적인 현상이다. 여성 환자들의 경우 큰 핸드백이 이에 해당되었다. 남자들의 경우에는 넉넉한 주머니가 있는 재킷이 은닉처로 이용되었는데 그들은 더운 날씨에도 그 옷을 입고 다녔다. 이런 종류의 용기들은 규모가 큰 공동체에서는 꽤 쓸모가 있었다. 그렇기에 그것들은 병원에서 차지하는 비중이 남다르기도 했다. 책, 필기구, 수건, 과일, 작은 귀중품들, 스카프, 게

---

113) D. McI. Johnson and N. Dodds, 같은 책, p. 86.
114) 범죄를 다루는 대중 문학에는 잘 알려진 휴대용 은닉처들이 있다. 가짜 구두 굽, 가짜 바닥을 깐 가방, 항문 좌약 등. 보석과 마약은 이런 식의 은닉에 사용되는 가장 인기 있는 품목이다. 스파이 소설에는 더 근사한 은닉처들이 등장한다.

임용 카드, 비누, 면도 기구(남자들의 경우), 소금-후추-설탕 통, 우유병, 환자들은 이런 것들을 지참하고 다녔다. 이러한 관행은 매우 보편적이므로 병원에서 환자 지위를 보여주는 확실한 상징 중 하나가 바로 불룩한 주머니였다. 또 다른 종류의 휴대용 보관 장치는 나란히 붙은 쇼핑백들이었다. (쇼핑백이 어느 정도 차면, 이 쓸모 있는 은닉처는 쿠션이나 등받이로 사용되었다.) 남자들 중 일부는 긴 양말을 가지고 작은 은닉처를 만들었다. 양말의 뚫린 끝을 묶은 다음 벨트에 꼬아 걸면 바지 안에 일종의 보이지 않는 돈주머니가 매달려 있는 것처럼 된다. 실제로 환자들은 제각각 상이한 종류의 휴대용 보관 용기들을 가지고 다녔다. 공학 전공자인 한 젊은 환자는 버려진 방수포로 지갑을 만들었다. 이 지갑은 바느질로 칸들이 정확히 나눠져서 그 안에 빗, 칫솔, 카드, 메모지, 연필, 비누, 작은 세면 수건, 화장실 휴지 들을 넣을 수 있었고 지갑 전체는 가려진 클립으로 벨트 아래쪽에 부착되었다. 같은 환자는 또한 재킷 안에 속주머니 하나를 더 만들어서 그 안에 책을 넣고 다녔다.[115] 또 다른 남성

---

115) Brendan Behan, *Borstal Boy,* London: Hutchinson, 1958, p. 173에는 영국 교도소의 유사한 사례가 나온다. 교도소 미사에 참여하면 지급되는 물품을 재소자가 어떻게 하는지가 다음과 같이 묘사된다. "뭐 하나 알려줄게. 조가 꽁초를 비벼 끈 후 우편 행낭 한 조각을 셔츠 끝에 꿰매 만든 은닉처에 숨기면서 말했다. '바깥 영국 교회에서는 이런 거는 얻기 힘들지.'" Herman Melville, 같은 책, p. 47은 지하 생활의 많은 측면을 잘 소개한다. "군함에서 가방이나 해먹을 빼면 무슨 물건도 보관할 곳이 없다. 어떤 것을 바닥에 놓고 잠시 등을 돌리면 열에 하나는 사라지고 만다." "이제 예비 계획의 개요를 짜고 그 잊을 수 없는 하얀색 재킷의 바닥을 재단할 차례였다. 나는 그 모든 불편함을 진지하게 고려했고 그것들을 해결하자고 결심했다. 내 생각은 이랬다. 내 재킷은 추위를 피하기만 해서는 안 된다. 그것은 셔츠 한두 개, 바지 한 벌, 잠수 소품들, 바느질 도구, 책, 비스킷 등등을 담을 수 있어야 한다. 나는 알맞은 방식으로 다양한 것을 붙였다. 물건 하나에 주머니도 있었고, 식기함도 있었고, 옷장도 있었고, 찬장도 있었다." "두 개의 큰 방이 재킷 자락에 자리했다. 안쪽에서 열리는 넓고 넉넉한 입구도 있었다. 양쪽 가슴에는 조금 더

환자는 신문 열독자였는데 신문을 접어 벨트에 걸친 후 그것을 숨기기 위해 언제나 양복 재킷을 입고 다녔다. 또 어떤 이는 음식을 옮기기 위해 속을 비운 담배 파우치를 효과적으로 사용했다. 껍질을 까지 않은 과일은 주머니에 쉽게 들어가서 병동으로 가져올 수 있었지만 요리된 음식은 기름이 새지 않는 은닉처에 담아 옮겼다.

왜 환자들이 이렇게 부피가 큰 물건들을 가지고 다니는지에 대해서는 다시 짚고 넘어갈 필요가 있다. 통상적으로 시민사회에서는 비누, 휴지, 카드 같은 편의품의 대부분을 편한 장소에서 찾을 수 있다. 하지만 환자들에게는 그렇지 않다. 하루에 필요한 일용품들의 일부는 하루를 시작할 때 미리 준비해두어야 한다.

휴대용 은닉처 외에도 고정된 은닉처도 활용되었다. 이는 자유 장소와 집단 영토에서 종종 발견되었다. 어떤 환자들은 귀중품들을 매트리스 아래에 숨겨놓았다. 그러나 앞서 언급한 것처럼 일과 시간 동안 기숙사 출입을 제한하는 규칙 때문에 그런 식의 책략은 쓸모가 떨어졌다. 창밑 돌출부의 절반을 가려 은닉처로 사용하기도 했다. 개인 방이 있고 직원들과 우호적 관계를 유지하는 환자들은 자신들의 방을 은닉처로 사용했다. 여자 환자들은 종종 방에 둔 콤팩트 안에 성냥과 담배를 넣어두었다.[116] 병원의 유명한 일화에 따르면 한

작은 용량의 방이 있었고, 그것들은 접이식 문으로 연결되어 비상시에는 하나로 합쳐져 더 큰 물건들을 수용할 수 있게 했다. 또한 차폐막 뒤에는 보이지 않는 골방이 몇 개 있었다. 내 재킷은 마치 오래된 성처럼 굽이치는 계단과 신비로운 옷장, 지하실, 장롱 들로 꽉 찼다. 또한 마치 비밀 책상처럼 그 안에 아늑하고 진기한 작은 굴들, 은닉처들, 귀중품 보관소가 한가득이었다." "이 모든 것에 더해 커다란 주머니 네 개가 바깥에 달려 있었다. 그중 두 개는 독서를 하다 갑자기 중앙 돛대 앞에 뛰어나가야 할 때 책을 잽싸게 넣을 수 있는 용도였다. 다른 두 개는 추운 밤 불침번을 설 때 손을 집어넣을 수 있는 상설 주머니 장갑이었다."

노인은 1,200달러를 시가 상자에 넣어서 병원 마당에 있는 나무 속에 숨겼다.

물론 어떤 과업은 은닉처를 제공했다. 세탁실에서 일하는 몇몇 환자는 원래 비환자 인부들에게만 할당되는 사물함을 사용했다. 복지관의 주방에서 일하는 환자들은 찬장과 냉장고 안에 이런저런 행사에서 남은 음식과 음료, 그리고 이래저래 챙긴 먹을거리들을 몰래 넣어두었다.

2

고정된 은닉처를 사용하기 위해서는 당연히 물건들을 은닉처에 가져다놓거나 그것들을 거기서 꺼내 사용 장소로 옮기는 수단이 마련되어야 한다. 2차 적응이 효과적으로 수행되기 위해서는 해당 물건을 옮기는 비공인된 은밀한 수단, 즉, **수송 체계**가 확립되어야 한다. 모든 합법적 수송 체계는 지하 생활에 부분적으로 이용될 수 있다.

---

116) 총체적 기관에서, 특히 교도소에서 고안된 훌륭한 은닉처들은 매우 인상적이다. 독방에 갇힌 양심적 병역 거부자의 사례가 그중 하나다(Holley Cantine and Dachine Rainer, 같은 책, p. 44). "사람들은 장교들의 회식장에서 음식—달걀과 치즈—을 훔쳐 내게 몰래 반입해주었다. 또한 페이스트리와 과자도 넣어주었다. 때때로 치즈의 강한 냄새를 맡은 간수는 독방을 수색했다. 치즈는 탁자 아래에 부착된 선반에 숨겼다. 혼란스러운 간수는 코를 킁킁대며 방을 뒤졌다. 그러나 숨겨진 선반과 치즈는 한 번도 발견되지 않았다." 영국 감옥의 수감자는 열쇠공으로 변신한 한 드러머의 탈옥 기도를 묘사한다(George Dendrickson and Frederick Thomas, 앞의 책, p. 133). "제이콥은 공방으로 달려가 열쇠를 자물쇠에 꽂았다. 간수가 쫓아왔다. 제이콥이 열쇠를 돌릴 때 무거운 손이 그의 어깨를 부여잡았다. 그는 굴욕적으로 감방에 다시 끌려왔다." "이 사건 이후 전례 없이 철저한 수색이 뒤따랐다. 그리고 다트무어 교도소의 오래된 수수께끼가 드디어 폭로되었다—그의 은닉처에 관한 수수께끼 말이다. 서류들, 쇠톱날, 끌, 미가공 열쇠, 망치, 그리고 그 외의 다른 물건들이 죄다 발견되었는데 그것들은 그의 드럼 안의 쇠줄에 나란히 매달려 있었다."

각각의 체계는 누가 그것을 이용하는지, 왜 이용하는지에 대한 규칙을, 또한 그렇기에 오용의 가능성을 내포하기 때문이다. 외출권이 있는 환자처럼 어느 정도 이동의 자유가 허용될 경우 휴대용 은닉처가 이동 수단이 될 수 있다. 수송 체계는 최소한 세 가지 다른 성격의 대상들을 나를 수 있다. 예를 들면 신체, 인공물이나 사물들, 그리고 서면 혹은 구두 메시지.

가장 잘 알려진 불법적 신체 수송의 사례는 포로수용소[117]와 (사회 전체에 대한 상대적 개념으로) 지하 탈출로에서 발견된다. 두 경우 모두 단기적 탈출로보다는 정규적 탈출로가 형성된다. 일상적으로 이루어지는 모든 불법적 인간 수송은 탈출보다는 통상적 이동과 관련 있다. 중앙병원의 사례를 예로 들어보자. 담장 안 병원 구내의 전체 면적은 100만 제곱미터가 넘기 때문에 병원 내부를—한 일터에서 다른 일터로, 한 진료 건물에서 다른 진료 건물로 등등—이동하기 위해서는 버스가 필요했다. 외출권이 있는 환자들은 버스 시간을 알고 있어서 걷기 싫을 때는 버스를 기다렸다가 타서 다른 구역으로 이동했다.[118]

물론 **대상물들**을 옮기는 불법적 수송 체계 또한 일반적이며, 이는 2차 적응을 연구할 때 간과해서는 안 된다. 예컨대 경탄을 자아내는

---

117) 예로는 P. R. Reid, 같은 책과 Eric Williams, *The Wooden Horse*, New York: Berkley Publishing Corp., 1959를 보라.

118) 내 생각에 불법적 수송 수단으로 이용되지 않는 수송 체계는 많지 않다. "화물열차 타기" 라는 미국의 오랜 관습이 대표적 예이다. 또 다른 중요한 예는 "히치하이킹"이다. 트럭을 본격적으로 사용하기 전 북부 캐나다에 겨울이 오면, 시골의 젊은 남자들이 장거리 이동을 하는 주요 수단은 말이 끄는 썰매 마차에 "히치하이크"를 해서 올라타는 것이었다. 이렇게 널리 사용되는 기생parasitism 형태 수송의 흥미로운 특징은 그러한 2차 적응과 관계되는 사회적 단위의 크기이다—마을, 지역, 심지어 국가 전체.

밀반입 기술들이 대표적이다. 목적지가 한 국가이건[119] 혹은 사회적 시설이건[120] 밀반입에는 다양한 방식이 존재한다.

정신병원의 수송 체계에는 고유의 특징들이 있다. 여기에는 비공인적으로 관용되는 책략들이 포함되어 있다. 예컨대 중앙병원에서 매점에서 어느 정도 떨어진 병동은 비공식적인 주문 및 배달 체계를 개발했다. 하루에 두 번 이상 병동에 있는 직원과 환자 들은 구매 목록을 만들고 필요한 돈을 모았다. 병원 내 외출권이 있는 환자는 매점에 가서 주문받은 것들을 사고, 시가 상자에 그것들을 넣어 돌아왔다. 이때 시가 상자는 이러한 목적을 위해 병동에서 사용되는 대표적인 비공인 장치였다.

이처럼 비교적 제도화된 집합적 관행에 덧붙여, 개인적인 관행들

---

119) 예로는 최근에 발표된 연구서 Neville Williams, *Contraband Cargoes,* Toronto: Longmans, 1959를 보라.

120) 군함에 주류를 밀반입하는 기술들에 대해서는 Herman Melville, 같은 책, pp. 175~76을 보라. 교도소의 사례 역시 풍부하다. 예로는 George Dendrickson and Frederick Thomas, 같은 책, p. 103을 보라. "그러나 다트무어 교도소에서 도서물과 관련한 긴장 상황은 '떠도는 책floaters'이라 불리는 일군의 책 덕분에 다소 완화되었다. 이 책들은 어떤 식으로건 도서관에서 빠져나온 책들이며, 특정 수감자에게 책임을 물을 수 없는 종류의 것들이었다. 또한 어떤 책들은 외부에서 교도소로 밀반입된 것들이었다. 이 책들 중에는 피터 체이니Peter Cheyney의 후기 저작들이 많았는데, 은밀한 지하 생활자, 이를테면 도망 중인 사기꾼을 집중적으로 다루는 내용이었다. 그 책들은 셔츠와 재킷 안에 숨긴 채 손에서 손으로 건네졌다. 그것들은 층 당번수landing orderly가 지나칠 때면 신기하게도 감방 안으로 날아왔고, 식사 때는 식탁 아래서 기어 다녔고, 으슥한 곳에 있는 물탱크 위에 숨어 있었다. 또한 불시에 수색이 이루어질 때는, 그것들은 발견되어 압수되기보다는 황급히 창문 밖으로 뛰어내리곤 했다. 이런 정황을 저자가 알았다면 재미있어하고 기뻐했을지도 모른다." 비슷한 경험이 독방에서도 발견된다. 하워드 센펠드Howard Schoenfeld는 Holley Cantine and Dachine Rainer, 같은 책, p. 23에서 말한다. "나는 식사 시간을 고대하기 시작했다. 한 재소자는 감방 안에 식판을 넣어주었는데 그는 간수가 곁에 있기에 내게 말을 걸 수 없었다. 어느 날 저녁 나는 식판 아래에 테이프로 잘 붙여놓은 담배와 성냥을 발견했다."

도 존재했다. 거의 모든 폐쇄 병동에는 병원 내 외출권이 있는 환자들이 한 명 이상 있었다. 그리고 거의 모든 개방 병동에는 병원 밖 외출권이 있는 환자들이 있었다. 이런 특권이 있는 환자들은 심부름꾼이 될 수 있는 완벽한 위치에 있었다. 그들은 동정심, 의무감, 곤경에 빠뜨리겠다는 위협, 보상의 약속 등을 이유로 종종 심부름꾼 역할을 맡았다. 따라서 많은 환자는 간접적으로 병원 매점이나 동네 가게들에 접근할 수 있었다. 물론 그렇게 수송되는 대상물들은 하찮아 보일 수 있다. 하지만 박탈적 상황에서 그것들의 비중은 매우 클 수 있다. 병원에는 자살 충동을 느끼는 환자가 있었는데 그는 우울증에 빠져 병동 안에 갇혀 있었다. 그는 좋아하는 사탕만 있으면 그걸 빨아 먹으면서 하루를 버틸 수 있다고 생각했다. 그는 실제로 사탕을 사주는 사람에게 무척 감사했다. 우표, 치약, 빗 등은 매점에서 쉽게 구할 수 있었고 수송하는 데도 어려움이 없었지만 받는 이들에게 그것은 크나큰 은혜처럼 여겨졌다.

신체와 물질적 대상의 순환도 중요하지만 그만큼 중요한 것이 **메시지**의 순환이다. 커뮤니케이션의 비밀 체계는 총체적 기관의 보편적 특징인 듯하다.

비밀 커뮤니케이션의 한 유형은 면대면 접촉이다. 교도소에서 재소자들은 입술을 움직이지 않거나 말하는 상대를 보지 않으면서 말하는 기술을 발전시켜왔다.[121] 종교적 기관 또한 교도소나 학교와 마찬가지로 묵계의 관행이 있는데, 이때 재소자들 사이에서 개발된 몸

---

121) Jim Phelan, *The Underworld*, London: Harrap & Co., 1953, pp. 7, 8, 13은 영국의 사례를 제공한다.

짓 언어gestural language는 꽤나 융통성이 있어서 농담 같은 목적을 위해서도 사용될 수 있다.[122] 여기서 정신병원은 흥미로운 예들을 보여준다.

이미 언급한 것처럼 중앙병원의 중환자 병동에서는 명시적 방식으로 메시지를 주고받는 표준적 커뮤니케이션이 이루어지지 않았다. 말에 대한 반응은 느렸고 혹은 말을 못 들었다는 식의 태도를 취하곤 했다. 이 환자들은 위축되어 입을 다물었고 이러한 자세를 공식적으로 견지했다―아마도 이는 성가시게 구는 직원과 동료 환자들에 대한 방어 기제였을 테지만 합법적인 정신병 증상으로 마지못해 받아들여졌다. (이는 병동에 적응하려는 전략과 회복 불능의 심각한 신경 손상을 입은 환자들이 자기도 모르게 드러내는 모습이 구별될 수 없었기 때문이다.) 물론 환자가 이러한 위축된 태도를 유지하면 이는 스스로를 구속하는 결과를 가져왔다. 말을 하지 않는 환자들은 진료를 받을 때 두려움을 말로 표현할 수 없었다. 그들은 학대를 받을 때에도 이의를 제기할 수 없었다. 그들은 병동의 상황에 대한 관심이나 입장을 숨겨야 했다. 그들은 일상적인 사교 생활에서 이루어지는 사소한 거래들, 기브 앤드 테이크의 상당수를 포기해야 했다.

귀머거리와 장님 연기를 유지하기 위해, 그러면서도 그에 수반되는 커뮤니케이션의 제약을 극복하기 위해 몇몇 중환자 병동 환자들은 그들 사이에 일련의 특별한 커뮤니케이션 관행을 발전시켰다. 그들은 동료 환자에게 무엇을 주거나 혹은 받기 위해 먼저 상대방의 눈을 봤고 그다음에 해당 사물―신문이나 카드 뭉치나 혹은 병동

---

122) Thomas Merton, 같은 책, p. 382. Kathryn Hulme, 같은 책, p. 245.

벤치 옆의 물건과 같은—을 내려다봤다. 그다음에 다시 상대의 눈을 봤다. 만약 상대가 커뮤니케이션을 중단한다면 그것은 거절을 뜻하며 몸을 움직여 그 물건에서 멀어진다면 그것은 그 물건을 포기하겠다는 뜻이다. 만약 그 물건이 자신의 것이 아닌데 그쪽으로 몸을 움직인다는 것은 그가 그것을 가지겠다는 욕구나 의지를 표현하는 것이다. 어떤 커뮤니케이션에도 참여하지 않겠다는 입장을 포기하지 않고도 요구나 제안, 그리고 수용이나 거부의 교환은 이루어질 수 있었다. 물론 이러한 커뮤니케이션 체계는 한계가 컸지만, 그것을 통해 적어도 한 번 이상의 커뮤니케이션, 한 개 이상의 물건이 교환되었다. 덧붙일 점은 사회적 접촉을 꺼리는 환자들은 종종 특정 사람을 선택하여 사회적 접촉을 유지한다는 사실이다.[123] 이런 경우들은 직원들이 자신들의 치료 능력 혹은 그들이 좋아하는 정신과 의사의 치료 능력에 대해 이야기하는 "만남" 일화에서 우연히 발견되곤 한다.

직접적 커뮤니케이션에서 비밀 수단을 활용하는 것 외에도 총체적 기관들의 재소자들은 매개 수단[124]을 발전시키고—미국의 교도소

---

123) D. McI. Johnson and N. Dodds, 같은 책, p. 62에는 익명의 자서전적 기록이 담겨 있는데, 여기에도 유사한 사례가 발견된다. "그 병동에는 40명 이상의 환자가 있었다. 이들 중에서 오직 두 사람만이 대화를 이어갈 수 있는 능력이 있었다. 그들 중 한 명은 알코올 중독자였고 그곳에 13년간 있었다. 나머지는 장애인이었고 평생 병원에 있었다. 나는 곧 그 두 자매가 능력 있고 선량한 여자들이라는 것을 깨달았다. 이틀이 지나자 그들은 내 질문에 어리숙한 대답을 하는 것을 멈추었고 그 이후 그들은 나를 동등하게 대했으며 제정신인 사람을 대하듯 나와 대화를 나누었다."

124) 이에 대한 예는 Holley Cantine and Dachine Rainer, 같은 책, p. 68에서 제임스 펙 James Peck이 저술한 장chapter에 소개된다. 그는 교도소 파업 가담자들이 어떻게 서로 소통했는지 이야기한다. "가장 흥미로운 기록[펙이 우연히 본 간수의 일지에 담긴]은 이러했다. '나는 그들이 잡지를 서로 주고받는 데 사용하는 독창적 장치ingenious device

용어로는 "연날리기kiting" — 때로는 기존의 공식적 커뮤니케이션 체계를 활용하기도 한다.[125]

중앙병원에서 환자들은 기존의 커뮤니케이션 체계를 활용하기도

를 발견한 후 압수했다.'" "그때까지 우리는 그 장비를 운반장치라 불렀지만 즉시 독창적 장치라고 이름을 바꾸었다. 라디에이터 관이 벽으로 들어가는 부위를 에워싸는 금속판이 있었다. 이 금속판은 배관이 있는 모든 가정집에는 다 있는 것이다. 그 금속판은 매우 얇아서 문 아래를 통과할 수 있었다. 우리는 그것을 풀어서 떼어낸 다음 거기에 2미터 길이의 줄을 붙였다. 처음에는 교도소에서 공짜로 지급되는 불 더럼Bull Durham 담뱃잎 자루(우리는 그것을 댄버리의 바람둥이라고 불렀다)를 에워싼 띠를 가지고 줄을 만들었다. 나중에는 복역 기간 동안 지급되었던 낡은 지도를 활용하게 되었다." "줄 한쪽 끝에 전달할 종이나 메모를 묶었다. 그다음 우리는 바닥에 엎드려 그 쇠로 된 장비를 문 아래로 날려 복도 건너 반대쪽 감방에—혹은 반대쪽 감방의 양 옆 감방에—다다르게 했다. 그 감방의 사람은 메시지가 감방에 도달할 때까지 줄을 당겼다. 지그재그로 복도를 가로지르는 식으로 우리는 모든 파업 가담자에게 메시지를 전할 수 있었다."

125) 교도소의 편지는 종종 그 빈도, 내용, 수령자의 제약을 받으며 따라서 암호가 활용되곤 한다. 맥닐섬의 수감자였던 돈 드보가 예를 보여준다(Holly Cantine and Dachine Rainer, 같은 책, pp. 92~93). "기각 전표에 적혀 있는 10여 개의 사항을 분명히 위반하는 편지들은 대체적으로 검열을 받았다. 예컨대 내 편지 하나는 기각당했는데 그 이유는 내가 편지에서 어머니에게 내 편지를 복사해서 내 친구들에게 두루 전해달라고 부탁했기 때문이다. 검열관은 그것이 승인된 수령자를 통해 승인되지 않은 수령자들과 접촉을 시도했기 때문에 규정 위반이라고 말했다. 나는 편지를 다시 썼다. 거기서 나는 편지를 쓰고 기각을 당하는 과정에서 어머니를 시켜 편지를 복사해서 타인에게 보내게 해서는 안 된다는 것을 알게 되었고 또한 규칙을 깨고 싶지 않다 등등을 말했다. 그런데 그 편지는 문제없이 검열을 통과한 것이다! 더욱이 어머니는 답장 편지에서 나에게 온 편지들과 그녀에게 온 편지들의 내용을 끊임없이 언급했으며 그것도 완전히 공개적으로 그렇게 했으며 그럼에도 이 모든 것이 허용되었던 것이다. 나는 '……에게 전해주세요'라고 말하지 않고 대신 그저 승인되지 않은 수령자를 언급하는 식으로 어머니에게 답장을 했다. 이런 종류의 이유 때문에 맥닐 교도소의 우리 수감자들은 편지 검열을 그다지 심각하게 받아들이지 않았다……" 또 다른 종류의 속임수도 있다. Kathryn Hulme, 같은 책, p. 174는 한 해의 중요한 날들을 어떻게 기리는지를 논하면서 말한다. "혹은 가족에게 1년에 네 번 보낼 수 있는 편지들이 있었다. 편지 하나는 네 장이어야 했고, 한 줄도 넘어서는 안 되었다. 특별 허가를 받으면 가능했지만 그녀는 거의 요청하지 않았다. 대신 그녀는 원래의 두껍고 각진 필체를 거미줄처럼 가느다란 흘림체로 바꿈으로써 페이지에 더 많은 줄을 넣을 수 있었고 자신이 마침내 모든 다른 수녀와 똑같은 방식으로 편지를 쓰고 있다는 사실을 발견하게 되었다."

했다. 직원 식당에서 일하거나 혹은 일하는 친구를 둔 환자들은 주방에 있는 구내전화를 이용하여 구내 건너편에 좀 떨어져 있는 자기 병동에 전화를 걸어 그가 저녁을 먹으러 가지 않을 거라고 알렸다——외출권이 있는 환자들은 병동에 미리 알리면 식사를 거를 수 있었다. 무용 치료에 참여하는 환자들은 치료실이 위치한 지하층 옆에 있는 작은 사무실의 전화를 이용할 수 있었고 공연 기획에 참여하는 환자들은 무대 뒤에 있는 구내전화를 마음껏 이용할 수 있었다. 물론 전화를 받는 사람 또한 전화에 접근하기 위해서는 규칙을 어겨야 했다. 따라서 두 환자, 혹은 환자와 환자에게 우호적인 직원이나 여타 간부들 사이에 이루어지는 구내 통화는 병원에서 "잘나감 making out"의 증거로서 그들이 갖는 모종의 명성을 확인해주었다. 구내의 공중전화 역시 종종 활용, 즉 "이용worked" 대상이 되었다. 외출권이 있는 한 환자는 하루 중 같은 시간에 특정 공중전화 옆에 머물면서 여자 친구의 전화——그녀가 어디서건 전화를 할 수 있기만 하면——를 받을 수 있었다.[126]

　사람이나 물건, 메시지 등을 유통할 때 사용하는 불법적 수송 체계들에는 주목할 만한 일반적 특징들이 있다. 특정 수송 체계가 이용 대상이 되면, 그것의 이용자는 한 개 이상의 품목을 수송할 가능

---

126) 이는 전화박스를 이용하는 온건한 종류의 2차 적응이라고 할 수 있다. 미드타운 브로드웨이 가장자리에 위치한 사무실 건물인 졸리티 빌딩에 대한 리블링A. J. Liebling의 유명한 연구가 있다. 그는 이 연구에서 로비에 위치한 공중전화를 사무실처럼 이용해 신규 업무를 처리하는 매우 다양한 방식에 대해 묘사한다. A. J. Liebling, *The Telephone Booth Indian,* New York: Penguin Books, 1943, pp. 31~33을 보라. 그에 따르면 이 전화 박스들은 가난한 창립자들을 위한 사적 영토였다. 그들은 상호 합의하에 시간을 안배하는 방식으로 그곳을 거처로 삼았다.

성이 높다. 그레셤 사이크스의 주장에 따르면, 시설 관리자의 입장에서 보면, 이는 처음에는 단순히 사소한 규칙 위반으로 시작했던 것이 나중에는 엄격히 금지된 밀수 작전의 거점이 되어버리는 격이다.[127]

수송 체계의 또 다른 일반적 측면이 있다. 기관 전체를 돌아다니는 종류의 과업을 맡은 모든 재소자는 자연스럽게 운반책 역할을 수행하며 그가 원해서건 혹은 동료의 압력에 의해서건 자신이 맡은 과업을 그런 목적으로 이용한다.[128] 이와 비슷하게 여건상 병원 인근 지역의 거주지를 주기적으로 오가는 직급이 낮은 직원들이나 혹은 재소자들과 정규적으로 접촉하는 외부인들 또한 밀수품을 나르는 운

---

127) Gresham M. Sykes, "The Corruption of Authority and Rehabilitation," *Social Forces,* XXXIV, 1956, p. 259.

128) Holley Cantine and Dachine Rainer, 같은 책, pp. 103~104에서 버나드 필립스Bernard Phillips가 제시하는 예를 보라. "층 하나의 감방 몇 개를 담당하고 거래와 교환을 중개하는 층 당번 죄수는 메시지 전달과 총괄 관리라는 업무를 맡게 된다. 사교성이 매우 높은 사람들이 이 일을 맡으며 다른 사람들은 도서, 우편, 물품 배달을 한다. 가까운 친구를 많이 둘 필요는 없다. 다른 감방에 갈 수 있을 정도의 자유만 있다면 누구나 심부름 일을 한다. 또한 '바깥'이라면 신뢰하는 친구에게만 맡길 일도 해준다. 만약 그런 일을 하지 않으면 그는 그 괜찮은 과업을 시작한 지 얼마 되지 않아 곤란을 겪게 될 것이다." Norman S. Hayner and Ellis Ash, 같은 책, p. 367은 먼로에 위치한 워싱턴 주립 소년원의 유사한 사례를 보여준다. "많은 재소자가 참여하는 도박 경기가 만들어지기도 한다. 승자는 상당한 돈을 벌지만 중계자 또한 이익이 생긴다. 교육 팀의 일원들이 대체로 중계자 역할을 맡는다. 그들은 모든 층을 밤마다 돌아다니며 "숙제 용지"를 나누어주거나 과제를 도와주는 일을 해야 하기 때문에, 모든 재소자를 만나 도박 참여 의사를 물을 수 있는 위치에 있기 때문이다. 승자에 대한 지불도 비슷한 방식으로 이루어진다." 영국 교도소의 예로는 George Dendrickson and Frederick Thomas, 같은 책, p. 93을 보라. "층 당번수의 업무는 통상적인 일의 일과와 확실히 구별되었다…… 그 일은 대체로 층 간수를 위한 심부름 일로 간수장과 교목을 만날 면담자 목록을 만들고 면담 신청서를 모으는 일이었다. 그 일에 힘입어 어느 정도의 자유가 가능해졌다. 감방에서 감방으로 담배와 책들이 돌아다닐 수 있었고 단조로운 나날에 전반적인 활기를 부여했다."

반책 역할을 떠맡는 경향이 있다.[129]

사회 구조

비밀 수송 체계를 살펴보면 우리는 불법적 품목의 소비자가 동시에 그것의 운반자라는 사실을 발견한다. 그러나 많은 경우 불법적 배달의 수령자는 타인의 노력에 반복적으로 편승한다. 타인의 노력을 항상 자신의 계획에 끼워 맞춤으로써 그는 2차 적응—수송 체계와 직접 관련되지 않은 것들을 포함한—의 범위와 규모를 상당 정도 증대시킨다. 재소자의 지하 생활에서 타인의 이용은 매우 중요한 요소이며, 우리는 그 이면의 사회적 조직화의 요소들과 형태들을 반드시 검토해야 한다.

1

자신의 계획 속으로 타인의 노력을 통합시키는 하나의 방식은 정당치 않은 강요 혹은 소위 **사적 강제**에 기반한다. 여기서 조력자가 도움을 제공하는 이유는 자신의 현재 상태가 나아지기 때문이 아니다. 오히려 요구에 순종하지 않을 경우 그에 따르는 비용이 크기 때문이다. 이 때문에 그는 자신의 순종이 자발적이지 않음을 인식하게

---

129) 예로는 Norman S. Hayner and Ellis Ash, 같은 책, p. 367을 보라. "이 집단의 남자들[농장일을 맡아 농장에서 하룻밤을 보내는 수감자들]은 길가에 숨겨놓은 물건들—운반책들이 밤에 놓고 간 물건들—을 찾을 수 있는 기회를 가졌다. 은닉처의 장소는 소년원 수감자와의 모의를 통해 미리 결정되었다. 농장 팀에서 내내 일하는 이는 은닉처에서 돈을 꺼내 낮에만 농장일을 하는 이에게 전달해주기도 했다."

된다. 이 경우 도움을 요구하는 사람은 그의 요구에 대한 합당한 명분을 제시하지 않는다.[130] 나는 여기서 "자발적"일 수 있는 협력에 섞인 강제적 성격에 대해서는 검토하지 않을 것이다. 다만 총체적 기관에서 노골적인 사적 강제가 재소자의 지하 생활에서 차지하는 중요성에 대해 논하고자 한다. 몰수, 협박, 실력 행사, 강제적 성적 복종 등등은 어떤 합리화도 없이 타인의 활동을 자신의 행동 노선에 끼워 맞추는 방법적 수단들이다.[131] 그러한 강제가 일상화가 될 때, 그것의 적나라한 폭력성이 얼마나 지속될 것이냐, 혹은 얼마가 지나야 상호 호혜성이나 도덕적 정당화에 의해 조절될 것이냐는 또 다른 흥미로운 문제이다.

자리seating 문제와 관련해서 이미 언급한 것처럼 중앙병원에서 많은 중환자가 취하는 사회적-접촉-꺼리기 태도는 사적 강제에 쉽게 노출되는 상황을 만들었다. 그러한 환자들은 이의를 제기할 수 없을 것이고, 따라서 쉽게 착취의 대상이 될 수 있었다. 예컨대 무슨 이유에서인지 한 환자는 자기 다리를 자신의 것이 아니라며 신경을 쓰지 않았는데, 이때 동료 환자들은 그의 다리가 올려진 받침대를 무심결에 빼앗았으며, 어떤 환자는 허락도 없이 그의 다리를 쿠션으로 이용했다. 직원들은 중앙병원의 어느 환자를 농담으로 "스벵갈리"[132]라

---

130) 정신병원 직원이 겉으로는 합법적인 목적을 위해 물리적 힘을 이용하는 것은 환자 생활의 기본적 특징이다. 강제로 음식 먹이기, 자살 예방, 혹은 공격적 환자로부터 다른 환자를 보호하는 조치 같은 것들은 쉽게 비판 대상이 되지 않는다.

131) Gresham M. Sykes, *The Society of Captives,* Princeton: Princeton University Press, 1958, pp. 91~93에는 이 문제에 대한 유익한 논의가 담겨 있다. 저자에 따르면, 교도소의 비공식적 역할 중의 하나가 "고릴라"라 불리는 것인데, 여기에는 강제적 약탈 행위의 가능성이 함축되어 있다.

132) (옮긴이) 스벵갈리는 1931년 최면을 소재로 한 영화 「스벵갈리Svengali」에서 유래한 말

고 칭했는데 이는 그가 타인들을 냉정하게 이용하는 데 전문이기 때문이었다. 예를 들어 그는 TV 앞에 좋은 자리를 맡아놓고 물을 가져오려고 다른 환자를 자리 지킴이로 이용했다. 그는 물을 가지러 간 동안 좋은 의자에 다른 이를 앉혀놓고 돌아온 다음에는 그 의자에서 밀어냈다.

2

개인이 타인을 이용하는 주요한 방식은 매매나 거래 같은 식의 경제적 교환에 타인을 노골적으로 끌어들이는 것이다. 한 사람은 다른 사람의 계획에 도움을 제공한다. 이것이 가능한 이유는 한 가지다. 즉 미리 명확히 규정된 바에 따라 그가 대가로 무언가를 받기 때문이다. 누가 그것을 주느냐는 중요하지 않다—이때 사람은 자판기나 혹은 통신판매점과 다를 바 없다. 이런 종류의 협력은 몇 가지 사회적 조건들을 필요로 한다. 표면적 거래 이면의 실질적인 상호 신뢰, 불공정한 가격에 대한 상호 합의, 사람을 끌어들이고 참여케 하는 입찰과 제안을 둘러싼 메커니즘, 그리고 사람들과 재화들을 그런 식으로 이용해도 괜찮다는 믿음. 경제적 교환의 완료는 이러한 사회적 조건들의 "표현"으로, 즉 그러한 사회적 조건들이 존재한다는 사실을 보여주는 징표나 증거라고 할 수 있다. 실제 사회적 상황에서 경제적 교환의 과정은 추가적인 사회적 질서에 의해 조정될 수 있으며 나는 이에 대해 나중에 살펴볼 것이다. 하지만 여기서는 일단 불법

이다. 이 영화는 1895년 출간된 조르주 뒤 모리에George du Maurier의 소설 『트릴비 *Trilby*』가 원작으로 소설 속 주인공 스벵갈리를 제목으로 삼았다. 소설과 영화에서 스벵갈리는 타인의 정신을 조작하고 조종하는 최면술사 혹은 심령술사로 등장한다.

적인 혹은 비밀스러운 교환의 경우에는 상대방에 대한 신뢰가 상대적으로 클 수밖에 없다는 점을 논하려고 한다. 그 이유는 상대방이 위장한 간부일 수도 있고, 나중에 간부들에게 증거를 제공할 사람일 수도 있고, 혹은 배달 실력이 없는 사람일 수도 있기 때문이다. 그리고 이는 공식적 처벌을 피하기 위해 취하는 비밀 거래의 성격에 달려 있다.

중앙병원은 다른 많은 현대의 총체적 기관과 마찬가지로 재소자들이 매점과 다양한 자판기를 자기 돈으로 사용하는 것이 허락되었다. 그러나 다른 총체적 기관들처럼 이러한 구매 행위는 외부에 비해 제약이 컸다. 첫째, 돈의 출처와 액수는 규정을 따라야 했다. 환자는 입원 시 자신의 모든 현금을 포기해야 했고 또한 자기 의지로 예금에서 돈을 인출하는 권리 또한 포기해야 했다. 대신 그는 환자의 돈을 관리하는 병원 직원에게서 정기적으로 적은 액수의 돈을 지급받았다.[133] 병원의 계좌에서 추가분을 받거나, 고참 환자의 경우 10달러에서 20달러로 월지급액을 높이기 위해서는 서비스동의 책임자가 승인한 공식 지시가 필요했다. 병원은 환자의 모든 "필요"를 충족시켜준다고 가정되기 때문에 환자들은 공식적으로 병원 일을 통해 돈을 벌 수 없었다.[134] 둘째, 병원 바깥의 자유 시장에 비해 매매되는 품목의 범위는 제한적이었다. 예컨대 환자 매점에서는 성냥, 주류,

---

133) 어떤 총체적 기관, 특히 교도소의 규정에 따르면 재소자는 매점에 돈이 아니라 종잇돈 같은 신용 장치를 통해 지불해야 하며 이는 종종 재소자에게 박탈감을 느끼게 한다.

134) 교도소 경험이 많은 환자들에 따르면, 교도소의 미덕 중 하나는 적은 돈이나마 벌 수 있고 저축도 할 수 있다는 것이었다. 일부 환자들은 지급받은 돈으로 이런저런 시도들을 했는데, 실제로 정신의학 분야에서는 (나 또한 이를 확고히 믿는데) 병원 생활을 감내하는 데 이것이 큰 도움을 준다는 생각이 어느 정도 퍼져 있다.

면도날, 피임약 등의 판매가 금지되었고, 당연히 주요 의복들의 경우에는 수요가 거의 없어 반입을 하지 않았다. 마지막으로 병원 내 외출권이 없는 환자들의 경우, 매점은 공식적으로 집단 자격으로만 갈 수 있었고 또는 그 옆에 위치한 복지관 건물에 행사가 있을 때는 담당 직원을 대동하여 매점 방문이 가능했다.

다른 상황들이 우리에게 알려준 것처럼 환자들은 돈 이용에 관한 규제를 회피하는 방식들을 개발한다.[135] 환자들은 때로는 자신들의 돈을 행정 건물의 관할 밖으로 빼돌리려고 노력했는데, 이는 간부 직원들이 일종의 자산조사를 통해 환자들의 지불 능력을 가늠하고 이에 비례하여 일정액의 치료비를 환자들에게 징수하기 때문이었다. 매달 연금을 지급받는 한 환자는 전 집주인에게 돈을 맡아달라고 해서 병원의 손이 한동안 닿지 않게 했다. 일부 환자들은 우편 예금을 이용하여 자신만이 관리할 수 있는 계좌를 만들었다. 또한 몇몇 신참 환자는 은근슬쩍 병원 규칙을 무시하고 병원에서 계속 은행 수표를 썼다. 환자들 사이에는 어떤 이들은 병원 어딘가에 돈을 묻어 보관하려고 했다는 이야기도 있었다. 한 환자는 때로는 수수료를 주면서까지 다른 환자를 은행처럼 이용하기도 했다.

중앙병원에서 환자들이 불법적으로 반입하는 대상물과 서비스, 그

---

135) E. W. Bakke, *The Unemployed Worker,* New Haven: Yale Univerity Press, 1940은 지역 차원에서 이와 관련한 훌륭한 기록을 담고 있다. 저자는 대공황 시절의 실업자들이 구호품 지급과 관련된 식료품-주문 체계를 어떻게 활용했는지 논한다. "Loss of Function of Spending," pp. 355~59를 보라. 도스토옙스키는 *Memoirs from the House of the Dead,* trans. Jessie Coulson, London: Oxford University Press, 1956에서 시베리아 수용소의 재소자가 돈을 구하고 이용하는(pp. 15~17) 방법에 관한 흥미로운 자료를 보여준다. 그는 "돈은 주조된 자유이다. 그러므로 돈은 모든 다른 자유를 빼앗긴 자에게는 열 배나 소중하다"(p. 16)라고 주장한다.

리고 불법적으로 활용하는 자금줄은 그 불법의 정도가 다양했다.

병원 구내로 밀반입된 주류를 사고파는 행위가 있었는데, 이는 확실히 금지 사항이었다. 환자들은 값을 지불하면 늘 술을 마실 수 있다고 주장했다. 나는 실제로 병원 구내에서 직원과 환자 들과 몇 번 술을 마시기도 했는데, 어떤 시장을 통해 그 술이 들어왔는지 알지 못했다. 마찬가지로 일부 젊은 여성들은 1달러 미만의 가격에 성매매 행위를 하는 것 같았지만 이에 대해서는 확실한 증거를 확보하지 못했다. 또한 병원 내에 마약 시장이 있는지도 확인하지 못했다. 일부 환자들은 동료 환자와 직원 사이에 고리대금업자로 명성이 높았다—단기 이자가 25퍼센트에 달하는 것으로 악명이 높았다. 이때 채무자는 금전적 이익뿐만 아니라 그의 사업에서 파생하는 사회적 역할도 매우 진지하게 생각하는 것 같았다.

돈을 내고 사용하는 다른 서비스들은 덜 금기시되었다. 환자들은 25센트에 바지 한 벌을 다림질 받을 수 있었다. 전직 이발사인 몇몇 환자는 담배나 돈을 받고 "양질의" 이발 서비스를 제공했다. 이 시장은 환자들이 일반적으로 제공받는 "저급의" 이발 서비스 때문에 창출되었다.[136] 서비스동 한 곳의 시계수선공은 능력 있다는 평판을 굳혀서 환자뿐만 아니라 다수의 직원 또한 바깥 시가에 비해 반값 정도의 돈을 내고 그의 서비스를 받았다. 몇몇 환자는 병원 구내 신문 배달을 했는데, 그중 최소 한 명은 조수를 고용하기도 했다. 병원 밖

---

136) 전문 이발사였던 한 환자는 인기가 매우 높았는데, 그는 자신의 일로 한 달에 80달러까지 벌 수 있다고 주장했다. 그는 중범죄자 수용 병동 출신이었는데, 병원 내 외출권을 허락받았다가도 이런저런 잘못을 저질러 다시 그곳으로 보내지곤 했다. 그에 따르면 이렇게 간헐적으로 쫓겨나면서 생긴 직업적 불안정성 때문에 그는 매번 고객을 잃었고 다시 병원에 복귀할 때마다 다시 고객을 새로 만들어야 했다.

외출권이 없는 한 환자는 외출권 있는 환자에게 25센트를 지불하고 세탁소에 양복 심부름을 시켰고 (이 서비스에 대한 수요는 있었지만 표준가격은 없었다) 신발 수선소의 일꾼에게 돈을 주고 지급품이 아닌 자신의 신발에 새 굽을 달도록 했다.

이 서비스들은 모두 매매의 대상이었지만 모든 환자가 매매에 참여할 수 있었던 것은 아니었다. 가장 널리 거래되는 것은 성냥이었다. 성냥 거래는 형식적으로는 불법이었지만 불과 관련해 문제가 있는 환자를 제외하고는 성냥 소지는 눈감아주었다. 한 환자는 병원 전체에 걸쳐 성냥팔이로 알려졌다─한 갑당 1페니에 팔았는데, 하루 내내 그가 모르는 환자들이 1페니를 들고 그에게 접근해서 성냥을 사곤 했다.

환자들에게 가장 주요한 돈의 출처는, 합법적이거나 친지가 가져다준 돈을 제외하고는 세차 일이었다. 모든 직급의 직원들이 고객이었다. 그들은 한 달에 2달러를 주고 "상시" 세차 서비스를 받거나, 혹은 50센트 또는 70센트를 주고 1회 세차를 받았다(시가로는 1회 세차 비용은 1.25달러에서 1.5달러였다). 병원 방문객 또한 세차로 돈을 벌고 싶은 환자들에게는 잠재적인 고객이기도 했다. 어떤 환자들은 차에 왁스칠을 했는데, 왁스를 미리 사야 했기에 자본금과 외부 인맥이 필요했다. 차 관련 일은, 병원 내 다른 일들과 달리 영업적 차원의 노동 분업을 야기했다. 한 환자는 세차 일꾼들에게 5센트에 물이 담긴 큰 통을 팔았다. 다른 환자는 또 다른 환자를 고용하여 그에게 할당된 차를 세차시켰다고 했다. 또 다른 환자는 왁스 일을 구해주는 대가로 50센트의 수수료를 받았다고 말했다.

환자들은 세차가 합법적 특권이며 병원이 부과하는 일 때문에 부당하게 자신들의 돈벌이가 방해받는다고 여겼다. 때로는 비공인 타협안이 나왔고 이에 따라 환자는 병원 일을 하면서도 그가 "진짜 일"이라고 부르는 일을 할 수 있는 시간을 가질 수 있었다. 덧붙이자면 일부 여성 환자들도 세차 일을 하기는 했지만, 다수의 승인되지 않은 일이 그런 것처럼 세차 일은 남성이 도맡는 것이 적절하다고 여겨졌다.

다른 자잘한 돈벌이 수단들도 있었다. 어떤 환자들은 담당 직원과 동료 환자의 구두를 닦았다. 병원 내 구기 경기에서 어떤 환자들은 음료수를 팔아 이익을 챙겼다. 일부 병동의 환자들은 매점에서 쿨-에이드 분말을 사서 음료수를 만들어 팔았다. 한두 명의 환자는 병원 뜰의 관목 숲에서 베리를 따서 팔았고, 여건이 허락되면 거주 직원의 부인들에게 팔기도 했다.

환자들은 다양한 병원 관련 단체들이 제공한 물품들을 동료들에게 되팔기도 했다. 복지관에서 진행된 빙고 게임에서 상품을 받으면 그것들을 가지고 병동으로 돌아와 팔기도 했다. 병원 전체가 참여하는 사교 모임이 끝나고 지급되는 사제담배도 그렇게 팔렸다. 인근 도시의 한 복지 단체가 복지관에서 개최한 정기 무도회 밤에 주방 보조 환자들에게 지급한 물품들도 마찬가지였다. 환자들은 병원이 지급한 옷들도 팔았다. 병원이 지급한 담뱃잎은 5센트에 팔았다.

소수의 환자는 병원 안팎 모두에서 명백히 불법인 물품을 팔아서 돈을 벌었다. 이런 식의 관행은 그들에게 푼돈을 버는 사업이었다. 들리는 이야기에 따르면 한 환자는 병원 구내 공중 전화에 껌을 붙였고 그 이후 동전들은 그의 수중에 들어갔다. 또한 어떤 환자는 도서관의 책들을 훔쳐 팔기도 했고 운동 기구의 부품들을 인근 지역

주민들에게 팔기도 했다.[137]

만약 재소자가 특정 재화나 서비스를 받는 대가로, 조직의 대표로서 그러한 재화와 서비스를 공식적으로 통제하고 관리하는 이들에게 부적절한 돈을 지급한다면, 우리는 그것을 뇌물로 간주할 수 있을 것이다. 실제로 이런 일은 환자들이 개인 방을 구하는 일과 관련해 간혹 발생했다고 들었지만 나는 이에 대한 증거를 간접적으로만 들었을 뿐이다. 또한 나는 뇌물이 통상적 관행이라고 생각하지 않는다. 물론 교도소의 경우, 간수에게 뇌물을 주는 경우는 매우 일반적인 것으로 알려져 있다.[138]

지금까지 나는 병원 밖 사회에서도 공식적으로 통용되는 지폐와 주화가 병원의 지하 생활에서 차지하는 역할을 기술했다. 이 교환 매체는 주지하다시피 신용적 가치가 높다. 저장 공간을 적게 차지하고, 유통과 보관 과정에서 손상될 가능성이 적고, 위조가 쉽지 않고, 하나의 금액이 여러 대체 화폐를 가질 수 있다. 또한 회계 목적과 가치 측정에 유용하고, 그 자체 내재적 혹은 상품적 가치는 크지 않아서 공급이 원활히 이루어진다. 환자들에게, 공식 화폐는 보관이 쉽

---

137) 유럽의 포로수용소에서 수용소 물품을 외부인에게 파는 것은 때로는 아주 중요했다. 때로는 적십자의 식료 상자에 커피 같은 품목이 들어 있기도 했는데, 이는 암시장에서 매우 높은 가격에 팔렸다. R. A. Radford, "The Economic Organisation of a P.O.W. Camp," *Economica*, XI, 1945, p. 192를 보라.

138) 영국 교도소의 은어가 여기서 시사적이다. George Dendrickson and Frederick Thomas, 같은 책, p. 25를 보라. "'휘어진bent'이란 말은 따로 설명을 요한다. 이 말은 항상 과거 분사형으로 사용되어 부정직성을 지시한다. 휘어진 교도관[간수나 경비]이란 죄수들과 협력하여 교도소 안에 담배를 반입하는 이를 일컫는다. 당신은 교도관을 휠 수 없다— 일부러 복잡하게 말하면, 당신은 그를 '바로잡는다.' 대개는 뇌물을 주어서 말이다. 따라서 당신이 똑바른 교도관을 바로잡는다면 그는 휘어진 교도관이 되는 것이다!" pp. 91~94에서는 휘어진 교도관의 몇몇 용도에 대해 기술한다.

지는 않더라도 부가적 가치를 지닌다. 주머니 안에 돈이 있는 한 재소자는 재화에 대한 재량을 병원 너머까지 행사할 수 있었다. 공식적으로는 허용되지 않았지만 말하자면 그는 바깥에서 통하는 언어로 말할 수 있었다.

총체적 기관에서는 비공인 대체재로서의 교환 매체가 발전한다. 기록에 따르면 포로수용소에서는 자체적인 지폐나 "불환" 화폐가 통용된다.[139] 그러나 일반적으로 상품 자체로는 수요가 크면서 화폐로서는 한계가 분명한 재화가 비밀 교환 매체로 사용되는 경우가 많다. 통상 담배가 교환 매체로 활용되는데,[140] 이때는 저장이 문제가

---

139) R. A. Radford, 같은 책, pp. 196 이하. 이 논문은 폐쇄적 "그림자" 경제의 형성을 단계별로 추적한다. 나는 이 논문을 상당 부분 참고했다. 이 논문은 지하 생활 연구자에게 전범이라고 할 수 있다.

140) 따라서 다양한 종류의 재화와 서비스가 담배에 상응해서 제공되어야 한다. 또한 담배를 피우지 않는 사람들도 여전히 담배 지불을 수용해야 하는데, 이는 이후 그것으로 다른 것들을 구매할 수 있기 때문이다. R. A. Radford, 같은 책, p. 193은 독일의 포로수용소의 예를 제시한다. "실제로는 초기적 형태의 노동 시장이 있었다. 담배가 귀하지 않을 때에도 그것들을 구하기 위해 서비스를 제공해야 하는 운 나쁜 사람들도 있었다. 세탁업자는 옷 하나에 담배 두 개비를 받는다고 광고했다. 군복을 세탁하고 다리는 데, 그리고 한 벌의 바지를 일정 기간 대여하는 데는 열두 개비가 들었다. 파스텔로 그린 괜찮은 초상화는 30개비, 즉 '캠Kam' 한 통 값이었다." "또한 영업적 서비스들도 있었다. 담배 두 개비에 차, 커피, 혹은 코코아 한 컵을 파는 커피 노점상이 있었다. 그는 시장 가격에 원자재를 샀고 연료를 모아 불을 지피기 위해 인력을 고용했다." 영국의 웝우드 스크럽스 교도소에 대해 쓴 Anthony Heckstall-Smith, 같은 책, p. 193에 따르면 "수감자들은 현금이 아니라 매점의 물건들로 임금을 지급받는다. 특히 담뱃잎과 담배가 화폐로 이용된다. 교도소에서 감방 청소를 원한다면 그 일을 시키기 위해 많은 양의 담배를 지불해야 한다. 담배로 빵과 설탕의 추가 배급을 살 수도 있다. 셔츠 세탁을 시킬 수 있고 혹은 양장점에서 양복 수선을 시킬 수도 있다." "손으로 직접 만 두꺼운 담배는 뭐든지 살 수 있을 것이다—심지어 동료 수감자의 몸까지도. 따라서 이 나라의 모든 교도소에서 '담배왕Barons'이 운영하는 소위 '스나우트snout'라 불리는 담뱃잎 암시장이 번영한다는 것은 그리 놀라운 사실이 아니다." 경마 라디오를 들으며 담뱃잎으로 내기를 하는 다트무어 교도소의 경우는 George Dendrickson and Frederick Thomas, 같은 책, pp. 95~96에 묘사되어 있다. 미국 교도소에 대해서는 Norman S. Hayner and Ellis Ash, 같은 책, p. 366을 보라.

될 수 있다. 또한 담배 브랜드들 사이의 등가성이란 문제도 있다. 담배를 가늘게 만들어 가치를 저하시키기도 쉽다. 또한 상품으로서의 담배 소비 또한 화폐 가치를 들쭉날쭉하게 만들 수 있다.

병원의 지하 생활은 대체 교환 매체의 특징적 한계를 잘 보여준다. 포커 게임에서 동전과 담배는 모두 칩으로 사용되었다. 그러나 담배를 딴 사람들은 흡연을 위해 그것을 계속 보유하려는 경향이 있었다. 복지관에서 전체 무도회가 진행되는 동안 한 환자는 다른 환자한테서 몇 개비의 담배를 심부름값으로 받고 매점에 가서 음료수나 담배 한 갑을 사 오기도 했다. 또한 어느 중환자 병동의 한 환자는 사제담배를 지니고 있었는데, 그는 담뱃불을 빌리기 위해 담당 직원에게 구걸할 필요가 없었다. 그는 다른 환자를 시켜 직원에게 담배를 가져가 불을 빌렸고, 그러면 약속된 대가대로 그 환자는 담배 몇 모금을 빨 수 있었다. 이 사례들에서 거래에 참여하는 사람들은 호의를 주고받는 것이 아니라 냉정한 교섭을 통해 합의된 바를 이행할 뿐이라는 태도를 견지했다. 그러나 그러한 서비스를 구매하는 환자들은 소수였으며, 또한 그렇게 서비스를 제공하려는 환자들 또한 많지는 않았다.

대체 화폐의 활용(또한 바깥 사회의 공식 화폐가 내부에서 특별 가치를 갖게 되는 것)은 중앙병원에서 대대적으로 이루어지지 않았다. 이는 교도소나 포로수용소의 경우처럼 화폐와 재화의 공급이 제한되지 않았기 때문이다.[141] 많은 방문객이 드나들면서 이를테면 친

---

141) R. A. Radford, 같은 책에서는 단일 시장, 안정된 가격 구조, 가격 수준의 주기적 변화, 선물 거래, 중개 거래, 통화 발행, 중개인 역할, 지나친 흥정을 피하기 위한 고정 가격, 그 외 경제 체계가 지니는 정교한 요인들의 발전을 묘사한다. 국지적 자유 경제 성격을

지가 주는 선물의 형태로 돈과 물건들이 항상적으로 유입되었다. 또한 병원 밖 외출권이 있는 환자들은 입구에서 검색당할 염려 없이 물품들을 반입할 수 있었다. 마찬가지로 병원 내 외출권만 있는 환자들 또한 들키지 않고 병원 외부로 나가는 것이 어렵지 않았다.[142]

병원은 안정적으로 일을 하는 환자들과 "보조 일"을 하는 환자들에게 비교적 자유롭게 담배종이와 담뱃잎을 지급하기 때문에 담배 경제에는 또 다른 한계가 존재했다. 때로는 대가를 받건 아니건 일하는 환자들은 "담배 재료들"을 상시적으로 지급받았다. 그것들로 만든 담배를 좋아하는 환자들은 거의 없어 보였지만, 말아 피우는 담배는 사제담배 가격의 최고 한도를 결정하는 데 영향을 미쳤다. 즉 사제담배는 그저 담배가 아니었다. 그것은 양질의 최상급 담배였다.

마지막으로 화폐와 재화의 비밀 출처가 있으니 바로 도박이었다.[143] 도박에 전념하는 병원 내 소수 집단에 대해서는 이미 묘사한 바 있

지니는 포로수용소 경제에서는 당연히 매일매일 시장 가격이 공개된다. 중앙병원의 그림자 경제는 이러한 장식적 요소들이 드러날 여지가 전혀 없었다.

142) 중앙병원은 초소 검문과 관련하여 인간적인 정책을 시행했다. 병원 밖 외출권이 없는 환자들도 걸어 나갔다가 들어올 때 경비의 검문을 받지 않았다. 환자가 외출권 없이 나간다는 게 너무 빤해 보이면 경비는 그가 돌아올 때 조용히 접근해서 조심스레 그의 지위에 대해 묻기도 했다. 탈출하고 싶은 환자들이 돌담장을 넘어갈 수 있는 몇몇 장소도 있었다. 또한 담장이 미치지 않는 곳들과 돌담장 대신 철조망이 쳐져 있는 곳 또한 쉽게 뚫릴 수 있었다. 한 탈출로는 환자와 직원 모두 알고 있었는데 잘 다져진 길이 숲속으로 이어져 그 끝에는 담장에 난 구멍이 있었다. 이렇듯 병원은 교도소와 확실히 달랐다. 흥미롭게도 어떤 환자들은 병원 밖 외출권을 얻어서 당당히 정문을 통과할 수 있었음에도 그렇게 하는 것이 매우 불편하고 죄책감이 들었다고 했다. 나 또한 그런 감정을 경험했다.

143) 일부 총체적 기관에서 내기와 도박은 생활이 구조화되는 기본적인 방식이다. 예를 들어 Norman S. Hayner and Ellis Ash, 같은 책, p. 365를 보라. "소년원에서 도박은 특히 인기가 많다…… 재소자들은 어떤 핑계를 대서라도 도박을 할 것이다…… 이때 내기를 위한 교환 매체는 한 재소자에서 다른 재소자로 이동이 가능한 서비스나 상품일 수 있다. 감방 동료가 도박 빚을 갚기 위해 정해진 기간 동안 감방 청소를 하는 것은 흔한 일이다."

다. 여기서 나는 그러한 타인-이용이 가능하기 위해서는 시장의 토대가 사회적으로 공개되고 이해되어야 한다는 점을 다시 한 번 강조하고 싶다. 이를테면 한 개인을 포커나 블랙잭 게임의 일원으로 기꺼이 수용할 때 그가 보여주는 정신이상 징후는 문제가 되지 않는 것이다(특히 참여자들이 보유하는 자원만큼 내깃돈도 커지는 경우라면 더욱).

"진짜" 혹은 대체 화폐의 활용은, 그것이 전체 집단에게 가장 효과적인 것일지라도, 결국에는 경제적 활동의 한 형태에 불과하다. 다른 쪽 극단에는 "직접적 물물교환"이 존재한다. 여기서 개인이 양도하는 것은 수령인만 원하는 것이고 그가 대가로 받는 것은 다른 이들에게는 거의 가치가 없을 수 있다. 이는 한 번의 거래이지 거래 일반이 아니다. 담배처럼 재거래될 수 있는 물품이 도입되지 않는 이런 종류의 물물교환은 중앙병원에서 흔했다. 예컨대 후식으로 간혹 지급되는 신선한 과일은 다른 필요 품목과 교환되곤 했다. 병원 지급 의류도 때로는 물물교환의 대상이 되었다.

3

나는 지금까지 매매나 교환, 그리고 그 같은 경제적 활동들의 사회적 조직화가 함축하는 요소들을 보여주었다. 그것은 재소자들의 타인-이용이 이루어지는 주요한 비공인 수단들이라고 할 수 있다. 그러나 다수의 총체적 기관이 그러하듯, 대상물과 서비스가 오가는 더 중요한 수단들이 있었다. 그러한 수단들은 타인의 비공인적 행위를 끌어와 활용함으로써 해당 개인의 비공인적 노력의 범위를 배가시켰다.

타인이 처한 곤경이나 삶의 상황에 동일시함으로써 한 개인은 자발적으로 타인에게 도움을 제공하거나 혹은 타인에 대한 존중을 의례적으로 표현할 수 있다. 연구자에게 전자의 경우는 연대의 표식sign을 드러낼 것이며, 후자의 경우는 연대의 상징symbol을 드러낼 것이다. 타인에 대한 관심을 보여주는 그러한 표식과 상징은 통상적으로 양방향적인 성격을 지닌다. 즉 타인과의 관계에서 지지적 태도를 취하는 사람은 자신의 자아에게도 지지적 태도를 취하는 것이다. **그 결과** 서로 원하는 바의 상호 교환이 발생하며, 관계가 평등한 경우 상호 교환은 자연스레 균형을 찾는다.[144] 그러나 분석적으로 보자면 이 양방향의 거래는, 혹은 소위 **사회적 교환**은 직접적인 경제적 교환과 매우 다르다. 경제적 교환의 특징은 무엇을 교환할 것인가에 대한 사전 합의가 있다는 것이다. 하지만 사회적 교환에서 이는 오히려 악영향을 미칠 수도 있다. 한 사람에게는 직접적 목적인 것이 다른 사람에게는 단순히 우발적 결과일 수 있기 때문이다. 경제적 교환에서 의무를 불이행하는 사람은 자신이 빚진 것을 되갚아야 한다. 반면 존중의 제스처나 호의를 되돌려주지 않는 사람은 흔히 마음씨가 나쁘다고 비난을 받거나 그가 야기한 불쾌감으로 퇴출되곤 한다. (공격을 당한 당사자가 더 적극적인 행동을 취할 수도 있다. 이때 그는

---

144) 호혜성의 문제를 논하는 문헌들은 다음과 같다. Marcel Mauss, *The Gift,* trans. Ian Cunnison, London: Cohen and West, 1954. C. Lévi-Strauss, *Les structures élémentaires de la parenté,* Paris: Press Universitaires, 1949. G. Homans, "Social Behavior as Exchange," *American Journal of Sociology,* LXIII, 1958, pp. 597~606. Alvin Gouldner(이 문제에 관해 나는 그에게 많이 빚지고 있다), "The Norm of Reciprocity," *American Sociological Review,* XXV, 1960, pp. 161~78. 또한 M. Deutsch, "A Theory of Cooperation and Competition," *Human Relations,* II, 1949, pp. 129~52를 보라.

자신이 불쾌한 진짜 이유 대신 다른 이유, 즉 법적-경제적 관점에 근거한 이유를 생각해낸다. 그럼으로써 그는 두 종류의 준거 틀 모두를 유지시킬 수 있다.) 교환에서 주어진 것에 대한 값은 곧바로 지불되어야 한다. 혹은 지불을 연장한다면 그 자체 또한 대가가 주어져야 한다. 관계 속에서 요청되는 사회적 베풂indulgence은 되갚아야 한다. 하지만 엄밀히 말하면 그 같은 배려는 관계 속에서 요청되는 **한에서만** 되갚을 필요가 있다. 즉 배려의 실질적 수령자가 호의를 필요로 하거나, 혹은 그가 관습에 의해 존중의 의례적 표현을 받아야 할 위치에 있을 때 말이다. 사회적 교환에서 필요한 것은 관계를 안정화시키는 것이다. 한 사람이 제공하는 실질적 호의는 타인이 취하는 순전히 의례적인 몸짓만으로도 적절한 균형을 찾을 수 있다. 두 행동 모두 타인에 대한 적절한 관심이 관계 속에 현전함을 증명한다.[145] 반면 경제적 교환에서 단순한 감사는 그것이 얼마만큼이건 호의 제공자를 만족시킬 수 없을 것이다. 그는 등가적인 물질적 가치가 있는 무언가를 대가로 받아야 하기 때문이다. 흥미롭게도 상대방에 대한 경제적 요구는 제3자에게 판매될 수 있다. 그러면 그 제3자는 그 요구를 행사할 수 있는 권리를 갖게 되는 것이다. 그러나 연대의 표현과 표식은, 추천서의 경우처럼 지극히 제한적인 방식으로만

---

145) 사회적 교환에는 흥미로운 딜레마가 있다. 평등한 관계에서 자신이 받은 것에 그럴듯한 등가물을 제공하는 데 실패하면 그것은 자신이 관계를 경시하고 성격도 별로라는 사실을 드러내는 셈이 된다. 그러나 받은 것만큼 정확한 등가물을 주려고 대놓고 애쓰는 것 혹은 준 것만큼 정확한 등가물을 달라고 요구하는 것은 교환 활동의 암묵적 가정을 위반하는 것이며 또한 사안을 경제적 지평 위에 자리매김하는 셈이 된다. 사람은 어떻게든 준 것에 대한 등가물을 받아야 한다. 그러나 이는 자아와 타인 간의 자유로운 상호 지지의 의도하지 않은 결과물이어야 한다.

제3자에게 양도될 수 있다. 따라서 우리는 타인의 협력을 이끌어내는 과정에서 경제적 지불과 사회적 지불을 구별해야 한다.

중앙병원에서 경제적 지불과 사회적 지불의 차이는 돈의 이중적 용도에서 잘 나타난다. 세차 지불액은 바깥의 세차 비용에 비해 그 차이가 두드러졌다. 그것은 시장 체계의 일부였고, 따라서 화폐적인 견지에서만 이해되었다. 그렇기에 일부 직원에게 병원 일에 주어지는 보상 중 하나는 바로 싼 세차비였다. 그러나 돈은 순전히 의례적인 방식으로 이용되기도 했다. 직원을 돕는 환자에게는 25센트가 주어졌는데, 이는 서비스에 대한 합당한 경제적 지불이 아니라 단순히 고마움의 표현이었다. 환자들 또한 매점에서 친구에게 음료를 사줄 뿐만 아니라 선뜻 그 자리에서 5센트나 10센트를 쥐어주면서 "자 여기, 콜라 사 먹어"라고 말하기도 했다. 통상적으로 환자들은 이러한 보상을 팁을 원하듯 바라곤—요구하는 것이 아니라—했다. 이때 이러한 보상은 관계에 대한 깊은 **이해**의 지표이지, 수행한 일에 대한 **교환 가치**의 지표가 아니었다.

모든 사회적 시설의 하위 구성원들은 연대적 결속을 발전시킨다. 가족이나 친목 관계는 구성원들에게 이런 종류의 결속을 1차 적응의 일환으로 세세히 지시하기도 한다. 다른 경우도 있다. 예컨대 영리 조직에는 자유 시간에 참여하는 느슨한 소집단들이 존재하는데, 이때 1차 적응은 그러한 집단에 대한 참여 여부를 선택 사항으로 포함시킨다. 그러나 많은 경우 결속은 시설 내 지하 생활 일부로 기능한다. 이 기능은 두 가지 양상으로 작동한다. 첫째, 정서적 지지와 사적 유대의 제공이다. 이러한 기능은 조직의 공식적 설계 안에 확립되어 있지 않을 수 있다. 아마도 이것의 가장 분명한 사례는 소위 사내 연애, 혹은 병원 용어로는 "미친 로맨스bug-house romance"이다. 앞서 언급한 것처럼 이러한 참여자들은 그런 관계에 많은 시간을 투여하며 생활의 많은 부분을 채운다. 둘째, 더 중요한 기능으로 이러한 하위 구조들은 승인되지 않은 재화와 서비스의 거래를 위한 경제적이고 사회적인 기초를 제공한다. 따라서 중앙병원에서의 사회적 교환의 역할을 고려할 때, 우리는 그 안에 내재하는 연대의 유형을 고려해야 한다.

다른 다수의 총체적 기관과 마찬가지로 중앙병원에서도 표준적인 유형의 결속들이 일어난다. 두 개인이 어느 정도 동일한 관심사를 나누며 비이성적 관계를 맺는 "버디buddy" 관계가 있다.[146] 일반적으로 성이 다른 두 사람이 상호 특별한 성적 관심을 가지고 만나는 연애 관계가 있다.[147] 세 명 이상의 사람, 혹은 둘 이상의 커플이 호감

---

146) 일부 총체적 기관에서 버디 관계의 차별점은 배타적인 호혜 관계이다(결혼 관계의 경우처럼). 즉 한 사람은 버디 한 명만 가지며, 그 또한 상대방의 유일한 버디이다. 영국의 런던 토박이 세계에는 압운 속어rhyming slang로 "차이나 플레이트china plate"(단짝에 해당)라는 용어─줄여서 "차이나"─가 그런 뜻으로 널리 쓰인다. 영국 교도소에서 버디 관계는 수감자 사회 내에 강력하게 제도화되어 있어서 사태 파악을 못하는 재소자는 일과 중 자신에게 말을 건 동료 재소자를 친절하게 대하다가 면박을 당하기도 한다. Anthony Heckstall-Smith, 같은 책, p. 30을 인용하자면 "당신은 운동 시간이 끝날 즈음 친절하게 말한다. '내-일 봐.' 그리고 내-일 그는 당신 옆에 또 있을 것이다. 내일, 그리고 내일 모레, 그리고 그다음 날도. 그때쯤이면 다른 수감자들은 그를 당신의 '단짝'이라고 여길 것이다. 더 안 좋은 것은, 그들은 교도소 관습에 따라 이 새롭게 형성된 우정에 끼어들지 않으려고 할 것이며, 그리하여 당신은 그와 짝이 맺어졌음을 깨닫게 될 것이다." 버디 관계에 대한 유익한 자료는 Brandan Behan, 같은 책에서 찾을 수 있다.

147) 대부분의 총체적 기관은 밤 시간에 이성을 분리해 수용할 뿐만 아니라 재소자로 남성만 혹은 여성만 받아들인다. 규모가 큰 기관에서는 연구자들이 동성애적 관심─동성애적 활동은 아닐지라도─이라고 부르는 현상이 존재할 가능성이 높다. 내 생각에 이에 대한 선도적 기록은 여전히 Donald Clemmer, 같은 책, ch. x, "Sexual Patterns in the Prison Community"이다.

을 가지고 서로 모이고 상호 도움을 주고받는 소집단 관계가 있다. 두 재소자가 상대가 재소자임을 안다는 이유만으로 상호 존중을 주고받는 동류categoric 관계가 있다. 마지막으로 직원이 자신이 고용하는 환자를 위해 맺는 후견 관계가 있다.

나는 버디 관계, 연애 관계, 그리고 소집단 관계를 "사적 관계"라는 일반적 범주에 포함시키고자 한다. 병원은 대체로 이 관계들을 용인해주었다. 물론 연애 관계의 경우 "너무 깊이 빠져서" 결혼까지 하는 것은 허락되지 않았다. 병원 내 외출권이 있는 동성애자 소집단이 구내에서 조용히 자신들의 특별한 연대를 이어갔지만 동성애 또한 공식적으로는 금지되었다.

사적 관계를 맺는 환자들은 서로에게 돈, 담배, 옷, 문고판 책들을 빌려주었다. 그들은 한 병동에서 다른 병동으로 이동할 때도 서로 도왔다. 그들은 반입이 다소간 금지된 물품들을 병원 밖에서 구해 서로에게 전달했다. 그들은 "말썽을 부려" 병동에 감금된 친구들을 위해 위안거리들을 몰래 반입해주었다. 그들은 다양한 종류의 특권을 어떻게 얻을 수 있는지 서로 조언해주었고 자신의 경험을 서로에게 들려주었다.[148]

중앙병원은 다른 일반 정신병원과 마찬가지로 단짝 관계의 흥미로운 변이를 보여준다. 바로 "도우미" 유형이라고 할 수 있다. 병세가 심한 것으로 알려진 어떤 환자는 직원의 관점에서 볼 때 자신보다

---

148) 환자 간의 상호 협조는 윌리엄 카우딜의 초기 논문이 잘 묘사하고 있다. William Caudill, F. Redlich, H. Gilmore, and E. Brody, "Social Structure and Interaction Processes on a Psychiatric Ward," *American Journal of Orthopsychiatry,* XXII, 1952, pp. 314~34를 보라.

더 아픈 다른 환자를 지속적으로 돕는 일을 맡곤 했다. 이때 도우미는 자신의 버디에게 옷을 입혀주고, 담배를 말아 불을 붙여주고, 때로는 싸움에서 그를 보호해주고, 식당에 데려가 밥 먹는 것을 도와주는 등의 일을 했다.[149) 도우미가 제공하는 많은 서비스는 승인된 것들이었지만 도우미가 아니었다면 해당 환자는 그 서비스를 충분히 받기 어려웠다. 여기서 흥미로운 점은 둘의 관계는 일견 일방향적으로 보인다는 것이었다. 즉 도우미는 눈에 드러나는 대가를 받지 않았다.[150) 더욱이 두 환자 모두 비교적 내향적이었기 때문에 도움을 주는 때를 제외하고는, 그럴 수 있는 여지가 충분했음에도 버디 같은 친교 관계를 맺지 않았다.

병원 내 사회적 교환에서 특징적인 점은 환자들이 상호 존중을 표현하고 상호 도움을 확장하는 데 필요한 자원이 매우 부족하다는 것이었다. 이는 병원 생활의 열악한 환경에서 기인하는 주요 애로 사항 중의 하나다. 병원 당국도 이를 인정해서 크리스마스나 밸런타인데이가 오면 복지관을 통해 제공되는 재료들로 카드를 만들어 지인들에게 보낼 수 있게 했다. 그렇다면 우리는 병원 내 일부 2차 적응은 재화들——요컨대 **의례적 물품**[151)——을 만들어 지인들에게 선사하는 관행 형태를 띨 것이라고 예상할 수 있다. 식당이나 카페는 의례

---

149) 이 관계에 대한 추가적 연구는 Otto von Mering and Stanley King, *Remotivating the Mental Patient,* New York: Russell Sage Foundation, 1957, "The Sick Help the Sicker," pp. 107~109를 보라.

150) 몇몇 사례에서 나는 도우미가 도움을 받는 사람에게서 동성애적 호의를 받으려고 시도하는 것을 관찰했다. 하지만 이것이 보편적이라는 다른 증거는 찾지 못했다.

151) 이미 언급한 바 있는, 친구에게 소량의 돈을 제공하는 관행은 의례적 물품에 대한 수요와 관련해 부분적으로 이해될 수도 있다.

적 물품의 출처가 되었다. 오렌지, 사과, 바나나처럼 휴대가 편한 과일이 나오면 환자는 그것을 먹지 않고 병동으로 가져갔다. 이 과일들은 경제적 교환에 도움이 되는 사적 물품이기도 했지만 친구들을 위한 선물이기도 했다. 복지관의 연결 통로에서 어떤 이는 사제담배를 받고 그 대가로 오렌지를 주기도 했다. 경제적으로 보면 공정하기는 했지만 이 교환을 수행하는 사람의 마음가짐은 쩨쩨한 정확성과는 무관한 것이었다. 또한 두번째 식사를 하려고 일어서면서 어떤 환자는 동료들에게 원하는 것이 있는지 물어보았다. 그러면 그 대가로 그들은 자신이 지참한 소금, 후추, 설탕 등을 제공했다. 마찬가지로 복지관의 저녁 사교 모임에서 케이크와 과자를 받으면, 어떤 환자는 그 일부를 포장해 가서 병동 밖 외출이 금지된 친구에게 주기도 했다. 병원이 지급하는 담뱃잎도 이런 식으로 사용되었다. 요컨대 사람들은 병원 체계를 이용해 의례적 물품을 구했던 것이다.

담배의 의례적 역할은 특히 흥미로웠다. 어떤 환자들, 특히 병원에 갓 입원한 환자들은 바깥에서처럼 사제담배를 제공할 만한 여유가 있었다. 물론 문제가 생기기도 했다. 예컨대 한 환자는 자기 담배한 갑이 있는데도 사람들이 담배를 돌릴 때 한 개비를 챙겼다. (한 젊은이는 담배를 가지고 타인을 이용하는 것을 자랑스럽게 여겼다. 그는 만만한 사람이 담배를 들고 다가오면 자기가 피우던 담배를 껐다.)[152] 버디에게 담배 몇 모금을 빨게 해주는 것, 즉 "뻐끔"거리게

---

152) 이는 일부 포로수용소에서 담배에 부여되는 사회적 운명과 대비된다. R. A. Radford, 같은 책, pp. 190~91과 비교해보라. "포로가 된 지 얼마 안 되어 사람들은 깨달았다. 지급된 물품들의 제한된 분량과 균일성을 감안하면 담배나 음식을 선물로 주고받는 것은 바람직하지도 않고 필요하지도 않다는 사실을. 거래 과정에서 발휘되는 '선의'는 다만 개인의 만족을 극대화시킬 수 있는 정당한 수단이었다." 첨언하자면 성냥을 빌리거나 빌려주

해주는 것은 흔한 호의였다. 꽁초를 주는 것도 마찬가지였다. (꽁초는 담당 직원이 환자에게 베푸는 주요한 의례적 물품 중 하나였다.)

　노년의 퇴행적 환자들이 있는 병동에서 의례적 가치의 척도는 달라졌다. 거기서는 담당 직원을 제외하고는 환자에게 멀쩡한 사제담배를 주는 사람은 거의 없다고 봐도 무방했다. 어떤 환자들은 자기 힘으로 담배를 말 수 없었기에 상태가 나은 다른 환자들이 말아주는 담배를 피워야 했다. 담배 말아주기는 베풂 행위였다. 때로는 환자가 도우미에게 "담배 재료들"을 보여주며 담배를 말아달라고 간청했고, 때로는 도우미가 자청해서 말아주기도 했다. 어떤 환자들은 말아 피우는 담배의 꽁초를 주고받았는데, 여기서 의례적 화폐로 기능하는 꽁초는 병원의 다른 곳에서는 거의 가치가 없었다. 일반적으로는 사제담배의 꽁초가 말아 피우는 담배를 대체했다. 전자를 구하면 후자를 버렸다. 우호적인 직원과 환자들 사이에 담배를 베푸는 자선적 유형의 관계도 존재했다. 돌봄 대상인 한 청각 장애 환자는 담배를 피우고 싶을 때 자신의 후견인이 사제담배에 불을 붙이거나 혹은 이미 담배를 피우고 있으면 앞에 와서 서곤 했다. 그러면 그는 기다리고 있다가 그가 피울 수 있을 만큼 남기고 태운 담배를 건네받았다. 때로는 그 환자도 다른 환자의 후견인이 되었다. 그는 건네받은 담배를 원하는 만큼 피우고 남은 꽁초를 다른 환자에게 넘기기도 했다. 그러면 세번째 환자는 손을 데지 않게 핀셋을 이용하여 꽁초를 잡아야 할 때도 있었다. 그가 꽁초를 바닥에 버리면 다른 환자가 그것을

는 시민사회적 관행은 병원에서 상당 부분 자취를 감추었다. 불붙은 담배를 빌려 불을 붙이는 것이 더 일반적이었다. 물론 일부 병동의 환자는 담배를 소지할 가능성이 매우 높은 것도 사실이었다.

줍는 경우도 있었다. 담배를 피우기에는 너무 작았지만 껍질을 벗겨내면 충분한 양의 담뱃잎을 구할 수 있기 때문이다. 이런 식으로 중환자 병동에서 하나의 담배는 서너 번의 주기를 거쳐 손에서 손으로 건네지는 식으로 **조직적으로** 사용되었다.

담배의 역할을 충분히 살펴보기 위해서는 사적인 버디나 소집단의 단짝 관계 같은 사적 결속에서 한 발 더 나아가 환자의 지위 자체를 고려해야 한다. 특히 두 사람이 단지 모두 환자이기 때문에 서로에게 무언가를 요구할 수 있다는 사실을 고려해야 한다. 소수의 유년 환자를 제외하고 병원의 모든 환자는 단일한 담배 체계를 공유했다. 이 체계에 따르면 일단 담배에 불을 붙이면 환자들은 담뱃불을 요구할 권리와 빌려줄 의무가 있다.[153] 아주 놀랍게도 중환자 병동의 환자들, 즉 오랜 기간 말을 하지 않을 정도로 아프고, 담배 제안도 거부할 정도로 적대적이고, 담뱃불 끄는 걸 잊어 손을 델 정도로 산만한 환자들도 이 체계를 준수했다. 이 체계의 기능은 물론 환자들로 하여금 담당 직원에게 담뱃불을 구걸하지 않도록 하는 것이었다.

---

153) 담뱃불 주고받기는 하나의 특별한 관계를 함축했다. 여기서 이 관계가 담고 있는 유일한 내용적 실체는 관계가 존재한다는 사실을 입증하는 제스처뿐이었으며, 따라서 담뱃불 주고받기는 일종의 의례적 관계를 구성한다고 할 수 있었다. 담배 소모임보다 더 작은 것은 병원 구내에서 서로를 지나칠 때 "눈길을 주고받는" 관계망이었다. 어떤 성별 혹은 연령대의 환자가 구내에서 서로를 지나칠 때, 그리고 외모를 보건대 환자라고 판단이 들 때 그럴 때는 인사를 주고받는 일—끄덕임, 혹은, 안녕이라고 말하기, 혹은 바라보며 미소 짓기—이 종종 있었다. 끄덕임 관행은 서구 사회의 농촌 지역에서는 매우 전형적인 것이다. 그러나 농촌 지역에서는 모든 집단의 사람들이 끄덕임 관행에 참여하지만, 병원에서는 환자들만 참여하는 경향이 있다. 서로를 모르는 두 환자가 병원 밖에서 만났을 때, 그런데 한 명이 다른 이를 병원 안에서 본 적이 있기에 그가 환자라는 것을 알았을 때 하나의 질문이 제기되었다. 즉 이 둘은 과연 서로에게 인사를 건네는 권리와 의무가 있느냐 하는 것이었다. 이때 이에 관한 결정은 부분적으로 상대방이 인사를 받고 의아하게 여기냐 아니냐에 달려 있는 듯했다.

3 공공 기관의 지하 생활

병원 체계에 대해서도 그렇듯 환자들은 병원 과업 역시 개인적 소비나 거래를 위해서만 이용하지 않았다. 환자들은 연대의 감정에서 우러나오는 무언가를 위해 병원 과업을 이용했다. 예컨대 화초 재배실에서 일하는 이들은 좋아하는 직원들에게 꽃을 선사할 수 있었다. 부엌에서 일하는 이들은 친구를 위해 병동에 음식을 가져올 수 있었다. 테니스장을 관리하고 그 대가로 좋은 공을 받은 환자는 친한 친구들에게 공을 줄 수 있었다. 우유를 섞은 커피를 제공하는 병동의 경우—이는 블랙커피를 선호하는 환자들에게는 상당한 불만거리였다—부엌에서 일하는 환자들은 자신들의 "버디"의 구미에 맞는 커피를 줄 수 있는 위치에 있었다. 병원 밖 구기 경기에 참여하는 환자를 위해 봉지에 땅콩 담는 일을 돕는 환자들은 경기 다음 날이면 땅콩을 원하는 친구들의 보챔에 시달리기도 했다.

의례적 물품의 또 다른 출처가 있다. 음식, 담배, 돈을 환자들에게 가져다주는 이들은 바로 친지였다. 내부 분위기가 아주 좋은 몇몇 병동에서 친지로부터 받은 물품들은 즉시 동료 재소자들에게 분배되었고, 그러면 병동에는 잠시나마 과자와 초콜릿 바가 넘쳐났다.

중앙병원의 열악한 생활에서 의례적 물품은 부족하며 이는 가용한 물건을 이용한 의례적 물품의 발명으로 이어진다고 이미 언급한 바 있다. 여기서 하나의 역설이 대두된다. 범죄학자들에 따르면 규칙은 위반 행위의 가능성을 수반한다. 뇌물이 이에 해당한다. 따라서 규제는 적극적 욕망을 창출하며 적극적 욕망은 개인으로 하여금 그것을 만족시키는 수단을 창조하게 한다고 말할 수 있다. 이러한 수단들은 개인적 소비의 대상이 될 수도 있고 거래의 대상이 될 수도 있다. 그러나 동시에 그 수단들은 타인에 대한 존중의 표현이 될 수도 있다. 예컨대 다수의 폐쇄 병동에서 환자 한둘은 일간신문을 받아 봤다. 신문을 읽고 나면 첫번째 소유자는 신문을 팔 아래 끼고 돌아다니거나 병동 어딘가에 숨겨놓았다. 그러다 때로는 아침 동안 친구들에게 신문을 잠시 빌려주기도 했다. 그는 병동 내 읽을거리의 결핍을 자신의 의례적 물품으로 채울 수 있었던 것이다. 또한 휴일에 한 환자는 병동에 비치된 도구로 면도를 할 수 있었는데, 그는 면도 도구를 좀더 오래 소지함으로써 그의 버디 또한 면도를 할 수 있도록 배려했다.

이처럼 규제는 베풂 행위를 생성하는 효과를 지녔는데, 중앙병원에서 이는 환자들 간의 연애 관행에서도 발견되곤 했다. 커플 중 한명이 갇히면, 자유로운 다른 한 명은 감금 환자 도우미로 등록하여 메시지, 담배, 과자를 배달해주었다. 혹은 파트너가 감금된 병동 옆건물에 몰래 잠입하여 창문과 창문을 통해 서로를 볼 수도 있었다. 또한 감금된 파트너가 집단 산책을 허가받으면 그것을 미리 알고 그또는 그녀가 병동에서 다른 건물로 이동할 때 옆에서 따라 걷기도했다. 하지만 둘 모두 외출 특권을 상실하거나 혹은 아직 확보하지못했을 때, 비로소 복잡한 만남의 과정이 발견된다. 예컨대 내가 목격한 바에 따르면 감금된 한 남성 환자는 종이 봉지에 돈을 넣어 창밖 아래서 기다리는 외출권 있는 환자에게 건네주었는데, 이는 전형적인 책략 중 하나였다. 그러면 친구는 지시에 따라 돈을 가지고 매점에 가서 감자칩과 커피를 사 봉지에 넣어 남성 환자의 여자 친구가 있는 곳으로 가서 철망이 쳐진 1층 창문을 통해 그녀에게 봉지를건네주었다. 이렇듯 병원은 관계에 속한 환자들에게 권위에 저항할수 있는 일종의 게임 상황을 제공했다. 어떤 관계가 활성화되는 이유는 참여자들이 그러한 관계를 유지하기 위해 모의하는 것을 즐기기 때문이었다.

한 환자에서 다른 환자에게 선물이 전달되기 위해서는 중재자 한두 명의 도움이 필요했다. 중앙병원에서 중재의 고리는 그 이상으로 확장되는 것 같지 않았다. 소수의 친구가 수송 체계 역할을 맡았고 외출권이 있는 환자들의 다수가 여기 참여했다. 그러나 이때 환자들 전체가 단일한 비공식 체계를 형성하지는 않았다. 담뱃불을 제외하고는 한 사람의 권리 주장은 환자 전체가 아니라 특정 동료 환자들과 연결되는 것이 일반적이었다.

나는 규제가 그것을 우회하는 기회 또한 창출한다고 주장했다. 이때 규제를 우회하는 주체는 환자 개인뿐만 아니라 그의 친구들이기도 하다. 규제적인 생활 조건이 사회적이고 경제적인 교환에 필요한 물품들을 생성시키는 더 많은 방식이 존재한다. 자신에게 어떤 일이 일어날 것인가에 대한 지식이 결여되어 있을 때, 또한 "잘해낸다는 것"이 심리적 생존을 의미하는 상황에서 어떻게 잘해낼 수 있는가를 모를 때, 정보 그 자체는 매우 핵심적인 재화가 되며 그 정보를 공급할 수 있는 사람은 경제적·사회적 교환 체계에서 유리한 위치를 점할 수 있다.[154] 따라서 총체적 기관의 버디들이 서로에게 "지혜를 제공함"으로써 도움을 주고받는 것은 당연한 일이다. 중앙병원의 직원들은 교도소와 마찬가지로 신참 재소자들을 선배들로부터 떼어놓으려고 하는데, 이는 주지하다시피 친구 관계나 경제적 교환을 통해

---

154) 이 주제를 제시하고 체계화시킨 유용한 논문은 Richard McCleery, "Communication Patterns as Bases of Systems of Authority and Power," in S.S.R.C. Pamphlet No. 15, 같은 책, pp. 49~77.

신참이 거래 기술을 배울 수 없게 하기 위해서다.

4

지금까지 살펴본 사적 결속은 비공인적인 사회적 교환의 기초를 이루는 중요한 관계 범주이다. 이제 다른 주요 유형인 후견 관계를 살펴볼 차례이다. 내 생각에 후견 관계는 사적 관계보다 대체로 더 안정적이다.

중앙병원에는 환자가 속하는 두 가지 공식적 유형의 조직이 존재했다. 하나는 "병동 체계"로 이는 거주 장소, 환자들에 대한 감독, 환자들이 오가는 여타 다른 종류의 병동들과의 관계로 이루어져 있다. 다른 조직은 "과업 체계"로 환자는 이를 통해 병동을 떠나 하루의 일부 혹은 전부가 직원의 감독하에 놓이게 된다. 이때 환자는 직원을 위해 일하거나 혹은 직원이 제공하는 이런저런 치료의 일부를 받게 된다.

이미 언급한 것처럼 병원 시설은 이론적으로 보면 환자의 모든 필요를 충족시켜주기 때문에 환자들은 일에 대한 보수를 받지 않았다. 일 자체가 치료로 여겨지는 것과 마찬가지로 무보수로 병원 일을 한다는 것 또한 회복의 표식으로, 사회적으로 바람직한 활동에 대한 관심의 표식으로 정의되었다. 그러나 시민적 기준을 따르고 싶어서건, 혹은 훈육과 동기부여를 위해서건, 환자들의 도움을 받는 직원들은 확실히 "자신의" 환자들에게 "호의를 보여야 한다"는 의무감을 느꼈다. 실제로 자신의 고객들에게 존중을 표하지 않은 직원들은 자기가 이끄는 활동에 참여하는 환자들의 숫자가 줄었다는 사실을 연말 보고서에 적기도 했다.

3 공공 기관의 지하 생활

일하는 환자들에게 병원이 제공한 주요한 베풂은 그들이 일하는 동안 매일 일정 시간—한 시간 반에서 여섯 시간까지—병동을 떠날 수 있다는 것, 그리고 일하는 동안 매점이나 복지관의 사교 모임에 갈 수 있는 휴식 시간이 주어진다는 것이었다. 기존 병원 관례에 따르면 환자들은 일을 하고 그 대가로 병원 내 외출권을 받을 수 있었다. (연구 기간 동안 이 규칙은 바뀌었는데 이 때문에 자신이 맡은 환자들을 훈육하지 못하게 된 직원들은 기분이 좋지 않았다. 입소 서비스동의 환자들은 형식적인 일만 하고도 병원 내 외출권을 받았다. 장기 입원 서비스동의 환자들은 병원 일을 하지 않고도 외출권을 계속 유지할 수 있었다.)

후견 체계가 작동할 수 있는 공식적 기반은 병원 운영을 통해 제공되었다. 예컨대 환자들을 관리하는 직원들에게는 담뱃잎과 담배 종이가 지급되었고, 이들은 자신들이 맡은 환자들에게 일주일에 한 번 혹은 두 번 이 물품들을 나누어주었다. 특히, 크리스마스가 되면 직원들은 파티 재료와 작은 선물들을 확보할 수 있었고, 그 밑에서 일하는 환자들은 다과와 선물을 받을 수 있는 최소 한 번의 연례 파티를 경험할 수 있을 거라고 기대했다. 행사 동안 직원들은 병원 빵 가게에서 아이스크림, 과일 펀치, 케이크 등을 무료로 공식 지급받을 수 있었지만 그들은 후견인으로서 그 외의 것들을 구매해 환자들에게 주어야 한다는 의무감을 늘 갖고 있었다. 환자들은 자신들에게 지급되는 물품의 질을 꼼꼼히 평가했다. 이 까다로운 소비자들은 병원 밖에서 가져온 진한 아이스크림과 큰 케이크에 더 높은 점수를 주었다. 병원이 일괄적으로 만든 과일 펀치를 제공하는 후견인에게는 낮은 점수를 주었다.

이러한 반-공식적 선물에 덧붙여 후견인은 환자들이 기대하는 또 다른 선물들을 제공했다. 후견인이 특히 아끼는 일꾼들에게는 간혹 사제담배, 자판기 콜라, 구제 의복, 매점 물건을 사고 남은 몇 센트의 동전, 그리고 때로는 10센트나 25센트 동전들이 제공되었다.[155] 이러한 물질적 선물들에 덧붙여, 꾸준히 일을 하는 환자나 꾸준히 치료를 받는 환자들은 가끔 후견인이 나서서 자신들을 챙겨주기를, 예컨대 괜찮은 거주 공간에 배치되거나, 하루 병원 밖 외출권을 받거나, 규칙 위반으로 걸리면 좀 가벼운 벌을 받거나 하는 데서 도움을 주기를 원했다. 마을 무도회나 영화 관람, 병원 밖 구기 경기 참여자 명단에 이름을 올리는 것은 그들이 기대하는 또 다른 호의였다. (한 직원이 일을 수행하는 데 해당 환자에 대한 의존도가 매우 높다는 점은 다른 직원들이 그를 대하는 태도에 영향을 미쳤을 것이다.) 마지막으로 환자들은 자신들과 후견인 사이의 사회적 거리가 줄어들기를, 즉 유사한 위치의 다른 직원들과의 관계에 비해 더 격의 없고 평등하기를 원했다.

여기서 자동차 관련 사항들이 시사하는 바가 크다. 직원과 외출권이 있는 환자를 구별하는 가장 확실한 지위 상징은 바로 운전이었다. 운전은 환자 위치에 있는 모든 이에게 엄격히 금지되었다. 이러한 이유로 결과적으로 운전대를 잡는 사람은 누구든 환자가 아닐 것이라고 여겨졌다. 일부는 이러한 금기에 대한 반응으로, 일부는 아마도 금기를 작동시키는 원인으로, 직원들은 병원 구내에서 짧은 길

---

155) 병원에서 "최고급" 일을 하는 한 환자가 있었다. 그는 중앙 행정 건물에서 병원 내 다른 구역들로 메시지를 배달했는데, 팁으로 한 달에 최대 8달러까지 번 것으로 알려졌다. 그러나 나는 이에 대한 확실한 증거를 확보하지 못했다.

을 제외하고는 차로 이동했고 걷는 경우가 거의 없었다.[156] 따라서 직원이 환자에게 특별히 베푸는 일 중의 하나는 바로 병원 구내에서 그를 차에 태워 한 곳에서 다른 곳으로 데려다주는 것이었다. 이는 환자에게 예정된 과업 전에 여유 시간을 갖도록 해주었지만 무엇보다 직원이 그를 신뢰하며 친밀하게 여긴다는 증거이기도 했다. 환자는 조수석에 앉았고, 그러면 이 소문은 병원 전체에 퍼졌다. 병원 구내의 제한 속도 때문에 차는 매우 느리게 움직였고, 병원 내 외출권이 있는 환자들은 누가 누구와 어디를 가는지를 늘 눈여겨보기 때문에 더욱 그러했다.

환자가 누리는 후견의 일부는 당연히 후견인이 환자가 맡은 보조 일을 격려하기 위해 행사하는 재량의 부산물이라고 할 수 있다. 예컨대 지하에는 병원 관리 설비를 보관하는 비공인 창고로 쓰이는 방이 있었다. 이곳을 담당한 환자는 의자와 책상뿐만 아니라 자기 열쇠도 있어서 담배 용품들을 보관해놓았다가 밑에서 일하는 비공인 환자 일꾼들에게 나누어주곤 했다. 따라서 그 자신 후견인의 위치에

---

156) 정신병원 구내의 모든 장소와 모든 사물은 상당한 정도의 고립, 추방, 그리고 질병의 의례적 성격 등의 측면에서 최하급 병동과 크게 다를 바 없다. 자동차는 정신병원의 장소에 오염되지 않은 세속적 장비 중 하나를 표상하며 또한 이 장비는 한 사람이 외부의 정상 세계와 연결된 확실한 지점을 드러낸다. 아마도 중앙병원의 직원들이 자신들의 자동차를 깔끔히 관리하려는 이유는 병원 구내의 세차비가 싸기 때문도 아니고 혹은 환자들에게 돈을 주고 싶은 동정심 때문도 아닐 것이다. 첨언하자면 환자들에게는 퇴원 후에 실현하고 싶은 하나의 판타지가 있었다. 그것은 새 고급 차를 구해서 그걸 타고 돌아와 병원 구내를 가로질러 옛 친구와 후견인 들을 만나는 것이다. 이 판타지는 간혹 현실화되기도 했지만 실제로 그럴 수 있는 것에 비하면 그리 잦지는 않았다. 다시 첨언하자면 행정직 최고 책임자 네다섯 명은 (캐딜락이 아닌) 고가의 자동차를 보유했고, 오래된 차를 보유한 몇몇 고위 직원은 일부 담당 직원들의 새 고급차들에 대해 가벼운 농담을 던지기도 했다. 그러나 직원의 직급이 어느 정도인가와 자동차가 얼마나 새것이고 어떤 브랜드 것인가 사이에 분명하고 일반적인 상관관계는 없었다.

있었던 것이다. 또한 직원들의 신뢰를 얻어 복지관의 사교 행사에서 주방 보조 일을 하는 환자가 있었는데, 그는 직접 소지한 열쇠로 환자들의 승인되지 않은 주방 통행을 통제할 수 있었다. 따라서 그는 자기 친구를 주방에 불러들여 음식을 미리 맛보게 할 수 있는 위치에 있었다. 물론 이는 자신의 과업을 이용하는 특별한 방법 중 하나였다.[157]

환자들은 특정 직원과 일할 때 그가 뭔가 베풀어주리라고 기대하곤 했다.[158] 그러나 어떤 환자들은 이런 식의 "요령"을 일반화하기도 했다. 크리스마스가 되면 병원에 도가 튼 환자들은 갑자기 여러 일과 치료를 병행하며 열성적인 과업 참여자가 되었다. 그들은 연말연시가 다가오면 선물이 많아지고 파티가 줄을 이을 것이라는 사실을 잘 알고 있었다. 말 그대로 사교의 철이 온 것이다. (물론 후견인들은 환자들의 이런 후원 기회 활용을 적극적으로 막지 않았다. 일과 치료의 본연의 기능에 비추어보자면 크리스마스 파티에 참여 환자가 적은 것은 난처한 일이었기 때문이다. 또한 이미 언급한 것처럼 행사에 참여자 수가 늘어난다는 것은 행정 직원들에게 득이 되는 일이었다.) 일부 장기 입원 환자들 또한 자원해서 꾸준히 일을 하면 병원 내 외출권을 얻을 수 있으리라고 기대했다. 실제로 그들은 일을 맡고, 외출권을 확보한 후에는 점차적으로 일하러 오는 것을 줄여나갔다. 그들은 그렇게 해도 즉각 보고되지 않을 것이며, 보고된다고 하

---

157) Gresham M. Sykes, "Corruption of Authority," 같은 책, pp. 260~61은 "Corruption by Default"라는 제목의 절에서 이 문제를 분석한다.

158) 이에 비견할 만한 것은 미국의 여주인과 하녀, 특히 남부의 여주인과 흑인 하녀 사이에서 특징적으로 형성되는 "토팅toting" 체계이다.

더라도, 즉각 병동으로 되돌려 보내지지 않으리라고 가정했다. 다른 환자들은 당분간 하나의 일만 하면서 책임자와 좋은 관계를 만들었고, 그다음에야 다른 이를 위해 일을 했다. 그러나 그들은 정기적으로 전 후견인에게 돌아가 "담배 재료"나 푼돈을 요구하기도 했다. 그럼으로써 그들은 과업이 아니라 사람을 이용하고자 했다.

일반적으로 사회적 접촉을 대놓고 꺼리는 환자들이 다수 거주하는 중환자 병동의 직원들은 한두 명의 "일하는 환자"를 두었다. 이들은 병동 운영에 필요한 도움을 지속적으로 제공했다. 이런 경우에 두 체계, 즉 병동 체계와 과업 체계는 수렴했고, 따라서 환자가 돕는 사람은 바로 병동에 상주하며 그를 감시하는 이였다. 이런 상황에서 일하는 환자는 확실히 지속적으로 혜택을 받을 수 있었는데, 이는 중환자 병동 내 규제 조치들이 다양한 종류의 잠재적 지급품들을 창출했기 때문이다.[159] 일하는 환자들은 사적 혹은 준-사적 공간에 대한 권리를 지녔다. 직원 심부름으로 매점에 가서 물건을 구입하는 환자들은 그 대가로 담배를 받았다. 음료 심부름의 경우에는 빈병을 대가로 받았는데, 매점에서 빈병은 하나당 2센트의 값이 매겨졌다. 직원들은 환자가 방에 면도날과 성냥을 보관하는 것을 허락했고 밤에 옷을 방에 둘 수 있게 해주었다. 환자가 담뱃불을 요구하면 담당 직원은 바로 응해주었고 각별한 신뢰의 표현으로 라이터를 건네주었다. 이 경우 환자는 담뱃불을 구하기 위해 굽신거리지 않아도 되었다. 의류 지급과 레크리에이션 품목의 관리 또한 직원에게 후견거리들을 제공해주었다.

---

159) Ivan Belknap, 같은 책, pp. 189~90은 병동 지급품들에 대한 유익한 분석을 담고 있다.

물론 후견 관계만이 직원과 환자 사이에 호의가 오가는 유일한 기반은 아니다. 특히 젊은 남성 직원들과 환자들 사이에는 실제로 과업 배당과 무관한 사적인 "버디" 관계가 형성되었는데, 이는 조직 내 차별적 지위를 가로질러 연령, 성별, 노동 계급 지위가 어우러져 생기는 연대처럼 보였다.[160] 어떤 환자들은 남성 담당 직원들 대부분을 이름으로 불렀고 어떤 이들은 그들을 "어이"라고 불렀는데 직원들은 이를 문제 삼지 않았다. 남성 직원들은 건장한 인부, 관리인, 소방수, 경비, 경찰 등과 어울려 외출권 있는 남성 환자들 다수와 거리낌 없이 시시껄렁한 농담을 주고받을 때도 있었다. 내 연구 노트에 보면 이런 구절이 인용되어 있다.

> 영화를 보는 밤이다. 환자들이 극장 밖으로 나올 때 순찰을 도는 경찰차가 느리게 그 앞을 지나간다. 질서정연하게 해산하는지를 확인하기 위해서다. 경찰차가 느리게 멈춰 선다. 경찰은 남자 환자들이 여자 환자들에게 눈길을 주는 것을 바라본다. 그러다 그중에 인기가 많고 누구나 아는 한 외출 환자를 부른다. 그 환자는 돌아서서 경찰에게 인사를 건넨다. 마치 친구에게 그러하듯.

---

160) 이는 존 키츄즈John Kitsuse가 "남성 동맹"이라고 부른 것의 특징들이다. 이 사항에 대한 유용한 분석은 Gresham M. Sykes, "Corruption of Authority," 같은 책, "Corruption through Friendship," pp. 259~60을 보라. 또한 Harold Taxel, "Authority Structure in a Mental Hospital Ward"(미출간 석사 논문, Dept. of Sociology, University of Chicago, 1953)에 따르면 환자들은 규칙을 피하기 위해 담당 직원들에게 의존하는데(pp. 62~63), 간호사들은 규칙을 철저히 지키기 때문이다. 반면 담당 직원은 여건이 허락되면 환자를 위해 규칙을 위반할 수 있다는 암묵적 합의가 존재한다(p. 83).

환자: 어이, 안녕?

경찰: 어젯밤 [환자 무도회에서] 자네 봤어. 어제처럼 계속 춤추다 간 불알이 떨어져 나가겠던데.

환자: (무시하는 투로) 꺼져, 자식아.

담당 직원에게는 환자가 사용하는 대부분의 물품에 대한 재량권이 있었다. 따라서 환자-직원 사이의 연대(후견 관계와는 별개로)를 주축으로 호의가 오간다는 사실은 놀라울 것이 없었다. 연구 노트에는 이런 사례가 인용되어 있다.

나는 넓은 환자 식당 한 곳에서 환자-친구와 음식을 먹고 있다. 그가 말한다. "여기 음식은 괜찮은데 [깡통] 연어는 맘에 안 들어." 그는 자리에서 일어나더니 접시에 가득 담긴 음식을 쓰레기통에 버리고는 찜통이 늘어서 있는 특식 영역으로 가더니 접시에 달걀을 담아 돌아온다. 그는 음흉한 미소를 짓고는 말한다. "찜통 관리를 하는 직원하고 당구를 치거든."[161]

이러한 호의는, 후견이건 혹은 사적 호의건 대부분 가벼운 수준에서 위법적이었다. 하지만 담뱃불을 얻거나 문을 미리 개방하거나 하는 일부 호의는 비록 드물게 주어졌지만 환자가 공식적으로 마땅히

---

161) 같은 환자는 병원이 지급한 카키 옷을 잘 차려입고 시내에 외출할 수 있다고 주장했다. 그는 외출할 때마다 새 바지를 구할 수 있다고 했다. 그 바지들은 세탁을 한 번도 하지 않은 새 것들이었고 고급 바지라고 생각할 만큼 광택이 났으며 바지 주름이 오래갈 정도로 풀이 잘 먹여 있었다.

누려야 하는 것들이었다. 예컨대 한 병동의 환자들은 하루에 세 번 식사를 위해 중앙 식당에 가야 했다. 이때 담당 직원은 사람들의 흐름을 원활하게 하기 위해 환자들에게 식사 시간 15분 전에 미리 병동 복도에 줄을 서게 했는데, 이 때문에 환자들은 아무 하는 일 없이 15분 동안 무리 지어 서 있어야 했다. 일하는 환자들 혹은 직원들과 친분이 있는 환자들은 이런 의무로부터 면제되어 식사 시간 이후나 이전에 갈 수 있어서 기다리는 시간을 절약할 수 있었다.

5

나는 지금까지 한 개인이 타인의 재화나 서비스를 이용하는 전략들에 대해 이야기했다. 즉, 사적 강요, 경제적 교환, 사회적 교환 등이 여기에 해당된다. 각각의 전략에는 일련의 고유한 가정들과 필요한 사회적 조건들이 있다. 그러나 나는 분석을 위해 단순한 그림을 그렸을 뿐이다. 각각의 전략은 개인들이 타인을 향해 자신의 활동을 드러내는 방식에서 분명한 제약이 따른다. 그러나 실제로 환자들은 복수의 타인 이용 전략을 동시적으로 그리고 반복적으로 활용한다. 이때 환자들은 자신의 행동이 너무 티 나지 않게 자제하며, 따라서 세 가지 모델 중 하나 정도만 사태에 결정적인 것처럼 보일 수 있다.

예컨대 후견 관계의 맥락에서 경제적 대가와 사회적 대가를 구별하는 것은 어렵지 않았다. 하지만 구별이 쉽지 않은 흥미로운 경우들도 있었다. 내가 들은 바에 따르면, 한 담당 직원은 매일 면도할 수 있는 권리를 위해 하루에 얼마나 일을 해야 공정한 거래가 될 수 있는가를 가지고 환자와 교섭했다. 이때 교섭은 환자가 일하겠다고 동의를 하기 전에 이루어졌다. 그러나 이 경우도 시간이 지나면 결

과적으로 상호 존중을 표하는 비계산적 형태의 교환이 되었다. 나아
가 한 후견인이 낯설거나 혹은 적절치 않은 서비스를 원한 경우가
있었다. 이때는 사전 교섭과 합의를 통해 특별한 종류의 베풂과 지
불 방식을 정했다. 이런 식으로 비-시장 관계에 비인격적인 경제적
계약이 접목되었다.[162]

경제적 교환과 사회적 교환의 구별은 다른 문제들을 수반한다. 환
자는 후견인이 세차에 관해서 순전히 경제적인 계약 관계를 맺을 것
이라고 기대했는데, 이는 일부 직원들로 하여금 깨끗한 차를 세차시
키고 돈을 지불하게 했다. 즉 결속을 존속시키려는 동기가 경제적
관행에 영향을 미쳤던 것이다. 여성 환자들로부터 성적 편의를 구매
했다고 가정되는 남성 환자들은, 판매자로 추정되는 이들과 함께 어
느 정도 비난의 대상이 되었는데, 이는 성관계가 공개적 매매의 대
상[163]이 아니라 배타적인 결속[164]의 표시라고 여겨졌기 때문이다. 나

---

162) 반대로 경제적 교환이 후견 관계를 맺은 사람들에 의해 제약을 받는 경우도 있다. 이는
민속 집단 연구가 자주 다루는 주제이다. 예로는 C. M. Arensberg, *The Irish Countryman*,
New York: Peter Smith, 1950, pp. 154~57. H. S. Service, 같은 책, p. 97을 보라. 셰틀
랜드섬 마을들에서 일부 주민들은 가게 주인들을 기분 나쁘게 하지 않기 위해 모든 가게
에서 골고루 최소한의 구매를 한다. 동네 가게에서 아무것도 사지 않는다는 것은 그 사
람이 가게 주인과 "사이가 틀어졌다"는 뜻이다.

163) Gresham M. Sykes, *Society of Captives*, pp. 93~55에 따르면 교도소에는 비밀리에 판
매되는 많은 종류의 물건이 있다. 그중에는 재소자들이 판매해서는 안 된다고 여기는 것
들도 있다. 이때 시장을 오용해서 만족을 채우는 재소자는 사회적으로 특정 유형의 인물
로 평가되었다. "……마땅히 줘야 하는 것을 판매한 수감자는 장사꾼 또는 보따리장수
라는 명칭으로 불렸다."

164) 첨언하자면 정신병원에서 성매매와 "색정증nymphomania"이라고 불리는 행위는 모두
배타적 호혜 관계로서의 성관계가 지니는 정당성에 파괴적 영향을 미친다. 두 경우 모두
사회적으로 부적절한 행위를 통해 특정 여성으로부터 그릇된 동기로 성적 편의를 제공
받는 것에 해당한다.

아가 일정 정도의 불안정성도 있었다. 특별한 존중의 제스처로 주어졌던 것도 얼마 정도가 지나면 당연시되어 통상적 기대치에 준하는 것이 되었다. 따라서 일종의 퇴행이 발생했다. 존중을 표하는 모든 새로운 방식은 일상화되어 결국 배려의 표식으로서 갖는 효과를 잃어버렸고, 따라서 추가적 베풂이 이를 대신해야 했다. 일단 당연시된 베풂이 철회되면 직접적이고 노골적인 비난이 따랐다. 예컨대 복지관의 무도회 관중이 행사를 위해 준비한 과자와 케이크를 다 먹어버리면, 주방 도우미들은 직원에게 자신들의 몫이 강탈되었다고 노골적으로 불평했다. 이런 문제가 일어나지 않도록 주방 일꾼들은 음식이 나가기 전에 여분을 챙겨두는 것이 허락되었다.

강요, 경제적 교환, 사회적 교환을 암암리에 조합하는 경우도 있다. 돈이 단순히 경제적인 것이 아닌 의례적인 성격을 지닌다는 사실에 부합하는 현상이 바로 구걸이었다. 구걸은 일부 사회의 교환 체계에서 매우 중요한 관행이라고 할 수 있다. 환자들은 푼돈과 담배를 베풀어주는 것을 기다리기만 하지 않았다. 그들은 먼저 요구했다. 한 환자는 자신이 좋아하는 직원에게, 때로는 다른 환자에게 다가가서 콜라 구매에 필요한 10센트나 5센트를, 혹은 다른 뭔가를 사는 데 필요한 몇십 센트를 "빌려달라"고 구걸했다. 이런 형태의 구걸은 특정한 스타일로 이루어졌다. 즉 그러한 상황 속에서 구걸의 대상은 "공정한" 사람이고 상대의 체면이 구제 불가능할 정도로 구겨졌다는 것에 죄책감을 느껴야 했다. 그럼으로써 구걸이란, 한 사람이 자신이 처한 상황에서 벗어나는 수단이라는 사실이, 또한 그럼으로써 박탈적 상태에서 명예로운 상태로 격상되기 위한 수단이라는 사실이 시사되었다. 그 의미가 무엇이건, 구걸은 타인이 동정심을

3 공공 기관의 지하 생활

스스로 표현할 준비가 되기 전에 그것을 내보이도록 만드는 경우라고 할 수 있다.

타인을 이용하는 수단들을 조합에서 사용하는 경우도 있었다. 중앙병원에는 다른 기관들과 유사한 하나의 쟁점이 있었다. 직원들에게는 자신과 다른 이들을 위협하는 환자들을 물리적으로 제재하거나 구속하는 이타적 의무가 부여되는데, 이는 사적 강요를 은폐하는 편리한 명분으로 기능했다. 경제적이고 사회적인 거래 역시 명목적으로 그 둘과 무관한 관계를 은폐하곤 했다. 한 환자는 담배 한 개비나 혹은 담배 "한 모금"을 대가로 다른 환자에게 심부름을 시킬 때도 있었다. 이때 서비스 구매자는 오만한 태도로 거래 상대를 대했다. 즉 그는 서비스 자체가 아니라 다른 환자를 머슴처럼 대하는 데서 더 큰 즐거움을 얻는 것처럼 보였다. 직원들은 환자의 매점 예금으로 과자를 사서 줄 때가 있었다. 가부장적이고 보수적인 중환자 병동 담당 직원은 환자가 비굴하게 구걸할 때까지, 혹은 환자가 그가 주려는 것을 간절히 원한다는 사실을 내비칠 때까지 장난치듯 먹을거리를 주지 않았다. 담당 직원과 환자 모두, 상대방의 체면을 구기기 위해 꽁초를 이용하기도 했다. 또한 병원을 방문한 자선 단체가 복지관에서 병원 전체 사교 행사를 주관할 때가 있었다. 휴식 시간에 단체 관계자들 몇몇은 행사장 전체를 돌아다니며 환자들 각각에게 사제담배 몇 개비를 나누어주었다. 이때 환자들은 자신에게 아무런 빚도 없는 낯선 이로부터 순전히 구호품을 받는 처지에 놓였다. 사제담배에 대한 욕구가 매우 컸기 때문에, 거기 있던 거의 모든 환자는 그 호의를 마다하지 않았다. 하지만 이 광경을 지켜보는 신참 환자들이나 혹은 방문객 무리 속의 사람들의 얼굴에는 분노, 약간의 조롱, 혹은 수치스러움이 서렸다. 사람들의 표정은 말하고 있었다. 이러한 행동에는 자존감의 자리를 찾을 수 있는 일말의 여지도 없음을.[165]

마지막으로 타인의 재화와 서비스를 이용하는 수단은 완전히 교활한 속임수를 수반할 수 있으며 실제로 그런 일도 있었다. 도박사는 속고, 구매자는 사기당하고, 친구는 이용당했다. (물론 이론적으로 말하면, 절대로 타인의 목적을 위해 이용당하지 않겠다고, 알면서 당하지 않으리라고 생각하는 사람도 의도하지 않게 타인의 계획에 도움을 줄 수 있다.)

여기서 쟁점은 사회적 삶의 모든 영역은, 더 구체적으로 말하면, 모든 사회적 시설은 타인의 이용을 가능케 하는 관계들을 제공한다는 사실이다. 그 관계들은 고유한 외관으로 둘러싸여 있다. 이러한 외관 뒤에서 그 관계들은 또한 고유한 방식으로 조합되고 유지된다.[166] 우리는 외관과 실재가 결합된 이러한 구조적 단위들을 연구해야 한다.[167] 첨언하자면, 여기서 우리는 하나의 특정한 사회적 단

---

165) 나는 두 명의 장기 입원 여성 환자들을 알고 있었다. 이들은 담배가 필요없었지만 상대를 난처하지 않게 하기 위해 제공되는 담배를 받았다. 이때 그들의 태도는 지극히 우아했다.

166) 강제적이고, 경제적이고, 사회적인 대가의 안정적 조합은 특별한 연구를 요한다. 그럼으로써 우리는 그러한 대가들의 유사성과 차이들을 조망할 수 있는 단일한 이론 틀을 개발할 수 있을 것이다. 여기에는 성직자의 녹, 십일조, 뇌물, 공물, 사례금, 호의, 선물, 예우, 사례금, 하사금, 팁, 약탈물, 보너스, 배상금 등이 포함된다. 명심해야 할 것은 대부분의 사회에서 경제적 교환은 화폐, 재화, 서비스가 이동하는 가장 중요한 수단이 아니라는 점이다.

167) 사회적 교환의 몇몇 기초와 관련된 유용한 사례사는 Ralph Turner, "The Navy Disbursing Officer as a Bureaucrat," *American Sociological Review,* XII, 1947, pp. 342~48에 보고되어 있다. 터너는 호의를 배분하는 세 가지 기초를 구별한다. 우정의 유형, 유사 우정, 그리고 가장 표피적 의미에서의 단순한 호의 교환. 그러나 이 세 유형에서 형식적 청구,

위—하나의 관계, 사회적 시설, 집단—를 참조점으로 삼고 있다. 우리는 이러한 단위의 특정 참여자가 타인에 대해 행사하는 전면적이고 비공인적인 권리 주장—미국에서는 **한 방**clout이라 불리고, 소련에서는 **큰 목소리**blat라고 불리는—을 탐구할 수 있다.

나는 중앙병원의 지하 생활에 관해 두 가지 포괄적인 질문을 던져보고자 한다.

첫째, 기관의 지하 생활에 대한 묘사는 그 안의 삶이 어떻게 체계적으로 편향되어 있는지를 명료하게 보여주어야 한다. 구성원들이 1차적 적응에 치중하면 할수록(그렇게 하는 것이 만족스러워서건 혹은 다른 세계를 구축하지 못해서건), 지하 생활은 예외적인 것이 되며 심지어 중요하지 않게 된다. 나아가 쉽게 눈에 띄는 2차 적응들은 정교하고 화려해 보일 수 있는데, 이는 중앙병원에서 그러하듯, 상호 긴밀히 연결된 소수의 비공식적 지도자들이 수행하는 것일 수 있다. 연구자가 특정 기관, 혹은 기관 일반에서 참여자들이 어떻게 체계 이용을 수행하는지 알려면 지도자들의 행태는 매우 중요한 고려 대상이다. 그러나 이런 식으로 2차 적응의 범위와 규모를 탐색하게 되면 평균적 참여자들의 생활이 간과될 수도 있다. 따라서 이 연구는 외출권을 보유한 환자들의 전략적 활동에 초점을 맞추면서 중앙병원의 환자 전반의 생활과 그들이 생활 조건을 변화시키기 위해 활용하는 비공인 기술들의 효율성을 포괄적으로 조망한다.

두번째 포괄적 질문은 사회적 통제와 결속 형성과 관련되어 있다.

비인격적 지불, 뇌물의 개념은 명시적으로 배제되었다. 또한 Gresham M. Sykes, "Corruption of Authority," 같은 책, p. 262 각주를 보라.

340

경제적이고 사회적인 교환을 가능케 하는 사회적 질서는, 개인이 자신의 행위 계획 속으로 타인의 노력을 통합시키는 기능을 분명히 수행한다. 또한 그것은 개인이 자신을 위해 행하는 2차 적응의 효율성을 배가시킬 것이다. 따라서 이러한 사회적 질서가 유지되기 위해서는 모종의 사회적 통제가 작동하여 사람들을 순응케 해야 하며, 또한 그들로 하여금 거래 조건을 지키고 타인을 향한 호의와 의례 의무를 준수케 해야 할 것이다. 이런 형태의 사회적 통제는 매우 특수한 부류의 2차 적응들을 형성시킨다. 또한 이러한 부류의 적응들은 다른 비공식적이고 비밀스러운 관행들의 거대 복합체를 지탱하고 안정화시킨다. 총체적 기관 재소자들의 지하 생활이라는 견지에서 보자면, 이러한 통제는 재소자와 직원 모두에게 행사되어야 할 것이다.

총체적 기관에서 직원에 대한 재소자의 통제는 전통적인 형태를 취한다. 예컨대 직원에게 영향을 미치는 "사건들"의 조장,[168] 특정 음식의 집단 거부,[169] 일 속도 늦추기, 수도와 전기와 통신 체계 교란하기. 이 모든 것은 재소자 행위의 직접적인 영향을 받는다.[170] 재소자가 직원에게 가하는 다른 종류의 제재 방식이 있다. 이들은 "집합적"이거나 개인적인 놀림의 형태를 띨 수도 있고 좀더 미묘한 형태의 의례적 불복종의 형태를 띨 수 있다. 이를테면 군대에서 맘에 안 드는 장교에게 경례를 하는 기술이 있다. 아주 멀리서 경례를 하거나 너무 정확히 경례를 하거나 아니면 너무 느리게 경례를 하거나. 직원이 이런 식의 비밀 전략 체계 전체를 뒤흔들려고 하면 재소자들은

---

168) 예로는 George Dendrickson and Frederick Thomas, 같은 책, p. 130을 보라.
169) Holley Cantine and Dachine Rainer, 같은 책, p. 4.
170) Holley Cantine and Dachine Rainer, 같은 책, p. 10.

파업이나 폭동 같은 극단적 행위로 맞설 수 있다.

재소자 집단이 내부 구성원에 대해 행사하는 사회적 통제는 "인민재판"의 경우처럼 매우 조직적이며 강력하다는 견해가 지배적이다. 확실히 재소자들이 수행하는 2차 적응과 관련하여 재소자의 신뢰성 문제는 매우 중요하다. 신뢰는 사회적 유형화의 기초이기 때문이다.[171] 하지만 전반적 증거에 따르면, 재소자끼리의 사회적 통제는 약하다. 중앙병원의 지하 생활은 비밀 감시 행위가 결여되어 있었다[172]——감옥Prison Hall은 부분적으로 예외였다.[173]

병동 환자가 말썽을 부리면, 병동 내 모든 환자는 추가적으로 불이익을 받을 수 있었다. 또한 병원 내 외출 환자들이 탈출해 바깥에서 심각한 범죄를 저지르면 다수의 환자에 대한 외출 규정도 단기적으로 강화되었다. 그러나 이처럼 한 사람의 행위 탓에 직원과 다수

---

171) 예로는 Morris G. Caldwell, "Group Dynamics in the Prison Community," *Journal of Criminal Law, Criminology and Police Science,* XLVI, 1956, p. 651의 "괜찮은 사람들"에 대한 논의와 Gresham M. Sykes and Sheldon Messinger, "The Inmate Social System," S.S.R.C. Pamphlet No. 15, 같은 책, 특히 pp. 5~11을 보라.

172) 나는 직원들이 자신들의 2차 적응과 관련하여 행사하는 사회적 통제는 고려하지 않고 있다. 예컨대 감옥Prison Hall 출신의 한 환자는, 그곳의 담당 직원들은 뇌물을 받고 특별 서비스를 제공해주면서도 불법 거래를 하는 병동 내 모든 사람의 기록을 확보했기 때문에 밀고자를 두려워하지 않는다고 주장했다. 밀고자는 오히려 자신의 범죄가 기록된 보고서를 마주하게 될 터였다. 확실히 병원의 모든 환자는 만약 그들이 한 직원의 잔혹함이나 비리를 고발하면 병동 직원들은 무조건 "하나로 뭉칠 것"이라는 느낌을 갖고 있었다. 여기서 직접적 강제를 행사하는 또 다른 집단, 즉 경찰 관련 자료를 비교하면 흥미로울 것이다. 연구 결과에 따르면 경찰들은 서로 간의 비밀을 아주 강력하게 지켜준다. 이에 대해서는 William Westley, "Violence and the Police," *American Journal of Sociology,* LIX, 1953, pp. 34~41과 "Secrecy and the Police," *Social Forces,* XXXIV, 1956, pp. 254~57을 보라.

173) 중앙병원의 감옥은 일부 환자에 따르면 정상인을 위한 교도소처럼 더 포괄적 방식으로 "조직화"되어 있었다. 주장하기로는 여기서는 담당 직원이 뇌물을 받고 편지를 "연으로 날려"주거나 금지된 품목을 밀반입해주었다. 또한 도박이 이루어졌고, 감옥 정치가 횡행

환자가 맺는 모든 "거래"에 악영향을 미치는 경우에도 환자들이 말썽꾼에게 복수를 한다는 분명한 증거는 보이지 않았다.[174]

더욱이 지하 생활의 "보안"은 취약해 보였다. 탈출하기로 마음먹은 재소자는 한두 명의 믿음 가는 친구에게 말을 할 수도 있었다. 그러나 대여섯 명으로 이루어진 소집단에서 비밀 정보가 새어나가지 않으리라고는 기대할 수 없었다. 이는 부분적으로 정신과 직원이 점하는 위치 때문이었다. 즉 환자는 자신의 치료에 도움이 되기 위해서는 직원에게 모든 것을 말해야 한다고 믿었던 것이다. 또한 이러한 원칙은 특이한 방식으로 확장 적용되기도 했다. 많은 환자는 친구들을 일러바침으로써 정신 치료에서 차지하는 자신들의 지위가 상승될 수 있을 것이라고 믿었다. 한 복지 담당 관리자는 체념조로, 동시에 약간의 측은지심이 담긴 목소리로 내게 그리 놀랍지 않은 이야기를 들려주었다.

아시다시피 환자들은 아기들 같아요. 누가 잘못을 저지르면 다른 사람들이 나한테 와서 이야기를 해요.

사업 수완이 가장 좋은 환자 중 하나도 내게 비슷한 이야기를 들려

했고, 한 무리의 재소자가 "그곳을 장악했다." 또한 횡포가 지나친 관리들에게 환자들은 파업으로 맞섰다. 그러나 내게는 이에 대한 1차적 정보가 없다.

174) 연구 기간 동안 많은 환자가 "건방지다snotty"고 여긴 한 알코올중독자 환자는 인기가 아주 많은 두 명의 간호 견습생을 꼬드겨 동네에 나가 술을 마시자고 했다. 이날의 일정이 마무리되기도 전에 두 여자는 붙잡혀 귀가 조치 되었고 그 환자는 하급 병동으로 좌천되었다. 예상컨대 나는 이 일로 인해 다른 환자들이 그를 따돌릴 것이라고 생각했다. 많은 재소자가 그가 없는 곳에서 목소리를 높여 그를 비난했지만 실제로 동료 재소자 사이에서 그에게 불이익을 주는 행동이 나온 것 같지는 않았다.

주었다.

> [월드] 시리즈 기간 동안 바로 여기 매점 앞에서 도박판이 벌어집
> 니다. 나는 여기서는 절대 도박을 하지 않아요. 경찰 첩자가 너무
> 많아요. 백인도 있고 흑인도 있고, 알 수가 없어요. 돈을 걸고 싶으
> 면 그냥 전화를 해요. 그러면 오후에 누군가 그걸 접수하죠.

　환자 집단 내 비공식적인 사회적 통제의 결여, 그리고 이미 언급
했던 포괄적 협력의 결여는 모두 환자들 사이에 비공식적 사회 조직
력이 취약하다는 증거로 받아들여져야 한다. 정신의학은 이에 대해
환자들은 본질적으로 일반적인 질서와 연대를 유지할 능력이 없다고
주장할 것이다. 그러나 이러한 설명이 교도소나 혹은 몇몇 수용소의
아노미 상태를 잘 설명하는 것도 아니다. 질서에 대해서건 무질서에
대해서건, 다른 대안적 설명을 살펴볼 수 있다. 하나는 중앙병원의
환자들이 반작용적인 연대를 표출한 경우가 거의 없다는 점이다. 기
성 세계에 맞서 자신들의 환자 지위를 드높이며 하나로 뭉치기보다
그들은 차라리 소집단이나 2자관계를 형성하여 자신들을 정상인으
로 정의하고 나머지 환자들을 미친 사람으로 정의했다. 요컨대 자신
이 환자라는 사실에 자긍심을 갖는, 혹은 가지게 되는 환자는 거의
없었다.[175] 반작용적 연대가 취약한 이유는 또 있다. 비록 병동의 생
활 조건이 시종일관 억압적이고 가혹할지라도, 모든 직원이 그렇

---

175) 이는 재소자 연대에 대해 미출간 논문을 쓴 바 있는 윌리엄 스미스William R. Smith가
　　내게 조언해준 바다.

다고 간주하는 것은 쉽지 않았다.

6

　중앙병원의 환자들이 채택하는 2차 적응의 범위를 기술하면서 나는 다른 시설의 2차 적응에도 적용될 수 있는 개념들을 발전시키려고 했다. 이때 기술의 단위unit of description는 서사drama가 아니라 비교 분석의 관점에서 결정되었다. 그 결과 나는 중앙병원의 환자 활동의 흐름을 작고 모난 조각들로 쪼갠 후 정리를 했다. 이는 다음과 같은 느낌을 줄 수 있다. 즉 환자들은 자신의 몫을 챙기기 위해 유치한 속임수와 무모한 제스처에 하루 종일 들쭉날쭉 골몰하며, 이러한 한심한 모습은 우리가 이미 알고 있는 정신병자의 "병적"인 모습과 다르지 않다는 것이다. 그러므로 나는 여기서 언급하고 싶은 게 있다. 내가 연구했던 거의 모든 2차 적응을 실제로 수행하는 환자들은 지적이면서도 현실감각을 지닌 과단성을 내보였다. 전체적 맥락을 이해한다면 외부인들 또한 환자 공동체 속에서 편안함을 느끼게 될 것이다. 환자 공동체는 그들이 아는 타인들과 크게 다르지 않기 때문이다. 정상인과 정신병자를 분명히 구별하기란 쉽지 않다는 오랜 격언도 있다. 차라리 하나의 연속선상에서 한쪽 끝에는 정신이 온전한 시민이 있고, 다른 쪽 끝에는 완전한 정신이상자가 있다고 봐야 한다는 것이다. 그러나 일정 기간 정신병원에서 적응 기간을 거치면 그런 식의 연속성 개념도 매우 섣부르게 보인다는 것을 알게 된다. 공동체는 공동체다. 그 안에 있지 않은 사람에게는 기괴해 보여도 그 안에 있는 사람에게는, 그 안에 있기를 원치 않더라도 자연스러운 것이다. 환자들이 서로를 대하는 행동 체계는 그 어떤 연속선의 끝에도 해당하지 않는다. 다만 그것은 인간 결사체의 한 예일 뿐이다. 물론 이 결사체에 속하지 않는 것이 좋다. 그러나 연구자들에게 이 결사체는 그들이 수집하는 다른 결사체들과 마찬가지로 정리되고 보관되고 회람되어야 할 대상이다.

Part 3: 결론

1

모든 사회적 시설에는 참여자가 시설을 위해 수행하는 의무에 대한 공식적 기대치라는 것이 있다. 야간 경비 일처럼 특별히 해야 할 일이 없는 경우에도 조직은 모종의 마음가짐, 상황 파악, 예기치 않은 사건에 대한 준비 태세를 요구한다. 조직은 구성원에게 일하는 동안 자지 말라고 하는 것처럼 어떤 문제에 대해서는 경각심을 가지라고 요구한다. 또한 집이나 호텔처럼 잠을 자는 것이 기대치에 부합하는 경우에도 잠을 자는 장소와 시간, 그리고 누구와 자며 어떻게 자야 하는지에 대한 규제가 있기 마련이다.[176] 그리고 개인에게 부과되는 이러한 크고 작은 요구들 뒤에서 모든 시설의 운영자들은 그러한 요구들에 적절히 부응하는 개인의 성격은 어떠해야 하는지에

---

176) 15세기 유럽의 역마차 여행자들은 낯선 이와 여관 침대를 공유해야 하는 경우도 있었다. 예절 교본에는 적절한 침대 품행 준칙들이 소개되어 있었다. Norbert Elias, *Über den Prozess Der Zivilisation,* 2 vols., Basel: Verlag Haus Zum Falken, 1934, Vol. II, pp. 219~21, "Über das Verhalten im Schlafraum"을 보라. 잠자기의 사회학에 대해서는 빌헬름 오베르트Vilhelm Aubert와 캐스파르 내글Kaspar Naegle의 미출간 작업들의 도움을 받았다.

대한 개념을 갖고 있다.

하나의 사회적 시설을 관찰해보면 거기서 우리는 이 첫번째 사안에 대한 반대항을 발견한다. 즉 참여자들은 조직에 무엇을 투입하고 그로부터 무엇을 산출해야 하는지, 그리고 그 이면에서 어떤 종류의 자아와 세계를 수용하는지에 대한 공식적 관점을 이런저런 방식으로 거부한다. 조직이 열성을 요구하면 그들은 무관심으로 대응한다. 충성에는 불만으로, 출석에는 불출석으로 대응한다. 건강하라고 하면 아프다고 한다. 일을 해야 할 때는 온갖 나태를 부린다. 우리는 무수히 많은 소박하고 사소한 역사들을 발견한다. 각각의 역사는 고유한 자유의 몸짓을 담고 있다. 존재하는 모든 세계에는 지하 생활이 만들어진다.

2

강압적인 총체적 기관의 지하 생활에 대한 연구는 특별한 연구 관심을 유발한다. 우리는 존재가 뼈만 남은 것처럼 위축될 때, 사람들은 자신의 삶을 살찌우기 위해 무엇을 하는가를 배울 수 있다. 은닉처, 수송 수단, 자유 장소, 영토, 경제적이고 사회적 교환을 위한 물품들, 이 모든 것은 삶을 구축하기 위한 최소치의 요건들이다. 통상적으로 이러한 전략들은 1차 적응의 일환으로 넘길 수 있다. 그러나 우리는 거래, 재치, 힘, 속임수가 공식적 존재 양식을 비틀어 적응 전략들을 뽑아내는 것을 목격하면서 그것들의 중요성을 새롭게 배울 수 있다. 총체적 기관에 대한 연구는 또한 형식적 조직 안에 존재하는 전형적인 취약 지점을 보여준다. 창고, 의무실, 주방, 고도의 기술 노동이 수행되는 곳 등등. 이곳들은 2차 적응이 배태되고 시설 전체로 확산되어가는 음습한 구석들이다.

정신병원은 지하 생활이 번창하는 시설 중에서도 특별한 경우에 해당한다고 볼 수 있다. 정신병 환자들은 바깥에서 문제를 일으킨 사람들이다. 그 결과 그들과 물리적으로—사회적으로는 아닐지라도—가까운 이들이 그들에게 정신 치료 조치를 취한 것이다. 이러한 문제 행동은 종종 "전환자" 단계부터 시작한다. 그들은 이 단계에서 모종의 부적절한 행태에 빠져들어 상황에 어긋나는 품행을 저지른다. 그러한 비행misconduct만으로도 개인이 귀속된 공동체, 시설, 사회적 관계를 도덕적으로 거부한다는 의사가 전달되는 것이다.

정신병 환자라고 낙인을 찍고 강제로 입원시키는 것은 적절성의 위반에 우리가 대처하는 수단이라고 할 수 있다. 환자 개인이 입원 후에도 증상을 계속 드러내거나 혹은 입원 후 초기 대응 기간 동안 새로운 증상을 발전시키는 것은 불만의 표현으로 간주되기에 환자한테 이로울 것이 없다. 예컨대 환자의 관점에서 보면, 직원이나 동료와 말을 섞지 않는다는 사실 하나만으로도 그가 누구이고 무엇인지에 대한 병원의 정의를 거부한다는 것을 충분히 보여줄 수 있다. 그러나 병원의 고위 운영진은 이런 거리감의 표현을 그저 병원이 응당 처리해야 하는 증상으로, 환자가 비로소 자신이 있어야 할 곳에 있게 되었다는 최상의 증거로 간주한다. 요컨대 정신병원은 환자 머리 위에 있다. 사람들이 조직의 지배로부터 벗어나기 위해 구사하는 흔한 표현 방식들이 있다. 무례, 침묵, **혼잣말**sotto voce, 비협조, 실내 장식물의 악의적 파괴 등등. 병원은 환자들에게서 이러한 표현들을 박탈한다. 소속되지 않음을 표현하는 기호들은 이제 소속됨이 마땅하다는 증거로 해석된다. 이러한 조건에서 가능한 것은 1차 적응뿐이다.

　더욱이 하나의 악순환이 작동한다. "하급" 병동에 수용된 사람들은 자신들에게 어떤 장비도 주어지지 않음을 발견한다. 옷은 밤마다 수거되며, 여흥거리들은 반납되어야 하며, 가구라고는 무거운 나무 의자와 벤치밖에 없다. 기관에 대한 적대 행위는 제한적이고 볼품없는 장치들에 의존할 수밖에 없다. 예컨대 의자로 바닥을 때린다든가 신문지에 날카로운 것으로 구멍을 내며 거슬리는 폭발음을 낸다든가 하는 것이다. 병원에 대한 거부 메시지를 전달하는 이 장비들이 엉성하면 할수록, 그러한 행위는 더욱더 정신이상의 징후로 여겨지며, 따라서 운영진은 해당 환자를 하급 병동에 수용하는 것이 합리적 조치라고 판단하게 된다. 독방에, 그것도 나체로, 아무런 외적 표현 수단도 없이 감금되면 환자는 때때로 매트리스를 찢는다거나 벽에 배설물로 낙서를 하기도 한다. 그런데 이는 운영진이 보기에 독방 감금이 필요한 사람이 보이는 행위와 일치하는 것이다.

　환자들은 사소하고, 불법적이고, 부적처럼 여기는 소지품들을 상징적 도구로 삼아서 자신들에게 요구되는 위치로부터 스스로를 분리시키는데, 여기서도 이 같은 순환 과정의 작동이 발견된다. 교도소 관련 문헌에 전형적 사례가 인용되어 있다.

　　교도소의 옷은 익명이다. 개인 소지품들은 칫솔, 빗, 침대의 아래층 혹은 위층, 좁은 테이블의 반쪽, 면도날 정도에 불과하다. 감옥과 마찬가지로 소지품들을 수집하고 싶은 충동은 극에 달한다. 재소자들은 돌, 줄, 칼―사람이 만들고 금지된 모든 것, 붉은 빗, 색다른 칫솔, 벨트, 그 모든 것을 열심히 모으고, 전전긍긍 감추고,

의기양양하게 과시한다.[177]

환자는 주머니에 줄 몇 개와 말린 신문을 넣어놓는다. 그러나 그
의 옷은 매일 밤 수거된다. 이때 그는 주머니를 정기 검사하는 사람
에게 불편을 끼치면서까지 자기 소지품을 지키기 위해 싸운다. 이때
그는 그에게 강요된 장소로부터 벗어나려는 사람이 아니라 병세가
매우 나쁜 환자에게 전형적으로 나타나는 병적 행태를 보이는 사람
으로 여겨진다.

정신의학의 공식 원칙에 따르면 거리감을 표현하는 행위는 정신이
상으로 정의된다. 이러한 관점은 환자가 점점 더 기이한 방식으로
거리감을 표현하는 순환적 과정에 의해 강화된다. 하지만 병원은 이
러한 원칙에 따라 운영될 수 없다. 병원도 다른 조직들과 마찬가지
로 구성원에게 부과하는 사항들이 있다. 정신의학적 원칙은 유연하
게 이를 행할 수 있지만 기관은 그렇지 않다. 병원 또한 바깥 사회의
기준을 고려하면서 급식, 세척, 의복, 잠자리, 물리적 위해로부터의
보호 등과 관련된 최소한의 절차를 갖추어야 한다. 병원은 환자들이
이러한 절차를 따르도록 유도하고 권유해야 한다. 병원은 환자에게
요구해야 하고 환자가 그 요구에 맞추지 않으면 실망을 표한다. 직
원은 입원 초기 이후 환자의 정신의학적 "변화"나 "호전"에 관심을
기울인다. 따라서 직원은 "적절한" 품행을 격려하며 환자가 "정신이
상" 상태로 퇴행하면 실망을 표한다. 환자는 이런 식으로 누군가의

---

177) Holley Cantine and Dachine Rainer, 같은 책, p. 78. 꼬마들이 주머니 안에 감추는 물
건들을 비교해보라. 이 물건들 중 일부는 소년과 가정환경domestic establishment을 가
르는 쐐기 역할을 한다.

기대를 받는 존재로, 올바르게 행동하는 법을 알아야 하는 존재로 재정립된다. 일련의 부적절한 행태들, 특히 침묵이나 냉담처럼 병동의 통상적 절차를 방해하지 않는 혹은 느슨하게조차 만들지 않는 행태들도 자연스럽게 병적 증상으로 간주된다. 전반적으로 병원은 반-공식적 전제에 근거하여 운영된다. 즉 환자들의 행동은 관리 가능해야 하며 그들은 정신 치료를 존중해야 한다. 그러면 환자들은 생활 조건의 개선으로 보상을 받으며 그러지 않으면 제공되는 편의를 줄임으로써 처벌을 받는다. 이 같은 통상적 조직 관행들은 반-공식적 수준에서 반복적으로 정립된다. 이때 환자는 장소 안에 있으면서 장소로부터 벗어나는 전통적 방식들 또한 여전히 효과적이라는 사실을 발견한다. 이런 식으로 2차 적응이 가능해지는 것이다.

3

다양한 종류의 2차 적응 중 일부는 특히 흥미롭다. 그것들은 2차 적응의 모든 관행에 특징적인 일반적 주제, 즉 참여와 적대를 부각시킨다.

2차 적응 중 특별한 유형 하나는 "제거 활동"(또는 "도피kicks")이라고 불리는 것이다. 이는 개인이 속하고 또한 적응해야 하는 환경에 대한 감각을 일시적으로 제거함으로써 스스로를 잊게 만드는 행위들을 일컫는다. 로버트 스트라우드Robert Stroud는 총체적 기관과 관련하여 유용한 사례를 제시한다. "버드맨"이라는 사람이 있었는데 그는 자신의 방에서 창을 통해 새를 관찰했고 온갖 화려한 책략과 임시변통을 통해 조류 연구실을 운영했고, 결국 그는 선도적인 조류학 작업을 의료 잡지를 통해 발표했다. 이 모든 것이 감옥에서 이루어진 것이었다.[178] 포로수용소의 언어 수업, 교도소의 예술 수업[179]도 동일한 종류의 해방감을 제공한다.

중앙병원 또한 재소자들에게 몇몇 해방구를 제공했다.[180] 예컨대 그중 하나는 스포츠였다. 일부 야구 선수나 테니스 선수 들은 스포츠와 하루하루 경기 성과 기록에 매달리는 것처럼 보였다. 적어도 여름 동안에 그들은 스포츠에 빠져 살았다. 야구의 경우는 그 정도가 더 심했는데, 외출권이 있는 환자들은 외부 사람들과 마찬가지로 미국 야구에 높은 관심을 기울였다. 일부 젊은 환자들은 허락이 되는 한 서비스동이나 복지관에서 개최되는 무도회에 반드시 참석했다. 그들의 삶의 낙은 거기서 "관심 가는" 사람을 만나거나, 이미 만난 경우라면 다시 만나는 것이었다. 이는 대학생들이 수업 외 활동에서 새로운 "데이트 상대"를 만나기를 고대하며 대학 생활을 견뎌내는 것과 다르지 않았다. 중앙병원의 "결혼 유예"는 환자를 혼인 의무로부터 효과적으로 해방시켰으며 제거 활동을 더욱 부추겼다. 소수의 환자에게 준-연간으로 이루어지는 연극 제작은 매우 효과적인 제거 활동이 되었다. 오디션, 리허설, 의상 제작, 장면 제작, 무대 설치, 희곡 쓰기, 희곡 고쳐 쓰기, 공연, 이 모든 것이 환자들에게는 바깥 사회와 마찬가지로 또 다른 세계를 훌륭히 구축해주었다. 또 다

---

178) Thomas Gaddis, 같은 책.

179) J. F. N., 같은 책, pp. 17~18.

180) 교도소의 비공식적 사회 유형화와 비공식 집단 형성 이면에도 종종 제거 활동이 존재하는 듯하다. Morris G. Caldwell, 같은 책, pp. 651~53은 도피와 관련된 흥미로운 몇몇 사례를 제시한다. 이를테면 이런 것들이다. 마약 확보와 사용, 가죽 세공품 판매, 신체를 단련해서 자랑하는 "스파르탄"—교도소의 탈의실은 으레 근육 자랑을 하는 해변 같았다—동성애, 도박 등등. 이때 관건은 이러한 활동에 매진하는 사람들에게 그것들은 각각 감옥을 대체하는 세계를 구축했다는 점이다.

른 종류의 도피는 종교 활동에 열중하는 것이었는데 이는 병원 목사의 우려에도 불구하고 환자들에게는 꽤나 중요한 것이었다. 소수의 환자는 도박에 빠져들었다.[181]

중앙병원의 환자들은 휴대용 물품을 사용하여 도피 행각을 즐겨 하기도 했다. 어떤 이들은 문고판 살인 미스터리물,[182] 카드, 심지어 지그소 퍼즐 같은 것을 휴대하고 다녔다. 환자들이 이러한 수단들을 통해 병동과 병원 구내만 벗어나는 것은 아니었다. 예컨대 한 시간 남짓 간부를 기다린다거나 식사 시간을 기다린다거나 혹은 복지관이 열리기를 기다리거나 할 때도 마찬가지였다. 자신만의 세계 구축 장치를 즉각 가동함으로써 환자들은 이러한 종속적 시간에 내포된 자아-함의를 극복하려고 했다.

세계를 구축하는 개별적 방식들은 놀라웠다. 우울증에다 자살 충동에 시달리는 알코올중독 환자가 있었다. 그는 브리지 게임을 꽤

---

181) Herman Melville, 같은 책, ch. lxxiii은 전체에 걸쳐 군함 위에서 이루어지는 불법 도박을 기술한다.

182) 교도소에서 독서가 주는 탈출구 역할은 Brendan Behan, 같은 책에 잘 묘사되어 있다. 또한 Anthony Heckstall-Smith, 같은 책, p. 34를 보라. "교도소 도서관의 소장 도서들은 꽤 훌륭했다. 하지만 시간이 지나면서 나는 단순히 시간을 죽이기 위해 책을 읽고 있었다. 나는 모든 것을 읽었다. 손이 닿는 모든 책을 읽었다. 첫 몇 주 동안 독서는 수면제 역할을 했다. 밤이 긴 여름의 초저녁, 나는 책을 읽다 잠들곤 했다." Eugen Kogon, 같은 책, pp. 127~28은 강제수용소 사례를 보여준다. "1942~1943년 겨울, 부켄발트의 42호 막사에서 빵 도난 사건이 연속적으로 일어났고 그 결과 불침번 제도가 생겼다. 몇 달 동안 나는 이 일을 자원해서 맡았고 새벽 3시부터 6시까지가 내 순번이었다. 불침번 일이란 휴게실에 혼자 있으면서 다른 쪽 끝에서 자는 동료들의 코 고는 소리를 듣는 것이다. 모든 개인 활동을 옥죄고 질식시키는 그 피할 수 없는 집단생활에서 자유로워지는 한순간이 있었다. 어둑한 램프 옆에 조용히 앉아 플라톤의 「대화」편, 존 골즈워디의 「백조의 노래」, 혹은 하이네, 클라분트, 메링의 작품에 빠져드는 것은 참으로 경이로운 경험이었다! 하이네? 클라분트? 메링? 그렇다. 수용소에서 그것들을 불법적으로 읽는 것은 가능했다. 그것들은 전국에서 모은 휴지 더미에서 회수된 책들 속에 있었다."

　　　　　　　　　　　　　　3　공공 기관의 지하 생활

잘했는데 거의 모든 환자를 깔보며 그들과는 게임을 두지 않았다. 대신 그는 주머니 안에 카드를 가지고 다니다가 종종 상대 패를 혼자서 만들어 게임을 하곤 했다. 자기가 좋아하는 검드롭을 먹고 소형 라디오를 들으며 게임을 하면서 그는 내킬 때면 언제든 병원 세계로부터 빠져나와 기쁨을 만끽할 수 있었다.

우리는 제거 활동을 고려하면서 다시금 시설에 대한 과잉 헌신이라는 쟁점을 다시 살펴볼 수 있다. 예컨대 병원 세탁실에 몇 년간 근무한 환자 일꾼이 있었다. 그에게는 비공인 현장 감독 일이 주어졌고 다른 모든 환자와 달리 자신의 일에 능력껏 진지하게 매진했으며 이는 많은 사람의 눈에 띄었다. 세탁 담당 직원은 그에 대해 말했다.

그 환자는 나한테 특별한 조수입니다. 다른 환자들을 다 합쳐도 모자랄 정도로 그는 열심히 일합니다. 그가 없으면 나는 큰일납니다.

노력에 대한 대가로 직원은 거의 매일 집에서 먹을거리를 가져와 환자에게 제공했다. 그러나 그의 적응 노력에는 뭔가 기이한 점이 있었다. 그가 그토록 일에 푹 빠져 있다는 것이 분명해 보였지만 거기에는 그런 척하는 면이 없지 않았다. 결국 그는 현장 감독이 아니라 환자였다. 그리고 일을 하지 않을 때 이 사실은 그에게 분명히 주지되었다.

이 같은 사례들이 명백하게 보여주는 것처럼 제거 활동은 그 자체로 불법적일 필요는 없다. 우리가 다른 2차 적응과 더불어 제거 활동을 고려하는 이유는 그것이 재소자들을 위해 수행하는 기능 때문이다. 아마도 여기서 극단적인 경우는 주립 정신병원에서 진행되는 개인 심리 치료일 것이다. 이런 기관들에서 그것은 매우 드문 특권이고[183] 그에 따른 정신 치료 직원과의 접촉 또한 병원의 지위 구조라는 관점에서 보면 매우 특이한 것이어서 재소자는 심리 치료를 받을 때는 자신이 병원에 있다는 사실을 어느 정도 잊기도 한다. 기관이 형식적으로 지원하게끔 되어 있는 것을 실제로 지원받음으로써 환자는 시설이 실제로 제공하는 것에서 벗어날 수 있게 된다. 이로부터 하나의 일반적 함의를 끌어낼 수 있다. 어쩌면 시설이 구성원들로 하여금 참여하도록 의무화하거나 혹은 허용하는 모든 활동은 조직에 대한 잠재적 위협이 될 수 있다. 왜냐하면 개인은 어떤 활동에건 과하게 빠져들 수 있기 때문이다.

일부 비밀 관행에서 분명하게 나타나는, 어쩌면 모든 비밀 관행에 내재하는 요인이랄 수 있는 또 다른 속성이 있다. 나는 이를 프로이트주의자들이 말한 "중층결정overdetermination"이라고 지칭할 것이다. 일부 불법 활동들은 원한, 악의, 위악적 쾌감, 승리감 등을 달성하기 위해 개인적 손해를 무릅쓰고 추구된다. 이러한 활동들은 대상의 향유 자체에 내재하는 기쁨으로 설명되지 않는다. 물론 강압적 기관에서 일견 사소해 보이는 만족이 매우 중요하게 간주되는 일은 지배적인 현상이다. 그러나 이러한 가치 평가의 차이를 감안하더라도 설명되지 않는 것이 있다.

일부 2차 적응의 중층결정적 측면은 이런 것이다. 행위자는 하나의 관행을 그것이 **단순히** 금지되었기 때문에 수행하고 거기서 의미

---

183) 계산을 해보니 연구 기간 동안 대략 중앙병원 환자들 7천 명 중에서 1년간 100여 명이 이런저런 개인 심리 치료를 받았다.

를 찾는다.[184) 중앙병원의 재소자들은 상당한 노력을 기울여 규칙들에 대한 위반을 이루어냈다. 이때 그들은, 그리 신뢰할 만한 사람이 아닐지라도, 동료 재소자를 골라 그 앞에서 자신의 위반을 과시하곤 했다. 야음을 틈타 마을에 다녀온 환자는 다음 날 동료들에게 들려줄 모험담을 한가득 가져왔다. 다른 환자는 자신의 친구들을 따로 불러내 전날 밤 마시고 남은 빈 술병을 어디에 숨겼는지 보여주거나 혹은 그의 지갑 속 콘돔을 과시하기도 했다. 당연히 이 과정에서 안전한 은폐가 어디까지인지 시험에 드는 경우도 종종 있었다. 나는 수완이 매우 좋은 알코올중독자 한 명을 알았는데 그는 보드카를 한 파인트 밀반입해서 종이컵에 그것을 담아 잔디밭에서 가장 눈에 띄는 곳을 찾아 앉아 느긋하게 들이켜며 취기에 젖어갔다. 그럴 때 그는 준-직원 지위의 사람들에게 관대함을 뽐내듯 술을 권하는 것을 즐겼다. 또한 자신의 차를 환자 매점 바로 옆에 주차하는 담당 직원 한 명을 알았다. 매점은 환자 세계의 중심이었고, 거기서 그는 자신과 친한 환자와 함께 지나는 여성들을 대상으로 점수를 매겼다. 그때 그들은 종이컵에 위스키를 가득 담아 색이 현란한 차 커버—그것은 사람들의 시야 바로 아래까지만 차를 덮었다—위에 올려놓고는, 자신들이 주변 환경과 분리되어 있다는 사실에 건배라도 하듯 술을 마셨다.

몇몇 2차 적응의 또 다른 중층결정적 특징은 그것들을 추구한다는 것 자체가 만족의 원천이 된다는 점이다. 앞서 연애 관계에 관해 이

---

184) 이 주제에 대한 논의는 Albert Cohen in *Delinquent Boys*, Glencoe, Ill.: The Free Press, 1955에서 개진된다.

야기한 것처럼 사람들은 기관을 자신들이 벌이는 일련의 게임의 상대 적수로 생각한다. 이때 게임의 목적은 병원에 맞서 한 건 하는 것이다. 나는 한 환자 소집단이 커피와 관련해 그날 밤 "한 건 할" 가능성을 신나게 이야기하는 것을 들은 적이 있다.[185] 이때 그들은 그러한 포괄적인 용어로 구체적인 활동을 지칭하고 있었다.[186] 교도소 재소자들은 독방에 감금된 동료에게 음식이나 다른 편의품을 반입해주는 경향이 있는데, 이는 자선 행위일 뿐만 아니라 권위에 맞선 이의 정신을 함께 나누는 것으로도 보일 수 있다.[187] 환자, 죄수, 포로수용소의 재소자들이 오랜 시간 공을 들여 탈출 계획을 세우는 것은 단순히 밖으로 나가기 위해서만은 아니다. 그러한 계획 자체가 그들의 내부 생활에 의미를 부여하는 것이다.

나는 여기서 2차 적응은 중층결정된다고, 그중에서 일부는 특히 그렇다고 주장하고 있는 셈이다. 이러한 관행들은 행위자들에게 겉으로 드러나는 것과는 다른 방식으로 도움을 준다. 이러한 관행들은, 그것들이 어떤 결과를 성취하건, 누구도 아닌 오로지 행위자 당

---

185) 커피에 관해 한 건 올리려는 비열하고도 집요한 비밀 시도에 대한 상세한 묘사는 Norman S. Hayner and Ellis Ash, 같은 책, pp. 365~66에 나와 있다.

186) 전통적으로 그러한 행위 추구 자체의 가치는 더 큰 사회와의 관계 속에서 상대적으로 결정된다. 예컨대 하루치 용량을 구하기 위해 마약 중독자는 하루하루 사회에 맞서 격렬하고도 의미 있는 게임을 벌이고, 도박꾼, 사기꾼, 범법자들은 들키지 않으면서 돈을 버는 흥미롭고도 근사한 과업에 매진하는 양 보이기도 하는 것이다.

187) 이 주제는 McCleery, S.S.R.C. Bulletin No. 15, 같은 책, p. 60 각주에서 논의된다. "최근의 연구에 따르면, 재소자들 사이에서 지위란 재화와 특권을 통해 상징화된다. 이 지위는 본래 다른 수단을 통해 확보해야 하는 것이다. 이때 상징들은 권력을 조종하거나 그것에 저항하는 능력을 표상한다. 그러나 재소자의 몸은 이러한 상징들을 처벌받는 이들에게 제공하고픈 충동과 따로 노는 것이다. 이 상징들의 기능은 권력에 용감히 저항하는 것 말고는 없음에도 불구하고 말이다."

3 공공 기관의 지하 생활

사자에게 하나의 사실을 증명하는 것으로 보인다. 이러한 관행들은 그가 일말의 자아를, 조직의 지배 바깥에서 사적 자율성을 보유한다는 사실을 증명하는 것이다.[188]

4

2차 적응의 기능이 개인과 개인이 참여해야 하는 사회적 단위 사이에 하나의 장벽을 놓는 것이라면, 어떤 2차 적응은 그 자체로 얻는 것은 없고 오로지 권위에 반하는 거리를 표현하는 것에만 그 기능이 있다고 생각할 수 있다. 즉 자아를 보존하기 위해 "자신을 거부하는 이를 거부하는 것"이다.[189] 이는 의례적 불복종이라는 일반적 형태로 나타날 수 있다. 예컨대 불평이나 투덜거림처럼 현실적으로 변화를 가져오리라 기대할 수 없는 행태들이 있다. 즉각적 교정 조치를 불러일으키지는 않는 노골적 무례함이나 당국자가 들을까 말까 한 거리에서의 말이나 혹은 당국자 뒤에서 행하는 제스처 등을 통해 피지배자들은 자신들에게 공식적으로 부과된 장소로부터의 모종의 분리

---

188) 이 점은 도스토옙스키가 시베리아 수용소의 생활을 묘사할 때 잘 드러난다. Fydor Dostoevskiy, 같은 책, p. 17. "교도소에는 밀수로 들어온 것들이 많이 있었다. 따라서 그렇게 간수들이 많고 검색이 많았는데도 보드카가 들어올 수 있었다는 건 놀랄 일이 아니었다. 그런데 밀수는 그 본성상 매우 특별한 범죄였다. 예컨대 어떤 밀수꾼들에게 돈과 이윤은 최우선이 아니라 부차적 문제라고 그 누가 상상할 수 있을까? 그러나 사실 그랬다. 밀수꾼들은 일에 대한 애정 때문에, 자기 일이 천직이라고 생각하기 때문에 밀수를 했다. 그는 어떤 의미에서는 시인이다. 그는 모든 것을 건다. 그는 끔찍한 위험 속으로 달려든다. 그는 비틀고 돌린다. 그는 자신의 발명품을 이용하여 스스로를 난국에서 해방시킨다. 때때로 그는 거의 영감을 받아 행하는 것 같다. 도박할 때 못지않은 열정 속에서 말이다."

189) Lloyd W. McCorkle and Richard Korn, "Resocialization Within Walls," *The Annals,* CCXCIII, 1954, p. 88.

를 표현한다. 루이스버그에 위치한 교도소 출신의 전과자는 하나의 일화를 제공한다.

> 겉으로 보면 여기서의 생활은 평온하게 지나가는 것 같다. 그러나 조금만 들여다보면 분노와 좌절이 꿈틀대고 소용돌이치는 것을 알 수 있다. 불만과 저항의 웅얼거림이 항시적으로 진행된다. 간부나 간수를 지나칠 때마다 들리는 낮은 **혼잣말** 속의 조롱, 직접적 보복을 불러일으키지 않도록 용의주도하게 계산된 경멸의 시선……[190]

브렌던 비언은 영국 교도소의 일화를 제시한다.

> 교도관이 그를 소리쳐 불렀다.
> 그가 큰 소리로 답했다. "알겠습니다. 나리." "바로 가겠습니다. 나리." 그러면서 낮은 목소리로 덧붙였다. "알았다고. 뚱뚱 새끼야."[191]

노골적으로, 그러나 안전한 방식으로 공인된 입장 바깥에서 자신의 입장을 자리매김하는 것은 때로는 경이롭기까지 하다. 특히 집합적 수준에서 그러한 자리매김이 이루어질 때는 더 그렇다. 여기서도

---

190) Alfred Hassler, 같은 책, pp. 70~71. 투덜거림bitching에 대한 군대 사례는 T. E. Lawrence, 같은 책, p. 132를 보라.

191) Brendan Behan, 같은 책, p. 45. 미국 사회의 초등학교 아이들은 어떻게 손가락을 교차하며 거짓말을 하는지, 웅얼거리며 말대꾸를 하는지, 남몰래 얼굴을 찡그리는지 일찍부터 배운다. 이 모든 수단을 통해 아이들은 선생의 꾸지람을 듣는 동안 일말의 자율성을 표현하는 것이다.

교도소의 사례들이 곧바로 준비되어 있다.

> 권위에 대한 경멸을 어떻게 표현할까? 명령을 "따르는" 방식에서
> 그렇게 할 수 있다. 흑인들은 패러디에 능하다. 그들은 갑자기 다
> 리를 쭉 뻗어goose-step 행진을 하기 시작한다. 그들은 10번 테이블
> 에 앉아서 동시에 그리고 정확히 모자를 벗어젖힌다.[192]

> 목사가 매주 일요일 강단에 서서 주간 강론을 하면서 썰렁한 농담
> 을 하면 우리는 언제나 최대한 큰 소리로 그리고 최대한 오랫동안
> 웃었다. 물론 그는 우리가 자신을 놀리고 있다는 사실을 분명히 알
> 았을 것이다. 그럼에도 그는 계속 농담을 했고 그때마다 교회 안은
> [말 그대로] 요란스런 웃음소리로 가득 찼다. 그러나 사실 목사의
> 말을 들은 사람은 청중의 절반밖에 되지 않았다.[193]

일부 의례적 불복종 행위는 아이러니라는 형태를 취한다. 이는 바
깥 사회에서는 모순어법의 형태로 나타나며 기관에서는 과도하게 의
미심장한 마스코트 만들기로 나타난다. 총체적 기관에서 일반적으로
발견되는 아이러니는 재소자들이 자신을 둘러싼 환경의 위협적이고
불쾌한 측면에 일종의 별칭을 부여하는 것이다. 강제수용소에서 순
무는 "독일산 파인애플"[194]로, 노역은 "지리 수업"[195]으로 불리기도

---

192) Holley Cantine and Dachine Rainer, 같은 책, p. 106.
193) J. F. N., 같은 책, pp. 15~16. 또한 Erving Goffman, *Presentation of Self,* "derisive collusion," pp. 186~88을 보라.
194) Eugen Kogon, 같은 책, p. 108.
195) Eugen Kogon, 같은 책, p. 103.

했다. 마운트 시나이 병원의 정신병동에서 수술이 예정된 뇌손상 환자들은 병원을 "마운트 청산가리"[196]라고 불렀다. 또한 환자들은 직원과 의사들을 전형적인 별명으로 불렀다.

그들은 "변호사" "사무직 노동자" "함장" "회장님" "바텐더" "보험 감독" "신용 관리인" 등의 명칭으로 불렸다. 또한 우리 중 한 명(이름이 E. A. W.인)은 "와인버그" "와인가르텐" "위너" "와이즈맨" 등의 다양한 별칭으로 불렸다.[197]

교도소에서 처벌 구역은 "차茶 정원"[198]으로 불리기도 한다. 중앙병원에서 통제 불능의 환자들을 수용하는 병동은 직원들에게 교도소의 처벌 구역처럼 여겨졌고, 그들은 그곳을 "장미 정원"이라고 불렀다. 한 정신병원 출신은 또 다른 예를 제공한다.

휴게실에서 버지니아는 의복 교체를 의복 치료라고 부르기로 결정했다. 소위 D.T.였다. 오늘은 내가 D.T.를 받는 날이었다. 독주를 마셨다면 매우 즐거운 경험이 될 수 있었을 것이다. 여기서 독주란 진정 최면제를 뜻한다. 주니퍼 힐 정신병원의 우리 즐거운 여자들은 그것을 호밀juniper 칵테일이라고 불렀다. 우리 중 더 교양 있는 몇몇은 그것을 마티니라고 부르자고 했다. 그럼 간호사 양반, 올리

---

196) Edwin Weinstein and Robert Kahn, *Denial of Illness,* Springfield, Ill.: Charles Thomas, 1955, p. 21.

197) Edwin Weinstein and Robert Kahn, 같은 책, p. 61. 특히 ch. vi, "The Language of Denial"을 보라.

198) George Dendrickson and Frederick Thomas, 같은 책, p. 25.

3 공공 기관의 지하 생활

브는 어디에?[199]

물론 이러한 아이러니들로 대처하는 위협적 세계가 반드시 권위적 타인에 의해 부과된다고 볼 수는 없다. 상태가 심각한 환자들이 자신들의 상황에 대해 농담조로 이야기할 때 드러나듯, 위협적 세계는 환자 스스로 만드는 것이기도 하고 어떤 것은 자연적으로 그런 것일 수 있다.[200]

아이러니 외에도 훨씬 더 미묘하고 더 효과적인 의례적 불복종이 있다. 특히 외적 권위를 향한 특별한 태도가 있다. 그것은 단호함과 존엄과 차분함을 독특한 방식으로 뒤섞으며, 즉각적 처벌을 야기할 정도로 무례하지는 않지만 그럼에도 환자의 주체성을 오롯이 표현한다. 이러한 종류의 소통은 몸짓과 표정을 통해 이루어지기 때문에 재소자는 언제 어디서든 그것을 통해 자신을 표현할 수 있다. 교도소 세계의 사례들을 살펴보자.

> "올바름"은 용감성, 두려움 없음, 동료에 대한 헌신, 착취의 거부, 공식적 가치 체계의 우월성에 대한 단호한 거부, 재소자를 하층민으로 보는 개념의 부정 등을 의미한다. 그것은 원칙적으로 지극히 모멸적인 상황에서 한 사람의 기본적인 사람됨, 존엄, 가치를 재확인시켜준다. 또한 공식 체계가 드러내는 그 어떤 힘과도 무관한 인격적 자질을 드러낸다.[201]

---

199) Mary Jane Ward, *The Snake Pit,* New York: New American Library, 1955, p. 65.
200) 삶 속의 위협을 처리하는 아이러니와 다른 책략에 대한 유용한 기록은 Renée Fox in *Experiment Perilous,* Glencoe, Ill.: The Free Press, 1959, pp. 170 이하가 제공한다.

또한 중앙병원에서, 그중에서도 더 잃을 게 없는 재소자들이 거주하고 보안 수준이 가장 높은 "가혹한" 처벌동의 사례들은 주목할 만하다. 거기서 환자들은 일부러 말썽을 일으키지는 않지만 몸의 자세만으로도 모든 직위의 직원들에게 무관심과 은근한 경멸을 내보이며, 이때 환자들은 매우 침착한 태도를 유지한다.

5

2차 적응의 형성을 쉽게 설명할 수도 있다. 개인은 자생적이건 혹은 외생적이건 일련의 욕구를 보유하며 욕구가 박탈된 상황에 처하면 개인은 임시적인 만족거리를 개발함으로써 대처한다는 것이다. 내 생각은 이런 식의 설명은 자아를 구축하는 비밀스러운 적응 전략들의 중요성을 간과한다.

기관의 손아귀에서 벗어나 자신만의 것을 챙기는 것은 정신병원과 교도소에서 매우 눈에 띄는 관행이라고 할 수 있다. 그러나 더 자애롭고 덜 총체적인 기관에서도 그런 관행은 발견된다. 나는 여기서 이러한 불복종이 우연적인 방어 기제가 아니라 자아를 구성하는 핵심적인 요소라고 주장하고 싶다.

사회학자들은 개인이 집단에 의해 구성되고, 집단과 동일시하고, 집단으로부터 정서적 지지를 받지 못하면 위축되는 양상에 항상 관

---

201) Richard Cloward, "Social Control in the Prison," S. S. R. C. Pamphlet No. 15, 같은 책, p. 40. 또한 Gresham M. Sykes and Sheldon Messinger, 같은 책, pp. 10~11을 보라. 몇몇 소수자 집단은 전체 사회를 향하여 도발적이지는 않지만 내게서 손 떼라는 식의 입장을 표현하는 다른 방식을 지니고 있다. 예컨대 미국 도시의 흑인들 사이에 존재하는 "근사한 사내cool stud" 상을 비견해볼 수 있다.

심을 가져왔다. 그러나 사회적 역할, 폭증하는 사회적 상호작용, 사회적 시설—혹은 다른 종류의 사회 조직—등에서 어떤 일이 벌어지는지를 면밀히 들여다보면, 우리는 사람들이 집합적 단위를 그저 받아들이기만 하지 않는다는 것을 발견한다. 개인은 자신의 자아와, 타인들이 생각하는 그의 소속 집단 사이에 일정한 거리와 운신의 폭을 확보하기 위한 방법들을 구사한다. 주립 정신병원 같은 장소들이 2차 적응을 위한 풍부한 토양을 제공한다는 것은 명백하다. 그러나 그것은 마치 잡초처럼 모든 종류의 사회 조직에서 솟아난다. 다시 말해 우리가 실제 연구한 모든 상황에서 참여자가 자신이 속한 사회적 결속체에 대항하여 방어 기제를 정립한다는 사실을 발견한다면, 차라리 자아의 개념을 "바로 그러한 조건에서" 이루어지는 개인의 행위 양상에 정초하면 어떨까?

개인과 개인의 자아에 대한 단순한 사회학적 관점은 조직 속의 위치가 정의해주는 바가 그의 자아라고 본다. 비판을 받으면, 사회학자는 약간의 복잡성을 도입함으로써 이 모델을 수정한다. 즉 자아는 아직 형성되지 않았거나 혹은 조직에 대한 헌신에 갈등적인 태도를 보인다는 것이다. 어쩌면 우리는 이러한 개인의 특질들을 더 중심에 놓음으로써 자아 구성을 더 복잡하게 만들어야 한다. 즉 사회학적 관점에서 정의하자면 우리는 애초부터 개인을 하나의 입장을 취하는 존재로, 조직에 대한 동일시와 조직에 대한 저항 사이의 어딘가에 자신의 위치를 점유하는 존재로, 약간의 압박에 처해도 둘 중 한쪽으로 무게 추를 이동함으로써 균형을 회복하려는 존재로 봐야 한다. 따라서 자아는 **무언가에 대항하여** 형성된다. 이는 전체주의를 연구해온 학자들이 깊이 이해하는 바다.

요컨대 케트맨Ketman이란 어떤 것에 대항한 자아실현이다. 케트맨을 실천하는 자는 그가 직면하는 장애물들로 인해 고통받는다. 그러나 이 장애물들이 갑자기 제거되면 그는 어쩌면 더 고통스러운 공허감에 사로잡힐 수 있다. 내면적 저항은 때로는 정신 건강에 필수적이다. 그것은 특정한 형태의 행복을 창출할 수 있다. 사람이 자신의 사적 성역을 지키려고 할 때 일어나는 정서적 마법은 어떤 말로 해도 모자라다.[202]

나는 총체적 기관과 관련해서도 같은 점을 지적했다. 그러나 자유로운 바깥 세계의 경우에도 이는 마찬가지 아닐까?

속할 곳이 없다면 우리는 안정적 자아를 지닐 수 없다. 그러나 어떤 사회적 단위이건 거기에 완전히 헌신하고 애착한다는 것은 일종의 자아 부재 상태이다. 우리가 사람으로 존재하는 것의 의미는 더 거대한 사회적 단위 속으로 끌려 들어감으로써 시작할 수 있다. 우리의 자아 감각은 그 끌어당김에 저항하는 작은 방식들로부터 비롯될 수 있다. 우리의 사회적 지위는 세계의 견고한 건축물에 의해 지탱된다. 그러나 우리의 사적 정체성은 종종 그 건축물의 틈새 속에 자리 잡고 있다.

---

202) Czeslaw Milosz, *The Captive Mind*, New York: Vintage Books, 1955, p. 76. (옮긴이) 케트맨이란 체스와프 미워시Czestaw Milosz의 작품에 등장하는 저항 전략을 일컫는다. 간단히 말하면 케트맨은 복종하는 듯하면서도 은밀히 저항하는 전략이다.

　　　　　　　　　　　　　　3　공공 기관의 지하 생활

4 의료 모델과 정신병원 입원[1)]
— 교정 업무의 변천에 대한 소고

1) 나는 프레드 데이비스Fred Davis와 셸던 메싱거Sheldon Messinger의 비판과 제안에 고
    마움을 전한다. 이 글에서 그들의 논평을 구체적으로 언급하지는 않았다. 마찬가지로 구
    체적으로 명시하지는 않았지만 이 주제에 관해 내가 참조한 중요한 논문이 있다. Alfred
    H. Stanton and Morris S. Schwartz, "Medical Opinion and the Social Context in the
    Mental Hospital," *Psychiatry*, XII, 1949, pp. 243~49.

모든 사회에는 두 개인이, 예컨대 혈연관계의 사람들, 혹은 높은 신분과 낮은 신분의 사람들이 우호적으로 만나 서로를 대하는 방식이 있다. 이러한 접촉이 이루어지는 맥락은 정체성의 출처가 되고, 바람직한 품행을 위한 지침이 되고, 연대와 불화의 토대가 될 수 있다. 각각의 맥락은 일련의 상호 의존적 가정들을 포함하며 이 가정들은 서로 결합하여 일종의 모델을 구성한다. 모든 경우, 사람들의 목표 실현을 방해하는 특정 압력들이 작동하며 그에 따른 상이한 결과들은 고유의 파장을 산출한다. 그러므로 사회를 연구하는 학자는 사회 구성원들이 자신을 위해 사용하는 동일한 모델을 연구를 위해 사용할 수 있다.

서구 사회에서 두 개인이 서로를 대하는 주요 방식은 서비스를 제공하는 자와 서비스를 받는 자로 만나는 것이다. 이러한 직업적 관계 이면의 가정과 개념을 탐구함으로써 우리는 정신병원의 쟁점 일부를 이해할 수 있을 것이다.

1

전문화된 직업적 업무는 두 개의 범주로 나눌 수 있다. 하나는 실무자가 자신의 일을 통해 "대중을 만나는" 경우이고, 다른 하나는 만나지 않는 경우, 즉 자신이 속한 조직의 공식 구성원을 위해서만 업

4 의료 모델과 정신병원 입원

무를 수행하는 경우이다. 대중을 직접 만나고 통제하는 문제의 중대함을 고려할 때 우리는 대중을 경험하는 모든 이를 하나의 범주로 취급할 수 있을 것이다. 이는 철물점의 점원과 공장의 연장 담당 직원은 일의 유사성에도 불구하고 연구 목적을 위해서는 다른 범주로 취급해야 한다는 것을 의미한다.

대중을 만나야 하는 업무는 두 종류로 구별된다. 하나는 대중이 순차적 개인으로 이루어지는 경우이고, 다른 하나는 대중이 순차적 청중으로 이루어지는 경우이다. 치과 의사는 전자에 해당하고 코미디언은 후자에 해당한다.

대중을 만나야 하는 업무는 (그 형태가 무엇이건) 그 업무가 사적 서비스로, 즉 수혜자가 원하는 도움으로 대중에게 제공되는 양상이 다양하다. 이념형적 수준에서 사적 서비스직은 다음과 같이 정의될 수 있다. 사적 서비스직의 실무자는 특화된 사적 서비스를 일련의 개인들에게 제공하며, 이때 그는 각각의 개인과 직접적인 사적 커뮤니케이션을 통해 관계를 맺는다. 또한 이러한 사적 서비스를 제외하면 그는 그가 돕는 개인들에게 얽매이지 않는다.[2] 이 정의에 따르면 소환장을 청구하는 것은 그 대상에게 사적 서비스를 제공하는 것이 아니다. 심리학자가 자신의 적성을 알고 싶은 개인들에게 적성 검사를 실시하는 것은 사적 서비스를 제공하는 것이다. 그러나 그가 어느 조직의 고용 부서를 위해 동일한 개인들을 대상으로 적성 검사를

---

2) 서비스직에 대한 사회학적 관심은 주로 에버렛 휴스Everett C. Hughes의 연구로부터 파생했다. 특히 이는 시카고 대학의 그의 제자들, 그중에서도 오즈월드 홀Oswald Hall과 하워드 베커Howard S. Becker의 작업에 반영되어 있다. 그들이 함께 쓴 논문 "The Professional Dance Musician and His Audience," *American Journal of Sociology*, LVII, 1951, pp. 136~44를 보라.

실시한다면 이때 그 개인들은 고객이 아니라 그의 일을 위한 대상에 불과한 것이다. 따라서 센서스 조사는 가사 도우미를 서비스직에 포함시키지만 나는 제외시킨다. 가사 도우미는 대중이 아니라 여주인을 돕기 때문이다. 나는 청소부 또한 제외하는데, 왜냐하면 그들은 청소하는 바닥을 지나는 사람들과 정기적으로 직접적 커뮤니케이션을 하지 않기 때문이다.

이 논문은 위와 같은 정의에 부합하는 사적 서비스직을 대상으로 삼지만 일부 전적으로 부합하지 않는 실무자도 고려할 것이다. 이 논문의 사적 서비스직 정의가 기초하는 이념형은 그 정의를 따르지 않는 위치에 있는 사람들도 포함시킨다. 자신이 혹은 타인이 부과한 이념형에서 벗어난 변이들은 동일성의 문제를 야기한다. 이 문제는 이념형과 관련하여 연구자들이 반드시 이해해야 할 사안이다. 또한 그 변이가 이념형과 맺는 관계 또한 다르다는 것을 연구자들은 이해해야 한다. 예컨대 강압적 자동차 판매원과 보험회사 소속 의사는 사적 서비스치고는 뭔가 부족한 것을 제공한다. 그러나 그들이 그렇게 하는 이유는 다르다.

전통적으로 사적 서비스직은 그것에 부과되는 명예의 정도에 따라 분류된다. 즉 한쪽 끝에는 자유 전문직이 있고, 다른 쪽 끝에는 하급의 직업과 기술이 있다. 그러나 이러한 분류는 그 마음가짐에서 유사한 일들을 등급을 지어 나누는 모호한 구별일 수 있다. 내가 채택하려는 분류법은 이렇다. 한쪽 끝에는 티켓 판매원이나 전화 교환원처럼 피상적인 기능적 서비스를 수행하는 직종이 있다. 다른 쪽 끝에는 그 자체가 목표로 실행되며 서비스 수혜자가 보유할 수 없는, 합리적이고 증명 가능한 능력이 겸비된 전문 직종이 있다. 피상적

4 의료 모델과 정신병원 입원

서비스 제공자는 구매자, "이해 당사자," 신청자를 상대하는 경향이
있다. 전문적 서비스 제공자는 고객client을 상대하는 경향이 있다.
두 유형의 서비스 제공자 모두 서비스 수혜자와 어느 정도는 독립적
관계를 맺는다. 하지만 전문직만이 엄숙함과 품위를 갖춘 역할을 통
해 지위의 독립성을 구축한다. 내가 이 논문에서 살펴보고자 하는
바는 피상적 서비스가 아닌 전문적 서비스직이 내포하는 사회적이고
도덕적인 가정들이다.

　우리 사회에서 전문적 서비스가 내포하는 이념들은 다음과 같은
정황에 그 뿌리를 내리고 있다. 즉 서비스 제공자는 수선하고, 제작
하고, 교정하는 복잡한 물리적 체계를 지니며 이때 그 물리적 체계
는 고객의 사적 대상물이거나 소유물이다. 이 논문에서 앞으로 서비
스 관계(혹은 직업)라는 용어를 사용할 때는 바로 이러한 정황을 의
미할 것이다. 물론 맥락상 더 많은 사항을 고려해야 할 때를 제외하
고 말이다.

　우리는 여기서 실무자, 대상물, 소유자로 이루어진 삼각관계를 다
루고 있다. 이는 서구 사회에서 중요한 역사적 역할을 수행해왔다.
모든 대규모 사회에는 전문적 서비스 제공자가 존재한다. 하지만 어
떤 사회도 서비스직에 우리 사회만큼의 가치를 부여하지 않았다. 우
리 사회는 서비스 사회이다. 예컨대 상점과 같은 기관들 또한 서비
스를 매우 중요시해서 전문적 개인 서비스를 원하는 직원과 구매자
들의 필요에 적어도 말로는 부응하려고 한다. 실제 서비스를 제공받
는 것은 끝내 이루어지지 않더라도 말이다.

　내가 이 논문에서 살펴보고자 하는 사회적 관계의 유형은 특정 사
람들(고객들)이 자신을 특정 타인들(서비스 제공자들)의 손에 내맡

기는 것에 해당한다. 이상적으로 말하면, 고객은 이 관계에서 서비스 제공자의 기술 역량을 존중하며 그가 그 역량을 윤리적으로 사용하리라고 신뢰한다. 고객은 또한 감사를 표하고 수수료를 지불한다. 다른 한편 서비스 제공자도 관계 안으로 가져오는 것들이 있다. 경험을 통해 그 효과를 알 수 있는 신비로운 역량, 자신의 역량을 고객의 뜻대로 처리하려는 의지, 전문적인 분별력, 자율적인 신중함, 이러한 태도들을 통해 서비스 제공자는 일과 무관한 고객의 다른 사정들이나 심지어 (최종 심급에서는) 애초에 고객이 서비스를 원한 이유에 대해서도 절제된 냉정함을 유지한다. 그리고 마지막으로 서비스 제공자는 아첨을 떨지 않으면서도 정중함을 유지한다.[3] 바로 이것이 교정 서비스tinkering service라고 불리는 것이다.

먼저 수수료라는 개념을 검토함으로써 서비스 관계를 이해해볼 수 있다. 수수료는 두 가지 의미에서 가격이 아니다.[4] 전통적으로 수수료는 서비스의 가치 이상도 이하도 아니다. 서비스가 제공될 때 그리고 그 시점에서 해당 서비스가 고객에게 가치가 클 때 서비스 제공자가 받는 수수료는 이상적으로는 전통이 정한 가치의 범위를 넘어서지 않는다. 아마도 서비스 제공자는 자신의 천직에 인생을 바치면서 자신의 처지에 품위를 부여하기 위해 전통이 필요할 것이다. 다른 한편 별 가치가 없는 서비스가 제공될 때는 서비스 제공자는

---

3) 서비스 관계에 대한 이러한 기술은 탤콧 파슨스의 논문「직업과 사회구조The Professions and the Social Structure」에 크게 의존하고 있다. 이 분야에서 그의 논의는 여전히 선도적 자리를 차지하고 있다. 또한 Talcott Parsons and Neil Smelser, *Economy and Society,* Glencoe, Ill.: The Free Press, 1956, pp. 152~53을 보라.

4) 예로는 A. M. Carr-Saunders and P. A. Wilson, *The Professions,* Oxford: The Clarendon Press, 1933에서 "Fees and Salaries," pp. 451~60을 보라.

수수료를 아예 받지 않거나 혹은 반대로 꽤 비싼 고정액수를 요구하는데, 이는 아무것도 아닌 것에 자기 시간을 빼앗기거나 혹은 자신의 기여도가 (궁극적으로는 자기 자신이) 평가되는 것을 원치 않기 때문이다.[5] 또한 서비스 제공자가 매우 가난한 고객을 위해 주요 서비스를 제공한다면, 값을 깎아주느니 차라리 수수료를 매기지 않는 것이 더 기품 있다고 (그리고 안전하다고) 느낄 수 있다.[6] 그리하여 서비스 제공자는 고객의 입맛에 따르지 않고, 심지어 교섭을 하지 않으며 사심 없는 동기로 일을 한다는 것을 보여줄 수 있다. 그의 일은 문제 교정의 성격을 지니며 지극히 완결적이고 실제적인 물리적 체계를 대상으로 한다. 사심 없는 직무 수행이 가능한 것은 바로 이 같은 일의 성격 때문이다. 서비스 제공자는 자신이 동일시할 수 있는 수선과 제조 일을 좋은 일로 여긴다. 이는 직업 자체에 자율성을 부여하는 추가적 토대가 된다. 물론 이런 이유들을 제외한 나머지 서비스 제공자의 동기는 자기 일로 인류를 돕는 것일 수도 있다.

서비스 제공자는 스스로를 사심 없는 전문가라고 정의하며 그러한 정의를 기반으로 사람과 관계를 맺으려고 한다. 이러한 철저함은 일종의 세속적인 순결 서약이며, 고객은 이를 토대로 서비스 제공자로부터 훌륭한 도움을 이끌어내는 것이다. 고객들은 서비스 제공자가 통상적인 도움, 즉 사적이고 이데올로기적이고 혹은 계약적인 이유

---

5) 교정 일이 더 비천하면 할수록 서비스 제공자는 사소한 숙련 서비스에 대해 수수료를 받지 않을 수 있다. 구두 장인에게 이러한 노블레스 오블리주 행위는 말 그대로 기품 있게 보일 수 있다. 특히 귀족 계층이 유명무실해진 역사적 시점에 그렇다.

6) A. M. Carr-Saunders and P. A Wilson, 같은 책, p. 452. "다른 많은 직업의 경우 [회계를 제외하고] 직업 단체는 회원들에게 수수료를 내리지 말라고 권유한다. 물론 고객이 가난한 경우 수수료를 면제해주는 것을 반대하는 일은 일어나지 않았다."

로 도움을 주지 않는다는 사실을 발견한다. 오히려 그는 고객의 입장에서, 고객에게 최선인 방식으로, 임시적이지만 철저하게, 고객에게 관심을 기울일 것이다. 인류사 연구자는 이렇게 이야기한다.

> 우리 문화의 정의에 따르면 전문가란 특정한 자기 분야에 대한 정확하고 적합한 정보를 통해 타인에게 서비스를 제공하고, 이를 통해 자신의 수입과 지위, 둘 중 하나 혹은 모두를 얻는 사람이다. 여기서 "타인에게 서비스를 제공하는 쓸모"는 우리 사회의 산업적상업적 질서와 결합되어 있다. 전문가의 직업은 자기 분야의 앞잡이나 방해꾼이 아니다. 그는 "장사꾼" "수집가" "도락가" "애호가"처럼 자신의 기술을 자신의 이익을 위해 쓰는 사람이 아니다.[7]

따라서 고객은 통상적인 신뢰를 제공하지 않는 사람을 신뢰함으로써 보상을 받는다.

이러한 신뢰의 요구는 그 자체 우리 사회에서 특별한 관계가 만들어지는 토대가 된다. 그러나 다른 요소가 있다. 서비스 제공자의 일에는 합리적 역량이 결부되어 있어야 한다. 또한 여기에는 합리주의, 경험주의, 기능주의에 대한 믿음이 밑바닥에 깔려 있으며 이는 대중 속에 만연하는 더 자기 참조적인 과정들과 대비를 이룬다.

고객과 서비스 제공자 사이에서 이루어지는 상호작용은 이상적으로는 비교적 구조화된 형태를 취한다. 서비스 제공자는 물리적 수작업을 통해 고객의 소유물을 조작한다. 특히 진단과 같은 일을 수행

---

7) Harry Stack Sullivan, "The Psychiatric Interview," *Psychiatry*, XIV, 1951, p. 365.

한다. 그는 또한 고객과 구두로 상호작용을 하기도 한다. 구두 상호작용 자체는 세 가지로 이루어진다. **기술적** 부분, 즉 수선(혹은 제작)을 위해 필요한 정보를 주고받기. **계약적** 부분, 즉 업무에 필요한 대략의 비용과 시간 등에 관한 진술(흔히 신중하고 간략한). 그리고 마지막으로 사소한 예우, 예절, 존대의 표식 등으로 이루어진 **사회적** 부분. 여기서 중요한 것은 서비스 제공자와 고객 사이에 오가는 모든 것은 위와 같은 상호작용적 요소들 속으로 통합될 수 있고, 또한 모든 변이는 규범적 기대에 비추어 이해될 수 있다는 것이다. 서비스 제공자와 고객 사이의 상호작용을 하나의 맥락 속으로 완전히 통합함으로써 서비스 제공자는 이를 참조 삼아 "바람직한" 서비스 관계를 분별하게 된다.

서비스 제공자가 효과적으로 수선 또는 제작을 하는 데 필요한 적절한 기술적 정보의 원천은 둘이다. 첫째는 고객의 구두 진술이다. 둘째는 서비스 제공자가 대상물 자체에서 느끼는 직접적 인상이다. 의료적 관행을 참조 삼아 우리는 고객이 보고하는 문제를 **증상**이라고 부를 수 있을 것이다. 그리고 서비스 제공자가 직접 획득한 데이터를 **징후**라고 부를 수 있을 것이다(물론 기호학은 이런 용어 사용법에 대한 분명한 근거를 주지 못한다). 서비스 관계의 품위는 부분적으로는 쓸모 있는 정보를 제공하는 고객의 능력에 달려 있다. 물론 그 정보는 보통 사람의 언어와 감각을 통해 전달되지만 말이다. 따라서 서비스의 기본 정신은 일종의 협력적 작업이라고 할 수 있다. 즉 서비스 제공자는 고객의 비전문적인 문제 진단을 어느 정도는 존중하는 것이다.

서비스 제공자는 기본적으로 두 가지 실체와 접촉한다. 즉 고객,

그리고 하자가 있는 고객의 대상물이다. 고객은 자기 결정권을 지닌 존재로, 사회적 세계 속의 실체로 여겨지며, 따라서 적절한 존중과 의례를 통해 대우해야 한다. 고객이 소유한 대상물은 또 다른 세계의 일부로, 의례적 관점이 아니라 기술적 견지에서 이해되어야 한다. 서비스의 성공은 이 두 가지 다른 종류의 실체를 분리시키는 동시에 각각을 적절히 취급하는 것에 달려 있다.

2

이제 서비스 제공자가 수선하거나 제작하는 대상물에 대해 이야기해보자. 나는 이 대상물(또는 소유물)을 전문가의 주의를 요하는 물리적 체계로 묘사했다. 나는 제작보다는 수선에 더 집중해서 이야기하려고 한다. 수선의 개념은 수선 주기라는 개념과 연결되어 있다. 나는 이 수선 주기의 진행 과정에 대해 간략히 논할 것이다.

먼저 병인론etiology에 대한 통념을 생각해볼 수 있다. 못을 예로 들어보자. 못은 수선 주기가 있는 대상물이다. 길 위의 못은 차를 멈추게 할 수 있다. 의자 위의 못은 바지를 찢을 수 있다. 양탄자 위의 못은 진공청소기를 망가뜨릴 수 있다. 바닥 위의 못은 발바닥을 찌를 수 있다. 이때 못은 환경의 일부라기보다는 말하자면 환경 속에 고립된 위험 상황이라고 할 수 있다. 환경은 이 상황에 대한 책임이 거의 없다. 따라서 못이 관할권에 들어온 것은 운 나쁜 급변이고 사고이고 예기치 않은 사건이다. 이런 식의 접촉이 발생하면 일종의 인과적 연쇄가 일어난다. 작은 악재가 이식되어 관할권 안에서 은밀하고 지속적인 인과적 위상을 차지한다. 이때 우리는 말한다. "앉았는데 거기서 유리 조각을 발견했어." 혹은 "운전하고 있었는데 못을

4 의료 모델과 정신병원 입원

발견했어." 이때 못과 자동차는 불편을 야기하며, 따라서 비난의 대상이 될 수 있지만 그럼에도 못은 고객이 받는 서비스 외부의 것이며, 특히 서비스 제공자에게는 더 그렇다. 따라서 해를 끼친 작인 agent이나 해를 입은 소유물이 어떤 의도나 악의를 가지고 있다며 책임을 물을 수는 없다. (서비스 제공자가 불가피하게 도덕적 역할을 맡는 것은 오로지 고객이 상식적인 예방 조치를 취하지 못하거나 전문적 조언을 따르지 못할 때이다.)

물리적 체계 내부에 들어온 외부 작인은 체계 자체의 내부 교정 능력, 즉 자연적 수선 혹은 자연적 복원 등에 의해 처리되어 대상물의 소유자에게 더 이상 문제가 되지 않을 수 있다. 그러나 대부분의 작인은 다른 식의 진행 과정을 따른다. 즉, 오작동의 증가가 그것이다. 작은 악재는 전체 체계가 위험에 처할 때까지 확산한다. 이를테면 펑크가 난 타이어는 점점 납작해져서 튜브와 바퀴를 손상시키고 결국 자동차의 운행이 불가능해지는 것이다.

소유자 자신이 마침내 자신의 소유물이 해를 입었거나 손상되었다고 판단하게 되는 임계점이 있다. 소유자 스스로 수선을 할 수 없고 자신의 문제가 서비스 제공자가 도와줄 수 있는 종류의 것이라고 판단하게 되면 그는 서비스 제공자를 물색하는 혹은 일련의 중개를 거쳐 서비스 제공자를 추천받는 고객이 된다.

마침내 서비스 제공자를 발견하면, 고객은 그에게 자신의 소유물 전체를, 혹은 소유물의 잔여분 전체를, 그리고 가능하다면 이에 덧붙여 고장 난 부분을 보여준다. 여기서 핵심은 서비스 제공자가 자신의 일을 수행하는 데 필요한 소유물의 전체 구성물이 고객의 자발적 의지에 따라 서비스 제공자의 처분에 맡겨진다는 점이다.

이제부터 잘 알려진 과정이 시작한다. 검사, 진단, 처방, 치료이다. 고객의 보고를 받은 서비스 제공자는 고객이 겪은 문제를 그의 입장에서 다시 체험해본다. 그다음 서비스 제공자는 잔여 소유물의 기능을 간략히 훑어본다. 이제 오작동은 숙련된 눈과 귀와 코의 감시하에서 발생한다. (바로 여기서 겉으로 실험실처럼 보이는 무언가가 나타나는 방식을 보면 매우 놀랍다. 이러한 외양은 서비스 제공자의 일이 지니는 과학적 성격뿐만 아니라 사심 없음이라는 그의 마음가짐까지 상징적으로 표현한다.)

서비스 제공자가 드디어 일을 마무리하면, 회복기가 시작된다. 이 기간 동안 대상물에 대한 요구 사항은 점점 줄어들고 재발이나 불충분한 수선의 징후에 더 많은 주의가 기울여진다. 이제 돌봄과 살핌은 점점 줄어들고 대신 정기적인 부위 검사가 실시되며 이때 고객, 혹은 서비스 제공자는 모든 것이 바라는 대로 되었다는 사실을 재확인한다.

수선 주기의 마지막 단계는 소유물이 "새것처럼 좋아지는 것"이다. 혹은 보수 부위가 약간은 취약해도 수선과 관련된 주의는 거둬들여도 안전하다고 판단하는 단계이다.

나는 수선 주기와 관련하여 역사적 논평을 덧붙이고자 한다. 지난 100년간 우리는 교정 서비스에서 기본적인 변화들을 목격해왔다. 즉 행상과 가정 방문 식의 서비스가 사라지고 대신 작업장 복합단지가 발전한 것이다. 이제 서비스 제공자는 도구를 가지고 직접 고객에게 가지 않는다. 오히려 고객이 서비스 제공자에게 와서 그에게 망가진 대상물을 맡기고 나중에 돌아와서 수선된 소유물을 회수한다.

개인이 자기 일터를 소유하는 것의 장점은 많다. 바로 그런 이유

4 의료 모델과 정신병원 입원

로 작업장이 늘어나는 것이다. 고객들은 연간, 월간, 혹은 주간 주기로 날을 잡는 가정 방문보다는 연속적으로 서비스를 제공받을 수 있는 고정된 주소지를 선호한다. 또 다른 장점은 노동 분업의 증대에서 기인한다. 작업장을 확보함으로써 서비스 제공자는 고정식 중장비에 투자할 수 있게 되었다. 나아가 그는 한번에 복수의 수선 업무를 수행하면서 고비용의 숙련 서비스와 미숙련 노동을 분리시킨다. 그는 이제 하나의 업무를 수행할 때 다른 일을 외면하지 않아도 되고 업무와 업무 사이에 게으르게 대기하면서 시간을 낭비할 필요가 없다. 그는 이제 수선 대상물이 작업장에 머무는 시간을 조정함으로써 일을 배분할 수 있다.

작업장이 가져오는 또 다른 일련의 장점은 그 특성상 사회적이다. 서비스 제공자들이 작업장을 확보하면 지위 수준도 올라가게 된다. 서비스 제공자가 점포를 소유하거나 임차하면 고객은 그를 집 밖으로 내쫓을 수 없고 또한 경찰도 그를 "퇴거"시킬 수 없다. 이제 고객이 손님이 된다. 나아가 실제 일이 이루어질 때 고객은 부재하므로 일에서의 실수나 늘어나는 비용을 쉽게 은폐할 수 있다. 동시에 서비스 제공자가 고객의 소유물을 위해 필요로 하는 시간의 길이는 서비스 제공자의 일에 품위를 부여하고 수수료 가격도 올린다.[8] 마지막으로 직접적 작업에 필요한 옷차림, 자세, 매무새 등에 의한 인상과 서비스 제공자-고객 사이에 오가는 말이 만드는 사적 인상은 분명히 구분된다. 위생 전문가는 항시 "전면"에 배치된다. 점포 관리자

---

8)   Erving Goffman, *The Presentation of Self in Everyday Life*, New York: Anchor Books, 1959, pp. 114~15를 보라.

는 초인종이 울리면 손을 닦고, 앞치마를 벗고, 재킷을 걸칠 수 있다.

작업장은 서비스 산업에 불리한 쪽으로 기능할 수 있다. 결국 고객은 그의 대상물에 대한 소유를 며칠간은 포기해야 한다. 서비스 제공자의 일을 감시하는 것도 포기해야 함은 물론이다. 그러나 신뢰의 필요성이 증가하면 그에 따라 신뢰 가능성도 높아질 수 있다. 어쨌든 일터가 지역 공동체 안에 고정되면 고객들은 새로운 방식으로 서비스 제공자를 지배하게 된다. 그가 어디 있는지는 공개된다. 따라서 그는 불만족스러운 고객을 피할 수 없다. 그는 지역 공동체의 태도 전체에 예속된다. 이러한 환경에서 그는 만족스러운 서비스를 제공해야 한다는 압박에 시달리게 되는 것이다.

3

이제 서비스 관계와 수선 주기를 아우르는 개념적 가정들 일부를 살펴보자.

첫째, 소유자가 자신의 소유물이나 대상물을 사용하려면, 그것을 구성하는 다양한 부분은 적절한 기능적 질서 속에서 상호 관련을 맺어야 한다. 기어는 맞물려야 하고 피는 흘러야 하고 손이나 바퀴는 돌아가야 한다. 여기서 분명히 짚고 넘어갈 하나의 행복한 정합성이 있다. 대상물의 관점에서 보자면 대상물의 작동은 마치 소유자의 이용 능력에 달려 있는 것처럼 보인다. 예컨대 기계적 대상물의 경우, 그것이 잘 작동할 경우, 그러한 정합성은 의도적으로 사전에 계획되어 대상물은 애초부터 특정한 이용을 위해 설계된 것처럼 보인다. 다른 경우에는, 짐을 진 동물이나 인간의 신체처럼 그러한 정합성이 설계된 것은 아니지만 그럼에도 명백해 보인다. 말이 일을 하려면 말은 아프면 안 된다.

서비스 관계의 두번째 가정은, 고객의 소유물은 전적으로 그의 것이며 소유자는 법에 따라 그것을 가지고 자기 의지대로 할 수 있다는 것이다.

세번째 가정은, 대상물은 비교적 완결적인 체계를 형성할 뿐만 아니라 소유자가 휴대할 수 있을 정도로, 혹은 소유자나 서비스 제공자가 보기에 적어도 시간적으로 동시에 존재하는 전체로 보일 정도로 적당히 작은 크기여야 한다는 것이다.

네번째, 가장 중요한 가정은 서비스의 대상인 소유물은 비교적 완결적이고 관리 가능한 체계일 뿐만 아니라 명백히 구별되는 범주에 속하는 체계여야 한다는 점이다. 자연적 제품이건 혹은 제조된 제품이건 우리가 다루는 제품들은 어떤 틀로부터 주조된 것이고, 엄격히 복제되고, 수선과 제작의 문제에 표준화된 해결책이 적용되는 것이어야 한다. 이는 하나의 범주에 속한 제품이 겉으로는 제각각 달라 보여도 마찬가지다. 따라서 서비스 제공자가 주어진 범주의 한 요소의 작동에 대해 안다면 그는 같은 범주의 다른 요소들을 다루는 데에도 자동적으로 능력을 발휘할 수 있다.[9]

작업장 단지의 발전 이면에는 분명히 짚고 넘어갈 몇 가지 가정이 있다.

첫번째 가정은, 작업장은 소유물의 손상과 대비되는 부드러운 분위기를 띤다. 작업장은 그 자체 치료와 무관하지만 결함의 진행을

---

9) 물론 기술적 변화가 한계를 초래한다. 오로지 포드 자동차의 A 모델만 해체하고 재조립할 수 있는 능력을 지닌 자동차 수리공은 오늘날 자신이 이용할 수 없는 자동차 기술과 자신이 해결할 수 없는 자동차 문제가 있다는 사실을 발견한다.

멈출 것이다. 예컨대 지붕이 새는 자동차는 작업 시작 전까지는 폐쇄된 차고에서 손을 보거나 방수포 아래 놓인다. 이러한 예방 조치는 그 자체 지붕을 고치지 않지만 벌어진 틈이 더 커지지 않게 하거나 덮개가 더 손상되지 않게 한다. 갈라지기 시작한 의자는 점포에 가져가자마자 바로 손보지 않을 수 있다. 그러나 아마도 누군가 그 위에 앉아서 문제를 더 악화시키는 일은 없을 것이다.

두번째 가정은, 소유물은 그것이 속했던 원래 환경과 상당 정도 분리되어 당분간 점포로 옮겨져 새로운 손상이 생기지 않게 한다는 것이다.

세번째 가정은, 고객은 자신의 소유물에 불가분하게 결박되지 않으며, 따라서 소유물을 작업장에 넘겼을 때 발생하는 대기 시간을 인내할 수 있다는 것이다. 고객은 대개 간헐적으로 소유물을 이용하기에 소유물이 없어도 시간을 낭비할 일은 없다.[10] 고객은 소유물이 부재하는 시간 전체가 서비스 활동으로 채워진다고 느낄 수 있다.

나는 지금까지 이상적인 서비스 관계가 유지되기 위해 전제되어야 하는 서비스 대상물 및 서비스 작업장과 관련한 몇 가지 가정을 소개했다. 마지막 가정들은 고객의 구조와 관련 있다.

서비스 관계는 그 특성상 고객들이 스스로 원해서 서비스를 이용하는 개인들의 집합이라고 간주한다. 이때 개인들의 서비스 이용은 협력적 행동을 배제하는 방식으로 이루어진다. 따라서 그들은 서비스 제공자에게 집단이 아니라 개인의 합으로서만 힘을 행사할 수 있

---

10) 최근 들어 서비스 도식 내의 이 미묘한 지점은 "대여물 제공loan out" 관행으로 인해 더 부각되고 있다. 수선을 위해 시계, 라디오, 자동차를 맡길 때, 서비스 제공자는 수선이 완료될 때까지 소유주에게 대체품을 대여해준다.

다. 이러한 조건에 힘입어 서비스 제공자는 독립성을 갖고 고객 중 누구에게도 특혜를 베풀지 않을 수 있으며, 자신이 제대로 도울 수 없다고 느끼는 고객을 정중히 거부할 수 있다. 이는 고객들 중 누구나 서비스 관계가 만족스럽지 않으면 서비스를 끝낼 수 있는 것과 마찬가지다. 이상적으로 보면, 서비스 관계에는 흔히 동거 관계에서 나타나는 이중의 자발성이 있다. 또한 관계 속에 머무는 한, 양자는 합리적 한도 내에서 관계에 대해 불만을 제기한다. 이상적으로 보면, 전문적 서비스는 고객과 서비스 제공자가 서로 간에 존중을 표하고 예의 바른 절차를 따르도록 설계되어 있다.

4

지금까지 기술한 것처럼 서비스 관계의 성격은 그 자체의 논리를 가지고 있다. 이런저런 전제하에서 서비스 제공자는 하나의 자아 정의를 유지한다. 즉 자신은 수수료를 대가로 고객이 진실로 필요로 하는 전문적 서비스를 제공한다는 것이다. 또한 이때 고객은 이 사회에는 선의를 가진 타인이 존재함을, 또한 그들은 능력이 있으며 수수료 지불만 하면 그 능력을 한껏 발휘하여 누군가의 문제에 도움을 주리라고 믿는다. 서비스 관계는 이러한 순수하고 고귀한 정신에 뿌리를 내리고 있다. 그러나 그것은 우리 사회에서 지고한 가치를 부여받는 관계들——이를테면 가족 관계——을 떠받치는 제도적 지지가 결여되어 있다. 따라서 관계 속에서 양쪽 모두 적절히 행동할 때조차 각각이 지니는 권리와 의무의 맥락은 일종의 불안과 의심의 토양이 될 수 있다. 고객은 생각한다. "서비스 제공자는 정말로 능력이 있나? 나의 이익을 위해 행동하나? 수수료가 과한 건 아닌가? 비밀 유지를 하는가? 그는 사실 내 물건의 상태를 보고 남몰래 내 욕을 하는 건 아닌가?"(이러한 잠재적 문제들 하나하나는 서로가 눈앞에 없을 때 일어날 수 있으며, 따라서 실제 가능한 경우의 수는 매우 많다고 할 수 있다.) 서비스 제공자는 생각한다. "이 고객은 정말 나에 대한 신뢰를 갖고 있나? 그는 여기 오기 전에 '여기저기 알아본' 사실을 숨기고 있나? 수수료는 지불할까?"

이러한 일반적 불안에 덧붙여, 더 특수한 불안이 발생할 수 있다. 서비스 산업이 어떤 것인지를 이념형과 모델을 통해 일단 이해하고 나면 그다음에는 일반적 서비스 모델로 관리하기 어려운, 다시 말해 각각의 서비스 유형에서 발생하는 독특한 문제 상황과 그것이 야기하는 고유한 어려움들을 이해할 수 있을 것이다.

예를 들어 배관공이 충족시키는 서비스 수요가 있다. 이때 그것은 서비스 제공자에게 하나의 위기로 제시된다. 가족은 물이 당장 필요하다. 물이 넘치기 시작했는데 누군가 이를 멈춰야 한다. 동시에 배관공은 문제가 있는 설비를 자신의 점포라는 보호막 안으로 가지고 올 수 없으며 가족 구성원이 보는 데서 일을 해야 한다.

라디오나 TV 수선 같은 서비스에서는 또 다른 어려움이 발생한다. 최근 이 분야에서 수수료 가격 체계는 전반적으로 약화되고 있으며 따라서 고객은 종종 (정당하게) 자신이 "바가지 씌웠다"고 느끼는 경우가 있다. 그러나 이러한 서비스의 가치는 떨어지지 않았고 이는 증가하는 최저 수수료가 잘 보여주고 있다.

더욱이 현대 사회에는 서비스 산업에 일부 불리한 경향이 있다. 많은 서비스 업체는 신상품을 파는 것이 수선 일에 공간과 인력을 낭비하는 것보다 더 이윤을 높인다고 여긴다. 수선 분야는 점차로 새로운 내부 작업 체제를 도입하고 있다. 즉 숙련된 손으로 부품을 수선하기보다는 주요 부품을 교체하는 것이다.[11] 물론 "자동 판매"(기계식이거나 카페 스타일이거나)의 추세도 있어 서비스 제공자의 역할을 현격히 줄이거나 아예 없애기도 한다.

서비스 모델의 타당성과 관련된 가장 중대한 문제는 서비스 제공자가 어쩔 수 없이 기술적 요소와 무관한 근거로 고객을 선택한다는 점이다. 이를테면 사회적 계급이나 지불 능력이 그러한 근거이다. 물론 고객도 마찬가지로 행동한다. 따라서 서비스 제공자는 외부적인 변수에 근거하여 고객들을 차별적으로 대우할 가능성이 높다. 물론 이념형으로부터의 이탈은 고객이 서비스 제공자를 만난 다음의 대우보다는 만나는 과정에서 더 많이 일어날 것이다.

주요한 어려움은 이념적으로 서비스 제공자와 고객 사이에 이상적으로 존재하는 이중의 독립이 종종 위험에 처한다는 점에서 기인한다. 서비스 제공자가 "자유롭지" 않을 때, 즉 자기 사업체를 갖지 못할 때, 그가 고객과 맺는 관계는 경영진의 압박에 의해 제한될 수 있다. (물론 경영진도 마찬가지로 피고용자가 회사의 소비자들에게 서비스를 제공하는 과정에서 많은 문제에 직면할 수 있다.) 예컨대 규모가 큰 신발 수선 점포와 같은 서비스 시설의 관리자는 대중과의 모든 접촉을 독점하여 다른 신발 수선공들을 여기서 정의된 서비스 범주에서 배제시킬 수 있다—일반적 분류나 센서스 분류와 무관하

---

11) 이에 대해 그리고 서비스 이념형으로부터 이탈한 다른 사례들에 대해서는 F. L. Strodtbeck and M. B. Sussman, "Of Time, the City, and the 'One-Year Guaranty': The Relations between Watch Owners and Repairers," *American Journal of Sociology*, LXI, 1956, pp. 602~609를 보라.

게. 또한 법이나 건축처럼 일반적으로 독립 영업이라 부를 만한 직업에도 문제는 없지 않다. 그들은 독립적이지만 고객을 붙잡고 있거나, 혹은 고객에 붙잡혀 있거나, 혹은 고객이 한 명밖에 없는 직원 처지와 다를 바 없다. 자유 서비스직의 전통적 형식에 얽매여 있는 그들은 현실과 동떨어진 태도를 취하면서 자신과 타인을 부끄럽게 만든다. 왕족 주치의가 전형적 사례를 보여준다. 오늘날 의료 서비스의 품격에 따르면, 그는 왕족의 주치의인 동시에 다른 사람들의 의사여야 한다. 고객들이 동일하고 지속적인 공동체에서 채워진다면 그들은 잠재적으로—실제로는 아니더라도—서로 다 아는 사람일 수 있으며, 이는 "비전문적 소개 체계"[12]를 형성하고 결과적으로 서비스 제공자에게 예기치 않은 권력을 행사할 수 있다. 만약 공동체 내에 소수의 변호사나 의사만 있다면 고객들은 실제로 이러한 권력이 필요할 수도 있다.

서비스 모델을 적용하는 어려움이 기원하는 마지막 두 원천을 언급해야겠다. 이 둘은 전문화가 야기하는 사회적 결과와 관련되어 있다. 사심 없음을 신뢰하는 문화의 발전은 두 측면에서 불가피하게 그 자체의 한계를 넘어선 것 같다. 첫째, 서비스 제공자가 고객의 이익에 점점 더 능숙하게 주의를 기울이게 되면서 그는 고객의 이익을 관념적으로 개념화하기에 이른다. 이 이념형은 취향, 효율성, 통찰력에 대한 전문적 표준과 더불어 특정 고객이 특정 경우에 스스로에게 최선의 이익으로 여기는 것과 충돌할 수 있다. 인테리어 디자이

---

12) "비전문적 소개 체계"라는 용어는 Eliot Freidson, "Client Control and Medical Practice," *American Journal of Sociology*, LXV, 1960, pp. 374~82에 나온다.

4 의료 모델과 정신병원 입원

너조차 고객의 꼴사나운 주문 사항을 수용하기 싫어 다른 사람을 찾아보라고 예의 바르게 말하곤 한다.

둘째, 서비스 제공자가 양질의 서비스를 주고 싶으면 싶을수록, 그리고 그의 직업이 원칙상 대중의 통제 아래 놓이면 놓일수록, 그는 자기 고객의 직접적 이익에 부합하지 않는 경우에도 공동체적 기준을 준수해야 하는 공적 책임을 지닌다. 예컨대 건설업자가 준수하는 규정에 따라 고객은 자신이 원하건 원하지 않건 이웃을 위해 특정 고려 사항들에 동의해야 한다. 고객에게 법적 조언만 제공해야 하는 변호사의 의무도 마찬가지다. 여기서 우리는 애초에 언급했던 독립적 고객과 독립적 서비스 제공자라는 개념이 기본적으로 침해되는 것을 발견한다. 우리는 이제 3자관계—고객, 서비스 제공자, 공동체—를 갖게 되었다. 이러한 3자관계는 서비스 제공자가 특정 시설에 속하면서 자신의 충성을 기업 고객과 기업 경영 모두에 할애할 때 발생하는 3자적 특성보다 더 서비스의 본질을 뒤흔든다.

5

이제 우리는 의료 분야의 교정 서비스 모델에 대해 살펴볼 것이다.[13] 우리의 신체를 의료 서비스 제공자와 그의 합리적-경험적 치료에 맡기는 것은 확실히 서비스 산업에서 정점을 차지한다. 흥미롭게도 신체가 서비스를 받을 수 있는 소유물—일종의 물리화학적 기

---

13) 이에 대해서는 T. S. Szasz, "Scientific Method and Social Role in Medicine and Psychiatry," *A.M.A. Archives of Internal Medicine,* CI, 1958, pp. 232~33과 그의 논문 "Men and Machines," *British Journal for the Philosophy of Science,* VIII, 1958, pp. 310~17을 비교해볼 수 있다.

계—로 정립되는 추세는 종종 세속적인 과학 정신의 업적이라고 언급된다. 그러나 사실 이 업적은 모든 유형의 전문적 서비스를 향한 숭배의 원인이자 결과라고 볼 수 있다.

의료 종사자들이 현재 채택하는 상징들, 특히 실험실에서의 정교한 작업과 관련된 상징들은 점점 복잡해지고 있다. 그러나 의료 종사자들에 따르면 증상 보고에 관해서는 여전히 환자들에 의존해야 한다. 즉 고객은 서비스 관계에서 여전히 존중받아야 할 참여자라는 것이다. 그러나 다른 전문 분야와 마찬가지로 신체의 치료를 서비스 맥락 안으로 통합할 때 발생하는 특정한 제약점들이 있다. 나는 이 중의 일부를 살펴볼 텐데, 이때 다른 종류의 서비스에서도 어느 정도는 동일한 문제가 발생한다는 점을 감안할 것이다.

첫번째 쟁점은, 정신분석학자들에 따르면, 신체는 우리 사회에서 정신적 에너지가 가장 많이 투여되는 대상이라는 점이다. 사람들은 신체의 외모와 기능에 높은 가치를 부여하며 신체와 자신을 동일시한다. 개인들은 자신의 신체를 타인의 합리적-경험적 처분에 내맡기는 것을 편하게 여기지 않는다. 따라서 그들은 서비스 제공자에 대한 "신뢰"가 정성 어린 돌봄에 의해 지속적으로 강화되기를 원한다. 이 문제를 지나치게 강조해서는 안 된다. 그렇다고 사람들이 자신의 신체와 스스로를 동일시하는 것을 그만두지는 않는다. 우리는 도리어 사람들이 비신체적인 사물들과 어떻게 동일시하는가를 알아가고 있다. 이를테면 손목시계와 자동차 같은 "좋아하는 대상물"에 대한 위협은 자아에 대한 위협으로 간주되는 것이다.

고객들이 자기 신체의 운명을 자발적으로 의사들의 손에 맡긴다는 사실 자체 또한 의료진들에게 문제를 가져다준다. 무엇이 잘못되었는지 환자를 위해 무엇을 해야 하는지 불확실하거나, 혹은 아무것도 할 수 있는 게 없고 이 사실을 당사자에게 (혹은 보호자에게) 알리고 그에 따라 그의 운명을 결정해야 할 때, 그들은 환자와의 공감으로 인한 정서적 스트레스를 감수해야 한다.[14] 그러나 이는 의료 서비스 자체가 아니라 그것을 수행하는 개인들에 해당하는 문제일 수 있다.

또 다른 문제는 고객의 신체란 서비스 제공자에게 관리를 맡기고 다른 일을 보러 갈 수 있는 종류의 소유물이 아니라는 점이다. 의사들은 서비스를 수행하는 과정에서 언어적 역할과 기능적 역할을 동시에 수행하면서도 이 둘의 분리를 유지시키는 뛰어난 능력을 보이는 것으로 유명하다. 그러나 여기서도 어려움을 피할 수는 없다. 고객은 자신의 신체에 일어나는 일에 큰 관심을 가지며 또한 실제로 무엇이 이루어지는지 볼 수 있는 위치에 있다. (이발사, 미용사, 그리고 성매매 종사자들 또한 이러한 곤란에 익숙하다. 그들 편에서 수행하는 기능적 서비스의 질이 낮으면 그들 곁에 늘 있기 마련인 고객이 바로 알아채기 때문이다.) 하나의 해결책은 마취이다. 또 다른 해결책은 "비인격 치료"이다. 이는 의료계가 내세우는 그럴듯한 브랜드로, 서비스 제공자는 예의를 한껏 갖춰 환자를 맞이하고 동일한 태도로 환자를 배웅한다. 그사이의 모든 과정에서 환자는 마치 사회적 사람이 전혀 아닌 것처럼, 그저 누군가 놓고 간 소유물인 것처럼 취급을 받는다.[15]

---

14) 환자의 상황이 확실하지 않을 때, 가능한 나쁜 예후를 알려주지 않으면서도 소견을 제시해야 하는 의사가 받는 압박감에 대한 분석은 Fred Davis, "Uncertainty in Medical Prognosis, Clinical and Functional, *American Journal of Sociology*, LXVI, 1960, pp. 41~47이 보여준다.

15) 비인격 해결책은 검진 의사가 동료 및 후배 들과 함께 회진을 돌 때, 그들과 함께 해당

의료 서비스의 또 다른 문제는 미봉책, "임의적 조치," 성공적이지 못한 치료의 여지가 매우 크다는 것이다. 대다수 기계적 대상물의 경우, 원래 부품이 새로운 부품으로 교체될 수 있기만 하면 생길 수 있는 모든 오작동은 수선 가능하다. 이는 대단한 기술을 요하지 않을 수도 있다. 평균 수준의 능력을 지닌 라디오 수선공은 회로 부위를 점검하고 문제가 있는 부분의 부품을 교체하는 단순한 조치만으로 웬만한 고장 난 라디오는 다 고칠 수 있다. 충분한 양의 자동차 부품을 확보하고 있는 공급업자가 자신의 창고에서 완품 자동차를 조립할 수 있다고 자랑하는 것은 비현실적인 이야기가 아니다. 의료 분야에서는 그렇지 않다. 신체의 어떤 일부는 교체 불가능하며 신체적 문제가 다 교정될 수 있는 것도 아니다. 더욱이 의료 윤리 때문에 의사는 환자에게 심하게 손상되거나 낡은 신체적 대상물을 (다른 유형의 대상물들에 대한 서비스에서 가능한 것처럼) 폐기하라고 조언할 수 없다. 물론 의사는 그러한 조언을 다른 이해 관계자들에게는 넌지시 할 수 있을 것이다.

수선 가능성이 낮다는 사실이 의료 서비스의 특징이기는 하지만 의심을 관리하는 효과적 기술들이 있다. 실패 가능성이 절반인 뇌수술 담당 의사의 경우, 고객에게 운에 달려 있다는 사실을 주지시킬 수 있다. 이때 운이란 의료 서비스의 최후의 변명거리로 다른 다수 분과의 성공 확률과 비교되어 용납되곤 한다. 나아가 교정 서비스는

환자에 관해 기술적 대화를 나눌 때, 특히 효과적인 것처럼 보인다. 이 효과는 매우 강력해 사회적 존재로서의 환자는 철저히 무시되고 그의 침대 주변에서 환자의 운명은 공개적 토론거리가 된다. 이때 토론 참여자들은 이것이 적절치 않다는 느낌을 받지도 않는다. 환자가 알아들을 수 없으리라 가정되는 기술적 어휘들도 이 상황에 일조한다.

아니지만 변호사나 중개인이 제공하는 전문 서비스가 있다. 이때 성공률은 일반적인 의료 영역보다 낮을 수 있지만 윤리적 전문 서비스의 느낌은 유지할 수 있다. 이 모든 경우에서 서비스 제공자는 성공 여부를 떠나 다음과 같은 태도를 취한다. 즉 그는 최고의 능력을 발휘하여 최고의 기술을 적용하며 순전히 운에 의지하기보다는 그러한 능력과 기술에 의지하는 것이 일반적으로 더 낫다는 것이다. 다수의 중개인과 고객 들 사이에 정중한 관계가 지속된다는 사실은 일단 서비스적 상황 정의를 받아들이면 고객들은 운보다 약간만 높은 성공 확률일지라도 서비스 관계를 유지할 정당한 근거로 그것을 수용한다는 점을 보여준다. 고객이 고려하는 것은 서비스 제공자 때문에 얼마나 좋아지느냐가 아니라 그가 없다면 얼마나 나빠지느냐이다. 바로 이 때문에 고객은 자신이 모르는 신비로운 기술에 감사를 표하며 서비스 제공자를 고용해서 구제하려고 했던 대상물을 잃게 되는 경우에도 기꺼이 수수료를 지불하는 것이다.

교정 서비스 모델을 의료 분야에 적용할 때 발생하는 또 다른 흥미로운 어려움이 있다. 그것은 위해 작인이 때로는 환경 속에 무작위로 내던져진 비개연적 사건이 아니라 환경 그 자체라는 것이다. 다시 말해 길 위에 못 하나가 있는 것이 아니라 수많은 못으로 덮여 있는 것이다. 따라서 어떤 신체적 문제의 경우 주어진 환경이나 주어진 작업 유형이 사태를 더 악화시킬 수 있다. 만약 환자가 상황 전체의 변화에 드는 비용을 감당할 수 있다면, 병을 유발시키는 환경은 그저 여러 가능한 환경 중 하나로 취급될 수 있다. 즉 그에게 그러한 환경은 전반적으로 건강한 환경 집합에 속하는 비개연적 원소가 되는 것이다. 그러나 다수의 환자에게 삶의 상황을 변화시키는 것은 현실적으로 불가능하며, 따라서 서비스 모델의 만족스러운 적용은 어려워진다.

환경 자체가 병인인 경우 의료 서비스가 공동체 차원에서 수행될 수 있다. 이때 치료는 개인이 아니라 대규모의 사회적 단위를 대상으로 하며 특정 개인을 치유하는 것이 아니라 사람들의 전체 집합에서 특정 병이 발병할 가능성을 낮추려고 한다. 최근 부상하는 역학 분야는 이런 식으로 개인 대상의 의료 치료에 대한 위협이 아니라 그것의 보완물이라고 할 수 있다.

개인들은 자신의 신체와 관련하여 책임 있는 자발적 행위자로 간주된다. 그러나 아주 어리고, 아주 나이가 많고, 정신병에 걸린 개인들은 "자기 자신을 위해서라도" 타인에 의해 의료적 도움을 받게 된다. 이는 통상적인 고객, 소유물, 서비스 제공자 사이의 관계를 근본적으로 뒤바꾼다. 때로는 그러한 상황을 자유로운 행위자 모델에 통합시키려는 시도가 이루어진다. 즉 사회적 관계에서 환자와 동일시되는 누군가가 환자를 데리고 오는 것이다. 통상적으로는 그를 대신하여 일을 봐주고 보호자로서 피보호자의 이익을 최대한 대변해주리라고 신뢰할 만한 친지가 그에 해당한다. 아마도 여기서 관건은 자유로운 행위자가 의료 서비스를 구하는 것 자체가 종종 그다지 자유롭지 않으며, 강제까지는 아니더라도 환자와 가까운 친족 집단 내의 동의의 산물이라는 점이다. 이에 덧붙여 나쁜 소식이 환자에게 전달되면, 그는 대상물로서의 능력과 고객으로서의 능력이 분리되는 것을 갑작스레 느끼게 된다. 그는 대상물로서의 지위는 유지하지만 고객으로서의 능력은 은근슬쩍 그와 가까운 누군가에게 전이되는 것이다. 때때로 문제는 환자가 더 이상 사회적 존재로서 역량을 갖지 못한다는 점이 아니다. 문제는 의사 쪽에 있을 수 있다. 의사는 누군가 삶의 기회가 파탄나고 이 문제와 씨름하는 과정에 참여 관찰자로 휘말려 들어가기를 꺼려할 수 있다.

보호자 문제는 서비스 제공자와 그의 전문 분야가 판단하는 고객의 최선과 고객 자신이 바라는 것 사이에서 발생 가능한 갈등에서 잘 드러난다. 이러한 잠재적 갈등은 또 다른 요소, 즉 고객의 이익과 공동체의 이익 사이의 긴장으로 첨예화된다. 가장 흔한 사례는 유행병의 경우다. 이때 의사는 고객뿐만 아니라 공동체를 보호할 법적 의무가 있다. 다른 갈등의 사례는 낙태와 미신고 총상이다. 그러나 두 경우 모두에서 의사는 문제를 회피할 수 있는 핑곗거리가 있다. 낙태는 환자에게 "최선"이 아니라고 주장할 수 있고, 총상은 경찰에게 보고되어야만 치료를 받을 수 있다는 식으로 말이다. 세번째 경우는 미용만을 목적으로 이루어지는 성형 수술에 대한 초창기 규제이다. 하지만 이 경우에는 공동체의 복지가 아니라 의료 직업 자체의 품격과 사심 없음이 관건이었다. 물론 다른 경우들도 있다. 예컨대 소련의 의사는 별문제가 없는 노동자에게 유일한 휴식일이 될 병가를 줄 것이냐 말 것이냐를 놓고 고민했고,[16] 미국의 의사는 약물 중독자에게 "약 처방"을 내릴 것이냐 말 것이냐를 놓고 고민했다.

서비스의 맥락에서 의료를 취급할 때 발생하는 또 다른 문제는 환자들이 종종 의사로부터 비의료적 문제에 대해 조언을 구하려고 한다는 점이며, 때로는 의사들도 스스로 특별한 능력을 가지고 있다고

---

16) M. G. Field, "Structured Strain in the Role of the Soviet Physician," *American Journal of Sociology*, LVIII, 1953, pp. 493~502.

느끼며 자신의 역할이 그렇게 확대되는 것을 받아들인다는 점이다.[17] 더 중요한, 점점 더 중요해지는 또 다른 문제도 있다. 의료 직업 단체의 노력에도 불구하고 일부 나라에서는 의료 행위 전체가, 비조직화된 고객을 대상으로 한 자유직이라는 이상으로부터 멀어져서 일종의 관료적 기관이 제공하는 서비스로 바뀌고 있다. 이때 고객들에게는 자신들이 만나고 싶은 의사에 대한 선택권이 거의 없다. 이는 전통적인 서비스 관계에 대한 심각한 위협이라고 할 수 있다. 그러나 나는 이것이 의료 서비스의 이상에 미치는 장기적 효과에 대해서는 아직 예단할 수 없다고 생각한다.

이 논문의 관점에서 보면, 서비스 모델이 의료 영역에 적용될 때 발생하는 가장 주요한 긴장은 작업장 복합단지에서 비롯한다. 물론 수술 같은 일부 사례에서 나타나듯 병실의 사람들은 다양한 세부 규칙에 따라 긴밀히 관리되며 이 모든 것은 기술적 고려를 합당한 근거로 삼고 있다. 그러나 인류의 복리를 목적으로 하는 공공 서비스 기관이라는 외양을 갖추고 있음에도 일부 병원은 노골적으로 소유주의 이윤을 위해 운영되며, 모든 병원은 자신들의 직원이나 환자들이 사회적으로 어떻게 보일지에 신경 쓴다. 마찬가지로 많은 병원은 교육 프로그램을 운영하는데, 여기서 치료에 관한 결정은 단순히 해당 환자의 필요에 따라 결정되는 것이 아니라 병원이 전문적으로 보유하는 기술과 약물에 의해 결정되는 것이다. 또한 많은 병원은 연구 프로그램을 수행하며, 여기서도 치료는 환자의 필요가 아닌 연구 설계의 요구 사항에 따라 영향을 받는다.

---

17) T. S. Szasz, 같은 글, p. 233 각주.

다른 어려움들도 있다. 이미 언급한 것처럼 고객은 자신의 신체를 비인격적으로 취급하거나 취급받기가 힘들다. 또한 고객은 일반적인 소유물을 수선하는 통상적 방식으로 자신의 신체를 이용할 수 없다는 사실을 간과할 수 없다. 더욱이 병원에 잠시 머무는 동안에도 어린 환자들의 경우 "분리 불안"이 일어날 수 있으며 이는 점점 심각한 문제로 인식되고 있다. 그렇다고 할 때 작업장이란 안전하고 중립적 환경이 아니라 오히려 해로운 환경이라는 함의가 도출된다. 무엇보다 수선 주기의 적극적 치료 국면에 고객은 작업장에 거주할 수밖에 없는데, 이런 상황 탓에 그는 자신의 주변에서, 그리고 자신에게 일어나는 모든 것을 서비스 모델에 통합하는 것의 어려움을 더더욱 확실히 목격하게 되는 것이다. 환자가 이러한 통합을 성공적으로 수행하느냐의 여부는 차라리 그가 의료적 절차에 의해 속느냐 속지 않느냐에 달려 있다. 병원의 일부 일상적 업무 과정을 지배하는 것은 의료적 고려가 아니라 언제나 다른 요소들, 특히 직원들의 편의와 안락을 위해 기관에서 만든 환자 관리 규칙들이기 때문이다. (물론 모든 작업장에서 서비스 중심의 규칙들에서 멀어지는 동일한 이탈 양상이 나타난다. 그러나 다른 곳의 고객들은 무엇이 일어나는가를 현장에서 목격할 일이 별로 없다.) 병원에 머무르는 기간이 길수록, 그리고 병이 심각하고 오래갈수록 환자가 병원을 온전히 합리적인 서비스 기관이라고 판단하기는 점점 더 어려워질 것이다.

병원 시설에 의료 서비스를 유치하는 이런저런 어려움들에도 불구하고 환자가 이 모든 병원 경험을 서비스 모델에 효과적으로 통합시키게 하는 요소들이 있다―물론 병원 체류가 길지 않다는 전제하에. 무엇보다 병원은 개인 의사 사무실이 제공할 수 없는 고가의 설비와 전문 도구들을 환자에게 베풀어준다. 어쨌든 움직이기 어려운 이를 침대에서 보살피는 것은 우리 사회에서 사람이 아프면 응당 하는 것으로 여겨지며 또한 실제 어떤 환자는 물리적으로 거동이 불가능하다고 느끼기도 한다. 의료적 관리가 포함하는 일부 기술적 측면이 추가적 근거가 되기도 한다. 예컨대 골절과 대부분의 수술 후 상태는, 예컨대 배액 조치가 그렇듯 명백히 이동 불가능성을 수반한다. 어떤 치료는 매우 엄격한 식이요법을 요한다. 차트 기록과 검진을 위해서 환자는 항상 병원에 머물러야 한다. 이 모든 것이 병원에서 환자로서 가져야 하는 태도에 합리적 정당성을 제공해준다.

병원 체험을 서비스 모델로 통합시키는 것을 강화하는 또 다른 추가적 요소가 있다. 입원 기간이나 혹은 퇴원 후 치료 과정에서 환자의 환경 속에 하나의 분할이 도입된다. 붕대, 깁스, 혹은 다른 식으로 경계 지어진 신체 부위를 통해 의료적으로 조정된 하나의 환경이 집약적으로 형성된다. 이때 경계 밖의 신체 부위를 잘 관리하는 이유는 위생 건강 때문이 아니라 오히려 경계 내부의 환경을 잘 관리하기 위해서다. 이런 식으로 효용이 확실한 의료 행위의 범위를 현격히 축소시키면서도 환자의 경험 전체는 여전히 의료 서비스 모델로 통합될 수 있다.

병원이 주장하는 서비스의 타당성에 대한 이러한 근거들은 의사가 취하는 서비스적 입장을 더욱 지지해준다. 이 때문에 의사는 환자의 불신이나 혹은 자기 불신의 두려움 없이 자신의 일을 엄중히 수행할 수 있다. 매우 심각한 상황에서도, 그리고 상황 파악이 상당히 부족한 상태에서도 의사는 종종 필요한 바를 고객에게 충분히 제공하며 그럼으로써 의사의 입장에서 기대할 만한 존중을 받을 자격이 있음을 입증한다. 고객은 의사의 주장이 갖는 타당성을 확인해주며, 동시에 이를 통해 의료 모델의 실효성을 승인해준다. 이 과정에서 고객은 질병을 비인격적인 방식으로 파악하며 자발적으로 서비스 제공자의 관점을 수용한다. 즉 질병은 그 누구도 바라지 않으며, 누구의 의도도 아니며, 누구의 잘못도 아니라는 것이다. 입원은 임시적으로 환자 개인의 사회적 역할을 제거한다. 그러나 그가 이러한 어려움을 잘 통과하기만 하면 그는 자신이 떠나온 사회적 장소로 귀환할 것이다. "병가"를 제공하는 기관은 환자를 위해 그 장소를 잘 보관해줄 것이며, 그에 따라 타인들은 그의 부재가 야기하는 문제를 심각하게 여기지 않을 것이다.

의료적 직무 수행은 확실히 전문가 서비스 모델의 패턴을 따르는 것처럼 보인다. 하지만 나는 지금까지의 의료 모델에 대한 논의를 마무리하면서 의료 행위가 개인 지향적 서비스 맥락에만 부합하는 것은 아니라고 주장하고 싶다. (이에 대해서는 앞서 보험사 소속 의사와 유행병학의 예를 들어 언급한 바 있다.) 다른 두 체계가 언급되어야 한다.

첫째, 의료인은 특정 개인에게 서비스를 제공하기 위해서가 아니라 다수의 사람이 참여하는 사회적 사업을 시행할 때 최소한의 의료적 기준을 맞추도록 고용되기도 한다. 이러한 특정 기준들은 더 큰 공동체와 관계된 행위자들에 의해 확립되고 또한 최종 집행된다. 앞서 논의한바, 즉 특정 고객을 대상으로 하는 서비스의 제약이 여기서는 실무자의 주요 역할이 된다. 예컨대 권투 같은 스포츠 행사는 지정 의사를 고용해야 하는데, 이는 공장과 탄광이 최소의 안전 기준에 맞춰 운영되어야 하는 것과 동일하다. 우리는 여기서 의료 행위의 규범적 기능에 대해 논할 수 있다. 엔지니어, 전기공, 건축가 또한 유사한 방식으로 고용될 수 있다.

둘째, 의료 직업인은 **관리**maintenance 역할을 맡아 업무 참여자를 치료하기 위해 고용될 수 있다. 이때 치료는 환자를 위하거나 공동체의 기준을 준수하기 위한 것이 아니다. 그저 업무 참여자의 효용을 극대화하기 위해서다. 약학적으로 운동선수나 말의 힘을 증진시키는 것이 그 예다. 자백을 하기 전에 사망하지 않도록 고문을 의료적으로 관리하는 것도 마찬가지다. 일에 필요한 체력을 유지시키기 위해 노동수용소의 재소자들을 먹이는 것은 또 다른 사례다.[18] 대규모의 사회적 시설, 특히 선박 승무원이나 군인들처럼 고립된 집단을 대상으로 한 치과 치료와 의료 서비스에서 규범적 기능과 관리 기능은 종종 결합되기도 한다.

개인 서비스 의료 외에도 다양한 종류의 집단 의료를 발견할 수 있다. 의료 활동의 추가적 모델들을 제안할 때, 나는 사회적으로 하층의 환자들이 받는 개인 의료 서비스가—환자의 관점에서 봤을 때—직업 시설의 피고용자들이 관리 및 규범 기능의 차원에서 받는 의료 서비스에 비해 질이 떨어질 수 있다는 사실을 부인하지 않는다. 다만 여기서 관건은 개인이 어떤 종류의 의료적 관리를 받는가가 아니다. 관건은 그가 의료적 관리를 받는 조직적인 맥락이다.

---

18) 군대 의료에서 이러한 기능의 효과에 대한 흥미로운 분석은 R. W. Little, "The 'Sick Soldier' and the Medical Ward Officer," *Human Organization*, XV, 1956, pp. 22~24 에서 찾을 수 있다.

6

이제, 마지막으로 우리는 이 논문의 제목이 암시하는 문제에 관심을 돌리려고 한다. 즉, 전문가 서비스 모델을, 의료적 해석을 통해 기관의 정신 치료에 적용하는 문제 말이다.

이상하게 행동하는 사람들에 대한 해석의 역사는 서구에서 매우 인상적이다. 적극적으로 혹은 어쩔 수 없이 악마와 어울려서, 야생 동물의 본능에 사로잡혀서 등등.[19] 영국에서 이러한 일탈자들에 대해 본격적 의료적 감독이 시작된 것은 18세기 후반이었다. 재소자들은 환자로 불렸고, 간호사들이 육성되었고, 의료적 스타일의 사례 기록들이 보관되기 시작했다.[20] 매드하우스madhouse는 광인을 위한 어사일럼asylum으로 개명되었고, 이후에는 정신병원이라는 이름을 갖게 되었다. 미국에서는 1756년부터 펜실베이니아 병원이 유사한 움직임을 이끌었다.[21] 오늘날 서구의 실무자 중에는 "유기적" 접근을 강조하는 이가 있고 "기능적" 접근을 강조하는 이가 있다. 그러나 두 접근법 모두 그 기본 전제에서 서비스 모델의 의료적 해석을 정신병원 재소자들에게 적용하는 것이 정당하다고 인정한다. 예컨대 많은 지역 공동체에서 환자를 정신병원에 강제 입원시키려면, 법적으로 의사의 인가를 받아야 한다.

환자가 될 사람이 입원을 위해 첫번째 면담을 할 때, 환자를 받는 의사들은 즉시 의료 서비스 모델을 적용시킨다. 이때 환자의 사회적

---

19) 예로는 Albert Deutsch, *The Mentally Ill in America,* 2nd ed., New York: Columbia University Press, 1949, pp. 12~23을 보라.
20) Kathleen Jones, *Lunacy, Law, and Conscience,* London: Routledge and Kegan Paul, 1955, pp. 55~56.
21) Albert Deutsch, 같은 책, pp. 58 이하.

사정이 어떠하건, "질병"의 특징이 무엇이건, 그는 단일한 기술적-정신의학적 관점으로 접근 가능한—처리 가능한 것은 아닐지라도—문제의 보유자로 취급된다. 환자들 사이의 성별, 연령, 인종, 결혼 상태, 종교, 혹은 사회적 계급의 차이는 단순한 고려 사항, 말하자면 보정되어야 할 사항에 불과하다. 그래야만 일반적인 정신의학 이론이 적용될 수 있고 또한 사회적 삶의 외적 차이들이 갖는 피상성 이면의 보편적 주제가 포착될 수 있다. 사회 체계 내부의 누구나 맹장염을 앓을 수 있듯이 누구나 기본적인 정신의학적 증세를 보일 수 있는 것이다. 환자들을 향해 드러나는 직업적 태도의 통일성은 환자에게 적용되는 정신의학적 원칙들의 통일성과 상응한다.

물론 서비스 모델의 요건들을 완벽히 충족시키는 것처럼 보이는 정신 질환의 사례들(뇌종양, 전신마비, 동맥경화, 수막염 등과 결부된)이 있다. 무작위로 분포하는 희귀 사건들은 고객의 정신적 기능을 훼손할 수 있으며 이는 누구도 의도하지 않았고 누구의 책임도 아닌 것이다. 얼마간의 시간이 지나면 그는, 그리고/혹은 타인들은 "무언가 잘못되었다"고 감지한다. 일련의 소개 과정을 통해 그는 자발적으로 혹은 강제적으로 정신과 의사의 관심 대상이 된다. 의사는 정보를 수집하고, 검사를 하고, 진단과 처방을 제공하고, 치료 과정을 제안한다. 환자는 회복을 하게 된다. 혹은 그의 병세는 관리된다. 아니면 ("신체적 반응"에 따라) 그의 병은 알려진, 그리고 불가피한 경과를 거쳐 환자의 사망으로 종결되거나 치료 불가능한 식물인간 상태로 귀결한다. 조금 나은 경우라면 환자는 치료 덕분에 완연한 호전을 보이고 과거의 경험을 다시 되돌아보고 결과적으로 정신 치료 서비스가 도움을 주었다고 인식한다. 또한 만약 무엇이 잘못되었고 자신을 위해 무엇을 할 수 있었는지 미리 알았더라면 자발적으로 치료를 요구했을 것이라고 인식한다. 그 후 모든 것은 해피엔딩이다.[22] 그것이 아니라면 적어도 말끔한 엔딩이다. 일부 정신병원의 진료-수술 병동의 복도에는 사례 보고서들이 액자에 담겨 걸려 있기도 하다. 그것들은 실제 사례에서 나타난 병 초기의 ("전구기prodro-mal") 사회적 징후와 증상들에 대한 개요, 그것들을 제대로 파악하지 못하는 보통 사람들의 착오들, 환자가 아픈 동안 보이는 행태들의 묘사, 진단의 정확성과 치료의 적합성을 보여주는 검사 결과를 담은 그림들을 보여준다. 이렇듯 의료 모델 적용의 타당성을 충분히 뒷받침하기 위해서 사회적 일탈 행위와 가시적인 신체적 병변이 동시에 고려된다.

일부 정신의학적 사례들은 의료 모델의 맥락에 따라 깔끔히 정리될 수 있지만 곤란한 경우도 분명 있다. 특히 소위 "기능적" 정신이상이라는 포괄적 범주에 해당하는 환자들이 그렇다. 많은 연구 문헌이 이런 종류의 어려움을 다루어왔고 또한 정신의학 영역에서는 잘 알려진 문제이다. 나는 여기서 그것들을 간략히 살펴볼 것이다. 먼저 다소 우연적인 종류의 사례에서 시작하여 좀더 근본적인 종류의 것으로 옮겨갈 것이다.

기관의 정신 치료에 서비스 모델을 적용하는 데서 발생하는 하나의 쟁점이 있다. 그것은 공립 정신병원의 공식적 의무가 일탈 행위

---

22) 이에 대한 좋은 예시는 버턴 루에체Berton Roueché가 쓴 『뉴요커New Yorker』의 글 「높이 10피트Ten Feet Tall」에 나와 있다. 이 글에서 그는 조울증에 대한 코르티손 치료가 야기한 부작용의 사례를 상세히 묘사한다. 이 글은 루에체의 산문집 *The Incurable Wound*, New York: Berkley Publishing Corp., n.d., pp. 114~43에도 실려 있다.

가 야기하는 위험과 골칫거리로부터 공동체를 보호하는 것이라는 사실에서 기인한다. 법의 관점에서 그리고 (정신병원 입장에서는 매우 민감한) 공적 압력이라는 견지에서, 이러한 감호custodial 기능은 아주 중요하다. 그러나 어떤 병원들은 놀랍게도 그것을 분명히 적시하지 않으며 환자들에게 제공하는 의료적 치료 서비스에 더 치중한다. 우리가 정신질환자들을 타인과의 관계에서 특별한 문제가 있는 사람으로 간주한다면, 병원의 감호 기능은 (교도소의 감호 역할과 마찬가지로) 수긍할 만한 것이며, 많은 사람이 정당한 기능이라고 여길 것이다. 그러나 여기서 문제는 환자의 친족, 이웃, 혹은 고용주를 위한 서비스가 필연적으로 더 큰 공동체(그것이 무엇이건)를 위한 서비스가 아니라는 사실이며 또한 이들을 위한 서비스가 필연적으로 재소자를 위한 서비스, 그것도 의료적인 서비스가 아니라는 사실이다. 서비스 제공자와 서비스 수혜자 대신에 우리는 통치자와 피통치자, 관리자와 관리당하는 사람을 발견하는 것이다.[23]

입원 기간 동안 환자는 의료진 한 명의 관할에서 다른 이의 관할로 이동할 가능성이 매우 높은데, 이러한 이동은 실무자가 다른 서비스 제공자에게 제안을 하고 환자가 자발적으로 이 제안을 따르는 식의 소개 체계에서 이루어지는 것이 아니다. 환자가 한 의료진의 관할에서 다른 의료진의 관할로 이동하는 것은 일간/주간 의료진 교체 때문이고, 환자가 한 병동에서 다른 병동으로 옮겨지는, 그리고 직원이 한 서비스동에서 다른 서비스동으로 옮겨가는 빈도 때문이

---

23) Talcott Parsons, "The Mental Hospital as a Type of Organization," in M. Greenblatt, D. Levinson, and R. Williams, eds., *The Patient and the Mental Hospital,* Glencoe, Ill.: The Free Press, 1957, p. 115를 보라.

다. 동일한 조직의 구성원으로 환자와 의사는 모두 조직의 결정 사항을 따라야 한다. 이때 그들이 누구를 만날 것인가에 관한 결정은 그들이 내리는 것이 아니다.[24]

나아가 우리는 정신병원의 최근 발전사를 봐야 한다. 정신병원은 사회적으로 문제적인 다양한 범주의 사람들을 위한 주거지로 설계된 기관들의 네트워크의 일부라고 할 수 있다. 이러한 기관들에는 요양원, 종합병원, 퇴역 군인 요양소, 감옥, 노인병 전문 의료원, 정신 지체인 요양소, 작업 농장, 고아원, 양로원 등이 포함된다. 모든 주립 병원에는 다른 종류의 기관 중 하나에 수용되는 것이 바람직한 상당수의 환자군이 존재한다(마찬가지로 다른 기관들에는 정신병원에 수용되는 것이 바람직한 재소자들이 존재한다). 그러나 이들은 병원에 수용되는데, 왜냐하면 다른 기관들에는 그들을 위한 공간이 부족하거나 그러한 공간을 재정적으로 감당할 수 없기 때문이다. 정신병원은 공적으로 문제 있는 이들을 취급하는 역들의 네트워크 속에서 중간 경유 역 기능을 하며 이때 서비스 모델은 타당성을 상실한다. 직원들은 자신들이 서비스를 제공하는 일터에 대해 이야기할 때, 환

---

24) 연구 병원에서는 이 문제를 다루기 위해 모범적 방안이 강구되고 있다. 병동 의사의 역할은 치료사의 역할과 엄격히 분리되며, 환자의 거주 병동 이동과 무관하게 치료사-환자 관계는 유지된다(예로는 Stewart Perry and Lyman Wynne, "Role Conflict, Role Redefinition, and Social Change in a Clinical Research Organization," *Social Forces*, XXXVIII, 1959, pp. 62~65를 보라). 정신과가 한 층 또는 두 층을 차지하는 사립 종합 병원에서 치료사-환자 관계는 서비스 관계에 더욱 가깝다. 사립병원의 정신과 의사는 몇 개의 "환자 침대beds"를 보유하고 필요하다고 느끼면 임시적으로 환자를 입원시킨다. 건물 관리자는 주로 상주하면서 환자를 먹이고 조용히 시키는 업무를 맡으며 일반 의사가 다른 층의 침대를 회진하듯 정신과 의사도 하루에 한두 번 환자를 방문한다. 이때 서비스 관계의 다른 많은 형태가 유지된다. 얼마나 많은 치료가 이루어지는지는 또 다른 문제이다.

자 입원 과정에서 일어나는 모든 실재를 외면하고, 정당화하고, 얼 버무려야 한다.

미국에서 서비스 모델을 정신병원 입원에 적용할 때 발생하는 가장 두드러지는 문제점들은 입원이 전반적으로 강제적인 성격을 지닌다는 사실과 연관되어 있다. 아주 어리거나 아주 나이 든 환자들과 관련된 의료적 관리attention는 보호자 동반 원칙을 채택하며 또한 환자가 취하는 행위와 최근친자가 취하는 행위를 일치시키려는 노력을 요한다. 아주 어리고 아주 나이 든 환자로부터 책임을 면제하는 것은 우리가 그들과 맺은 지속적 관계와 심각하게 어긋나거나 그것을 훼손하는 것으로 여겨지지 않는다. 일부 강제로 병원에 들어온 환자들은 결국 자신의 저항이 잘못된 것이라는 점을 인정하기도 한다. 그러나 전반적으로 마지못해 입원한 환자들의 분노는 계속 남아 있기 마련이다. 그는 지인의 조력으로, 혹은 최소한 동의를 통해 누명이 씌워져 병원에 끌려온 것이라고 느끼곤 한다. 통상적으로 서비스 제공자와의 만남은 그가 사는 사회의 합리성과 선의에 대한 믿음을 확인시켜준다. 그러나 병원의 정신과 의사와의 만남은 오히려 소외 효과를 불러일으킨다.

자신의 문제가 치료를 받으면 잊히는 단순한 병에 불과하다는 견해를 수용하지 않는 이는 환자만이 아니다. 환자가 정신병원에 있었다는 기록을 갖게 되면, 다수 대중은, 공식적으로는 고용 기회를 제한하는 식으로, 비공식적으로는 일상적인 사회적 대우의 차원에서 그를 따로 구별하여 취급한다. 즉 그에게 낙인을 찍는 것이다.[25] 심

---

25) 예로는 Charlotte Green Schwartz, "The Stigma of Mental Illness," *Journal of*

지어 병원 자체도 암묵적으로 정신병이 수치스러운 것이라고 여긴다. 예컨대 많은 정신병원은 암호화된 우편 주소를 사용하여 환자들이 자신의 처지를 봉투 위에 노출하지 않고도 우편물을 송수신할 수 있게 한다. 어떤 모임에서는 낙인의 정도가 경감되기도 하지만 정신병원 출신에게 낙인이란 생활의 기본 요소이다. 다른 종류의 병원 입원과 달리, 정신병원에서의 환자 체류 기간은 매우 길며 낙인 효과 또한 매우 강력해 환자는 자신이 속했던 사회적 장소로 쉽게 귀환하기를 기대할 수 없다.[26]

자신을 향한 낙인과 입원 시기에 발생한 박탈에 대한 반응으로, 재소자는 종종 시민사회로부터 스스로를 소외시키고, 이러한 자기 소외는 퇴원의 거부로 표현되기도 한다. 자기 소외는 환자가 앓았던 질병의 유형과 무관하게 형성된다. 이는 입원의 부작용이라고 할 수 있는데, 때로는 환자와 그의 사적 인맥에 원래 질병보다 더 중차대한 영향을 미친다. 여기서 우리는 다시 한 번 서비스 모델에 부합하지 않는 무언가에 대해 이야기하고 있는 것이다.[27]

Rehabilitation, July-August 1956을 보라.

26) 일반 의료 병원에서 요양하는 이들의 특징 중 하나는 간호사들과 자조 섞인 어투로 유쾌하게 농담을 한다는 점이다. 마치 간호사의 보살핌을 받으며 나태하게 누워 있는 몸이란 자신의 영구적 자아와 무관한 것이어서 그것에 대해 아무런 말이나 쉽게 할 수 있다는 듯이 말이다. 반면 정신병원에서는 자신의 현재 인격적 상태와 환경으로부터 쉽게 벗어나는 일은 그리 실현 가능하지 않다. 따라서 남성 정신병 환자들의 태도는 진지한 경향을 보이며 자아-거리감을 표현할 때에는 정신이상적인 모습이 나타나기도 한다.

27) David M. Schneider, "The Social Dynamics of Physical Disability in Army Basic Training," *Psychiatry*, X, 1947, pp. 323~33에 따르면 의무의 면제는 의료적 근거가 있을지라도 병자의 고립을 증진시키며 그가 사람들과 다르다는 인상을 점점 강화시킨다. 이제 이 분리의 효과는 그것을 초래한 원인보다도 더 중요해진다. 이와 유사한 이해에 바탕하여 월터 리드 의료센터에서 미국 육군 정신과 의사들이 연구를 진행한 바 있다. 이 연구에서 도출된 개념에 따르면 군인 스스로 특별한 정신 치료를 요하는 정신병적 문

또 다른 어려움은 정신 치료 기술 자체의 성질에서 유래한다. 기능적 정신이상과 관련한 최근 가설에 따르면 환자는 인간관계 형성에 문제가 있으며 이러한 패턴을 교정하기 위해서는 치료적 학습 경험에 참여할 필요가 있다. 그러나 환자들에게 이러한 경험을 제공하는 능력은 기술적 숙련과 무관하며 또한 기술적인 것이라고 확실히 주장할 만한 것도 아니다. 나아가 병원 직원이 보유한 이런 종류의 숙련은 다른 서비스 시설들의 숙련-지위적 위계에 따라 쉽게 분류될 수도 없다. 즉, 일반적으로 고위직은 핵심적이고 간략한 과업을 수행하고, 숙련도가 떨어지는 하위직은 단순반복적인 예비 작업을 수행하거나 단순히 환경을 쾌적하게 가꾸는 식이다. 그러나 정신병동의 담당 직원은 고도로 훈련된 정신과 의사 못지않게 환자와 "좋은" 관계를 맺을 수 있는 능력을 지니고 있다. 또한 좋건 나쁘건 담당 직원의 기여는 환자에게 지속적인 영향을 미칠 것이며 이는 병원의 '정신과 의사'가 환자에게 미치는 간헐적 영향과 대비되는 것이다.[28]

제를 가지고 있다고 느낄수록 그가 애초에 문제를 겪었던 집단으로 즉각 복귀하는 것은 어려워진다. 예로는 B. L. Bushard, "The U.S. Army's Mental Hygiene Consultation Service," in *Symposium on Preventive and Social Psychiatry*, 15~17 April 1957, Walter Reed Army Institute of Research, Washington, D.C., pp. 431~43, 특히 p. 442를 보라. "[정신병적 장애를 최소화시키는] 이러한 목적들은 환자 자신의 실질적이고 직접적인 참여 없이도 달성될 수 있다. 대신에 다른 다양한 기관과의 광범위하고 적극적인 교섭 작업이 필요하다. 환자와의 언어적 소통보다 훨씬 더 중요한 것은 초기 검진, 집중 면담, 신속한 의무 복귀 과정의 비언어적 측면들이다. 문제가 현재와 무관한 혹은 가늠하기 힘든 상황의 산물이라거나, '질병'에서 기인한다거나, 즉각적이고 수월하게 통제되기 힘든 것으로 판단되면 이는 온전한 국방 의무에 해악이 될 것이라고 사료된다."

28) 최근의 환경 치료 추세는 병원에서 환자들이 겪는 중요한 경험은 치료 기간(한 번만 있는 경우)으로 환원될 수 없으며, 따라서 모든 직원은 환자의 운명에 동등한 영향을 미칠 수 있다는 인식에서 유래한 것으로 보인다. 이에 대한 참고문헌은 Alfred H. Stanton and Morris S. Schwartz, *The Mental Hospital*, New York: Basic Books, 1954와

의사가 환자를 만날 준비를 해주는 최하급 직원 또한 정신과 의사 못지않게 정신의학적으로 개입한다. 이 면대면의 사회적 접촉 영역에서 모든 참여자는 누구나 수술용 메스를 소지하고 사용할 수 있는 권한이 있다. 의료 모델에 따라 병원 행정은 의사에게 환자 처리와 관련된 중요 결정권을 부여하지만 그렇다고 해도 위의 사실들은 변하지 않는다.

병원 운영은 정신의학적 숙련이란 어디서도 쓸모가 없고 쓸모가 있을 때에도 직원 위계에 따라 그러한 숙련이 분배되는 것이 아니라는 사실을 과장적으로 드러낸다. 그리고 이는 또 다른 쟁점이 된다. 일반적 서비스 제공자의 주도면밀성 혹은 "기능적 특수성"은 정신의학적 서비스에서는 단번에 기각이 된다. 치료사는 환자들의 모든 행위, 감정, 생각—과거, 현재, 그리고 미래의—을 진단과 처방 과정에서 공식적으로 활용할 수 있다. 다수 신체적 장애의 심인적psychogenic 특징에 관한 최근의 논의들은 다른 의료 실무자에게 맡겼을 문제들까지도 정신과 의사의 소관으로 개념화한다. 이 결과 정신과 의사는 이제 "전인격체the whole person"를 치료 대상으로 삼는다고 주장할 수 있게 되었다.[29] 정신 치료 보조 서비스—인턴, 심리학자, 신경생리학자, 사회복지사, 간호사 등의 서비스 제공자들을 통해—가 병원 내에 조직화되어 있는 양상은 정신과 의사의 의무가 매우 포괄적임을 보여준다. 이때 그들은 정신과 의사에게 정보를 제

Maxwell Jones, *The Therapeutic Community*, New York: Basic Books, 1953이 있다.

29) 신체적 질병을 심인적 이론에 따라 파악하는 것의 부차적 결과 중 하나는 일부 정신병 환자들이 필요한 신체적 치료를 받는 것을 꺼려한다는 점이다. 그들은 자신들이 "어떤 것들을 상상한다"는 판정을 받을까 봐 두려워하는 것이다.

공하며 이 정보를 합쳐서 환자에 대한 총괄적 평가를 할 수 있는 공식적 권리가 있는 이는 정신과 의사뿐이다. 따라서 환자의 모든 문제는 정신과 의사의 모든 문제가 된다. 정신과 의사의 업무와 무관한, 그가 몰라도 되는 일이란 없다. 체계의 교정을 업으로 삼는 그 어떤 전문 서비스 제공자도 이 같은 역할을 자임하지 않는다.

정신과 의사가 진단을 내리는 데 행사하는 포괄적 의무는 처방에도 동일하게 적용된다. 수용 기관들은 재소자의 모든 권리와 의무를 정의하며 이를 기반으로 운영된다. 재소자가 무엇을 가질 수 있고 무엇을 박탈당할지에 대한 운명을 결정하는 위치에 있는 사람은 공식적으로 정신과 의사이다. 정신과 의사는 공무원이나 군인이 그런 것처럼 단일한 관료적 규칙에 따라 자신의 권리를 수행할 필요도 없다. 정신의학적 설명만 주어진다면, 정신과 의사는 환자의 일과를 조직하는 생활 질서의 거의 전부를 자신의 의지대로 바꿀 수 있다. 여기서 우리는 다시금 서비스 제공자 중에서도 정신과 의사의 역할이 독특하다는 것을, 누구도 그만한 권력을 부여받지 않는다는 사실을 확인한다.

종합병원의 의료 모델을 논의하면서 나는 병원 내의 생활 조건이 내부 영역과 외부 영역으로 나뉜다고 이야기했다. 내부 영역은 신체적 손상 부위를 포함하며 이는 손상 상태를 면밀히 주시하는 의료적 통제 아래 놓여 있다. 외부 영역은 좀 덜 명확하지만 내부 영역을 위한 주거지를 제공한다. 정신병원에서도 치료 환경과 주거 환경은 구별된다. (심리적인 것과 대비되는) 의료적 개입이 이루어질 때, 치료는 강력한 통제에 따라 시행되며, 이때 치료와 치료 사이의 시간은 비의료적으로 관리될 수 있다. 또한 환자가 심하게 자학적이거나 가학적인 경우가 있는데, 이때 그의 일과 전체는 면밀히 관리되며 그에 따라 내부 영역에 대한 의료적 통제는 그가 처한 상황에 긴밀히 맞춰질 수밖에 없다. 요컨대 생활 조건이 치료 과정과 통합되는 것이다. 마찬가지로 신경생리적으로 상태가 악화된 환자들이 거주하는 중환자 병동의 조건들은 그들의 신체적 능력에 밀접하게 맞춰져 있다. 한 장소에 하루 종일 앉아 있는 환자들, 그들의 얼굴에 나타나는 공허한 표정이란 결국 돌이킬 수 없는, 치료 불가능한 상태의 일부인 것이다.

그러나 두뇌 기능 악화의 초기 단계와 질병의 진행 과정 전반에서 겉으로 확실히 드러나는 신체적 증상—간질처럼—은 환자에게 주어진 병원의 생활 조건과 분명히 관련되지는 않는다. 상태가 얼마나 최악이건, 중환자 병동의 생활이 환자의 병세를 정확히 반영하고 또한 그것에 정확히 대응하는 경우는 드물다. 그들의 생활 여건이 어떠해야 "정상"인가에 관해서는 현재 합의된 바가 없다. 진단은 의료적인 데 반해 치료는 그렇지 않을 수 있다. 이때 환자의 대우는 그와 비슷한 처지의 다른 환자들에게 주어지는 생활 조건을 따를 뿐이다. 기능적 정신이상 환자들을 예로 들자면, 병동의 생활은 더 이상 환자의 병세에 기술적으로 대응하지 않는다. 예컨대 침대에서의 휴식은 그저 수술 후 환자가 겪는 신체적 상태의 표현일 수 있다. 그러나 앞으로 살펴보겠지만 정신병원의 직원들은 환자의 생활 조건들이 주어진 시점에서 그의 병세와 인성 조직personal organization을 반영하며 그러한 상태들에 대한 의료적 대응이라고 분명히 주장한다.

다음으로 내가 주장하고 싶은 것은 다른 병원이나 혹은 정비소와 비교하자면, 정신병원은 고전적인 의미의 수선 주기를 유지시키기 어려운 장소라는 점이다. 주립 정신병원에서, 또한 상당 정도는 사립병원이나 퇴역군인을 위한 병원에서 환자에 대한 관찰은 가능하다. 하지만 직원들은 불복종 행위를 제외한 나머지 모든 행위를 기록하기에는 너무 바쁘다. 직원들은 그럴 시간이 있어도 병동에서의 환자의 품행을 다른 행동의 특별한 표본으로 거의 여기지 않는다. 바깥이라면 용납될 수 없는 품행은 (예컨대 환자가 원래 속했던 곳에서 자신이 싫어하는 사람들에게 내보인 품행) 병동 내에서 일어나지 않는다. 그리고 다른 형태의 비행들은 이제는 단지 현재의 강압적 상황에 대한 반응으로 치부된다. 따라서 기관을 둘러싼 벽은 일종의 두껍고 왜곡된 프리즘처럼 품행의 의미를 굴절시킨다. 누군가는 특별한 스트레스에 시달리는 사람들을 검사하는 것의 타당성 자체를 의문시할 수도 있다. 그럼에도 병동은 서비스 제공자가 관찰력을 발휘하기에는 최악의 장소인 것처럼 보인다.

마찬가지로 각각의 환자를 대상으로 진료가 이루어진다고 하더라도, 이러한 만남의 시도들은 결과적으로 병록 기록에 어떤 종류의 법적 명칭을 부여할 것인가에 관한 합의를 만들어낼 뿐이다. 또한 이러한 만남이 이루어지는 시점은 조치를 취할 만큼의 자료가 쌓였느냐 아니냐와는 거의 무관하기도 하다.

정신병원에서 진단에 어려움이 있다면 치료에는 더한 어려움이 있다. 이미 언급한 것처럼 바깥세상을 향한 환자의 태도를 통제하는 것은 병원의 강압적 환경에 대한 환자의 태도를 통제하는 것에 의해 혼란이 가중되고 악화된다. 어쨌든 정신병원의 치료는 다른 병원, 정비소, 라디오 수선 가게처럼 주어진 문제에 특정화되지 않는다. 대신, 치료가 제공된다고 해도 그것은 하나의 치료 주기를 이루어

4 의료 모델과 정신병원 입원

입원한 환자 집단 전체를 대상으로 총괄적으로 주어진다. 이때 의료 검진은 표준적 치료의 효력을 찾는 것이 아니라 그것에 반하는 효력이 있는지를 찾는 데 더 치중한다.

동시에 환자의 생활은 적은 수의 직원이 다수의 강제 입원 환자를 관리하기 위해 개발된 훈육 체계에 따라 규제되고 결정된다. 이러한 체계에서 담당 직원은 책임자로서 환자에게 그의 생활을 규제하는 처벌과 보상을 알려주고 그러한 특권과 보상을 의료적으로 승인하는 관리 체제를 담당한다. 환자가 얌전하고 순응적으로 처신하면 병동 체계에서 그의 자리는 올라간다. 거칠고 단정치 못하게 처신하면 강등당한다. 흥미롭게도 환자가 자신의 품행을 자발적으로 향상시키겠다고 마음을 먹어야 담당 직원은 비로소 환자가 그럴 만한 자격이 있고 나아질 가능성이 있다며 의사의 검진을 받게 해준다. 아이번 벨냅이 묘사한 것처럼 환자는 의사의 검진을 가장 필요로 하지 않을 때 의사를 만나곤 한다.[30]

---

30) Ivan Belknap, 같은 책, p. 144. 첨언하자면 정신병 환자들이 바깥에서 사회적 통제에 반항적인 사람들이라는 점을 고려할 때, 병원 안에서는 어떻게 그들에 대한 사회적 통제가 효과를 거둘 수 있는가에 대한 질문이 생긴다. 나는 그것이 주로 현대의 정신병원에서 점진적으로 형성된 통제의 수단인 "병동 체계"를 통해 이루어진다고 믿는다. 내 생각에, 여기서 핵심은 용인 가능한 비행, 그리고 병동 안에 만연하는 불편과 박탈, 이 둘의 정도를 등급화하는 체계이다. 신입 환자의 비행 수준이 어떻건, 이제 병동은 그의 품행을 정기적으로 통제할 수 있으며 또한 일정 정도 용인해줄 수 있다. 결과적으로 병동 내의 생활 조건을 수용함으로써 환자는 계속해서 비행을 이어갈 수 있다. 다만 이제 그의 행동은 병동 내에서 정기적으로 통제되기에—용인되지는 않을지라도—누군가를 딱히 귀찮게 만들지는 않는다. 만약 그가 자신의 몫을 늘려달라고 요구하면, 그는 "삼촌uncle"이라고 말해야 한다. 이는 그가 기꺼이 자신의 행동 방식을 바꾸겠다고 제 입으로 진술하는 것이다. 그러곤 예전처럼 다시 비행을 저지르면, 또 계속 그러면 그는 훈계를 듣고 원래 상태로 되돌려진다. 그렇게 되돌아가는 대신 더 처신을 잘하겠다고 말을 하면, 그리고 그렇게 상당 기간 지내면, 그는 단기-퇴원 주기 안에서 앞으로 성큼 나아가며 이를

환자가 의료 모델에 통합시키기 어려운 것 중 하나는 바로 정신병원 안의 시간이다. 가장 일반적인 불평은 이런 것이다. "할 수 있는 게 아무것도 없다―나는 그냥 내버려져서 앉아 있다." 다음의 사실이 이 어려움을 잘 보여준다. 현재의 공식적인 정신의학 치료는 기능적 장애를 고칠 확률이 매우 낮으며, 따라서 기관의 정신 치료는 여기서 제시된 전문 서비스 직업 정의에 부합하기 쉽지 않다. 정신병원 입원은 이미 논의한 것처럼 개인이 삶의 질을 향상시킬 수 있는 기회에 오히려 해를 끼칠 확률이 매우 높다.

그러나 문제는 단지 서비스의 성공 확률이 낮은 것이 아니다. 문제는 환자들이 애초에 서비스의 준거 틀frame of reference 전체의 적용 타당성을 의심한다는 것이다.

첫째, 우리는 여기서 장애가 속한 단위의 독립성이 의심스럽다는 사실을 인지해야 한다. 물론 그 특성상 신체적인 장애의 경우 환자는 손상이 감지되는 세계, 그리고 수선이 가능한 세계를 자기 안에 봉해둔다. 그러나 기능적 정신이상의 경우는 그렇지 않다. 환자의 행태적 증상이 그의 인간관계와 분리될 수 없다면 서비스 제공자는 환자의 어려움을 관찰하고 치료하기 위해 그가 처한 상황 전체를 병원으로 끌고 와야 한다. 이때 무해하고 수동적인 환경이라든지 고립된 문제

통해 처음으로 입원한 환자들은 지위가 높아지고 1년 안에 퇴원을 하기에 이른다. 그러다가 환자가 친지에 맡겨져서 병원 구내 산책을 하게 되거나 마을 외출을 하게 되며, 이때 친지는 감금 시설의 관리자로 그리고 "잘해. 아니면 다시 돌려보낼 거야"라는 위협을 가하는 법 집행자로 변신하게 되는 것이다. 우리가 여기서 (병원 밖에서는 발견하지 못하는) 발견하는 것은 심리학자들이 학습 상황―모든 것이 자발적인 굴복의 과정을 따르는―이라고 부르는 것의 전범이다. 이 때문에 환자들 사이에 저항적 기운이 팽배한 병동이 밖으로 나가기 위해 영혼을 판 것 같은 분위기에 젖은 퇴원 병동보다 더 활기차고 건강해 보이는 것이다.

점이라든지 하는 것은 존재하지 않는다. 대신 기존의 서비스 개념의 구성 요소들은 단 하나의 지점으로, 즉 환자의 문제 경험과 분리될 수 없는 인간관계적 환경 속으로 통합된다. 물론 이론적으로 보면 환자의 치료에서 나타나는 약간의 진전이 그가 다시 복귀한 그의 환경에 선순환적 효과를 불러일으킬 수 있다. 또한 그는 새로운 환경에 배속될 수도 있다. 그러나 실제로 환자는 퇴원하면 그의 정신이상 행태가 자연스럽게 일부를 차지하는 원래의 체계로 되돌아온다.

그러나 더 근본적인 쟁점이 있다. 이것은 "병변"이라는 개념의 적용 가능성과 관계 있다. 일반적으로 병변이란 환자의 조건에 주목하게 만드는, "상황적으로 부적절한" 품행을 일컫는다. 그러나 해당 행동이 적절하냐 아니냐에 대한 결정은 대개 보통 사람의 시선에서 이루어질 수밖에 없다. 왜냐하면 우리는 우리 사회의 다양한 행태적 하위문화들은 물론이고 그것들 각각을 지배하는 표준적 품행을 개괄할 수 있는 도구를 가지고 있지 않기 때문이다. 진단상의 결정은, 극단적 증상들을 제외하면 자민족 중심적일 수 있다. 즉 서비스 제공자는 자신이 속한 문화의 관점에서 환자 개인들의 품행을 평가한다. 이때 환자들의 품행이란 사실 그들이 속한 집단의 관점에서 평가되어야만 하는데도 말이다. 나아가 부적절한 행태란 전형적으로 누군가 좋지 않게 여기고 심각하게 문제적이라고 보는 행태를 뜻한다. 따라서 그러한 판단은 대체로 정치적으로 흐른다. 즉 그러한 판단은 특정 당파 혹은 사람의 특수한 이해 관심의 표현이지, 신체적 병변처럼 특정 집단의 이해 관심을 초월한다고 볼 수 없는 것이다.[31]

---

31) T. S. Szasz, "Psychiatry, Ethics, and the Criminal Law," *Columbia Law Review,* LVIII,

환자 입장에서는 품행에 대한 병변 개념의 적용은 서비스 이상과 부딪치는 효과를 가질 수 있다. 자신이 행여 부적절하게 행동했다고 할지라도, 그는 자신의 행동이 ─ 애초에 그의 문제적 품행에 대한 보통 사람의 인식처럼 ─ 정상적인 사회 세계에서 일어나는 의도, 책임, 과실의 일부라고 여길 수 있다. 한 사람의 행태를 비자발적이고, 책임이 없고, 과실이 없는 것으로 보는 것은 때로는 도움이 될 수 있다. 그럼에도 불구하고 이러한 인식은 기술적 ─ 사회적이 아닌 ─ 도식을 따르며 개념적으로 서비스 관계에 참여할 자격을 환자에게서 박탈한다. 그는 단지 서비스의 대상으로서만 자격을 얻게 된다. 토마스 스자스의 진술이 여기서 인용될 수 있다.

정확히 말하면, 상식적 정의에 따르자면 정신 건강이란 사회적 삶에 속한 게임을 수행하는 것이고 그것을 잘 수행하는 것이다. 거꾸로 말하면 게임의 수행을 거부하거나 잘 수행하지 않는다는 것은 그 사람이 정신적으로 아프다는 사실을 뜻한다. 여기서 하나의 질문이 부상한다. 사회적 불복종(혹은 일탈)과 정신병의 차이는 ─ 그런 것이 있다면 ─ 무엇일까? 여기서 기술적인 정신의학적 고려는 잠시 제쳐두자. 나는 이 두 개념의 차이가 ─ 이는 예컨대 "그는 잘못되었어"와 "그는 정신적으로 아파"와 같은 진술의 사례에서 나타난다 ─ 반드시 그것들이 가리키는 관찰 가능한 사실들의 차이를 통해 나타난다고 보지 않는다. 오히려 두 개념의 차이는 우리의 관심 사항을 향한 태도들의 차이로 이루어져 있다. 우리가

1958, p. 188을 보라.

만약 그를 진지하게 생각한다면, 즉 그가 인간으로서의 권리와 존엄을 가지고 있다고 고려한다면, 그리고 그를 우리와 동등한 사람으로 존중한다면, 그렇다면 우리는 불화, 일탈, 싸움, 범죄, 심지어 배신에 관해 말을 할 것이다. 그러나 우리가 만약 그와 소통할 수 없다고, 그가 "기본적으로" 우리와 다르다고 여긴다면, 그렇다면 우리는 그를 우리와 동등한 이가 아니라 열등한 (아주 드물게는 우월한) 사람으로 생각할 것이다. 이때 우리는 그에 대해 미쳤다, 정신적으로 아프다, 제정신이 아니다, 정신이상이다, 미성숙하다 등등으로 말할 것이다.[32]

물론 우리는 이 문제를 너무 과대평가해서는 안 된다. 사실 정신병원에서는 사람의 행동을 중립적인 준거 틀에 의거하여 지속적으로 정의한다고 해서 큰 해가 될 일은 없다. 약학 분야에서는 좋거나 나쁜 연쇄상 구균streptococci은 없고, 그저 위험한 것만 있을 뿐이라는 식으로 행동하는 것이 가능하다. 정신의학 분야에서는 형식적으로 보면 문제는 치료이지, 도덕적 평가가 아니라는 식으로 행동한다. 그러나 이러한 태도는 견지될 수 없다. 윤리적 중립성이란 정신 치료에서는 실로 지키기가 어렵다. 환자의 질병은 눈앞에 있는 사람을 향한 공격을 야기하는 행동 방식과 불가분 연관되어 있기 때문이다. 나아가 우리 사회에서 그런 공격을 다루는 표준적 방식이란 공격자

---

32) T. S. Szasz, "Politics and Mental Health," *American Journal of Psychiatry,* CXV, 1958, p. 509. 또한 그의 논문 "Psychiatric Expert Testimony-Its Covert Meaning & Social Function," *Psychiatry,* XX, 1957, p. 315와 "Some Observations on the Relationship between Psychiatry and the Law," *A.M.A. Archives of Neurology and Psychiatry,* LXXV, 1956, pp. 297~315를 보라.

를 바로잡기 위해 부정적으로 제재하는 것이다. 우리 사회 전체는 생활의 모든 세부 항목에서 이러한 가정에 따라 작동한다. 그런 가정에 대한 기능적 등가물이 없기에 우리는 다른 방식으로 사회적 질서를 유지할 줄 모른다.

따라서 기관이 전문적이고 무도덕적인non-moralistic 정신 치료를 수행한다는 것을 입증하기 위해 챙겨놓은 사례들에서조차 도덕적 관점—어느 정도 수정된 것이라고 할지라도—의 침투가 드러나는 것은 놀라운 일은 아니다. 정신 치료의 상당 부분이 환자의 죄를 추궁하고 그의 잘못을 인지하게 하는 것으로 이루어져 있다 해도 놀라운 일은 아니다. 그리고 어떤 의미에서 나는 다른 방식이 어떻게 가능한지, 혹은 존재해야 하는지 알지 못한다. 여기서 흥미로운 지점은 정신과 직원들은 중립성의 허구를 무시하고 지낼 수도 없고 그것을 실제로 지지할 수도 없는 위치에 놓여 있다는 사실이다.

정신병원에 적용되는 서비스 모델은 특히나 직원에게 행동의 양가성을 야기한다. 정신의학적 원칙은 환자를 다룰 때 윤리적 중립성을 요구한다. 다른 이들이 나쁜 행실이라고 여기는 것을 직원은 병변으로 봐야 한다. 심지어 법도 이러한 입장을 인증한다. 즉 정신병 환자는 법적 처벌을 받지 않고도 범죄를 저지를 수 있는 특권을 지니는 것이다. 그러나 환자의 실제 관리에서는 적절한 품행이라는 이상이 충족되어야 한다. 그리고 위반 행위는 비난을 받아야 한다. 또한 환자는 "책임을 지는" 사람으로, 즉 처신을 바로하기 위해 노력할 수 있는 사람으로 취급되어야 한다. 정신병원의 직원은 성인을 으르고 교화하는 특수한 직업적 임무를 수행한다는 점에서 경찰과 입장이 동일하다. 공동체의 사회적 질서에 반하는 행동을 저지르면, 그 결과 중 하나는 바로 이러한 훈계를 들어야 한다는 것이다.

7

많은 경우 전문가 서비스가 정신병 환자에게 제공되지 않으며 혹은 전문가 서비스의 개념이 환자의 처지에 적용되지 않는다는 점을 고려할 때, 우리는 기관의 정신병 의사와 환자 사이의 상호작용에서 발생하는 어려움, 정신병 입원이 불가피하고 자연스럽게 야기하는 어려움을 어느 정도 예상하게 된다. 정신과 의사의 훈련, 믿음, 그리고 지위는 그로 하여금 정신병 환자를 예의 바르게, 겉으로는 전문가 서비스를 자발적으로 구하는 고객에게 원하는 서비스를 제공한다는 식으로 다루게 한다. 따라서 정신과 의사는 환자가 치료를 원하며, 비록 미숙하지만, 도움을 받으러 자신에게 올 정도의 합리적 정신을 가졌다고 가정해야 한다. 기관 자체 또한 모든 면에서 용어 사용, 유니폼 착용, 말을 건네는 방식 등을 통해 이러한 서비스의 외양을 관철시킨다.

하지만 정신과 의사가 다른 의료 서비스에서처럼 환자의 말을 액면 그대로 증상의 보고로 받아들일 수 있으려면, 환자는 매우 특별한 방식으로 이 과정에 임해야 한다. 환자는 적당히 비기술적인 말투로 뉘우치듯 자신의 병을 시인해야 하며 정신의학적 치료를 통해 스스로를 변화시키고 싶다는 바람을 진실되게 표현해야 한다. 요컨대 정신과 의사가 의료 서비스 제공자로 승인되기 위해 환자가 밟아야 하는 특정한 정신 치료적 노선이 존재하는 것이다.

교육을 받지 못한 환자가 정신 치료적 노선을 잘 밟을 가능성은 매우 낮다. 어쩌면 그의 인생에서 그토록 많은 명백한 이유로 자신이 비자발적인 고객이라는 사실을 알게 되고 자신의 처지가 불만스럽게 느껴지는 경험이 없었을 것이다. 그는 정신과 의사를 권력가로 본다. 정신과 의사와 접촉할 때 환자는 어떤 요구와 부탁을 하곤 하는데 이때 환자는 그들의 관계를 서비스의 도식 바깥으로 끌어내어 다른 도식으로 집어넣는 태도를 취한다. 이를테면 환자는 주인에게 더 많은 특권을 달라고 탄원하는 노예가, 간수의 위법 행위에 반발하는 죄수가, 혹은 자신이 미쳤다고 생각하는 사람과 대화하기를 거부하는 자존감 높은 사람이 되는 것이다.

만약 정신과 의사가 이러한 불평을 심각하게 받아들인다면, 둘의 관계는 더 이상 그가 훈련받았던 관계이기를 그친다. 자신의 직업적 역할과 자신을 고용한 기관을 수호하기 위해 정신과 의사는 불가피하게 환자의 불만 분출을 쓸모가 분명한 정보적 진술로 보기보다 병의 징후 자체로, 직접적 정보의 가치가 떨어지는 것으로 취급한다.[33] 그러나 환자의 진술을 타당한 증상의 보고가 아닌 징후로 취급한다는 것은 당연히 서비스 관계에서 환자를 서비스의 대상으로도 그리고 참여자로도 거부한다는 것을 뜻한다.

기관이라는 맥락에서 정신과 의사와 환자는 뭔가 잘못되고 어려운 관계로 빠져들 수밖에 없으며 만나면 만날수록 그러한 관계적 특성은 계속 드러날 수밖에 없다. 정신과 의사는 서비스 제공자라는 입장에서 서비스적 예의를 확장해야 한다. 그러나 그는 그러한 서비스적 입장을 환자가 받아들일 수 있는 것 이상으로 이어가지 못한다.

---

33) 환자의 진술을 가치절하하는 문제에 관해서는 Alfred H. Stanton and Morris S. Schwartz, 같은 책, pp. 200 이하를 보라.

왜냐하면 관계 속에서 각각은 상대가 받아들일 수 없는 것을 상대에게 제안할 수밖에 없고 따라서 각각은 상대가 제안하는 것을 거부할 수밖에 없기 때문이다. 많은 정신 치료적 환경에서 우리는 환자와 정신과 의사가 만나게 되는 동일한 방식을 발견한다. 정신과 의사는 환자에게 그에게 합당한 예의를 보이며 만남을 시작한다. 그러면 의사는 전통적인 서비스 관계를 지속할 수 없는 반응을 환자로부터 받는다. 그러면 의사는 한편으로는 서비스 제공자-고객 관계의 부분적 외양을 고수하면서도 그러한 곤경으로부터 어떻게든 빠져나와야 한다. 정신과 직원은 자신이 제안한 첫번째 묵계에서 빠져나오기 위해 온종일 애쓰는 것처럼 보인다.

8

다양한 직업에 적용되는 전문가 서비스 모델을 이야기하면서, 나는 몇몇 대표적인 차이, 혹은 긴장들을 드러냈고 또한 기관의 정신 치료 서비스는 그러한 문제들을 다수 직면한다고 주장했다. 이 상황은 그 자체로 주목을 요하지는 않는다. 시장에서 판매되는 많은 "전문가" 서비스가—그토록 많은 고객이 그토록 심각한 문제가 있는 경우는 많이 없지만—자신이 외적으로 표방하는 서비스 모델의 요건을 정신의학 분야보다 더 충족시키는 것도 아니다. 분석적 차원에서 정신병원 사례가 흥미로운 것은 그곳에 참여하는 의사들과 강제로 수용된 재소자들 때문이다. 우리 사회에서 의사란 합리적인 문제 교정자의 표본이며, 통상적으로는 자신의 직업을 존귀하고 소중하다고 여기는 존재들이다. 의료적 역할을 획득하는 데 많은 시간과 비용을 투자했기에, 또한 훈련의 결과로 주어진 역할을 수행하는 데 일과를 바치기에, 의사들은 의료적 접근과 의료적 버전의 서비스 모델을 유지하는 것이 마땅하다고 느낀다. 사회 전체는 이 점에서 의사들을 지지한다. 매드하우스로 추방된 자들이 의사의 돌봄 아래서 처벌이 아닌 치료를 받는다는 사실이 우리에게도 위안을 주기 때문이다. 동시에 강제적 입원(그리고 종종 자발적 입원)은 개인 삶의 조건을 악화시키며 심지어 황폐하게 만들어서 그를 가둔 이들에 대한 항상적인 적대감을 유발시킨다. 의료 모델을 정신병원에 적용하는 데서 발생하는 이 한계 안에서 의사와 환자는 만난다. 이때 의사는 의료적 관점이 아닌 다른 관점으로 자신의 행동을 해석하는 데 어려움을 겪으며 환자는 자신이 겪는 고난을 이해하기 위해서는 자신을 가둔 이들에게 저항하고 증오를 표출하는 수밖에 없는 것이다. 정신병원은 이런 식으로 기괴한 형태의 서비스 관계를 기관 내부에 제도화한다.

의사와 재소자 모두 어려운 기관 내 환경에 놓여 있지만, 기관의 통제권이 있는 의사는 문제를 다룰 수 있는 몇몇 기제를 개발할 여력이 훨씬 많다. 자신이 놓인 상황에 대한 그들의 반응은 정신병원 내 삶의 중요한 면모를 보여줄 뿐만 아니라 존재의 사회적 모델—이 경우는 전문가 서비스 제공자—과 그들의 역할 정체성을 제도화시키는 사회적 시설 사이의 상호작용에 관한 하나의 사례사를 보여준다.

정신과 의사들이 역할을 수행하는 데 겪는 어려움을 완화시키는 병원의 몇 가지 특징이 있다. 환자의 운명에 대한 의사의 법적 의무와 일부 직원에게 행사하는 기관 내 권력은 자동적으로 권위를 형성시켜준다. 이러한 권위는 다른 서비스 제공자들의 경우는 부분적으로는 고객과의 실질적 상호작용을 통해 부여된다. 나아가 정신의학적 지식이 정신과 의사에게 환자의 행동을 정확히 예측할 수 있는 위치를 제공하지는 않지만, 오히려 그 같은 무지로 인해 정신과 의사는 해석적 자유를 가질 수 있다. 분석에 사후 첨삭을 가함으로써 정신과 의사는 환자에게 무슨 일이 벌어졌는지에 대한 그림을 제공할 수 있다. 이때 이 그림은 증명되는 것이 아니라 반증될 수 없는 것으로 제시된다. 예컨대 예기치 않은 정신병적 변화가 발생하면 이에 대한 해석이 제시되고 환자는 이제 자신의 정신이상 증세에 대해 편안함과 안정감을 느끼게 되는 것이다. 이 같은 불신 불가능한 권위에 덧붙여, 정신과 의사는 의료적 전통에서 유래한 또 다른 힘, 즉 "임상적 경험"을 덧붙일 수 있다. 이러한 마술적 자질을 통해 공식적 자격과 오랜 경험을 지닌 개인은 해당 사례 유형이 의문이나 모호함을 불러일으킬 때 최종 결정권을 갖게 된다. 그리고 이때 이 사람은 현장에서 가장 서열이 높은 실무자일 공산이 크다.

의료 훈련을 받은 정신과 의사는 환자들에게 부차적인 의료 서비스를 제공할 수 있으며 좀더 난이도가 높은 사례는 상위 병원으로 이송시킬 수 있다. 이러한 규범적 기능(이미 언급한 것처럼 이는 육군, 선상, 공장, 그 외에 행정적 명분하에 모은 대규모 집단의 특징이다)은, 보조적 관리 기능으로 여겨지지 않고 오히려 시설의 중심적 기능으로 자리 잡는다. 그럼으로써 규범적 기능은 정신병원의 현실 속에서 정신병 환자들이 의료적 서비스에 가까운 대우를 받는다는 개념을 강화시킨다. 흥미롭게도 주립 정신병원들은 때로는 직원 수가 너무 부족해서 의료 자격증이 있는 직원들조차 사소한 환자 치료에 온 시간을 투여해야 한다. 또한 그들은 필요한 의료적 처우를 희생하면서까지 정신 치료를 최대한 수행해야 한다.

정신과 의사가 자신의 역할 문제를 해결하는 가장 분명한 방식은 가능한 한 빨리 주립 정신병원을 떠나는 것이다. 이때 그는 자신이 떠나는 이유가 "정신 치료를 제대로 수행할 수 있는 곳"으로 가기 위해서라고 주장한다. 실제로 그는 의무 레지던시 복무 중 마지막 해나 혹은 두 해를 사립병원에서, 어쩌면 정신분석에 집중하는 병원에서 보낼 수 있다. 그곳에는 개인 진료를 받는 다수의 환자가 있고 자원 입원을 하고 심리 치료에 "적합한" 환자의 비중이 크다. 그런 병원에서 (혹은 주립 정신병원에서 곧바로) 그는 개인 병원으로 진출할 수도 있다. 이런 여건이라면 그는 많은 환자를 대상으로 의술을 발휘할 필요도 없을 것이며 그의 활동은 서비스 산업에 걸맞게 이루어질 것이다. 즉 그에게는 사무실, 비서, 시간당 진료, 자발적 환자, 진단과 치료에 대한 전권 등등이 부여될 것이다.[34] 어떤 이유에서건 이러한 2단계 혹은 3단계 직업 주기는 정신 치료 영역에서 표준적인 경력 패턴으로 자리 잡고 있다.

정신과 의사가 주립 정신병원을 떠날 수 없거나 혹은 떠나고 싶어 하지 않을 경우 그에게는 다른 경로가 주어진다. 그는 자신의 역할

---

34) 정신분석학은 정신과 의사가 다른 분야의 전문가처럼 행동하기를 바라는 정신병 환자는 자기 규율을 가져야 한다고 가정한다. 놀랍게도 정신분석학 연구서들은 기술적이고 치료적인 근거에서 환자의 자기 규율이 갖는 정당성을 적극적이고 구체적으로 제시한다. 요컨대 환자에게 좋은 것과 정신과 의사가 사무 전문직으로서 필요로 하는 것 사이에는 사전 조율된 아름다운 조화가 존재한다. 윌슨 씨(Mr. Wilson: Charles Erwin Wilson[옮긴이])의 말을 바꿔 말하면, 전문가에게 좋은 것은 환자를 위해서도 좋은 것이다. 내가 특히 신선하다고 느낀 주장이 있다. 그 주장은 이렇다. 치료사에게도 자신의 삶이 있다는 점을 환자가 받아들이고, 치료사가 휴가를 미룬다거나 자정에 환자 전화를 받는다거나 환자로 인해 신체적 위험을 무릅쓰는 것은 환자 자신에게도 좋지 않다는 점을 환자가 이해해야 하며, 이는 심리학적으로도 중요하다. 예로는 C. A. Witaker and T. P. Malone, *The Roots of Psychotherapy*, New York: Blakiston Co., 1953, pp. 201~202를 보라.

을 재정의하여 서비스 제공자에서 현명한 통치자가 되어 병원의 감호 기능을 받아들이고 행정적 개선에 매진할 수 있다. 그는 병원 상황에서 개인 치료의 일부 한계를 인정하고 새로운 형태의 집단 치료 방향으로 나아갈 수 있다. 이 과정에서 그는 환자의 친지를 심리 치료에 참여시키거나 (질병의 원인이 가족 체계에 있다는 가정하에),[35] 치료 자체를 환자가 모든 직위의 직원과 맺는 일상적 교류의 전반에 위치시킬 수 있다.[36] 그는 또한 정신의학적 연구를 수행할 수 있다. 그는 환자와의 접촉을 최대한 피해 서류 작업으로, 혹은 하위 직급의 직원이나 소수의 "호전을 보이는" 환자들을 대상으로 한 심리 치료로 움츠릴 수 있다. 심지어 그는 자신이 치료하는 환자들에게 자신이 아는 바가 별로 없다며 진지하게 경고를 할 수도 있다. 그러나 이런 식의 솔직함은 실패로 귀결하는데, 그것은 우리 사회에서 의료 역할은 정반대로 정의되기 일쑤고, 정신과 의사가 환자에게 행사하는 권력은 지식이 적은 사람에게 주어져서는 안 되는 것으로 이해되기 때문이다.[37] 때로는 정신과 의사는 "환자들 편"에 서서 기관

---

35) 환자는 그가 속한 무리에서 그저 "증상 운반자"에 불과할 수 있다는 이론적 원칙에 따라, 일부 연구 정신과 의사들은 가족 전체를 실험적으로 병동 내에 거주시켰다. 이처럼 새로운 생활 여건이 야기하는 부작용은 특히 가족의 권위 구조와 관련해 매우 크며 그것의 은폐 효과masking effect는 과소평가되어왔다.

36) 여기서 정신과 의사는 자신이 환자 개인이 아니라 병원의 사회 체계 전체를 대상으로 치료를 수행한다는 사실을 솔직히 인정할 수 있다. 정신의학적이고 의료적인 훈련을 함으로써 의사들은 병동이나 병원을 통솔하는 책임감을 갖는 것 같다. 그럼으로써 그들은 오히려 그 일에 적합한 훈련과 교육을 받은 개인이라면 가질 법한 불안을 느끼지 않는다.

37) 겸손한 말을 하는 병원 고위직이 겪는 운명에 대한 논의는 A. H. Stanton, "Problems in Analysis of Therapeutic Implications of the Institutional Milieu," in *Symposium on Preventive and Social Psychiatry*, Walter Reed Army Institute of Research, Washington, D.C., 15~17 April 1957, p. 499.

의 처우에 대한 그들의 주장에 동의를 하며 시설에 대해 공개적으로 비판을 가하기도 한다. 위와 같은 임무 중 어느 하나도 취하지 않는 의사는 병원에서의 자기 역할에 자조적이 되어, 환자가 아닌 자기 자신을 보호하려고 한다.[38]

경력 조절과 관련된 이러한 적응 조치에 덧붙여, 우리는 직원 편에서 이루어지는 좀더 포괄적이고 이데올로기적인 종류의 적응을 발견한다. 서비스상의 딜레마는 병원 사회 체계 내부에 취약점을 만들어내며 이때 지적 에너지들이 투여되어 말, 믿음, 감각 등으로 이루어진 보호막으로 이 취약점을 에워싸게 되는 것이다. 사용되는 재료가 무엇이건, 이 결과 형성되는 믿음 체계는 의료 서비스적 상황 정의를 강화하고 안정시키는 데 기여한다. 우리는 여기서 사유thought와 사회적 위치의 관계에 대한 세밀 묘사를 발견한다.

아마도 기관 이데올로기의 가장 분명한 사례는 현대 정신병원에서 두드러진 특징이라고 할 수 있는 대외 홍보 분야에서 발견된다. 복도의 전시물들, 소개 책자, 기관지, 장비 전시, 새로운 치료요법들—상황 정의에 사용되는 이러한 재료들은 환자들, 친지들, 방문객들을 맞이할 때 의료 서비스 시행의 분명한 근거로 제시된다.

나아가 우리는 정신병원에서 오랜 이야기들traditional tales의 집합을 발견한다. 이 일화들은 반복적으로 이야기되면서 직원의 관점에 타당성을 부여한다. 이 이야기들에는 이를테면 너무 일찍 특혜를 받거나 혹은 의사의 충고를 듣지 않고 퇴원한 환자가 결국 자살을 하거나 살인을 한 사례들이 담겨 있다. 담당 직원들은 환자들의 야수

---

38) Ivan Belknap, 같은 책, p. 200.

적 본능을 묘사하는 농담들을 이야기한다. 진료 면담에 참여한 직원들은 환자와 관련된 우스개 일화를 알고 있다. 예를 들어 한 재소자는 자신이 미치지 않았다고 당당하게 주장했지만 결국에는 자신이 FBI 요원이라고 인정했다. 어떤 환자들은 독방에 넣어달라고 간청했고 어떤 환자들은 퇴원을 막기 위해 일부러 일탈 행위를 일삼았다. "전환자"에 대한 다른 이야기들도 있다. 그들은 요란스레 그리고 위협적으로 정신이상적 증상들을 노출했고, 결국 다른 이들은 그의 병을 확신하고 입원을 시켰다. 도움 요청이 통하는 데 성공한 그들은 그제야 증상 표현을 완화시켰다. 마지막으로 나아질 가망이 없던 환자들이 마침내 이해심 많은 의사와 좋은 관계를 맺고 극적으로 호전되었다는 훈훈한 이야기도 있다. 다른 예시적 이야기들과 마찬가지로, 관계에 대한 이런 이야기들은 결국 직원들의 입장이 올바르다는 것을 보여주는 데 초점을 맞춘다.[39]

병원 운영을 둘러싼 이데올로기적이고 해석적인 함의들은 두 쟁점에 초점을 맞춘다. 하나는 환자의 본성이고 다른 하나는 병원 활동의 본성이다. 둘 모두 상황에 대한 의료-서비스적 정의를 강화하는 데 기여한다.

환자에 대한 관점의 핵심은 이런 것이다. 그가 "온전히 자기 자신"이었다면 그는 자발적으로 정신 치료를 받으려고 했을 것이고 자발적으로 치료를 순순히 따랐을 터이다. 그리고 퇴원할 때가 되면, 그의 참된 자아는 마치 정말로 치료받기를 원했으며 그래서 병원에서

---

39) 환자들 또한 자신들만의 예시적 이야기 집합을 가지고 있으며 그것들은 똑같이 직원에 대한 불신을 담고 있다.

내내 치료를 받았던 것이라고 시인할 터이다. 보호자 원칙의 변주도 있다. 정신이상 환자의 자아는 아프고, 그는 상대적으로 "성숙하고" "온전하고" "망가지지 않은" 자아에 복종한다는 식의 독특한 개념은 보호자의 역할을 더 깊이 끌고 들어온다. 즉 자아의 구조에서 서비스 대상과 고객으로 나뉘는 분열을 발견하고 그 안으로 보호자를 끌고 들어와 3자적 서비스 관계를 구축하는 것이다.

여기서 병력 기록의 역할이 부각된다. 그것은 환자의 과거에 대한 그림을 체계적으로 구축하는 수단으로 기능한다. 즉 병력 기록은 질병의 전개 과정이 점진적으로 환자의 품행 속으로 파고들어오고 끝내 그의 품행은 전적으로 병리적인 체계가 된다는 것을 입증한다. 겉으로는 정상적인 품행도 그 이면의 병적 본질에 대한 가림막이나 방패에 불과하다. 환자의 병변에는 정신분열증, 사이코패스적 인성 등의 포괄적 명칭이 부여되며 이는 환자의 "본질적" 성격에 대한 새로운 관점을 제공한다.[40] 물론 어떤 직원들은 따지고 보면 이러한 증상 명칭들이 모호하고 의심스러우며 단지 병원의 조사 규정에 따른 것일 뿐이라고 인정할 수 있다. 그러나 실제로 이러한 범주들은 환자—정신 치료 서비스에 예속된 존재—의 상태를 하나의 단일한 통일체로 환원시키는 마술적 수단으로 작동한다. 물론 이 모든 과정에서 "정상적으로 기능하는" 환자의 영역들은—이 영역들이 환자의 적극적 치료 수용으로 이어지는 경우를 제외하고는—폄하되고 간과되기 쉽다.

---

40) 최근 해럴드 가핑클은 일련의 미출간 논문들에서 "본질적" 성격 인지에 관한 사회심리학을 발전시켰으며, 나는 그의 논문들로부터 큰 도움을 받았다.

    입원에 대한 환자의 반응도 기술적인 준거 틀 속으로 번역되고 편입되는 식으로 간단히 처리될 수 있다. 이때 병원이 환자의 문제를 악화시키는 것은 그저 우연적인 사건일 뿐이다. 여기서 환자의 품행이 갖는 폐해적 성격은 환자 내부로부터 발생한다는 점이 중요하다. 상호작용에서 일어나는 사건들은 환자에게 전가되어 환자는 병리적이고도 교정 가능한, 비교적 폐쇄적인 체계로 정립된다. 따라서 기관 관리자에 대한 환자의 행위, 그중 관리자에게 공격적 태도로 비쳐지는 행위는 환자 내부에 자리 잡힌 "공격성"과 같은 실체적 용어로 번역된다.[41] 마찬가지로 간호사는 병동에서 장기 입원 환자와 굳이 접촉하려고 하지 않는다. (환자들은 그러한 접촉에 반응했을 것이다.) 이러한 상황은 환자에게 전가되어 이제 그는 "벙어리"라고 불린다.[42] 스자스가 주장한 것처럼, 이는 정신병 환자가 내부에 악마나 악령을 가지고 있고 그것들은 무조건 퇴치되어야 한다는 초기의 관점과 비슷하다.[43]

---

41) John Money, "Linguistic Resources and Psychodynamic Theory," *British Journal of Medical Psychology,* XXVIII, 1955, pp. 264~66을 보라. 이러한 번역 과정에 대한 유익한 사례는 Edwin Weinstein and Robert Kahn, *Denial of Illness,* Springfield, Ill.: Chales Thomas, 1955에서 찾을 수 있다. 저자들은 "무동성 무언증" "안톤 증후군" "정신성 기억상실" "질병 불각증" 등의 용어를 사용하는데, 이들은 전통적으로 자신의 상해 상태에 대한 환자의 인지 무능력을 지칭한다. 그 이후 저자들은 "전치" "오칭" "착어증" 같은 범주어들을 사용하여 환자들이 자신이 처한 상황에 예의 바르고 협력적인 방식으로 대처하기를 거부하는 양상들을 묘사한다. 이때 이러한 비타협성은 강압적이고 위협적인 처우에 대한 사회적 반응이 아니라 뇌 손상으로 인한 심리-생리적 부산물로 기술된다. 이에 대해서는 또한 Ivan Belknap, 같은 책, p. 170을 보라.

42) Robert Sommer, "Patients who grow old in a mental hospital," *Geriatrics,* XIV, 1959, p. 584.

43) T. S. Szasz, W. F. Knoff, and M. H. Hollender, "The Doctor-Patient Relationship and Its Historical Context," *American Journal of Psychiatry,* CXV, 1958, p. 526.

이러한 번역 과정은 집단 심리 치료 과정에서 잘 나타난다. 일반적으로 이러한 치료법—주립 정신병원에서 환자들이 받는 주요 구두 치료—의 첫 시간은 불평으로 가득하다. 환자들은 비교적 관대한 분위기에서 직원을 향해 곧바로 자신들의 요구와 불만을 표현한다. 이때 치료사가 취하는 유일한 행동이 있는데 이는 기관 및 그의 직업 의무에 잘 부합하는 것처럼 보인다. 즉 그는 그러한 요구들을 비껴가면서 환자가 기관—혹은 친지, 사회, 등등—과의 관계에서 느끼는 문제란 실은 그의 문제라고 설득시킨다. 치료사는 다른 행위자들의 행위를 바꾸려고 하기보다 그의 내부 세계를 재배치함으로써 문제들에 대처해야 한다고 제안한다. 여기서 우리가 발견하는 것은 환자를 환자 자신의 관점에서 서비스가 필요한 완결적 체계로 변환시키려는 직접적인—명백히 의도적인 것은 아닐지라도—시도이다. 다소 극단적인 예를 들어보자. 나는 인종을 일부 나눠서 수용하는 병원의 인종 관계에 불만을 제기하는 흑인 환자를 대하는 치료사를 본 경험이 있다. 그는 그 환자에게 말하기를, 병원 내 다른 흑인 중에서도 왜 유독 그만 그 시점에 그 감정을 표현하는지, 그리고 그 표현이 한 사람으로서 자신에 대해 무엇을 말해주는지, 당시 병원의 인종 관계의 상황과 무관하게 질문을 던져야 한다고 했다.[44]

---

44) 집단 심리 치료사가 채택한 기술들은 소집단 교화 방법의 일환으로 연구될 수 있을 것이다. 예컨대 소수의 환자는 정신 치료에 익숙하고 또한 그것을 잘 받아들일 수 있다. 한 환자가 불만을 제기하면 치료사는 그것을 콕 집어 다른 환자들에게 이야기하며 의견을 묻는다. 그러면 그들은 불만자에 대해 해석을 한다. 그의 동료들은 그의 불만은 그의 인성의 일부라고 이야기하고 이에 따라 치료사는 권위주의적 해석을 가동하는 것이다. 그러나 이제 집단의 일부는 불만자에 대립각을 세우게 된다. 이 쟁점들에 대한 최근의 논의는 Jerome D. Frank, "The Dynamics of the Psychotherapeutic Relationship," *Psychiatry*, XXII, 1959, pp. 17~39에서 찾아볼 수 있다.

서비스가 환자 상태를 재정의하는 가장 내밀한 방식은 다수의 교정 서비스에서 특징적인 "위험 관련 의무 사항" 개념에서 나타난다. 의대생은 치명적 실수를 저지르고 나서야 비로소 의사가 된다는 말이 있다.[45] 이러한 태도의 근간에는 서비스 체계에는 위험 요소들이 조직적으로 존재하며, 따라서 중요하고 위험한 문제들과 관련하여 미숙한 행동을 저지르면 중차대한 손실이 발생할 수 있다는 믿음이 존재한다. 앞서 언급한 것처럼 이러한 믿음은 모든 서비스 시설에 존재하는 기술적 숙련의 위계와 서비스 제공자들 사이의 사회적 위계를 정당화하는 근거이다.

정신병원에도 위험 관련 의무 사항이 있다. 잘못된 행위가 환자를 심각한 위험에 처하게 만들 수 있고, 정신과 의사는 훈련과 숙련 덕분에 의료적 위계에서 하위에 있는 사람들이 해서는 안 될 잠재적으로 위험한 행동을 취할 직위를 점한다는 견해가 그것이다. 물론 약물의 양을 처방하고 잠재적 부작용을 감안하여 신체적 치료를 평가하는 문제에서 이 모델은 충분히 적합하다고 할 수 있다. 그러나 이 모델이 심리 치료의 영역에 적용될 때의 효과는 (종종 실제로 적용되지만) 분명치 않다. 때로는 사회복지사, 간호사, 담당 직원 등 지위가 낮은 직원들이 "아마추어 치료"에 참여해서는 안 되며, 아마추어 "정신분석"을 해서는 더 안 된다고 이야기된다. 재소자들에게 특별 심리 치료를 시행하는 정신과 직원은 다른 이들, 특히 직급이 낮은 이들에게 간섭받아서는 안 된다는 것이다. 심리 치료 중의 잘못된 조치는 정신이상을 "악화시킨다"고, 혹은 환자를 다시는 회복될

---

45) 하워드 베커와의 사적 대화에서 참조했다.

수 없는 지경의 상태로 퇴행시킨다고 알려져 있으며, 그런 증거를 포함하는 예시적 이야기들이 존재한다. 이러한 견해는 전통적인 위험 관련 의무사항의 개념에 부합하며 또한 이러한 의무 사항을 숙지해야 자신이 전문가 서비스 제공자가 되었다고 느끼게 되는 것도 사실이다. 그러나 순전히 구두로 이루어지는 이러한 행위가 실제로 효과적인지는 분명치 않다. 어찌 됐건 앞서 언급한 것처럼 개인 치료를 받는 모든 병원 재소자는 그 시간을 제외한 나머지 시간 동안 끔찍한 트라우마를 지속적으로 겪을 가능성이 높다. 그리고 이 지속적 트라우마 자체가 구두 검진이 제대로 이루어지냐 아니냐와 관련한 모든 문제를 애매하게 만들 수 있다. 더욱이 정신 치료의 지식과 기술의 현 상태를 고려할 때, 말 한마디의 잘못이 행여 환자에게 해를 가한다면, 그는 실제로 하루 종일 위험한 상황에 놓이게 될 것이다.

환자에게 문제를 전가하는 다른 두 가지 경우가 있다. 물론 이 또한 서비스 모델을 정당화한다. 환자가 퇴원을 해도 되는데 거부할 때가 있다. 환자는 이때 의도적으로 병원에 남게 될 행동을 하는데, 이 역시 그가 여전히 아프다는, 심지어 심각하게 아파서 퇴원을 해서는 안 되는 증거로 여겨진다. 이런 식으로 주어진 상황의 두 주요 양상 사이에 연결고리가 형성된다. 즉 아프다고 정의되느냐, 혹은 나았다고 정의되느냐와 병원 안에 있느냐, 혹은 퇴원하느냐. 물론 환자가 퇴원을 망설이는 데는 서비스 모델과 무관한 다양한 이유들이 있다. 예컨대 그는 정신병 환자로 낙인찍힘으로써 이미 고통을 받았을 수 있으며 지위가 더 나빠진 상황에서 병원 바깥의 삶을 입원 전보다 더 비관적으로 전망할 수 있다. 또한 퇴원할 즈음 그는 병원 안에서의 요령들을 습득했을 수 있고 "병동 체계"에서 만족스러

4 의료 모델과 정신병원 입원

운 지위를 확보했을 수도 있다.

의료 모델이라는 견지에서 정당화될 수 있는 다른 유형의 환자 행위는 품행의 변화이다. 환자의 현재 품행은 그의 인성 조직—그의 심리 체계—의 본질적 반영 혹은 징표로 해석된다. 따라서 어떤 종류의 갑작스러운 변화, 특히 이유 없는 변화는 "건강한" 쪽이건 "아픈" 쪽이건 어떻게든 설명이 되어야 한다. 나쁜 쪽으로의 갑작스런 변화는 종종 재발 혹은 퇴행이라 불린다. 좋은 쪽으로의 변화는 종종 "자연 경감spontaneous remission"이라 불린다. 이러한 용어들의 힘을 통해 직원들은 그 변화의 원인을 알지 못해도 의료적 관점에서 그 변화를 다룰 수 있게 된다. 물론 이러한 상황 해석은 사회적 관점의 채택을 배제한다. 예컨대 돌발 퇴행의 경우 새로이 나타난 품행은 사실 병이나 건강의 문제가 아닌 생활상의 다른 적응의 결과일 수 있다. 또한 자연 경감이라는 것도 환자가 애초부터 아프지 않았다는 사실의 결과일 수도 있다.

여기서 나는 환자 상태가 재정의를 통해, 의도는 아니더라도 결과적으로, 정신 치료 서비스의 대상물로 전환된다고 주장한다. 환자로 구성된다는 것은 서비스를 받을 수 있는 대상으로 재구성된다는 것이며, 여기서 아이러니는 일단 환자가 되면 그다음부터 그에게 제공되는 서비스가 거의 없다는 것이다. 또한 정신과 직원 수의 심각한 부족 상태는 환자의 숫자가 아니라 주어진 상황에 서비스적 정의를 적용시키는 기관이라는 기계 자체가 그 원인이라고 할 수 있다.

나는 마지막으로 병원이 환자를 대하는 방식의 성격—환자의 성격이 아니라—에 대해 직원이 내리는 정의를 논하고자 한다. 직원은 기관의 목소리를 대변한다. 병원의 행정 및 규율 기계는 직원의 정의를 통해 환자와 대중에게 드러난다. 요컨대 병원의 운영과 병동 체계의 역학과 관련한 실재들은 정신의학적 의료 서비스의 언어를 통해 표현되는 것이다.

환자가 병원 안에 있다는 사실이야말로 그가 정신적으로 아프다는 **최우선** 증거이다. 병원이란 결국 그런 사람들을 입원시키기 위한 것이기 때문이다. 자신이 제정신이라고 주장하는 환자에 대한 가장 일반적인 답변은 "당신이 아프지 않다면 당신은 처음부터 병원에 있지 않았을 것이다"이다. 병원 자체는 명분상으로는, 훈련받은 직원이 관장하는 치료 서비스와 무관하게, 환자에게 안정감을 제공하고 (이는 때때로 문이 잠겨 있다는 사실 하나만으로 충분하다)[46] 일상적 책임들로부터 벗어나게 해준다. 그리고 환자에 대한 병원의 이 두 가지 제공물은 명분상으로는 치료적인 것이다. (치료적이건 아니건, 불안정성을 심대하게 증가시키는 환경이란 병원에 거의 없다. 또한 책임 면제 사항들을 제거하는 데는 매우 심각하고 영구적인 대가가 따른다.)

다른 번역 조치들이 언급될 수 있다. 집단 편성은 불안정성을 관리하기 위해 고안된 치료적 규제의 틀이라고 정의되기도 한다. 서로 다르고 불편한 동료 재소자들을 강제로 뒤섞어놓는 것은 자신보다 더 상태가 안 좋은 사람들이 있다는 것을 학습할 수 있는 기회로 묘사되기도 한다. 병원에 납품되는 물리적 설비들—대표적으로는 침대—을 비치함으로써 기숙사는 병동이라 불린다. 하급 병동으로 옮

---

46) 내가 병원에서 연구한 100명이 넘는 환자 중 딱 한 명만이 자신이 머무르는 병동에서 한 블록 정도만 가도 너무 불안해진다고 고백했다. 적어도 내가 알기로는, 직원들이 그렇다고 말하는 환자를 빼고는, 폐쇄 병동을 선호하는 환자는 없었다.

겨지는 처벌은 환자가 감당할 만한 여건의 병동으로 이송되는 것으로 묘사된다. 독방, 즉 "구멍hole"은 자신의 돌발 행동을 통제할 수 없는 환자들이 편히 머무를 수 있는 곳으로 묘사된다.[47] 밤에 강제 투약으로 병동을 조용하게 만들어 직원 야근을 줄이는 것은 약물 치료 혹은 진정제 치료라고 불린다. 혈액 채취와 같은 일반적 의료 일을 못하게 된 지 오래된 여성들은 간호사 유니폼을 입히고 간호사라 불린다. 일반적 업무를 수행하도록 훈련된 사람들은 심리 치료사라고 불린다. 일 배당은 산업 치료로, 혹은 환자가 시민적 의무 수행에 필요한 능력이 되살아났음을 보여주는 수단으로 정의된다. 처신이 괜찮으면 사교 모임에 참여할 수 있는 권리를 점차적으로 늘려줌으로써 보상을 해주는데, 이는 사회적 노출의 양과 시간에 대한 정신의학적 통제라고 묘사된다. 첫번째 치료가 주어지는 곳에 수용된 환자들은 "급성" 서비스를 받는다고 이야기된다. 의료 행위의 첫 주기가 끝난 후 퇴원하지 못한 환자들은 소위 "장기 입원 서비스동"으로, 혹은 최근 들어서는 "연장 치료 병동"으로 옮겨진다. 퇴원 준비가 된 환자들은 "회복 병동"에 수용된다. 마지막으로 퇴원 자체에 대한 번역도 있다. 퇴원은 연말에 가장 먼저 입원한 환자들, 그중에서도 평균적으로 협력적인 환자들에게, 혹은 친지가 퇴원하도록 압력을 행사한 환자들에게 주어지는데, 이는 "호전"의 증거로 여겨진다. 그리고 이러한 호전은 암묵적으로 기관이 잘 돌아가고 있다는 증거로 여겨진다. (특정 환자를 퇴원시키는 이유 중에는 병동 인구 증가의 압력, 자연 경감, 혹은 병동 체계의 훈육 권력이 환자에게 주입시킨 사

---

47) 예로는 Ivan Belknap, 같은 책, p. 191을 보라.

회적 순응성 등이 있다.) "치료 후 퇴원" 혹은 "호전 후 퇴원"과 같은 짧은 문구들조차 치료와 개선에 병원이 관여한다는 점을 시사한다. (동시에 퇴원 실패의 원인은 정신 질병 치료의 어려움과 그런 질병이 갖는 완강함과 심각함에서 찾아지며, 따라서 환자를 위해 아무것도 할 수 없을 때도 의료 모델은 유효성을 잃지 않는다.) 사실 높은 퇴원률은 오히려 병원이 제대로 기능하지 않는다는 것의 증거로 받아들여질 수도 있다. 이는 실제 치료가 주어지지 않으며, 환자는 입원을 하지 않아도 나아질 수 있으며, 심지어 강압적 기관 환경이 아닌 곳에서는 더욱 좋아질 수 있다는 사실을 보여주기 때문이다.

정신병원의 언어적 번역이 종종 표상하는 것은 훈육적 관행의 의료적 해석이 아니라 의료적 관행의 훈육적 용법이라고 할 수 있다. 여기서 주립 정신병원에 전승되는 예시적 이야기들이 있는데 이는 사회학자들에게 시사점을 제공한다. 몇몇 정신병원의 경우, 병원 안에서 임신을 한 여성 환자를 다루는 방법 중 하나로 자궁 적출을 언급한다. 주변의 사람들을 계속 깨무는 소위 "무는 사람"을 다루는 좀 덜 일반적인 방식 중 하나는 이빨 전체를 뽑는 것이다. 첫번째 의료 행위는 종종 "성적 문란함에 대한 치료"라고 불리며, 두번째는 "깨물기에 대한 치료"라고 불린다. 또 다른 관행은 전두엽 절제술로 이는 미국 병원에서는 현저히 줄고 있지만 병원에서 가장 교정이 어렵고 말썽이 많은 환자들을 대상으로 시술된다.[48] 담당 직원의 추천으로

---

48) 나는 결핵에 걸린 난폭한 정신병 환자들에 대한 이야기를 들었다. 활동 과다로 인한 사망 가능성 때문에 그들에게는 전두엽 절제술이 행해졌다고 했다. 이러한 결정조차 관리 기능maintenance이 아닌 의료 기능으로서의 사적 서비스 차원에서 이루어진다. 다시 말하지만 여기서는 행동 그 자체가 아니라 그런 서비스를 추천하는 조직적 맥락이 관건이다.

이루어지는 전기 충격도 있다. 이는 재소자들을 협박해서 길들이고 말을 안 듣는 환자들을 조용하게 만드는 수단으로 다소 온건하지만 좀더 널리 사용되는 동일 유형의 사례라고 할 수 있다.[49] 이 모든 경우에서 의료 행위는 환자와 그의 친지들에게 개인 서비스라는 명분으로 제시된다. 하지만 여기서 서비스를 받는 대상은 기관이다. 즉 특정 행위들을 행정적 문제들을 줄이는 기능에 부합시키는 것이다. 요컨대 우리는 의료 서비스 모델이라는 명분 아래서 관리 기능을 수행하는 의료적 관행을 발견하게 되는 것이다.

9
결론

의료 서비스 모델에 부합하지 않는 정신병원의 몇몇 경우를 예시하면서 언급하지 않은 것이 있다. 그것은 외래 환자를 돌보는 사설 정신 치료에 서비스 모델이 적용될 때 발생하는 어려움이다. 물론 그런 어려움은 존재한다(예컨대 치료에 요구되는 시간이 있다. 이는 수수료 책정에 긴장을 야기한다. 치료 효과가 저조한 것, 환자의 상태 변화에 대한 원인 파악의 어려움도 있다).

더욱이 의료 서비스 모델을 정신병원에 적용하는 어려움에 초점을 맞출 때, 나는 그러한 모델 적용이 실제 입원한 환자들에게 도움이 되지 않는다는 주장을 펼치려고 했던 것이 아니다. 정신병원asylum에서 일하는 의료 직원들은 당연히 맡은 바 일을 수행한다. 의사들 또한 당연히 비위생적이고 고립된 환경에서 기꺼이 일하려고 한다.

---

49) Ivan Belknap, 같은 책, p. 192를 보라.

그들에게 의료적 관점은 표준적인 사회적 관점과 어긋나는 사람들을 파악하는 방식을 제공해주며 따라서 통상적인 (비)호감과 거리를 둘 수 있게 해주기 때문이다. 주어진 상황에 대한 의료적 견해는 당연히 일부 환자들에게 병원에서 중산층스러운 처우를 받게 해달라는 요구의 근거가 된다. 어떤 환자들은 가족에게 의료적 차원에서 모라토리엄을 선언함으로써 매우 유리한 위치를 점하기도 한다. "치료" 결과로서의 "정신 질병"의 "회복 가능성"이라는 일반적 의료 개념은 당연히 일부 환자들이 다시 자유로운 공동체의 일원이 되는 것을 수월하게 하며 또한 그들을 맞이하는 이들에게도 도움을 준다. 또한 입원 전 낭비한 시간들을 보충하기 위해 치료를 받은 것이라는 해석은 환자에게 병원에서 격리된 채 보낸 시간들을 의미 있게 만들어준다.

서비스 모델의 한계를 논의하면서 나는 정신병 환자라는 사람들을 다루는 더 나은 방식을 제안하려고 한 것도 아니다. 우리 사회에 정신병원들이 존재하는 것은 감독관, 정신과 의사, 그리고 직원들의 업무를 위해서 존재하는 것이 아니다. 정신병원들은 그것들을 위한 시장이 있기 때문에 존재하는 것이다. 만약 오늘 어느 지역의 정신병원들이 다 비워지고 문을 닫는다면 친지들, 경찰, 그리고 판사들은 새로운 정신병원이 생겨야 한다고 당장 내일 주장할 것이다. 정신병원을 원하는 이 진정한 고객들은 그들의 수요를 충족시키는 기관을 요구할 것이다.

정신 치료 전문 직원 또한 쉬운 역할을 수행하지 않는다. 그들에게 부여되는 의료 자격증은 우리 사회에서 가장 확실한 존대와 존중을, 그리고 가장 확고한 전문가 서비스 직업을 보장해준다. 그러나 정신병원에서는 그들의 역할 전체가 지속적으로 의문시된다. 정신병원에서 이루어지는 모든 일은 의료 서비스의 준거 틀 속으로 통합되거나 혹은 번역되어야만 정당성을 확보할 수 있다. 직원의 하루 일과는 검사, 진단, 치료의 표현으로 정의되고 현시되어야 한다. 이러한 번역이 가능하려면 현실은 왜곡되어야 한다. 다른 강압 기관의 판관들, 교사들, 관료들이 그렇게 하듯이 말이다. 범죄는 처벌에 맞추어 밝혀지고 재소자의 성격은 범죄에 맞추어 재구성되어야 한다.

그러나 직원 말고도 서비스 모델의 적용에 어려움을 겪는 집단이 있다. 바로 환자 집단이다. 그들은 이상stance과 현실 사이의 관계를 이해하는 데 어려움을 겪는다. 환자의 일과는 거칠고 삭막하다. 그것 자체로는 사회학적으로 특별하지 않다. 미국적 삶에는 그만큼 열악한 다른 상황들이 있고 그보다 더 나쁜 상황도 몇몇 있다. 여기서 우리의 관심은 정신병원에서 채택되는 서비스 모델이 그러한 박탈 상황에 도입하는 특별한 왜곡과 상처다.

정신병원에서 한 사람의 신체적 무능력은 자기 자신을 위해 치료가—그것이 불쾌하거나 강압적이더라도—필요하고 또 치료를 수용해야 한다는 증거로 여겨진다. 정신 치료 병원에서, 관리가 용이한 환자가 되는 데 실패한다는 것—예컨대 일을 못하거나 직원에게 예의를 갖추지 못하는 것—은 자유를 가질 "준비"가 되지 않았다는 증거이며 또한 더 치료를 받아야 한다는 증거이다. 여기서 요지는 병원이 환자들에게 혐오스러운 장소라는 점이 아니다. 요지는 환자가 병원에 혐오를 표하면 그것이 바로 그가 병원에 있는 게 마땅하고 그가 아직 병원을 떠날 준비가 되지 않았다는 증거가 된다는 점이다. 이런 식으로, 병원은 타인에 대한 복종과 한 사람의 고유한 사적 적응이 뒤섞이는 것을 체계화하는 것이다.

나아가 우리는 시설들의 직원 배치와 운영의 특수한 방식들, 그리고 그것들에 뿌리내린 믿음들을 검토하면서 그 기관들이 하는 모든 일의 가장 중요한 효과 중 하나는 고용된 전문가 직원들의 자아 개념을 지탱하는 것이라는 점을 발견했다. 재소자들과 하급 직원들을 광범위한 보조 행위—이는 기관에 대해 정교한 드라마로 표현되는 경의tribute라고 할 수 있다—에 참여시킴으로써, 의도적으로는 아니지만 결과적으로 병원은 일견 의료적인 서비스를 실행하며 정신과 직원이 그것을 제공한다는 주장을 확증한다.[50] 때로는 의료 서비스를 지지해야 할 분야가 이러한 주장의 취약성을 언급할 수 있다. (모종의 감상적인 사회학적 일반화가 제시될 수 있다. 이때 연구자는 자신의 주장이 사실과 어긋날수록, 자신의 입장을 강화하는 데 더 많은 노력과 더 많은 도움을 필요로 할 것이다.)

정신병 환자들은 특별한 구속 상태에 놓여 있다. 병원에서 나오기 위해 혹은 병원 안에서의 삶을 수월케 하기 위해 그들은 자신에게 부과된 장소를 수용하는 태도를 보여야 한다. 이때 그들에게 부과된 장소는 바로 이 거래를 강요하는 이들이 수행하는 직업 역할의 근간이기도 하다. 이처럼 자아 소외감을 야기하는 도덕적 노예 상태는

---

50) 병원 바깥의 공동체도 이러한 역할 지지에 참여한다. 개인 심리 치료, 특히 정신분석에 널리 흡수되어 있는 오늘날 이상적 치료 경험으로 간주되는 것들을 주목할 필요가 있다. 이러한 관점에 따르면, 주립 정신병원의 서비스를 향상시키는 방법은 집단 심리 치료와 집단 상담 같은 차선 치료책을 최대한 늘리는 식의 허황된 이상을 버리고 정신과 직원들의 수를 늘려서 더 많은 개인 치료를 제공하는 것이다. 그런데 이런 식의 해결책은 정신병 환자에 대한 인간적 처우보다는 정신과 의사의 역할 곤경에 더 많은 도움을 주게 될 것이다.

재소자들이 정신적 혼란을 겪는 이유일 수 있다. 그런데 이러한 노예 상태는 전문가 서비스—여기서는 의료적으로 변용된—의 위대한 전통에서 유래하는 것이다. 정신병 환자들은 서비스라는 이상에 짓눌려 자신의 자아가 파괴됨을 경험한다. 다른 사람들의 삶은 같은 이상 때문에 안락해지는데 말이다.

옮긴이의 말

사회학에서 구조가 행위를 규정하느냐 행위가 구조를 생산하느냐라는 질문은 닭이 먼저냐 달걀이 먼저냐라는 질문처럼 역사가 깊고 답이 간단치 않다. 그러나 이처럼 오래된 이론적 구도는 생각보다 공평하지 않았다. 고전 사회학자들과 현대 사회학자들의 다수는 계층, 계급, 국가, 문화 등 일상생활에서 추상된 보이지 않는 강력한 힘들에 초점을 맞추어 이 힘들이 개인과 집단의 삶에 미치는 인과적 영향력을 밝히는 데 노력을 기울여왔다. 요컨대 사회학에서 우세했던 것은 행위보다 구조에 대한 관심이었다.

미시적 행위와 상호작용이 본격적으로 사회학의 연구 대상으로 자리 잡고, 구조 못지않은 이론적 위상을 부여받은 것은 20세기 중반 이후였다. 미시사회학의 이론적 기초는 미세한 뿌리들처럼 얽키설키 흩어져 있어 발견하기도 뽑아 먹기도 쉽지 않았다. 사회적 차원에서 작동하는 마음과 자아, 상징과 의미에 주목한 조지 허버트 미드와 알프레드 슈츠의 작업은 사회학보다는 철학과 심리학에서 기원했다. 그들의 작업은 20세기 중반 이후에야 일군의 젊은 사회학자들에 의해 발굴되었다. 그들이 발굴한 초기의 이론적 자원들은 에밀 뒤르켐의 고전 사회학, 텔콧 파슨스의 현대 사회학과 융합되면서 미시사회학의 기초로 정립됐다.

어빙 고프먼은 구조 대 행위, 거시 대 미시 구도의 기울어진 축을 후자 쪽으로 끌어당기며 바로잡으려 애쓴 대표적 미시사회학자다. 고프먼은 『자아 연출의 사회학*The Presentation of Self in Everyday Life*』 (1959), 『수용소*Asylums*』(1961), 『낙인*Stigma*』(1964), 『상호작용 의례 *Interaction Ritual*』(1967), 『프레임 분석*Frame Analysis*』(1974), 『젠더 광고*Gender Advertisements*』(1976), 『담화의 형태*Forms of Talk*』(1981) 등의 명저들을 남겼다. 그는 1981년 미국사회학회장에 선출되었지만 그 직후 위암으로 60세에 사망했다. 그의 저술들은 한 권 한 권 현대 사회학에 뚜렷한 족적을 남겼다. 특히 고프먼이 첫 저서 『자아 연출 의 사회학』에서 채택한 "연극적 접근*Dramaturgical Approach*"은 자아 표현과 대면 상호작용을 설명하는 가장 중요한 이론적 자원으로 현 재까지 활용되고 있다.

고프먼은 "정상" 세계를 기준으로 "일탈"이라는 이름으로 낙인찍 혔던 다양한 주체들과 그들의 생활세계를 연극적 접근과 민속지적 방법론으로 탐구하였다. 이를 통해 자아가 형성되고 파괴되고 재구 성되는 미시적 맥락과 상호작용 과정, 그 안에서 행위자들이 활용하 는 전략적이고 의례적인 자원들을 밝혀냈다. 이러한 고프먼의 작업 은 정신병원과 정신병 환자들, 그리고 그 외 교도소와 군대 등의 재 소자들을 다룬 『수용소』에 집약되어 있다.

『수용소』에서 고프먼은 "총체적 기관total institutions"이라는 개념을 내놓는데, 이는 자아의 훈육과 통제 기제를 규명한 미셸 푸코의 "파 놉티콘Panopticon"에 버금가는 개념이라 할 수 있다. 특히 고프먼의 총체적 기관 개념은 푸코의 파놉티콘 개념이 갖는 구조 결정주의의 한계를 극복한다. 푸코가 권력의 자아 규정적 측면을 강조한다면 고 프먼은 권력의 규정력에 저항하는 과정에서 개인의 자아 감각이 만들어진다고 주장한다. "우리의 사회적 지위는 세계의 견고한 건축물에 의해 지탱된다. 그러나 우리의 사적 정체성은 종종 그 건축물의 틈새 속에 자리 잡고 있다."(p. 365) 고프먼은 『수용소』에서 구조의 힘과 구조 속에 존재하는 틈, 규정되는 자아와 저항하는 자아, 양자 사이의 변증법을 두텁게 묘사한다.

『수용소』는 네 부분──「총체적 기관의 특징들에 관하여」「정신병 환자의 도덕적 이력」「공공 기관의 지하 생활」「의료 모델과 정신병원 입원」──으로 나뉘어 있다. 고프먼이 서문에서 언급한 대로 네 편의 독립적인 논문을 초고로 삼아 확장하고 재구성한 책이라고 할 수 있다. 「총체적 기관의 특징들에 관하여」는 총체적 기관의 대표적 두 사례인 정신병원과 교도소를 "재소자 세계"와 "직원 세계"로 구별하고, 두 세계 간의 상호작용을 분석한다. 총체적 기관은 두 세계가 역할과 권력에서 차등화되고 직원들에 의한 재소자의 훈육과 통제가 일상화, 집단화, 전면화된 공간이라고 할 수 있다. 이 과정에서 재소자가 바깥 사회에서 유지했던 자아는 체계적이고 종합적으로 파괴되고 통치의 대상으로 재구성된다.

「정신병 환자의 도덕적 이력」은 총체적 기관의 기능이 정신병 환자의 인격에 미치는 도덕적 영향력을 "전환자 단계"와 "환자 단계"라는 이력을 통해 분석한다. 총체적 기관은 통상적 사회관계에서 작동하는 신뢰와 존중을 중단시키며 정신병 환자에게 도덕적 몰락을 강요한다. 다른 사회적 기관과 달리 총체적 기관은 구성원의 지위에서 도덕적 성격 자체를 박탈시킨다. 그들에게는 체면을 차릴 수 있는 도구들──의상, 가면, 소품 등──자체가 결핍되어 있으며 이를 통해 그들은 불가피하게 "무치라는 비도덕적 예술"을 습득한다.

「공공 기관의 지하 생활」은 정신병 환자들의 2차 적응 전략, 즉 총체적 기관의 구속적 환경에서 자아를 지키고 회복하는 전략들을 소개한다. 총체적 기관은 재소자들에게 헌신과 애착을 강요하지만 재소자들은 비밀스럽게, 혹은 영악하게 그러한 강요에 저항하며 자아를 구축한다. 여기에는 할당된 과업과 특혜의 활용, 자유 장소들과 은닉처와 수송 체계의 활용, 주변의 타인과 가용한 자원들의 임시변통적 활용 등등이 포함된다. 이 과정에서 통상적인 경제적-사회적 관계가 해체되고 새롭고 놀라운, 그러나 서글프고 절박한 종류의 관계들이 등장한다. 재소자들의 자아는 총체적 기관의 구조에 의해 일방적으로 규정되지 않는다. 재소자들은 다양한 2차 적응 전략을 통해 총체적 기관의 틈새 속에서 자아를 생성시킨다.

「의료 모델과 정신병원 입원」은 현대의 전문적 서비스라는 이상이 정신병원의 의료 모델에 적용될 때 발생하는 근본적인 난점을 해명한다. 즉 자기 분야에 대한 정확하고 적합한 정보를 통해 사심 없이 타인을 돕는 전문적 서비스라는 이상이 정신병원의 훈육과 통제라는 목표와 충돌한다는 것이다. 여기서 고프먼은 정신병원의 독특한 서비스 모델이 의사, 직원, 환자 모두에게 박탈과 왜곡과 상처를 야기한다고 주장한다. 즉 정신병원은 그들 모두의 직업적이고 인간적인 소망을 좌절시킨다는 것이다. 그럼에도 절대적으로 불리한 쪽은 환자들이다. 정신병원의 의료적 모델이 의사와 직원에게 직업적 모순과 갈등을 야기한다면 환자들에게는 자아의 구속과 파괴를 야기하기 때문이다.

내가 고프먼의 『수용소』를 번역하면서 던진 가장 중요한 질문은 1961년에 출간된 이 책이 현대 한국에 제공하는 이론적이고 실천적인 가치에 관한 것이었다. 역사적으로 정신병 환자를 수용하는 공간은 사회를 위협으로부터 보호하는 격리 공간에서 질병과 장애를 겪는 사람을 회복시키는 치료 공간으로 진화해왔다. 고프먼이 『수용소』를 저술하던 시기, 서구에서는 정신병 환자들의 인권과 정신병원의 전문성이 쟁점화되고 그에 대한 제도적 해결책이 고안되고 있었다. 그러나 고프먼은 정신병원의 이중적 목표, 훈육과 통제라는 목표와 질병 치료라는 목표 사이의 모순이 깔끔히 해소될 수 없음을 사회학적으로 규명한다.

한국의 경우도 마찬가지다. 2003년 국가인권위원회는 "정신질환자 인권보호를 위한 청문회"를 열어 "치료"라는 포괄적 명분하에 간과되고 방조되어온 정신병 환자들의 인권 침해 위험성을 논의했다. 보호자 동의와 의사 진단으로 정신병 환자를 정신병원에 강제 입원시킬 수 있도록 한 정신보건법 조항에 대해 2016년 헌법재판소는 "치료보다 격리 목적으로 이용될 우려가 크며" 따라서 "해당 조항은 신체의 자유를 침해할 수 있다"며 헌법불합치 결정을 내렸다. 그러나 정신병 환자의 강제 입원에서 당사자가 아닌 보호자와 전문가들의 영향력은 조정될 수 있을지언정 완전히 배제될 수는 없다.

정신병원의 진화 속에서 여전히 굳건하게 유지되는 전제가 있다. 정신병 환자는 타인과 자기 자신에게 하나의 위협이며, 이 사실을 인지하는 능력이 결여되어 있으며, 따라서 타인과 자기 자신에게 무엇이 최선인지를 판단하고 결정하는 권한은 궁극적으로 환자 당사자가 아닌 "선하고 사심 없는" 전문가들에게 부여된다는 것이다. 우리는 잘 알고 있다. 자신과 타인을 해하는 정신병 환자가 존재한다는 사실을. 실제로 유럽인권재판소는 "자해·타해의 현저한 위험이 있고 그 위험이 지속되는 기간만 강제 입원이 가능하다"는 판결을 1980년대 이래 적용해오고 있다.

고프먼은 이 전제 자체를 바꾸려 하지는 않는다. 고프먼의 연구 목표는 전문성과 인권 사이의 회색 지대를 드러내고 이 회색 지대를 관리하는 권력과 이 권력이 직면하는 저항과 난점을 드러내는 것이다. 나는 고프먼의 연구 목표가 현대 한국에도 여전히 가치 있다고 본다. 정신병원을 향한 오랜 문제제기에 2003년 국가인권위원회는 청문회를 통해 응답했고 2016년이 되어서야 헌법재판소는 관련 법조항이 헌법불합치라는 판결을 내렸다. 이러한 과정에서 은폐되었던 회색 지대가 노출되었고 이 회색 지대에서 발생하는 문제와 해결책이 공론화되고 있다. 이때 고프먼의 통찰력은 매우 유용한 자원이 될 수 있다.

또한 전문성과 인권, 효율적 통치와 효과적 개선, 구조와 자아 사이의 회색 지대, 그리고 거기서 발생하는 인격 파괴에 대한 고프먼의 문제의식은 총체적 기관을 넘어 사회 전체로도 확대 적용될 수 있다. 고프먼은 총체적 기관의 문제를 논하면서 "자유로운 바깥 세계의 경우에도 이는 마찬가지 아닐까?"(p. 365)라는 질문을 던진다. 특히 한국처럼 권위와 위계의 영향력과 구속력이 막강한 사회일수록 이 질문은 유효하다.

사회적으로 지위가 높은 사람들은 능력 있는 전문가라고 자타공인 당연시된다. 그런데 바로 이러한 관계에서 인격 폭력이 발생한다. 소위 "급이 높은" 사람들이 "급이 낮은" 사람들의 "말"을 어떻게 취급하고 처리하는지 살펴보자. 다음과 같은 가정이 만연하다. "급이 아래 있는 사람들은 급이 높은 사람들에 의존해야 하며, 그들에 의해 대표 혹은 대변되어야 한다." 급이 높은 사람이 주도하고 허용한 자리가 아니라면, 급이 낮은 사람이 바로 눈앞에서 말을 해도 그 말은 "빌려온 말"이라고, 그 사람의 말이 아니라고 생각한다. 마치 급이 낮은 사람들은 급에 맞는 말만 할 수 있다는 듯이, 전문성과 법과 예술의 말은 그들의 말이 될 수 없다는 듯이 말이다.

전문가들은 이에 대해 그건 "순전히 일"의 차원이라고, 일의 원칙과 방식에 관한 것이라고, 그에 따라 말 상대가 정해진 것뿐이라고, 그것은 신분이나 인격과 아무 상관이 없다고 말한다. 물론 무대 앞에서만! 그러나 무대 뒤에서 (아니 무대 앞에서도 자주) 그들의 신분 감각은 적나라하게 드러난다. 그들은 자신이 보기에 신분이 낮은 사람의 말에 이렇게 반응한다. "어쭈?" "어디서 주워들은 건 있어 가지고" "배후가 누구야?" 등등. 따라서 그들은 자신이 보기에 급이 낮은 사람의 (관용에 의해, 혹은 예외적으로 허락되지 않은) 직언에 감정이 상한다. 그것은 그들의 몸과 마음에 새겨진 신분 감각에 대한 도전이기 때문이다.

고프먼은 사람이 정신병 환자가 되는 것은 병원 질서의 산물이라고 주장한다. 그 질서 속에서 환자는 정신의학적 관점을 주체적으로 취할 수 없다. 전문가적 말을 환자가 하면 관리자들과 의사는 제재를 가한다. 심지어 불쾌해한다. 환자는 전문가와 중재자와 보호자를 통해서만 말을 할 수 있다. 정작 사람을 정신병원에 입원시키고 정신병 환자로 구성하는 것은 바로 그들인데도 말이다. 고프먼에 따르면 의사와 관리자는 환자들에 비해 더 많은 말의 자유를 갖는다. 전문적 말, 조롱, 친절한 말, 막말 등등. 왜냐하면 환자는 "제대로 된 사람"이 아니기 때문에 말을 골라 할 필요가 없는 것이다. 반면 환자가 무슨 말을 하건 어떤 말을 하건 복종의 말이 아닌 모든 말은 "병의 증상"으로 취급될 뿐이다. 이것이 바로 전문가의 인격 폭력이며 이는 현재 한국의 수많은 조직과 집단에서도 빈번히 발견되는 현상이다.

고프먼은 전문가 숭배 신화가 가장 강력히 제도화된 미국의 의료 서비스를 분석하여 전문주의에 내재하는 모순과 균열을 드러냈다. 현대 미국에서 고객의 이익에 전문가의 이익을 맞추는 전문가주의의 윤리적 토대는 현격히 약화되어왔다. 오히려 전문가의 이익에 고객의 이익을 맞추는 경향이 강화되어왔다고 해야 할 것이다. 극단적인 사례가 월스트리트에서 작동하는 주주 자본주의이다. 주주의 이익이, 조직의 이익이 고객의 이익을 보장한다는 이 믿음은 직업윤리의 상실, 서브프라임 모기지 사태, 대규모 실업과 파산을 야기했다. 월스트리트의 고학력 금융 엘리트들은 고객뿐만 아니라 미국 경제 전체를 볼모 삼아 어마어마한 사익을 챙겼다. 고프먼은 일찍이 전문주의의 역설, 전문주의 이면의 비전문주의적 토대를 예리하게 간파했던 것이다.

고프먼의 작업은 한국의 직업 사회에도 적용 가능할 것이다. 권위적이고 위계적인 사회에서, 즉 전문성 신화가 직업윤리와 인권 의식에 의해 세밀하게 통제받지 않는 사회에서, 전문성은 겉으로는 직업적 능력을 표방하지만 실제로는 신분성을 강화하는 프레임으로 기능할 수 있다. 이때 전문가들이 타인과 관계를 맺을 때 부상하는 회색지대에는 신분적 지배가 가미될 것이며, 이에 따라 자의적이고 인격적인 폭력의 빈도와 가능성은 더 높아질 수 있다. 우리는 교수와 예술가가 학생들과 후배들을 대상으로 자행하는 인격 폭력과 성폭력의 숱한 사례들을 목도하고 있다. 나는 고프먼의 문제의식이 한국의 전문가 사회에 존재하는 회색 지대의 노골적인 폭력성을 조망하는 데 도움을 줄 것이라고 평가한다.

고프먼의 『수용소』의 번역은 쉽지 않았다. 우선 "어사일럼asylum"이라는 제목부터가 난감했다. 어사일럼은 라틴어로 a("없는")와 syle("체포할 권리")와 um("장소")의 결합으로 불법이나 문제를 일으킨 사람들이 추적자로부터 피신하여 보호받을 수 있는 장소와 권리를 뜻한다. 이는 어사일럼의 가장 오래된 의미와 용법이라 할 수 있다. 지금도 "seeking asylum"이라는 표현은 난민 지위를 신청한다는 뜻으로 사용된다. 동시에 어사일럼은 18세기 말부터 전문적 치료나 복지 시설이 등장하던 20세기 초중반까지 광인, 고아, 빈민, 장애인들이 머무는 자선 구호시설을 지칭했다.

따라서 어사일럼이라는 제목 자체가 전문적이고 선진적인 정신병 치료 시설을 표상하는 데 적합하다고 볼 수 없다. 이 때문에 본문에 어사일럼이라는 용어는 단 두 번 등장한다. 첫번째는 광인을 수용하는 장소의 역사적 변화 과정을 묘사할 때 매드하우스madhouse와 정신병원의 중간 단계를 지칭하는 맥락에서, 두번째는 정신병원이라고 써도 무방한 맥락에서 등장한다. 추정컨대 고프먼은 어사일럼이라는 용어를 엄밀하게 정의하고 제목으로 사용한 것 같지 않다. 설사 어떤 의도가 있더라도 그것을 파악하기는 쉽지 않아 보인다.

번역 초기에는 어사일럼을 정신병원으로 번역하여 제목으로 사용하려 했다. 책의 중심적 연구 대상이 정신병원이고 어사일럼의 뜻에 광인을 수용하는 시설이 포함되어 있기 때문이었다.

그러나 고민 끝에 책 제목은 수용소로 결정됐다. 정신병원에 초점을 맞추면서도 총체적 기관의 일반적 특징과 기능을 사회학적으로 조망하는 것이 고프먼의 의도라고 판단했기 때문이다. 어사일럼은 사회에서 문제적 존재로 추방된 혹은 적합한 역할을 부여받지 못한 비非시민들의 수용 공간이다. 물론 수용소라는 용어에는 불가피하게 전쟁의 뉘앙스가 포함되어 있다. 그럼에도 정신병원, 교도소, 군대, 강제수용소 등 책에서 다루는 총체적 기관들의 공통적 성격과 기능을 고려하여 제목을 수용소로 정했다. 그러나 수용소라는 제목 또한 어사일럼의 정확한 번역은 아니며 책 내용의 정확한 반영은 아니기에 나로서는 찜찜함을 깨끗이 떨쳐내기가 어렵다.

고프먼은 이 책에서 정신병원뿐만 아니라 총체적 기관 전반에 대한 이론화를 시도했다. 고프먼의 시도는 추상화와 구상화를 종합하려는 화가의 거대한 야심 같은 것을 담고 있었다. 정신병원뿐만 아니라 그 외의 익숙하지 않은 세계들—교도소, 강제수용소, 수도원 등—의 세세한 일상과 독특한 어법들을 한국어로 옮기는 작업도 어려웠다. 솔직히 말하면 고프먼의 지적 야망과 노력을 이해하고 한국어로 실현하는 것은 매우 버거운 일이었다.

이러한 도전에도 불구하고 고프먼의 『수용소』 번역은 나에게 크나큰 지적 자극을 제공했으며 사회학자로서의 정체성과 열정에 불을 붙여주었다. 뒤늦었지만 한국의 독자들에게 고프먼의 『수용소』를 소개하는 데 기여할 수 있어 뿌듯함이 크다. 옮긴이의 게으름과 무능력을 인내하며 번역 작업을 격려해준 문학과지성사 김현주 편집자에게도 감사의 말을 전한다. 김현주 편집자는 꼼꼼한 눈썰미로 적지 않은 오역과 비문을 발견하고 교정하여 책의 완성도를 높여주었다. 또한 나의 오랜 친구이자 동료인 임채윤 교수에게도 감사의 말을 전한다. 연구년 기간 나는 임채윤 교수가 재직하던 미국 위스콘신 대학교 매디슨의 사회학과에 방문교수로 머물면서 번역 작업에 박차를 가할 수 있었다. 임채윤 교수는 내가 간혹 문장과 단어를 부여잡고 씨름하고 있을 때마다 뛰어난 통찰력으로 문제를 해결하는 데 큰 도움을 주었다. 많은 이들의 도움을 받아 번역을 끝낼 수 있었다. 이 과정에서 다시 한 번 깨닫게 됐다. 책의 행간은 우정과 협력으로 채워질 수 있음을. 그렇게 타인의 도움을 받을 때 문장과 책장은 더욱 튼실해질 수 있음을.

옮긴이의 말

찾아보기